역사의 역습

역사의 역습

민족의 집단 무의식과 집단 이성, 카오스가 몰고 올
정신혁명에서 신인류의 등장까지 깊은 통찰과 질문

김용운 지음

맥스media

세계 곳곳에서 분출하고 있는 테러와 핵위협, 자연 파괴, 과학의 진행방향 등은 인류가 멸망의 벼랑에 서 있음을 시사한다. 19세기가 서구 세력에 의한 동아시아 침략의 역사였다면, 21세기는 그에 대한 역습으로 막을 열었다. 그 중심엔 한반도의 희생과 고뇌가 있어 왔다. 이 숙명의 본질을 파헤치기 위해 민족적 집단 무의식의 구조에 초점을 두고, 역사와 미래를 하나로 묶는 복안(複眼)적 시야로 가능한 우리의 선택지를 구상해보았다.

수학은 카오스 이론이 나오기 이전에도 복잡한 대상을 관찰하는 수단을 이미 준비하고 있었다. 19세기 이후 수학은 절대 진리의 왕좌에서 스스로 물러나 '복잡한 대상을 구조의 눈으로 단순화할 수 있다.'는 철학을 가졌다. 구조주의였다. '구조의 과학'으로 변신한 수학계는 구조주의 언어학과 인류학의 성과를 20세기 최대의 업적으로 자랑한다.

4차 산업혁명에 돌입한 지적 영역은 자연과학과 인문과학의 구별이 없이 하나의 학문(science)으로 융합되어 간다. 이 책은 구조주의적 역사관인 원형사관을 중심으로 역사와 풍토론, 사회구조, 정치, 외교 문제 등을 분류하는 새로운 인문학이다. 원형사관은 불교의 '업', 카오스 이론의 '자기조직화', 노장사상의 '도(道)'와 철학적 개념을 공유하는 현실적인 지혜이다.

본문은 10부로 구성되어 있다.

1, 2부: 카오스적인 현대 상황을 관찰하며, 억압당해온 소수민족의 한(恨)과 정체성 희구의 의욕이 국제화, 정보화에 촉발되어 기존질서에 어떻게 대항해 역습하고 있는지 살펴본다. 특히 IT산업의 발전은 어떤 권력기관이나 정보기관의 비밀도 더 이상 감출 수 없게 만들고, 어제의 상식이 오늘의 비상식이 되어 카오스를 증폭시킨다. 카오스 이론의 자기조직화 개념으로 새로운 질서로 향한 인류적 의지의 창발 가능성을 논한다.

3부: 위기의 저변에 흐르는 원형 충돌의 실상을 밝히고 인류 생존의 길을 모색한다. 2,500년 전, 세계적인 위기상황에서도 정신혁명으로 추축시대를 극복했던 사실에 비추어, 오늘의 대카오스도 제2의 추축시대로 이어질 것을 감지한다.

4부: '집단 무의식=원형'의 입장에서 풍토와 공동체 사이의 되먹임(feedback) 관계를 한·중·일의 현실에서 실증적으로 밝힌다.

5부: 민족역사의 틀을 원형사관으로 고찰하고 국토의 성격이 원형에 미치는 양상을 설명하며 역사 되풀이의 의미를 생각한다. 집단 무의식과 문화의 관계에서 소쉬르(F. De Saussure)의 언어학의 일반화와 원형론의 적용범위를 알아본다.

6부: 백제 최후의 전쟁인 663년의 백강전투의 결과로 인해 한반도 지정학의 특수성이 결정되었음을 밝히고, 주변 민족의 원형과 국가목표의 실체를 조명한다. 한반도를 둘러싼 주변국의 국가원리에 대응하는 지혜와 미래상을 이미지화한다.

7, 8부: 한반도 주변국인 미국, 러시아, 중국, 일본 등의 국가원리와 국가이성의 충돌과 외교방법을 원형사관으로 고찰한다.

9부: 열전(熱戰)도 냉전(冷戰)도 아닌 북·미 간의 새로운 전쟁 개념인 온전(溫戰)의 성격을 분석하고, 그 근본 원인인 중동과 한반도 등지에서 자행된 기마민족에 의한 '선 긋기'에 대한 원형의 역습을 설명한다.

10부: 오늘날 세계사의 조류는 새로운 정신혁명의 등장을 요청하고 있다. 한반도의 비핵화와 영세중립화와의 연동을 기대해 한국적 가치와 원형 승화의 길을 논한다.

우리는 역사의 마디마디에서 출구가 없는 카오스를 여러 차례 겪어 왔으나 '하늘이 무너져도 솟아날 구멍이 있음'을 믿고 살아왔다. 온전의 결과가 한반도의 중립화로 이어짐으로써 지정학의 덫에서 벗어나 홍익인간의 대로를 걸을 수 있고, 한반도 영세중립화로 한민족의 역사 역습도 성공적으로 이루어질 것으로 예측한다.

한국 역사가 세계사의 중심에서 이제 새롭게 갓 시작한 것으로 믿는 분에게 이 책을 올린다.

김용운

차례 >>>

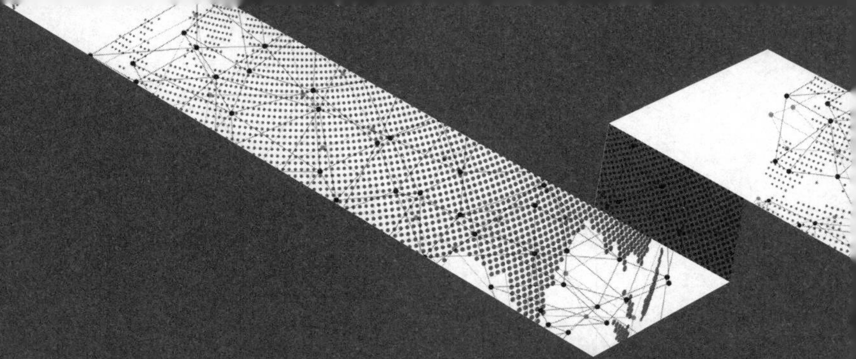

1 카오스 시대의 시작

남해의 제왕 숙(儵)과 북해의 제왕 홀(忽)이
중앙의 제왕 혼돈의 땅에서
여러 차례 융숭한 대접을 받았다.
이들 두 제왕은 그 대접에 보답하기 위해 상의했다.
'사람에게는 모두 7개의 구멍이 있어
보고, 듣고, 먹고, 숨을 쉬는데
혼돈에는 그것이 없으므로 구멍을 뚫어주자.'
그리하여 두 사람은 매일 하나씩 구멍을 뚫어주었다.
그런데 7일째 마지막 구멍이 뚫어지자
혼돈은 죽고 말았다.

『장자』「응제왕편(應帝王篇)」

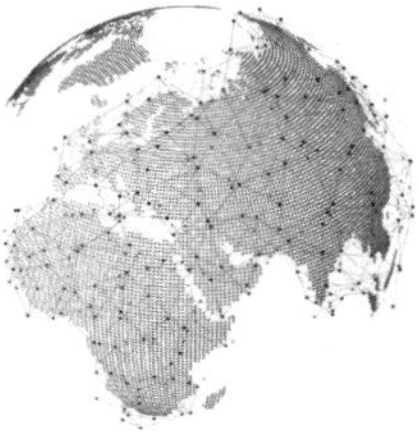

1 카오스와 생명

아무리 오랜 장마라도 끝나는 날이 있고, 아무리 오랜 가뭄이라도 비 오는 날이 있다. 장마와 가뭄이 아무리 오래 끌어도 자연은 다음 단계를 준비하고 있다는 말이다. 이처럼 카오스도 오래 끄는 듯해도 결국에는 다양한 가능성을 맞이한다.

카오스 이론은 비교적 최근에 등장한 것으로, 다른 학문이 그렇듯 처음에는 철학에서 출발했으나 컴퓨터를 이용한 수리과학의 한 분야로 자리매김되면서 자연, 인문, 사회과학과도 융합해 연구되고 있다. 카오스는 그리스어 'khaos'에서 나왔다. 그리스의 시인이자 역사가인 헤시오도스(Hesidos, ? ~ ?)는 『신통기(神統記, Theogonia)』에서 카오스를 '크게 벌린 입'으로 묘사했다. 아마도 온갖 질서를 한입에 삼키는 블랙홀과 같은 불규칙한 혼돈의 세계를 상징했던것 같다.

그러나 장자는 카오스 즉 혼돈에는 새로움을 낳는 생명력이 잠재해 있어 어설픈 인간의 이성으로 이리저리 손을 대면 죽일 수 있다고 경고한다. 카오스 이론은 그 생명력과 결말을 생각하는 분야이다.

지구에는 사이클론, 태풍, 허리케인 등 바다를 휘젓고 지나가는 다양한 폭풍우들이 있다. 이런 비바람은 상당한 피해를 입히지만, 한편으로는 바다 생태계를 유지하며 새로운 생명체를 낳는 중요한 역할을 한다. 태풍이 한번 휩쓸고 지나가면 그 뒤에 나타나는 새로움은 신비스럽기까지 하다.

카오스의 전형적인 모습은 소용돌이다. 홍수 때 강유역을 파헤치듯 세차게 흐르는 강물의 소용돌이나, 하늘의 별들이 이루는 대은하의 소용돌이는 그 속에 생명력이 있음을 느끼게 한다. 그래서 더 신비롭다. 이 외에도 소용돌이는 화산폭발이나 생물의 분기(分岐, divergence), 경제변동 등 자연과 사회 곳곳에서 나타난다.

카오스의 반대개념은 질서다. 우주의 질서, 만다라의 전개, 꽃의 구도 등을 뜻하는 코스모스(cosmos)이다. 코스모스에는 조화와 대칭성이 뚜렷이 드러나 보인다. 그리스 철학에서 정립된 코스모스의 개념은 카오스를 전제로 생겨난 것이었다. 플라톤 이후 그리스 지성들은 질서정연한 우주론을 바탕으로 이성적이고 합리적인 지적 세계를 추구했다.

▌자연의 질서 '코스모스'

▌자연의 카오스 '화산폭발'

카오스의 본질을 이해한 고대문명

『성경』의 「창세기」는 "태초에 하나님이 천지를 창조하시니 땅이 혼돈하고 공허하며 암흑이 깊음 위에 있고"라는 구절로 시작한다. 혼돈, 공허, 암흑, 깊음 등은 섬뜩한 느낌을 주지만 그 가운데서 신의 질서가 만들어졌다. 고대인은 모양조차 알 수 없어 악마의 소행과도 같았던 화산폭발이나 지진, 대홍수 등이 대지를 훑고 가면 이들이 남긴 혼란과 어두움과 싸워야 했다.

헤시오도스(Hesiodos)도 이 세상이 형성되는 순서를 "처음에 혼돈이 있었고, 그 다음에 넓은 가슴과 같은 대지(Gaia)가 태어났다. 그 후 죽음을 모르는 신들 가운데 유난히 아름다운 에로스(eros)가 탄생했고, 카오스에서 유명(幽明)과 어둠이 생겨났다."고 설명했다. 그는 신화시대와 철학의 경계선상에 살았던 인물로, 여러 신들이 질서 없이 공존하는 신화의 세계에서 신의 순위를 정하는 신들의 족보인 『신통기(神統記)』를 썼다.

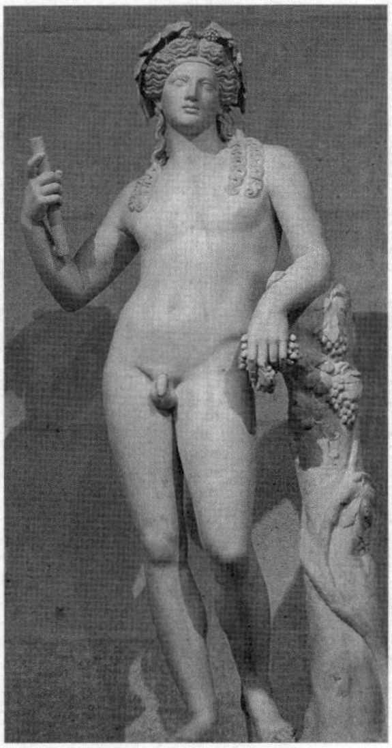
▌디오니소스

디오니소스(Dionysus)는 종교적 도취와 열정의 주신(酒神)이다. 특히 그는 부녀자들을 열광시켜, 혼돈 속에서 생식을 기대했다고 한다. 규칙성과 논리(logos)를 선호한 그리스인들이었지만, 역시 다른 문명권처럼 천지가 생기기 이전에는 혼돈(카오스)이 있었음을 설정하고 광란(카오스)의 주신 디오니소스를 등장시켰다.

이집트인들도 혼돈을 우주의 시작으로 보고 혼돈에서 태양이 생겨났다고 했고, 고대 바빌로니아인들 또한 천지창조가 혼돈의 여신에 의해 이루어졌으며, 그 속에서 풍요로움이 잉태되었다고 묘사했다.

헬레니즘과 헤브라이즘 문명권을 비롯해 거의 모든 고대 문명권은 카오스에 창조의 생명력이 있었음을 직관했다. 세계의 고대문명이 하나같이 카오스의 본질을 역동적 창조력으로 이해한 것은 흥미로운 사실이다. 아마도 무서운 폭풍, 지진, 강의 범람 등과 같은 자연의 혼란을 뚫고 살아오며 직감으로 또는 무의식적으로 카오스에 대한 외경심을 지녀왔기 때문일 것이다. 어두운 세계를 철학으로 파헤치며 그들은 그 한계점에 있는 생명력을 알아차렸다.

그러나 카오스 이론을 체계화한 것은 최근의 일이다. 신비의 실체인 카오스에 대한 과학적 연구가 시작된 것은 무한에 가까운 계산을 단숨에 해치우는 컴퓨터와 빅데이터의 등장 이후이다. 마침내 그 옷자락을 간신히 잡을 수 있게 된 것이다. 카오스 이론은 이제 고대인의 직관이 아닌 정보화시대의 적자(嫡子)로 인식되고 있다.

불규칙성 세상사는 거의 모든 것이 'A면 B가 된다.'는 수학적 논리처럼 결정론적 인과관계로 성립되지는 않는다. 비에 대해 생각해 보자. 비는 중력의 법칙에 따라 하늘에서 땅으로 내린다. 이는 분명한 사실이다. 그러나 빗방울의 강도는 다르다. 갑자기 심해지기도 하고 잠잠해지기도 한다. 불규칙하다. 일기가 다음 순간 어떻게 변할지는 인과관계로 설명할 수 없다. 아니 불가능하다. 미묘한 불규칙성 때문이다. 홍수 속 소용돌이도 마찬가지다. 소용돌이치는 모습은 대체로 엇비슷하지만 크기나 모양은 수시로 변한다.

다른 예를 들어보면 건강한 사람의 맥박 수는 규칙적이지만, 때로는 불규칙적으로 변한다. 완벽한 질서를 이루는 것처럼 보이는 자연, 사회 또는 생리 현상 등이지만 수시로 불규칙성이 나타난다. 그런데 그 불규칙성 또한 일정한 패턴을 보인다. 이유는 카오스가 품은 생명력 때문이다.

강 위의 철새 무리도 동시에 날아오르는 순간은 카오스이지만 곧 무리 전체는 질서를 잡아 날아간다. 마찬가지로 바다의 작은 고기떼도 수시로 카오스가 되었다가 다시 질서를 회복한다. 혼돈(카오스)이라는 말은 언뜻 무질서를 연상시키지만, 무질서는 언제까지 계속되지 않으며 다시 질서를 불러오거나 아니면 흩어진다. 기상현상이나 증권시장의 움직임도 카오스적 불규칙성을 보이지만 시간 경과에 따라 차원이 다른 결과로 되돌아오곤 한다. 그렇기에 카오스적 현상에는 'A면 B가 된다.'는 결정론적 예언은 할 수 없다. 결정론적으로 진행되다가 수시로 확률적인 현상으로 전환되고 그 역의 경우도 발생할 수 있기 때문이다.

노·장자, 불교사상 등 복잡계와 관련된 사상은 논리를 무시한 신비주의적 발상에서 나왔지만, 복잡계의 연구는 전혀 그것과는 무관하다. 복잡계의 체계적 연구는 원자폭탄 제조를 주도한 미국 로스 앨러모스 연구소(Los Alamos National Laboratory, 미국 뉴멕시코에 있는 세계적인 기술 과학 연구소) 산하 핵연구기관에서 시작되었다. 과학, 경제학, 철학, 생리학, 고고학 등 각 분야의 노벨상급의 석학들이 모여 다양한 분야의 학문들을 융합적으로 연구하면서 시작된 것이다.

복잡계는 계(系)라는 말이 의미하는 것처럼, 복잡한 현상에 나타나는 공통된 성질을 일관되게 관찰하는 분야이다. 과학발전은 하찮은 것(trivial)과 본질(essential)의 범위를 밝혀가는 작업이다. 가령, 유아 시절에는 '새 한 마리가 있는 곳에 또 한 마리가 오면 모두 두 마리다.'는 식으로 배우지만, 초등 1학년은 '1+1=2'로, 또 중학생이 되면 'a+a=2a'라는 단계로 범위를 넓혀간다. 가장 추상적인 단계가 본질적인 것이다. 본질에 관한 연구결과는 그 아래 단계의 것을 포함한다. 화학자가 집안의 식수나 한강물보다 H_2O를 연구하는 것은 본질적이어서다. 생태계의 구조는 다양하고 애매하며, 경제는 복잡하고 일기의 변화는 일정치 않다. 이들 공통된 성격을 연구하는 일은 '복잡'의 본질을 관찰하는 중요한 지적 작업이다. 이런 연구의 주된 무기는 수학과 컴퓨터이다.

S. 호킹(S. Hawking) 박사는 그의 저서 『시간의 역사(A Brief History of Time)』에서 "책에 수식이 하나 들어갈 때마다 판매부수가 절반씩 떨어진다."고 경고한 적이 있다. 처음 수식에서 독자의 ½이 감소하고, 그다음 수식에서 독자 수는 ½× ½ 곧 ¼로 줄어든다. 따라서 지금부터는 그의 충고를 따라 수식을 하나도 쓰지 않고 생각하기로 한다.

2 인류사적 대카오스

시작된 역사의 대반란 인류 역사는 반란과 진압의 드라마다. 스파르타의 원주민이었던 헤일로타이(Heilotai)는 침입자인 도리아인에게 정복당해 노예가 된다. 정복자에게는 가장 두려운 것이 반란이다. 도리아인은 그 싹을 자르기 위해 힘의 근원이 되는 인구를 조절하는 방식을 택한다. 정기적으로 피정복자인 노예를 살해함으로써 인구수를 일정하게 유지시켰다. 로마의 스파르타쿠스 반란이나 러시아의 푸가초프의 농민 반란, 고려의 만적의 난, 조선의 동학농민혁명 등도 모두 유사한 패턴을 보였다. 무자비하게 억압당해온 노예와 농민은 사소한 사건을 계기로 그 세력이 단시일에 눈덩이처럼 불어나 지배자를 놀라게 하지만, 무기와 조직력의 열세로 허망하게 무너진다. 그리고 주동자는 처형되는 패턴이다.

이런 힘의 강약을 국가차원으로 확대 해석해도 크게 다르지 않다. 지금까지 약소국은 강대국의 질서에 얽매어왔다.

E. H. 카(E. H. Carr, 1892~1982, 영국의 역사학자)는 A. 소렐(A. Sorel, 1842~1906, 프랑스의 역사학자)과 더불어 국제정치학의 토대를 쌓은 학자이다. 소렐은 나폴레옹 전쟁 후의 유럽의 정치구조를 규명했고, E. H. 카는 저서 『위기의 20년』에서 제1차 세계대전과 제2차 세계대전 사이 20년간의 국제정치의 구조를 유토피아니즘(이상주의)과 리얼리즘(현실주의)의 대립으로 해석해냈다. 프랑스와 영국의 대표적인 두 역

사가들이 겪은 시대는 서로 1세기에 가까운 시간차가 나지만, 국제정치의 구조는 크게 달라지지 않았다. 마치 지동설과 천동설이 첨예하게 대립했지만, 태양이 돌든 지구가 돌든 국가운영과 개인생활에는 아무런 영향이 없었던 것과도 같다.

그러나 북한이 '핵무기비확산조약'(NPT)을 위반하고 핵무기를 개발한 1993년 이후, 그리고 뉴욕의 세계무역센터를 무너뜨린 9·11 테러(2001년 발생) 이후의 20년은 E. H. 카가 응시한 제1·2차 세계대전 사이의 '격동의 20년'과는 전혀 다른 형태이다. 인류가 체험하지 못했던 가치관의 혼란과 경제 불황, 소득격차, 테러, 핵 위협 등이 얽혀 일으킨 카오스 때문이다. 역사는 더 이상 힘의 대소에 따라 움직이지 않는다. 약자가 오히려 강자를 위협하고, 강자의 위신을 추락시키고 역사의 순서와 법칙도 뒤바뀌고 있다. 한반도도 큰 소용돌이 속 작은 소용돌이처럼 세계의 카오스와 얽혀 갈수록 혼돈에 빠져드는 상황이다.

이 카오스의 소용돌이는 정보화와 국제화 그리고 오랜 동면(冬眠)에서 깨어난 각 민족의 집단 무의식에서 비롯되고 있다. 민족들은 국제화가 되면서 저마다 자기정체성과 한(恨, ressentiment)을 깨우치고, 동시에 이에 대한 보상을 찾기 시작했다. 당연히 모순과 갈등이 발생하고, 이런 갈등은 회오리처럼 상승작용을 일으켜 이젠 인류의 존속마저 위협하게 되었다. 역사의 대반란은 이미 시작되었다.

가치의 전도

UN 회원국은 200개국에 달하지만 국민국가를 형성한 민족은 10% 정도에 불과하다. 이에 반해 전 세계의 언어는

5,000여 개나 된다. 한 국가 안에서도 다른 언어를 쓰는 소수민족이 상당히 많다는 것이다. 1991년에 구소련이 붕괴되자, 냉전 종식이 세계평화를 가져올 것으로 기대했다. 그러나 역사는 우리의 계산과는 달리 역습의 형태를 취했다. 평화는 되레 우리에게서 더 멀어졌다. 마치 판도라의 상자가 열린 듯, 온갖 분쟁의 씨앗들이 여기저기서 터져 나왔다. 동유럽에서, 중동에서, 아시아에서 지구 전체에 분쟁의 씨앗들이 흩어져 싹을 틔우고 있었던 것이다.

국제화는 정보화와 만나면서 역사를 전혀 다른 국면으로 틀었다. 민족들이 일상적으로 이민족과 접촉할 수 있게 되자 스스로의 정체성을 자각하게 되었다. 본능적으로 인간은 자기정체성에 강한 집착을 보인다. 정체성 자각은 소수민족이 품어왔던 한(恨)을 폭발시켜 테러가 자행되었다. 브렉시트(Brexit)가 상징하는 것처럼 소멸한 줄 알았던 국가주의와 민족주의도 소생했다.

통제를 벗어난 정보화는 무섭다 못해 섬뜩하기까지 한 카오스 요인이다. 태블릿 PC 한 대(최순실 사건)가 대한민국 전체를 카오스에 몰아넣은 현실을 우리는 체험했다. 정보화 사회의 나비효과도 실감했다. 손바닥만 한 작은 태블릿 PC가 별 영향력 없는 한두 사람의 실수 때문에 세상에 알려졌을까? 진보파 야당이었을까? 박정희 전 대통령을 시해한 김재규의 배후에 미국 CIA가 있었던 사실을 떠올리면, 진짜 진원지는 예상할 수 없다. Mr. X의 존재를 의심할 뿐이다. IT전문가라면 중요 국가기관의 컴퓨터까지 충분히 해킹할 수 있다. 만약 적대세력이 마음만 먹는다면 최순실의 개인 PC 해킹 정도는 식은 죽 먹기였을 것이다. 해킹으로 얻어낸 정보를 적당한 제3자의 컴퓨터에 슬쩍 보내고 세상에 알려 엄청난 파동을 발생시키는 것은 어느 나라 정보기관이라도 할 수 있다. 최순실 국정농단 사건이 하필이면 왜 북한 핵, 사드 등 민감한 문제가 대두된 시기에 발생했을까! 이미 10년 전에 미국 대사관은 박근혜(한나라당 대선 경선 후보시절)가 러시아 황실을 사로잡아 제국을 망친 괴승 라스푸틴 같은 종교적 카리스마의 영향 아래 있음을 본국에 보고했다.

미국 정부는 그동안 친중 노선을 취한 박근혜 정권의 태도를 공공연히 비난했고, 명성 황후를 살해한 전력이 있는 과격한 일본 우파도 박근혜 정권의 대일외교에 반감이 쌓여 있었다. 중국과 북한은 대한민국의 꼴을 보며 회심의 미소를 지었을 것이다. 굳이 화력무기를 쓰지 않아도 정보화시대에는 다양한 방식으로 적대 국가에 치명상을 입힐 수 있다. 사이버 공격은 비단 한국만의 문제가 아니다. 미국도 이메일 스캔들로 힐러리 클린턴(H. Clinton) 후보가 대선에서 패배했다. 민주당 전국위원회의 서버가 해킹당했고, 그 자료가 고발 사이트로 보내져 폭로됐던 것이다. 당시 대통령이었던 오바마(B. Obama)는 이 사실을 알고 러시아 외교관을 추방했다. FBI는 투표 이틀 전까지 힐러리의 이메일을 뒤졌고 러시아 정보기관은 미국 대선에 직접 개입해 트럼프(D. Trump) 당선에 일조했다. 사이버 공격으로 남의 나라 대선에 개입하는 것은 전혀 어려운 일이 아니다.

IT기술의 발달은 조세피난처(tax haven)도 쉽게 만들고 또한 쉽게 폭로하는 모순을 야기하고 있다. 역대 최대 규모의 조세회피 사건인 파나마 문서(The Panama Papers)사건은 정보화시대의 양면성을 보여준 대표적인 사례였다. 파나마 최대 로펌인 모색 폰세카(Mossack Fonseca)가

보유한 약 1,150만 건의 조세회피 비밀문서가 독일 언론에 제보된 뒤 탐사보도언론인협회(ICIJ)에 의해 폭로되었다. 조세회피란 부호들이 소액의 수수료만 지불하고 서류상의 회사를 만든 뒤 자금을 제3국으로 빼돌려 모국에서의 세금을 피하는 방식이다. 국가와 자본의 대립인 셈이다. 조세피난처는 생산이나 소득이 적은 소국이 자국 영토 안에서 벌어들인 소득에만 낮은 과세를 함으로써 많은 해외자금을 끌어들일 수 있는 구조이다. 파나마나 영국령인 버진 아일랜드, 케이먼 제도 등이 대표적인 조세피난처이다.

국제화와 정보화는 스노든(E. Snowden)이나 위키리크스(WikiLeaks)의 대변인 어산지(J. Assange) 같은 국가기밀 폭로자나 무정부주의자들이 IT를 이용해 국가권력과 맞설 수 있게 만들고 있다. 사실 한 세대 전만 해도 권력자의 사생활과 언행은 접근하기 어려운 영역이었으나 지금은 여과 없이 대중 앞에 노출된다. 그만큼 국가의 권위가 사라져 사회적 카오스를 가중시킨다. 세월호사건 당시 박근혜 전 대통령의 7시간 행적이 일으킨 파장과 카오스는 엄청난 사회적 비용을 물게 했다.

정보화와 국제화는 민족과 국가에 대한 소속감을 희석시키고 전통에 대한 경외심도 줄어들게 한다. 또한 누구나 동등하다는 생각에 지나치게 함몰되어 포퓰리즘(populism)을 발동시킨다. 엘리트 의식보다는 이익과 돈만 추구하는 속물근성도 일반화된다. 과거 국민국가는 엘리트들의 책임의식으로 지탱되었으나, 국제적인 평준화를 강요받는 상황에서는 엘리트의 자부심도 실종되어버린다. 더불어 정치가의 품위저하 현상도 동반된다. 2016년 미국 대선에서 힐러리 클린턴 후보와 도널드 트럼프 후보의 토론은 매우 실망스러웠다. 이들은 상대의 약점을 비판하는 데만 열을 올렸고 세계와 인류에 대한 비전은 전혀 제시하지 않았다. 도널드 트럼프의 자서전은 지나치게 속물적이다. 섹스와 돈 이야기만 있을 뿐 철학적인 고민은 한 줄도 없다. 대통령으로서도 품위 없는 언행을 보였고 이는 아무런 여과 없이 전 세계에 노출되고 있다.

경제학의 한계 　　기술혁신에 대한 기대가 높은 것은 새로운 시장개척이 가져올 경제 성장 때문이다. 그런데 국제화는 단기간에 신상품을 포화상태에 이르게 해 시장한계가 예전보다 훨씬 빠르게 나타난다.

자본 또한 국제화되면서 거대한 국제기업을 단시일에 탄생시켰다. IT를 근간으로 하는 다국적기업들은 4차 산업혁명에 대한 기대치를 높이지만, 문제는 대부분의 기업들이 윤리성에는 전혀 관심이 없다는 사실이다. 철학적, 정신적인 제동장치도, 통제할 제도도 기관도 존재하지 않는다. 오히려 빈부격차를 더 키워 젊은이들의 직장을 앗아가고 있는 실정이다. 멀쩡한 청년 노숙자들이 증가하는 것은 세계적인 현상이다. 현재의 자본주의에는 경제적 격차를 해소할 방법이 없다. 국제화는 경제적 요인만을 강조하고 윤리성을 도외시함으로써 오히려 카오스를 키우고 있는 것이다.

경제학의 아버지라 불리는 A. 스미스(A. Smith, 1723~1790)는 원래 도덕 철학자였다. 그는 자본주의가 발달하면 번영으로 이어져 인간의 도덕성도 높아질 것이라고 낙관했다. 그러나 결과는 그의 기대와는 정반대로 나타났다. 21세기 자본주의는 모든 것을 숫자로 판단하고 윤리적 제동 따위는 무시한다. 국가정책도 윤리적인 배려 없이 메마른 기술적인 용어로만 이론을 전개한다. 때문에 이제 엘리트에게 요구되는 것은 지식이 아니라 인간성 회복에 대한 용기이다.

스미스 시대에는 자유방임이 최고의 정책이었다. 자유방임으로 자본주의가 발전해갈 것으로 믿은 그는 자본주의의 도덕성을 전혀 의심하지 않았다. 개인의 이기적인 경제행위가 결국은 신(神)의 선한 의도를 달성할 것으로 믿었다. 실제로 초기 자본주의는 목가적이어서 불황이 와도 금방 회복하며 전보다 더 발전했다. 그러나 이제는 불황이 오면 장기화되는 경향이다. 좀처럼 성장 기미를 보이지 않는다. 스미스가 장담한, 보이지 않은 곳에서 경제발전을 지속시킨 신(神)은 이미 죽은 지 오래다.

산업혁명 후 주기적으로 찾아온 공황과 대중의 빈곤화를 겪으면서 사람들은 자본주의가 결코 영원한 자연적 질서가 아니란 것을 알게 되었다. 마르크스(K. Marx, 1818~1883, 사회주의·공산주의의 창시자로 『자본론』을 집필)는 자본주의 경제의 메커니즘을 철저히 분석해 노동자 계급의 빈곤화 법칙을 설명했다. 그러나 마르크스 경제학 또한 파산했다. 그 후 케인즈(J. M. Keynes, 1883~1946, 영국의 대표적인 경제학자)가 나서서 재정·금융정책으로 정부가 적극적으로 경제에 개입할 것을 주장한다. 스미스를 비롯한 고전·신고전 경제학자들은 '미시(마이크로) 경제는 자유방임과 시장 기능에 맡기는 것이 타당하지만, 거시(매크로) 경제에는 유효하지 않다.'며 경제 불황에는 정부가 나서서 수요확대를 위한 정책을 수립할 것을 주장했다. 그 성공이 미국 루스벨트(F.

Roosevelt, 1882~1945, 미국의 4선 대통령) 대통령의 뉴딜정책이다.

케인즈 이론 또한 한계를 보이자 1960년대에 신고전파 경제학자인 새뮤얼슨(P. Samuelson, 1915~2009, 미국인 최초의 노벨경제학상 수상자로 현대경제학의 아버지로 평가받음)이 등장해 미시경제와 거시경제를 통합, 재정을 우선시하는 금융 중심주의를 탄생시킨다. 그러나 상품경제가 없는 자본주의는 결국 금융공학에 휘둘려 리만쇼크와 같은 사태를 일으킨다.

▌케인즈

▌새뮤얼슨

금융공학의 경제적 모순은 저금리정책에 있다. 기업은 사업이 호황이면 은행에서 대출을 받아 확장해간다. 대출을 바라는 기업이 많아지면 이자율도 높아진다. 그러나 불경기에는 이자율이 낮아져 저금리가 된다. 세계적인 저금리현상은 이미 20세기 말부터 시작되었고, 일본은 제로 금리가 20년 이상 계속되어 '잃어버린 20년'이라는 말이 나왔을 정도이다. 한국 또한 이 패턴을 따라가고 있다.

그래도 은행이 여전히 존재하는 데는 이유가 있다. 원래 은행은 산업진흥에 기여하는 것이 목적이기 때문에 저소득자에게는 대출해주지 않는 것이 원칙이다. 그런데 투자할만한 기업이 없어지자 은행은 이 원칙을 무시하고 저소득자에게 대출을 해주고 주택을 구입시켜 주택 버블을 일으켰고, 대출금을 기반으로 금융상품을 만들어 전 세계에 팔았다. 정보화와 국제화는 이익만을 추구하는 금융자본이 횡행할 여지를 제공해주었다. 미국 투자은행은 거액의 수입을 올렸으나 결국 버블은 터지고 집을 잃은 사람이 속출했다. '비정상적인 투자 → 버블 → 붕괴'의 악순환이었다. 이로 인해 사람들은 눈에 보이지도 않는 금융자본을 저주했고, 인심이 험악해지면서 세상은 더욱더 카오스에 무력해졌다.

신자유주의 경제는 성장한계에 도달해 더 이상 개선될 비책은 없다. 주주는 계속 더 많은 이익을 바라는데 소비자는 보다 싸고 보다 높은 품질을 계속 요구하니까, 경영자는 선택의 폭이 좁아질 수밖에 없다. 세계적인 명문 기업이던 폭스바겐처럼 소비자를 속이는 유혹을 이기지 못하게 되는 것이다. 중국이 빠르게 성장한 것도 그만큼 미개척 분야가 많았기 때문인데 이젠 서서히 성장률이 떨어지고 예측했던 것보다 빨리 한계에 도달하고 있다.

이 위기를 극복할 방안은 단 하나이다. 현 자본주의를 넘어서는 윤리적 초자본주의의 등장이다. 국제화, 정보화는 이전과 전혀 다른 새로운 공유의 경제(Sharing Economy)로 활로를 찾는데 이는 인류의 이기적인 마음을 이타적인 협력으로 전환하는 범인류적 정신혁명으로만 가능할 것이다.

3 시대 순서가 뒤섞인 카오스

기독교와 이슬람 기독교와 이슬람은 『구약』을 공유하는 일신교이다. 기독교에서의 인간은 신의 창조물로서 신 앞에 설 수 있고, 다른 피조물들과는 구별되는 인권이라는 특권을 부여받는다. 인권은 신이 자연법을 통해서 준 것이므로, 어떤 권력으로도 빼앗을 수 없다. 인간은 존중되어야 하고 시민혁명도 허용된다. 종교적 권위보다 인권이 앞서기에 종교혁명도 가능했다.

이와 달리 이슬람의 『코란』은 유일한 예언자인 마호메트(570~632)가 직접 말한 것이어서 아무도 그 권위에 도전할 수 없다. 이슬람 국가가 세속화될 수 없는 이유이다. 실패한 일에 대해서도 인간은 이성으로 대처하면 안 된다. 알라신의 뜻을 물어야 하므로 종교혁명은 전혀 기대할 수 없다. 언제나 신의 통치로 돌아가기를 바라는 이러한 사고방식이 IS같은 조직을 계속 유지하게 만들었다. 이슬람 수니파 과격조직이 무고한 시민을 살해하는 이유도 이슬람법이 지배하는 세상을 만들기 위해서이다. 그들의 눈에는 세속화된 일반시민은 신의 뜻을 어긴 악마일 뿐이다. 따라서 『코란』이냐, '칼'이냐의 선택을 강요하는 전근대적 이슬람과 근대화를 겪

이슬람교 창시자 마호메트

은 기독교 서방세계는 대립할 수밖에 없다. 그동안 억눌려왔던 대립 감정이 국제화의 진행으로 노출되고 있을 뿐이다.

아랍의 반대편에 있는 민족이 이스라엘이다. 이스라엘은 국토 보전을 위해서라면 좌도 우도 없다. 이스라엘은 20세기에 전 아랍을 상대로 4차례 전면전쟁을 치렀고, 21세기에 들어와서도 하마스를 상대로 치열한 전쟁을 벌였다. 그들에게는 나라를 잃고 박해받았던 역사가 뼈에 사무치게 생생하다. 특히 나치에 의한 600만 학살의 기억은 국토 보전을 절대적인 사명으로 원형에 새기게 만들었다. 하지만 그 땅에 2,000년 동안 거주해온 팔레스타인(이슬람교도)에게 이스라엘은 자국 영토를 빼앗은 적일 수밖에 없고, 그들을 후원하는 미국도 적이다. 지금까지는 압도적인 군사력으로 팔레스타인을 눌러왔으나 언제까지 이 상태가 지속되지는 못할 것이다.

선 긋기의 한(恨)

어떤 민족이든 과거 이민족에게 당한 부당함은 역사에 새긴다. 그리고 한풀이의 기회를 노린다. 유럽은 대항해시대 이후 후진국을 수탈해 노예로 삼았고, 자신의 우월성은 영원히 변치 않을 것으로 믿었다. 심지어 역사, 철학, 종교까지도 유럽의 것을 최고로 생각했다. 세계 각지에서 발생하는 이슬람의 테러와 흑인의 반발데모는 그동안 억압당해온 원형의 반란이고 역습이다. 막는다해서 막아지지도 않고 효과적으로 막을 방법도 없다. 이미 세계 역사의 흐름은 바뀌기 시작했기 때문이다.

이슬람의 서방세계에 대한 원한의 뿌리는 십자군 전쟁과 제1차 세계대전으로 거슬러 올라간다. 영화 〈아라비아의 로렌스, Lawrence of Arabia〉는 아랍 민족 독립에 헌신한 영국군 장교의 실화로 제1차 세계대전과 그 후의 국제정세를 잘 묘사하고 있다. 아랍은 오스만 튀르크로부터의 독립을 믿고 영국인 로렌스(T. E. Lawrence, 1888~1935)에게 협력한다. 그러나 영국과 프랑스, 러시아는 자국의 이익만을 위해 지도 위에 직선을 그어 영토분할을 한다(Sykes–Picot 협정). 아랍 세계의 다양한 민족과 종족, 종교 등의 다름과 차이를 전부 무시한 처사였다. 로렌스는 모국 영국의 아라비아 정책에 실망하여 자살과도 같은 자동차 사고로 사망했다.

▌영국군 장교 T. E. 로렌스

사이크스–피코 협정은 마치 한반도의 38선 분할 같은 것이었다. 부족(민족)의 전통과 종교를 무시한 이 선 긋기는 아랍인들에게 불행의 씨앗이 되었다. 9·11 테러 직후, 오사마 빈라덴(O. bin Laden, 1957~2011)이 "100년의 한을 풀었다."고 선언한 것도 이를 두고 한 말이었다. 민족 원형을 무시한 서양의 직선적 사고가 잉태한 독소였던 것이다. 이 독소는 지금도 지구 곳곳에 카오스의 격랑을 몰아오고 있다.

IS를 비롯한 아랍 테러의 원인은 유럽인의 오만이 저지른 부조리에 대한 소수민족 원형의 복수다. 미국, 영국, 프랑스, 러시아가 최신 무기로 맹공격을 하면 테러는 일시적으로는 수그러들겠지만 결코 근절되지는 않을 것이다. 오히려 테러의 빈도는 늘어간다. 얼마 전까지만 해도

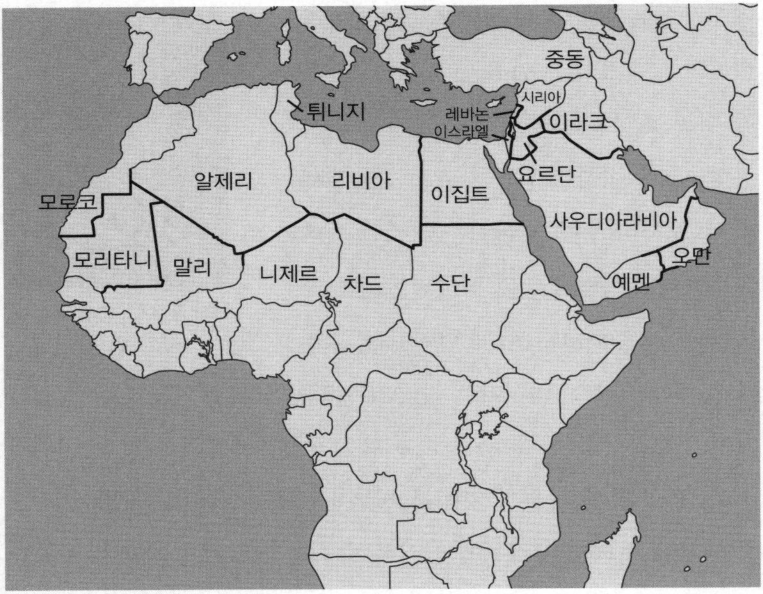

▌직선으로 분할된 아프리카와 중동

미국과 유럽에서 발생한 과격파 테러는 외부에서 들어온 이슬람교도의 범행이었다. 그러나 최근에는 양상이 달라졌다. 세속화된 자유민주주의 사회에서 교육을 받았으나, 국제화 그리고 신자유주의로 인해 확대된 빈부격차 때문에 현실에서 안정적인 생활을 꿈꿀 수 없는 사람들이 종교적인 신념으로 무장해 테러를 감행하고 있는 것이다.

그들은 현실에서 고통스러운 나날을 보내는 것보다는 차라리 순교를 택한다. 순교자가 되면 천국에서 72명의 처녀와 즐거운 생활을 누릴 수 있고 유족에게는 연금이 지급된다. 한 사람의 죽음으로 나머지 가족 모두가 잘 살게 되는 칭찬받을 행위다. 물론 살아남으면 영웅 대접까지 받는다. 결국, 죽든 살든 상관없기에 테러 지원자는 끊임없이 나오게 되어 있다.

또한 IS에 대한 폭격은 일반시민의 희생이 따른다. 결국 폭격을 받을수록 원한은 증폭되고 새로운 테러자원자도 더 늘어난다. 악순환의 고리이다. 물론 이들이 세력화되기까지 많은 재정적인 지원이 있었다. 다른 이슬람국가들의 동정적 후원도 있고 실질적인 기부도 많아 그들은 거액의 현금을 보유하고 있다. 현실적으로도 IS는 800만 인구가 있는 지역을 제압하고 있기 때문에 세금과 석유자원도 적지 않다. 재정적인 여유를 가진 IS이기에 다른 지역으로 확장해갈 가능성은 충분하다. 세계는 한풀이 기회를 노리는 카오스로 가득 차 있는 것이다.

전(前)·현(現)·후(後)가 함께 등장하는 카오스 제2차 세계대전 이후 극복된 것으로 믿었던 인종주의와 배타적 국가주의도 다시 부활하고 있다. IS는 전근대적 종교 신념으로 뭉친 집단이다. 따라서 IS와의 전투는 전근대적 국가와 근대적 국가 사이에 벌어지는 갈등이어서, 카오스를 가중시키지 않을 수 없는 구조이다. 이들 전근대사회는 서양제국주의의 충격으로 근대사회로 돌입했지만, 정보화와 빠른 국제화는 오히려 역으로 그동안 잊고 지낸 전통을 돌아보게 만들었다. 민족의 원형을 돌이키게 하고 이를 또한 여과 없이 드러나게 만들었다.

세계는 지금 IS를 비롯한 많은 이슬람국가처럼 종교와 정치가 결합한 전근대(pre-modern)국가와 국민국가인 근대(modern)국가, 그리고 국제화를 역동적으로 실현시키는 후근대(post-modern)국가가 혼재되어 있다. 이들은 서로 부딪칠 수밖에 없어 카오스를 증폭시키는데, 문제는 사건의 진행에 있어서 선후가 없다는 것이다.

이 구도의 축소판이 시리아 사태이다. 아사드 정권을 근대 세력, 반아사드 세력인 미국과 러시아 등을 후근대 국제화 세력이라 한다면, IS와 알 카에다 등 이슬람 과격파는 전통에 집착하는 전근대 세력이다. 이슬람 과격파는 유일신 알라의 법에 따라 칼리프가 통치하는 이슬람제국을 건설하는 것이 목적이다. 고대의 신권(神權)정치이고 제정일치(祭政一致)를 지향한다. 과격파 원리주의자들은 제정일치 실현을 위해 자신의 종교 이외의 사람들은 적으로 규정해 무차별적으로 살해한다. 가능하다면 핵무기도 사용해 테러를 저지를 수 있는 집단이다. 시리아 사태는 근대 체제를 중심에 두고 전·후근대 세력이 뒤엉킨 양상이어서 사실상 합리적인 출구는 없다.

아랍 국가들은 막대한 석유자원으로 부유해졌지만, 사막에서의 오랜 유목생활에서 형성된 원형은 조금도 변하지 않았다. 부족사회 내의 문제는 부족의 법(관습)으로 판단하고, 부족 간의 분쟁은 『코란』이 기준이다. 그러나 같은 『코란』일지라도 종파가 다르면 가르침이 다르기 때문에 다시 달라진다. 공통의 가치기준이 없는 것이다. 그러니 무력으로 해결하는 수밖에 없다. 다양한 시대와 다양한 가치관이 동시에 소리 지르고 있는 지역이 중동이다.

대국의 핵은 패권, 소국의 핵은 한풀이 또 하나의 카오스 요인은 핵무기이다. 소수민족들은 지구 파멸의 위험까지 초래할 수 있는 핵무기를 앞세워 대국과 맞대결할 생각을 품고 있다. 우라늄 핵폭탄은 농축기술만 있으면 실험도 필요 없이 쉽게 만들 수 있는 것이다. 한국도 가능하다. 핵 위험은 한반도에만 상존하는 게 아니다. 우크라이나도 핵으로 러시아에 맞서 독립을 유지하겠다는 생각이다. 인류가 지구에 등장한 이래 전쟁이 없던 날은 없었으나, 핵무기는 인류와 지구 전체를 멸망시킬 인류사에 없던 절대무기이다. 이 절대무기가 지금 패권 국가들 뿐만 아니라 가난하고 한 많은 약소국가들의 손에도 동시에 들려 있다.

핵전쟁은 사람의 목숨값이 저렴한 나라들이 먼저 감행할 것이다. 한국전쟁에서 중국이 감행한 인해전술은 얼마나 목숨값이 저렴했는지를 극명하게 보여준 사례였다. 러시아도 제2차 세계대전에서 비슷한 가치관을 보여주었다. 군사들이 전선에서 진격하지 않으면 뒤에 특전부대를 배치해 자국병사들을 쏘아 죽였다. 전술이라기보다 폭력이었다. 아프간 전쟁에서도 러시아는 자국 병사가 포로가 되면 인질흥정 따위는 아예 하지 않았다. 오히려 폭격으로 자국 포로를 죽이기까지 했다. 스탈린(J. Stalin, 1879~1953, 소련의 독재자)은 "한 사람의 죽음은 비극일 수 있으나 100만 명의 죽음은 통계에 불과하다."고 호언한 적도 있다. 북한 김씨 왕조의 무서움 또한 수백만이 굶어 죽어도 꼼짝도 하지 않는다는 데 있다.

이에 반해 미국은 한 명의 병사를 구하기 위해 그 이상의 병사를 전사시킬 수 있는 나라이다. 지금도 그들은 6·25전쟁의 전사자 시체를 찾고 있다. 이런 미국을 상대로 김정은은 절벽외교, 즉 '너 죽고 나 죽자.' 식의 물귀신 전략으로 재미를 톡톡히 보고 있다. 전쟁은 문명보다 야만이 오히려 유리할 때가 많다.

2000년대 이후 북한에 대한 미국의 상대적 국력은 급격히 저하되었다. 핵무기는 1,000개를 던지든 100개를 던지든 별 차이가 없이 인류멸망으로 가기 때문이다. 무력의 평준화를 의미한다. 군비 측면에서 미국이 여전히 압도적이기는 하지만 과거처럼 일방적 우위를 장담할 수 없게 되자, 북한에 대해 더욱 신중해질 수밖에 없다. 버락 오바마 전 대통령은 '핵이 없는 세계'를 제의해 노벨평화상을 받았지만, 트럼프 대통령과 영국 Brexit파의 지도자 존슨(Boris Johnson)은 똑같이 자국만을 시야에 두고 있다. 러시아의 푸틴(V. Putin) 또한 국영 TV에서(2015년 3월 15일) "크리미아전쟁에 핵무기를 사용할 준비를 하고 있다."고 밝히며 자국중심주의를 드러냈다. 쿠바 위기 때는 미국의 존 F. 케네디(John F. Kennedy, 1917~1963) 대통령도 소련의 니키타 후루시쵸프(N. Khrushchyov, 1894~1971, 소련의 정치가로 스탈린을 비판한 개혁주의자)에 정면 대응함으로써 핵전쟁의 위기로 몰아간 적이 있었다. 어떤 나라든 정치지도자는 자국민이 안전하다는 조건만 보장되면 자신의 정치적 입장에 따라 언제든지 악마가 될 잠재성이 있다.

이제 북한은 수소폭탄을 만들었고 운반할 수 있는 미사일까지 갖추었다. 북한 핵은 대국 중심의 국제질서를 무너뜨리는 중요한 카오스 요인이다. 김정은은 푸틴이나 케네디와는 사고가 다르다. 패권 국가의 지도자는 전략적 계산으로 핵을 사용하지만, 가진 게 핵밖에 없는 김정은은 핵무기 사용의 유혹을 가장 받기 쉬운 인물이다. 인류는 윤리적으로는 과거 수천 년 전에 비해 하나도 발전하지 않았는데, 전 세계를 멸망시킬 수 있는 무기를 손에 넣고 말았다.

4 리바이어던의 실종

질서 유지의 책임자 『리바이어던(Leviathan)』은 17세기 영국의 철학자 홉스(T. Hobbes, 1588~1679)의 저서로 『구약』의 욥기에 등장하는 거대한 바다짐승을 뜻한다. 이 바다짐승은 교회권력으로부터 해방된 국가에 비유되었다. 리바이어던은 악의 힘을 지니고 있으며, 전쟁의 불안과 공포를 극복하고 평화를 영구적으로 유지할 수 있는 절대주권 국가를 상징한다. 홉스는 '계약에 의해 움직이는 인간은 만

▌홉스의 『리바이어던(Leviathan)』 표지

인의 만인에 대한 투쟁으로 향할 가능성이 있다.'며, 전쟁상태에서 평화로의 전환은 국가가 나서서 해줄 것을 요구했다.

인간은 쾌락 가운데서도 또는 고통 속에서도 타자와 비교하고 경쟁하며 상대적 우월성을 추구하려는 본능을 갖고 있다. 이를 제어할 수 있는 가장 효과적인 수단이 힘이고 권력이다. 부와 지식과 명예도 죽을 때까지 억제할 수 없는 욕구이기 때문에 인간은 적을 만들 수밖에 없다. 이런 절대 악이 초래할 전쟁을 극복하기 위해 국가가 필요하고, 인간의 인간에 대한 불신과 그 불신이 일으킬 전쟁을 피하기 위해 계약 형식으로 '만인의 법'인 자연법이 필요하다. 공동의 평화와 안전을 지키려면 공동의 권력(common power)이 요구되며, 국가는 바로 그런 인격과 주권을 갖는 리바이어던이다.

리바이어던은 개인과 국가의 관계를 조명했지만 이를 국제관계로 확대하면 국가는 과거의 국제연맹이나 오늘의 UN이 될 수 있을 것이다. 국제적 주권자인 것이다. B. 러셀(B. Russel, 1872~1970, 영국의 철학자이자 수학자)은 제1차 세계대전 후 국제연맹을 주도한 미국 대통령 윌슨(T. Wilson, 1856~1924)에게 "총검을 잊고 있다."고 비꼬았다. 군사력이 없는 국제연맹이 무슨 영향력이 있겠느냐는 우려였다. UN 또한 마찬가지다. UN이 힘이 없으니까, 미국이 제2차 세계대전 이후 냉전시대에 UN을 대신해 세계의 경찰 역할을 맡아왔다.

그러나 미국도 더 이상 세계 경찰국가로서 역할을 할 수 없다고 선언했고, 트럼프는 아예 미국 제일주의를 내세워 경찰국가로서의 권위를 시궁창에 던져버렸다. 리바이어던의 실종이다. 그런 가운데 작은 나라들은 자신의 원형을 자각하면서 리바이어던(패권)에 반란을 일으키고 있어, 나라와 나라가 서로에게 만인의 적이 되는 상황으로 치달아 여기저기서 카오스를 일으키고 있는 것이다.

도덕성의 빠른 변화 평화에 대한 염원은 역사 속에서 우리 무의식 속에 잠재되어온 것이다. 농업혁명이 일어났을 때 사람들은 먹고 남은 잉여농산물을 팔아 재력과 힘을 비축했고, 그 여력으로 도시를 만들어냈다. 이어 철기가 발명되었고, 이와 더불어 인간의 야만성도 확장되었다. 대량학살과 황음(荒淫)이 발생했고, 이는 엄청난 카오스를 만들었다. 이런 혼돈 가운데서도 인류의 존속을 가능케 했던 것은 정신혁명을 통해 생겨난 도덕률이었다.

인간 개개인의 무의식은 진리와 선함과 아름다움, 즉 진선미를 동경한다. 그 집단 무의식이 표현된 것이 철학이고 종교이고 예술이다. 선(善)이 집단화되어 종교, 즉 성(聖)이 되었다. 성(聖)은 살인과 음탕을 배척한다. 종교와 철학은 무의미한 살생과 음탕을 경고함으로써 인간은 자손의 번성 즉 종의 보존을 보장받아왔다.

영국의 역사가 에릭 홉스봄(E. Hobsbawm, 1917~2012)은 근현대사를 다음과 같이 구분했다. 프랑스혁명(1789년)에서 제1차 세계대전이 끝난 1918년까지를 19세기로, 1918년에서 소련이 붕괴한 1991년까지를 짧은 20세기로 보았다(『20세기의 역사』). 19세기는 이성(계몽)의 시대였고 과학의 힘으로 인간이 무한히 발전할 것으로 기대한 시대였다. 과학의 중심은 유럽이었기에 유럽중심주의가 꽃피운 전성기이기도 했다. 그는 유럽 국가들이 약소국가들의 문명과 역사를 짓밟으며 왕성하게 확장시켰던 식민지 개척마저도 진보적인 역사의 한 과정으로 인식했다.

그러나 실상을 들여다보면 유럽은 19세기에 이미 위기를 겪으면서 몰락을 향해 가고 있었다. 유럽은 30년 동안 1, 2차 세계대전이라는 큰 전쟁을 치렀다. 그 후 냉전을 거쳐 베를린 장벽 철거와 소련의 붕괴를 목격했다. 사람들은 소련의 붕괴를 세계사의 전환점으로 여기고 있으나 나는 2001년 9·11 테러를 전환점으로 본다. 9·11 테러는 민족의 집단 무의식이 일으킨 반란이 전 세계로 번지는 분기점 역할을 했다. 그 이후부터 세상은 급속히 달라졌다. 21세기가 시작된 것이다. 긴 19세기가 계몽의 시대였다면, 짧은 20세기는 발전의 시대였고, 21세기는 역사의 역습의 시대이다. 정보화가 일으키는 잦은 변화와 변혁으로 인해 20세기보다 훨씬 짧은 21세기를 겪을 것이다. 인류는 그 어느 때보다 정신혁명에 목말라 할 것이다. 핵으로 인한 인류멸망의 위기를 자각한 세계인의 두려움이 정신혁명의 중심윤리가 될 것으로 본다.

독약을 바른 토끼와 늑대 단번에 세계를 파멸시킬 절대무기의 등장으로 이제 더 이상 어느 나라 지도자도 감히 전쟁으로 패권을 장악할 생각을 할 수 없다. 50년 전, 미국 MIT대학의 대학원생 그룹이 "자동차와 시계만 만들 수 있다면 핵무기도 만들 수 있다."는 발언과 함께 설계도를 발표해서 세계를 깜짝 놀라게 한 적이 있다. 그게 현실이 되었다.

핵을 가진 소국과 대국의 관계는 마치 토끼가 독약을 몸에 바르고 늑대 앞에 나타난 상황과도 같다. 대국은 그 상황을 그대로 두고 볼 수도 더 이상 잡아먹을 수도 없는 처지가 되었다. 그동안 토끼는 늑대에게 일방적으로 당해왔었으나 단순한 보복 이상의 전술을 개발했다. 그것이 기존의 약육강식의 생태계 질서를 뒤집었다. 이제 늑대들은 오랜 생존 양식을 바꿔야 한다. 토끼의 전술은 금방 다른 피포식자에게 전파되어 결국 늑대는 육식을 포기하고 초식동물로 변할 수밖에 없다. 따라서 스스로 먹이를 바꾸거나 아니면 적자생존의 법칙에 따라 절멸할 것이다. 토끼 또한 자신의 몸에 바른 독약으로 결국 자멸할 것이다.

38선 선 긋기는 독약을 바른 토끼처럼 북한이 핵무기를 갖고 미국 앞에 나타나게 했다. 이 구도는 대국에 일방적으로 짓밟혀온 약소국의 반란이자 도전장이다. 한반도 중심의 국제적 카오스는 세계사의 흐름을 바꿀 것이다. 한반도 문제가 평화 공존으로 전환되면 인류사의 방향은 정신혁명으로 갈 것이다. 6·25전쟁 중 세계 16개국이 한국을 위해 참전했다. 우연이기는 하지만 당시 유포된『정감록』의 한 구절에 한반도가 여러 나라로부터 조공을 받게 된다는 구절이 있었다. 한민족 집단 무의식의 바람이었던 것이다. 현 상황을 슬기롭게 대처하면 한반도가 새로운 국제 변혁의 중심에 서게 될 수 있다. 약소국가의 핵무기는 인류존속을 위한 새로운 패러다임을 등장시킬 것이다. 다만 북한이 스스로 몸에 바른 독, 즉 핵에 중독되어버린 점이 인류의 미래에 어두운 구름으로 작용하고 있다.

앞으로 창발하게 될 새로운 사조에서는 농경민과 유목민의 종교가 하나로 융합하게 될 것이다. 『구약』에 신은 농경민인 카인의 공물을 물리쳤으나 이젠 카인의 공물도 기쁜 마음으로 받아야 할 것이다. 농경민, 유목민이 어울려 살게 될 세상이다. 이는 새로운 정신혁명으로만 가능하다.

제1차 세계대전 이후 인류가 전쟁에서 독가스 사용을 자제해온 것같이, 제2차 세계대전 이후 지금까지 핵무기 사용도 금지해온 것은 집단 무의식의 의지였다. 미국과 구소련 간의 50년 가까운 냉전 동안 6·25전쟁과 베트남전쟁이 발생했지만, 통계에서 드러난 사상자 수는 두 차례의 세계대전에 비해 현저히 줄었다. 히로시마와 나가사키의 핵투하 이후 핵무기 사용을 적극적으로 피해온 결과이다. 갈릴레이(Galileo Galilei, 1564~1642)가 종교재판소의 강요에 못 이겨 지동설을 부인했지만, 재판소 문을 나서며 "그래도 지구는 돌고 있다."는 명언을 남겼듯이, 그의 말투를 빌리면 '인류는 대량살상 무기를 발명하면서 대량학살을 줄여왔다.'고 할 수 있다. 이는 북한의 핵무장으로 야기된 한반도의 카오스가 오히려 전 인류의 희망의 기회가 될 수 있음을 시사하는 것이다.

5 집단 무의식의 반란

무의식이 지배하는 세계 유능한 무당은 고객의 무의식 세계를 넘나들기 위해 맨 먼저 그 마음에 새겨진 상처(trauma)를 들여다보는 것으로 점을 시작한다. 그들이 신탁(神託)을 받는 곳은 무의식 속의 성당이다. 프로이트(S. Freud, 1856~1939, 오스트리아의 신경과 의사)는 심리학에서 출발해 정신분석학을 창시한 학자이자, 과학의 이름으로 인간의 꿈속 무의식을 현실로 끌어올린 무당이기도 했다. 그는 무의식의 깊은 곳에 모신 성당을 성(性)으로 대체시켜, 인간의 모든 행동을 분석했다. 칼 융(C. Jung, 1875~1961, 스위스의 정신의학자)은 스승 프로이트의 주장을 한걸음 더 발전시켜, 집단화된 민족 무의식 속에 모셔진 신화를 들여다보았다. 신화의 내용이 민족마다 다르듯이 집단 무의식도 서로 다를 수밖에 없다.

집단 무의식에 내재한 인간의 진·선·미에 대한 희구를 처음 이론화한 것은 그리스 사람들이었다. 그들은 '진'과 '미'를 '선'보다 강하게 의식해 철학과 예술을 꽃피웠으나 종교적인 영향력으로까지 이어지지는 않았다. 인류를 지적인간(Homo Sapiens)이라 부르지만, 문명 수준이 낮던 고대에는 이성보다 무의식에 더 많이 의존했다. 그러나 문명이 발달하면서 지성 집단은 무의식을 외면하기 시작했고, 대지성이라 불리던 학자들은 무의식을 얕보고 이성을 중시했다. 석가모니가 죽음을 앞두고 제자들에게 준 마지막 가르침도 자등명(自燈明, 자신의 이성만을 믿어라)이었고, 공자(孔子)는 "초월적 존재가 있는지 없는지도 알 수 없다(不語怪力亂神)."며 초월자를 언급하지 않았다.

그러나 누구보다 지성을 중시했던 소크라테스(Socrates, B.C. 470~B.C. 399)는 중요한 결정을 내릴 때면 '다이모니온(daimonion, 신령한 소리)'의 소리를 들었다. 그 소리가 어디에서 온 것인지는 알 수 없었지만, 항상 옳은 길을 제시해준다고 그는 믿었다. 부당한 재판으로 사형 선고를 받고 제자들이 당시의 관습에 따라 간수를 돈으로 매수해 스승을 구출하려 했을 때도, 그는 제자들의 제안을 거부하고 마음속의 이성적 직관인 다이모니온의 신호에 따라 행동했다. 그가 남긴 "법은 준수해야 하고 악법도 법이다. 그러므로 그릇된 판결도 받아들여야 한다."는 삼단논법은 바로 지성 존중이다. 소크라테스가 들은 소리를 프로이트와 융의 이론에 대입시키면, 다이모니온은 아테네의 신이 아니라 그의 무의식에 도사린 '지성의 신'이었다.

소크라테스의 제자 플라톤(Platon, B.C. 427~B.C. 347)은 존경하는 스승을 잃은 충격으로 다수결 원칙의 민주제도를 신뢰하지 않았다. 오직 기하학과 철학으로 지성을 닦은 이상적인 왕(哲人王)이 나와 통치해줄 것을 소망했다. 그에게는 소크라테스가 믿은 초월적인 다이모니온의 소리 같은 것은 없었다. 해석(이성)적 사고만 중요했다.

플라톤의 제자 아리스토텔레스(Aristoteles, B.C. 384~B.C. 322)는 "인간이란 폴리스를 갖는 동물(political animal)이다."는 그의 말처럼, 제도와 관습은 중시했으나 그 이면에 도사린 집단화된 무의식에는 관심이 없었다. 종교는 사회 질서유지에 유용한 가치로만 인식했을 뿐, 그 그림자 속 무의식은 보지 못했다. 플라톤이나 아리스토텔레스는 소크라테스의 다이모니온을 무시했다. 그리스 지성주의 철학에서 무의식은 이성에 가려 등장할 수 없었다. 그러나 대부분의 인간행동은 무의식에서 나온다. '나(주체)'의 뿌리인 무의식의 존재에 관심을 갖기 시작한 것은 20세기 이후의 일이다.

민족 고유의 집단 무의식은 이성과는 다른 차원이다. 예를 들어 국경문제는 어느 민족에게나 자존심이 걸린 사안이다. 때문에 이성이 개입할 여지가 없다. 한·일 간의 독도문제가 그렇다. 세계 카오스의 중심을 들여다보면 그 속에는 항상 '무의식의 이성에 대한 반란'과 '역사의 반란'이 얽혀 있다. 그런데 주시해야 할 것은 어제까지만 해도 합리주의를 국시로 삼아온 대국들이 이젠 앞장서서 집단 무의식에 매달리는 모양새를 보이고 있는 것이다. 그런 모습에서 나는 앞으로 인류에게 닥칠 카오스에 무서운 전율을 느끼게 된다. 특히 미국, 러시아, 영국은 현재 진행 중인 소수민족의 원한의 원인을 제공한 선 긋기의 원흉(元兇)들이다.

미국 _ 집단 무의식의 반란 2016년 미국 대통령 선거에서 트럼프 후보가 외친 구호 '다시 한 번 위대한 미국(make America great again)'은 몰락한 백인 중산층에게 잘 살았던 옛날에 대한 향수(집단 무의식)를 불러일으켰다. 그들은 과거 화려한 시절의 미국이 그립다. 몰락한 백인 중산층의 무의식은 보기 좋게 표면의 의식을 뒤엎는 데 성공했다. 이를 두고 언론은 '화난 백인(angry white men)'이라고 표현했지만, 사실은 불안한 백인의 집단 무의식과 감춰져 있던 패배감이 드러난 것이었다. 미국은 그동안 상위 5%의 엘리트계층이 정보와 가치를 점유하고 움직여온 것으로 믿어왔으나, 이젠 카오스적 집단 무의식의 힘이 더 크게 작용하고 있다.

미국의 민족주의는 중류계층인 앵글로색슨계 백인 신교도(WASP: White Anglo-Saxon Protestant)에 의해 형성되어 왔다. 외교정책은 고립주의(Monroe Doctrine)에서 세계의 경찰국가를 지향해왔으나, 그 기저에는 이성존중과 계몽주의 철학이 깔려 있다. 인권과 평등을 중시하고 기회균등의 가치를 이상으로 저개발 국가를 원조하고 대량 이민도 적극 수용해왔다. 그러나 미국의 건국과 번영을 이끌어온 백인이 더 이상 우월감을 유지할 수 없게 되자, 자신들만이 미국의 주인이라는 의식으로 회귀하기 시작한 것이다. 제2차 세계대전 이후 국제질서를 이끌어온 미국이 자국중심주의로 급선회한 것은 영국이 Brexit로 선회한 것과도 다름없는 역사 흐름의 역행(반란)이다.

이런 흐름과 관련해서 2017년 8월 2일, 미국 버지니아 주의 샬러츠빌(Charlottesville)에서는 만화 같은 일이 발생했다. 한쪽에는 백인 지상주의자들이 집결해 '백인주의'를 외쳤고, 다른 쪽에서는 '백인주의 혐오(counter hate)'를 소리치는 상황이 벌어졌다. 앞으로 미국에는 이런 일이 자주 일어날 것이다.

문명의 흐름은 되돌릴 수 없는 것이다. 의회 민주주의에서 다시 절대왕정으로 복귀할 수는 없다. 때문에 역사의 역행은 국제적인 카오스를 발생·심화시키는 또 하나의 중요한 원인이 된다. 그런데 문제는 이러한 역사의 역행이 미국만의 현상이 아니라는 데 있다. 미국을 포함한 전 세계 외교전문가들은 트럼프의 국제관이 범세계적인 현상이 될지 모른다고 우려하고 있다.

영국 _ 향수의 갈등과 집단 무의식 영국은 세계에서 가장 현실적이고 이성적인 정치제도와 전통을 자랑해온 나라이다. 이런 영국이 EU에서 탈퇴한다고 했을 때 전 세계가 놀랐다. 제2차 세계대전 직후 유럽합중국 결성을 주창했던 사람이 바로 영국 수상 처칠(W. Churchill, 1874~1965)이었기 때문이다. 그는 소련의 철의 장막을 바라보며 유럽의 힘을 기르기로 결정했다. 1, 2차 세계대전을 겪은 유럽인은 평화와 번영을 위해, 오랫동안 염원해왔던 EU를 결성했고 독일도 포함시켰다. 그 결과 평화뿐만 아니라 경제적 성과도 얻었다. 그러나 영국과 유럽 사이에 존재해오던 미묘한 정신적 갈등은 녹지 않은 채 남아 있었다.

영국은 역사적으로 대륙으로부터 여러 차례 침략을 받았다. 로마의 식민지를 겪었고 바이킹의 침공, 근대에는 나폴레옹과 히틀러의 침략을 받았다. EU 가입도 드골(Charles De Gaulle, 1890~1970) 프랑스 대통령의 반대로 인해 그의 사후에나 간신히 할 수 있었다. 그로부터 40년이 흐르는 동안 영국은 사실 유럽에 대해 흥미를 잃었다. 특히 60세 이상의 고령자들은 독일이 지배하는 유럽을 싫어한다. '오대양에 영국국기인 유니언 잭(Union Jack)을 휘날리던 자존심 강한 민족의 집단 무의식이 아직도 가슴에 펄떡이며 살아 있는데 어찌 이를 경제적 이익과 바꾸겠느냐.'는 항변인 것이다.

앵글로색슨계인 영국과 미국은 국제화 물결에 가장 많은 혜택을 본 나라들이다. 그런데도 표면에 드러나지 않은 집단 무의식의 반응은 이와 다르다. 자기들보다 못난 나라와 동등하게 되는 것에 국민들은 자존심이 상한다. 특히 난민들이 대량으로 들어와 자신의 문화와 전통에 영향을 주는 것도 싫다. 역사적으로 4세기 중엽, 로마를 멸망시킨 민족대이동의 기억이 남아 있는데다, 중산층 이하 계층은 직접적으로 난민들에게 직업을 빼앗길 위기에 처하게 되니 도저히 가만히 있을 수 없는 것이다. 이성적으로는 전 인류가 동등하다는 사실을 인정하지만, 현실에 민감한 무의식은 손해 보는 일을 견디지 못한다.

영연방(Commonwealth of Nations) 내부의 갈등도 집단 무의식에 영향을 미치는 요소이다. 영국은 1066년에 노르만 정복(Norman Conquest)으로 역사가 열린 나라이다. 프랑스의 노르망디공인 윌리엄이 켈트족인 잉글랜드에 침입해 정복왕조를 수립했다. 앵글로색슨을 중심에

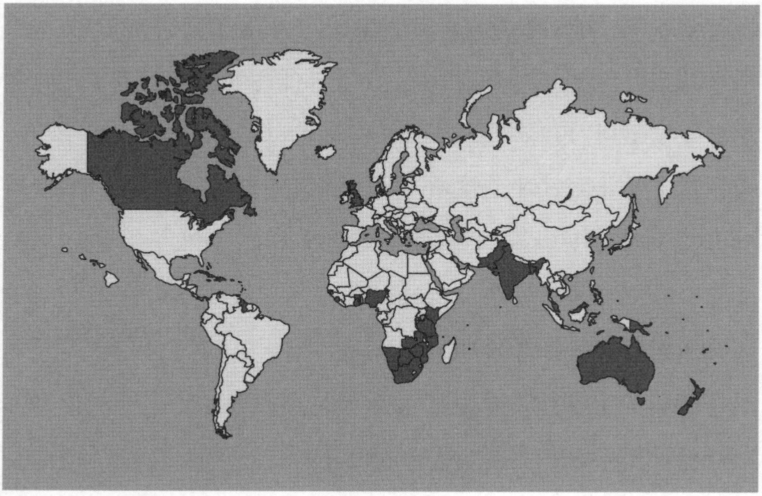

▌영연방(Commonwealth of Nations) 회원국 분포 지도

두고 북에는 스코틀랜드, 서에는 아일랜드, 남에는 윌스 같은 켈트족이 자리를 잡았다. 이들은 각각 토착어와 종교가 다르다.

2014년 주민투표로 스코틀랜드의 독립이 일단 부결되긴 했으나 앞으로 두고두고 후회할 문제의 씨앗을 남겼다. 스코틀랜드는 1707년에 연합법에 따라 영국(윌스를 포함)으로 편입되었지만 원래는 독립왕국이었다. 영연방이 된 지 300년이 흘러도 인구 530만의 가슴속에 새겨진 스코틀랜드의 원형은 사라질 수 없는 것이다. 앞으로도 계속 분리독립을 시도할 것이다.

아일랜드는 영국과 달리 국교가 가톨릭이다. 아일랜드가 영국을 대하는 태도는 미묘하다. 두 민족의 갈등은 스페인전쟁에서 비롯되었다. 영국이 스페인과 전쟁을 벌이고 있었을 때, 스페인은 아일랜드를 영국 공격의 거점으로 삼았다. 어쩔 수 없는 지정학적 역학관계의 결과였지만 이게 괘씸죄에 걸려 아일랜드는 영국으로부터 엄격한 통치를 받았다.

영국은 개신교 신자들을 아일랜드로 이주시켜 기존의 가톨릭교도와 알력을 발생시켰다. 17세기에 크롬웰이 아일랜드를 침공해 4만 명에 달하는 농민의 땅을 빼앗아 영국 병사들에게 나누어준 후, 개신교 신자들을 대대적으로 이주시켰다. 19세기에는 영국 식민지 통치 아래 100만 명의 아일랜드인이 굶어 죽는 사태가 벌어지는 등 영국의 학정은 아일랜드인의 무의식 속에 한(恨)을 심었다.

비록 제1차 세계대전에 약 20만의 아일랜드 병사가 영국 왕을 위해 싸워 그중 3만 명이 전사했지만, 전쟁의 회오리 속에서도 수도 더블린에서는 아일랜드공화국을 주창하는 독립파가 영국군대와 결사적으로 싸웠다. 영국군에 진압당하기는 했지만 아일랜드인의 독립의지는 꺾이지 않았다. 결국 1922년에 개신교도가 많은 북아일랜드를 제외하고는 독립을 이뤘다. 북아일랜드는 지금도 가톨릭과 개신교의 종교적 알력으로 테러와 폭동이 발생하고 있는 곳이다. 민족적·종교적 갈등 그리고 오대양을 지배했던 대영제국에 대한 향수가 영국인의 집단 무의식에 강한 자존심으로 남아 있다.

우크라이나와 러시아의 집단 무의식

푸틴은 전임자인 옐친(B. Yeltsin, 1931~2007)의 부정 축재를 완전히 불문에 부치는 조건으로 대통령직을 계승한 인물이다. KGB(소련 비밀경찰) 출신다운 거래였다. 그는 모략과 암살에 익숙한 인물이다. 마피아 두목처럼 정적은 여지없이 암살해왔다. 장기집권에 필요하다면 서슴없이 핵무기도 사용하겠다고 공언했고, 현재 세계 지도자 가운데 최고의 부자로 알려져 있다. 그가 묵인한 옐친의 축재 정도와는 비교도 되지 않는다.

우크라이나는 복합국가이다. 동서남북이 서로 다른 역사와 전통을 갖고 있어 끊임없이 알력과 갈등을 빚어왔다. 결코 순탄치 않은 과거였고 또한 현재이다. 특히 서부지역의 역사는 그 외 지역과는 대립적이다. 서부지역은 본래 폴란드의 영토였다. 18세기 이후에 폴란드가 인접한 러시아와 프로이센, 오스트리아에 의해 분할되자 그 땅은 오스트리아(=합스부르크) 영토로 변한다. 그러나 제1차 세계대전에서 오스트리아가 패하자 다시 폴란드 영토로 복귀한다. 제2차 세계대전 후에는 다시 우크라이나에 병합되어 소련 영토가 된다. 우크라이나 서부지역 사람들은 러시아와는 아무런 역사적·민족적 연관성도 없으면서 그 나라 백성이 된 것이다.

서부인은 결코 러시아인이 될 수 없는, 뼛속부터 우크라이나인이다. 종교도 동방정교가 아니라 로마 가톨릭이다. 우크라이나 민족주의자들은 거주민들에게 러시아어가 아닌 우크라이나어를 쓰라고 강조한다. 이들의 기본 노선은 핵무기를 갖고 대국 러시아와 대적하겠다는 것이다.

한편 동부 우크라이나는 17세기에 이미 러시아 제국에 편입되었다. 제1차 세계대전과 러시아 혁명의 와중에 독립을 선언했으나 그 후 다시 소련 연방에 편입되고 만다. 동부와 남부 사람들은 대부분 일상적으로 러시아어를 사용하고 친러시아파 인구가 많다. 종교는 동방정

▌우크라이나와 주변국들. 서부지역은 우크라이나어를 쓰고, 동부 사람들은 러시아어를, 그리고 남부지역 사람들은 대체적으로 러시아어를 쓴다.

교로 우크라이나 민족의식은 희박하다.

이처럼 우크라이나는 동부와 서부, 남부 등 지역에 따라 러시아와의 친소관계가 다르다. 우크라이나에 붙은 크리미아반도를 러시아가 병합했을 때도 지역에 따라 찬반으로 입장이 완전히 갈렸다. 서로를 향한 적대감이 깊은 데다 러시아의 개입으로 사태는 더 심각해져가고 있다.

우크라이나의 분리·독립 문제는 억눌려 있던 원형이 반발하는 것이지만 인종적으로는 서로 동질성이 짙다. 동서남북의 주민 모두 같은 슬라브족이다. 인종적으로 본다면 아일랜드와 스코틀랜드도 거의 같다. 아랍과 유대인도 그리고 한국인과 일본인도 마찬가지다. 그러나 비슷한 인종이라 해도 대립과 전쟁의 지난한 역사를 거치면 오히려 근친증오(近親憎惡) 현상으로 나타나게 된다.

중앙아시아와 위구르

시진핑은 황제와 같은 존재이다. 정권 유지를 위해서라면 '파리도 호랑이도 잡는다.'는 식으로 가리지 않고 정적을 숙청해온 인물이다. 중국의 민족문제는 러시아와 유럽 못지않게 심각하다. 과거 모택동은 공산주의 이념으로 민족적 차이를 극복하겠다며, 오족협화(五族協和)를 내세워 주변의 소수민족을 한족(漢族)화했다. 그의 이상을 시진핑의 중국이 계승하고 있다.

그러나 이런 정책은 민족의 고유한 원형을 무시한 처사이다. 유럽과 일본이 근대 국민국가로 전환하자 이에 맞서 중국도 수천 년 이래 처음으로 국민국가 건설을 시도했다. '중국의 꿈'인 신중화 사상을 내세웠다. 그러나 구호만 그럴 뿐 내용은 전통을 지키며 사는 소수민족들을 강압적으로 흡수하는 것이었다. 그 과정에서 중국은 전통적 황제정치와 다름없는 행태를 보였다. 공산당 독재 아래 당수석이 황제처럼 군림하는 체제에서는 보편적인 국민국가가 형성될 수 없다.

중앙아시아는 소련이 붕괴된 후 카자흐스탄, 키르기스스탄, 타지키스탄, 투르크메니스탄, 우즈베키스탄 등 '스탄'이 붙은 5개국으로 독립했다. 이들은 중국의 위구르, 티베트 그리고 파키스탄과 국경을 접하고 중앙에는 페르가나 분지가 위치해 있다.

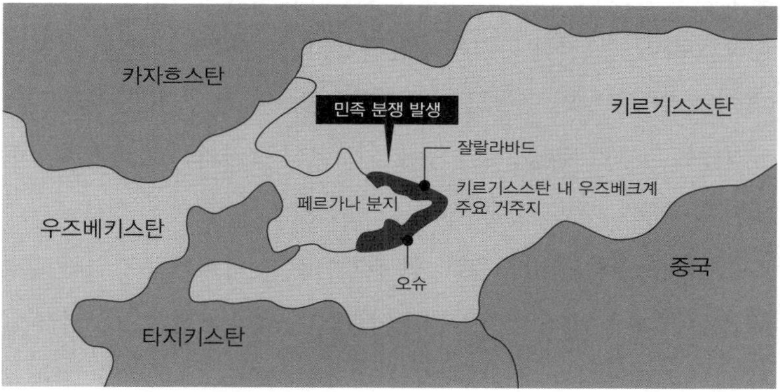

▍주민들 대부분이 과격한 이슬람 수니파인 페르가나 분지

페르가나 분지에는 석유와 천연가스, 우라늄, 희소물질 등 많은 지하자원이 묻혀 있는데 주민의 대부분은 과격한 이슬람 수니파이다. 이들은 IS 전투원이 되어 시리아와 이라크의 전투에 참가하기도 한다. 중앙아시아 출신의 IS 전투원들은 이라크와 시리아에서 싸우다 같은 이슬람인 위구르로 돌아와 전선을 확대할 수도 있다. 그럴 경우

마치 판도라의 상자처럼 퍼져나가 사방에 IS 국가를 지지하는 세력을 결성할 수도 있을 것이다. 그 일부가 위구르의 반체제 세력과 결탁한다면, 중국 안에서도 IS의 테러가 벌어질 수 있다. 지금까지 위구르인의 테러는 시작 단계이지만, 만약에 이슬람 과격파와 연대한다면 만만치 않은 세력으로 불어날 것이고, 중국 정부에게는 큰 부담이 될 것이 분명하다.

시진핑의 현대판 실크로드는 유라시아 대륙을 관통하는 구상인 '일대일로(一帶一路)' 노선으로 통합되었으나 이는 오히려 테러조직의 일대일로로 변질될 수도 있다. 8개국과 국경을 맞대고 있는 위구르는 중국으로서는 도저히 독립을 허용할 수 없는 지역이다. 게다가 한족(漢族)과 위구르인의 충돌도 일상적으로 발생하고 있다. 독일과 터키 등지에도 위구르 독립조직이 있어, 위구르와 중국과의 긴장관계는 해소되기 어렵다.

중화와 이슬람 사상은 멀고 먼 관계이다. 전형적인 농경민의 원형을 가진 중국과 유목민의 원형인 이슬람은 서로 타협점을 찾기가 쉽지 않다. 잘 알려진 사실이지만 중국에는 기독교인이 적다. 기독교 선교사들의 활동이 가장 오래 그리고 활발하게 펼쳐진 곳임에도 불구하고 결과는 미미했다. 중국선교사의 딸이었던 소설가 펄 벅(P. S. Buck, 1892~1973)은 소설『대지(The Good Earth)』에서 "중국인은 좀처럼 기독교도가 될 수 없는 원형을 지니고 있다."고 통찰했다. 이슬람과는 더욱더 접점이 없다.

티베트 또한 달라이 라마를 중심으로 독립을 요구하며 번번이 한족(漢族)에 대항해 반란을 일으키고 독립의 기운도 높다. 그러나 티베트는 인도와의 접경지대이다. 위구르와 중원과 쿤룬(崑崙)산맥으로 갈라져 있어 중국에게는 매우 중요한 지역이다. 고산이 연이어 있고 계곡도 깊다. 한족의 이주도 많아 당장에는 독립하기 어렵지만 그들의 정체성 희구는 결코 시들지 않을 것이다.

중국 정부는 마치 아무 문제도 없는 것 같은 모양새를 취하며 영토 문제에 관한 한 미국과 일본, 동남아 여러 나라에 강경한 입장을 보이지만, 소수민족의 집단 무의식의 반란과 테러 위기에 봉착할 가능성이 높아 서방세력과 협력해야 할 처지이다.

민족(ethos)에 관한 일반적 해석은 '공통된 신화와 역사, 문화를 갖고 특정 지역과 결합하여 연대감을 느끼는 인간이 이룬 공동체'라고 정의되어 있다. 나는 여기에 '집단 무의식을 공유하는 공동체'라는 새로운 개념을 추가하고자 한다. 민족의 집단 무의식은 그동안 전혀 의식조차 하지 못했지만 이제 인류 운명을 좌우하는 핵심과제로 떠오르고 있다. 작은 나라들은 그동안 억압당했던 한(恨)과 정체성을 자각해 역습을 시작했고, 대국들은 과거의 영광을 되찾기 위해 체면도 위신도 집어던지고 실속 챙기기에 급급하다. 이들이 곳곳에서 충돌하며 카오스를 증폭시키고 있다. 이 카오스는 어떤 속성을 나타내며 움직여갈 것인지, 또 어떤 궤도와 행적을 그리며 미래를 열어갈 것인지, 우리는 어떤 혜안을 가져야 할 것인지, 수많은 질문을 스스로에게 하면서 복잡계의 세계를 연다.

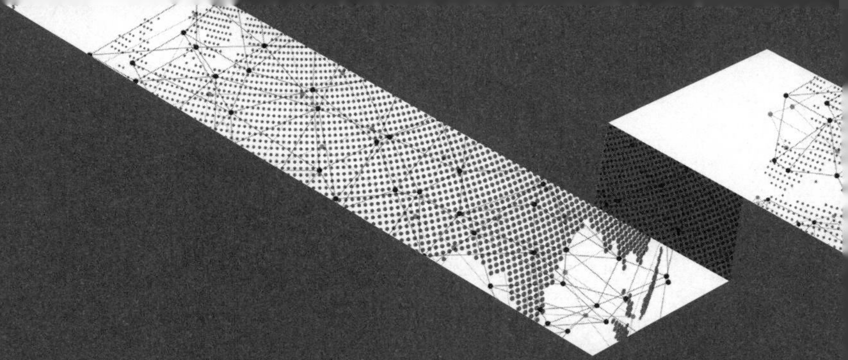

2

카오스(chaos)와 자기조직화

단순한 기계는 자유도 여유도 없다.
그러나 우리가 살고 있는 세계는 복잡하고
재미있는 일이 수시로 일어날 수 있다.
작은 미동이 증폭되면서 전체를 바꾸어간다.
한 사람, 한 사람의 행동이 모두 중요한 것이다.

R. 베버 『과학자와 철학자』

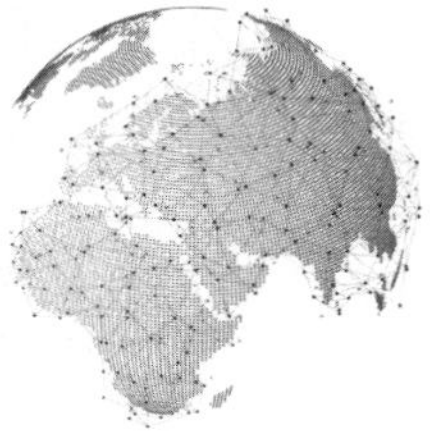

1 카오스의 세계

땅꾼은 뱀이 지나다니는 길목을 알고, 형사는 범인이 자주 나타나는 곳을 감시한다. 술꾼은 단골 술집을 찾고, 행성은 궤도를 따라 돈다. 산에 내린 비가 계곡으로 모이듯이, 카오스적인 행동도 정처 없이 돌아다니는 듯해도 결국은 일정한 장소로 돌아온다. 뱀과 범인의 행로나 단골 술집은 블랙홀처럼 무언가를 당기는 자력이 있다. 즉 어트랙터(attractor)가 있는 것이다. 일반적으로 카오스를 동굴이나 크게 벌린 입으로 표현한 것도 블랙홀 같은 어트랙터를 직감했기 때문일 것이다.

태풍이 올 때 TV 생중계를 보면 시시각각으로 변하는 진로에 놀랄 때가 많다. 기상청 담당자의 예상 진로는 수시로 바뀐다. 처음에는 결정론적으로 움직이다가도 어느 순간 갑자기 방향을 바꾸기 때문에 사실상 아무도 정확한 예측을 할 수 없다. 단지 확률론적으로 예상할 수 있을 뿐이다. 일기는 카오스 현상의 좋은 본보기다. 인생도 마찬가지이기 때문에 미묘하다. 카오스 현상을 일기에 비유하면 다음과 같을 것이다.

(1) 내일 일기도 제대로 맞추지 못한다(불규칙성).

(2) 일기는 기온, 풍속, 기압 등 여러 요인의 상호작용이므로 예상하기 어렵다. 확률론적으로 정확하지는 않지만 어림으로는 예상할 수 있다.

(3) 태풍의 진로는 예기치 않은 작은 요인에 의해 크게 변한다(나비효과).

(4) 지금 이 순간의 일기가 다음 순간의 일기 상태를 결정한다(되먹임).

이 세상은 내일을 알 수 없는 카오스로 가득 차 있다. "젊은 놈 팔자는 시간문제니 괄시 말아!"가 맞는 말이다. 인생은 카오스이기에 젊은이는 좋은 기회와 만날 확률이 높다는 뜻이다.

카오스의 특성

초기조건 옛날에는 시집살이가 몹시 심했다. 시어머니들은 흔히 "며느리는 다홍치마 입을 때 길들여야 한다."는 말을 했다. 시어머니와 며느리의 관계는 초기조건에 따라 결정된다는 의미다. 신혼부부나 연인들이 초기에 주도권 쟁탈전을 벌이는 것도 다 비슷한 이유에서일 것이다. TV 드라마에도 파국을 맞은 남녀가 "첫 단추를 잘못 끼웠다."고 후회하는 대사가 자주 나오는데 모두 시작의 조건이 중요하다는 뜻을 함축하고 있다.

카오스 이론에서 첫 단추는 초기조건이다. 어떤 유기적 운동이 처음 시작되었을 때의 조건은 그 후의 모든 변화에 민감한 영향을 끼친다. 가령, 같은 대학을 나와 동등한 조건에서 출발한 두 사람이지만 사회에 첫발을 내디딜 때의 사소한 차이가 인생행로를 크게 바꾸는 예를 많이 보았을 것이다. 인생의 유아 시절은 전 생애에 막대한 영향을 준다. "세 살 버릇 여든까지 간다."는 속담이 역사에서도 다르지 않다. 대한민국 독립의 초기조건은 38선 분단으로 그것이 지금까지 영향을 주고 핵전쟁을 걱정해야 할 상황까지 만들고 있다.

슬롯머신(slot machine)의 예를 들어보자. 슬롯머신은 구슬이 발사되는 순간의 속도와 방향에 따라 그 움직임이 정해진다. 그러니까, 이 게임은 구슬을 어떻게 쏘아야 하는지 초기조건을 정확히 터득하면 이기는 건 거의 누워서 떡 먹기다. 그런데도 구슬은 번번이 빗맞아 결국 손님 주머니를 빈털터리로 만든다. 왜 그럴까? 우리는 구슬을 똑같은 방향, 똑같은 힘으로 쏘았다고 생각하지만, 실은 초기조건이 매번 결코 일치하지는 않는다. 엄지손가락으로 가하는 힘의 미묘한 차이 때문이다. 물론 가게주인의 고의적인 조작으로 초기조건에 약간씩의 변화가 일어나 애초의 기대와는 달리 엉뚱한 데로 빗나가 버리기도 할 것이다.

초기조건의 중요성은 연애, 시집살이, 교육, 기후 등 거의 모든 복잡계의 대상에 적용된다.

되먹임(feedback) 피드백 즉 되먹임은 일상에서도 흔히 발생한다. 가령 토론을 벌일 때 상대의 소리가 높아지면 어떤가? 자기도 모르게 그보다 더 큰 소리를 내게 된다. 반대로 상대가 소리를 낮추면 나도 부드럽게 응대하게 된다. 상대의 태도에 따라 나의 태도가 달라지는 것, 이것이 되먹임이다. "가는 말이 고와야 오는 말도 곱다."는 속담이 일상적으로 경험하는 되먹임이다.

'현시점에서 발생한 A라는 일이 즉각 다음 순간의 B라는 일을 결정한다.'는 것이 되먹임이다. 그런데 인간의식은 연속적으로 이어지기 때문에 되먹임도 순간순간 연속적으로 일어난다. 사소한 일이 그 후의 삶을 바꾸게 되는 것이다. 현실세계는 계속 되먹임되는 비결정론적 구조이다. 다만 인간이 그것을 의식하지 못하고 살아가고 있을 뿐이다.

생태계에서도 마찬가지다. 많은 종(種)들은 서로 영향을 주고받으면서 되먹임의 역동성으로 균형을 유지한다. 사회적 역동성 또한 카오스와 깊은 관련이 있다. 일반적으로 강한 제어장치로 굳어진 사회는 경직되어 극에 이르면 붕괴되고 만다.

되먹임 즉 피드백은 다시 음의 피드백(negative feedback)과 양의 피드백(positive feedback)으로 나누어진다. 가령 고무줄을 팽팽하게 당겼다 놓으면 흔들리면서 다시 원래의 상태로 돌아간다. 하나의 현상이 균형 상태를 벗어나 일시적으로 과부족 상태가 되었다가 다시 원래의 위치로 되돌아가는 것을 음의 피드백이라 한다. 반면에 양의 피드백은 생물의 진화처럼 환경 변화에 적극적으로 대응해 새로운 질서를 구축하는 현상이다. 회사가 새로운 분야에 투자하는 것이나 은행이

기업의 통합과 퇴출을 조정하는 것도 양의 피드백에 속한다.

양의 피드백은 균형에서 벗어나 새로운 질서를 생성해가려는 메커니즘이고, 음의 피드백은 불안정한 상태에서 다시 원래의 상태로 돌아가려 하는 성향이다. 양·음의 피드백은 본래의 상태에서 벗어났을 때 스스로 상황을 바꾼다는 점에서는 같지만, 양의 피드백이 새로움을 창조하는 진취 성향이라면 음의 피드백은 과거의 상태를 유지하려는 보수 성향이라고 할 수 있다. 양의 피드백은 반동에 대한 진보, 음의 피드백은 보수로의 회귀 같다고나 할까.

음의 피드백의 대표적인 사례는 우리의 출산정책이다. 1960년대를 전후한 인구폭발 시대에 정부는 산아제한 정책을 폈지만 요즘은 출산율을 높이는 정책으로 전환했다. 생물은 종을 존속시키기 위해 환경 변화에 적응하면서 스스로 안정된 상태를 유지하려고 노력한다. 자기조절 능력이다. 이는 종으로서 생명력의 발동에서 나오는 것이다.

인간의 자연치유도 이러한 조절능력 덕분이다. 몸에 열이 나면 땀이 나고, 추울 때 소름이 돋는 현상 모두 체온을 정상상태로 유지하기 위한 자기조절의 결과이다. 자기조절 능력을 다른 말로 표현하면 항상성 유지이다. 안정 상태를 항상 유지해간다는 점에서 음의 피드백이다.

한국의 대학입시제도와 같이 수능성적만으로 전국의 고등학생을 한 줄로 세우는 것은 음의 피드백이다. 반면에 여러 개의 척도, 이를테면 자기소개서, 내신 성적, 평소의 생활을 반영한 학교생활기록부의 내용 등을 적극 고려하는 방법은 양의 피드백이다. 유교의 중용(中

庸)은 표준에서 벗어나는 언행을 억누르고 중용의 상태로 되돌리는 음의 피드백이며, 적극적으로 가능성을 개발해가는 창의력 교육은 양의 피드백이다.

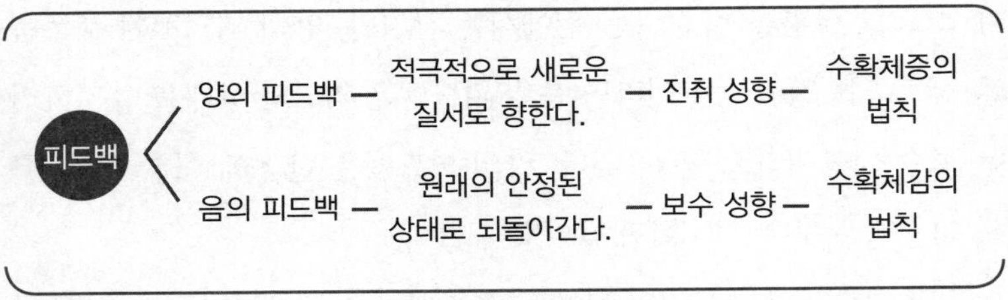

사이버네틱스 음의 피드백은 왠지 부정적인 인상을 주기 쉬우나 사실은 부정도 긍정도 아니다. 안정 상태를 유지하려 하는 성향을 이르는 용어일 뿐이다. 음의 피드백을 기계적으로 응용한 분야가 사이버네틱스이다. 미국의 수학자인 N. 위너(N. Wiener, 1894~1964)는 제2차 세계대전 중에 레이더가 항공기의 위치를 확인하는 즉시 고사포의 방아쇠가 당겨지는 사이버네틱스(cybernetics)의 개념을 기초로 제어공학(制御工學)을 고안하여 IT혁명의 문을 열었다.

일반적으로 사이버네틱스는 사회현상 전반을 항상성의 측면에서 보고 체계화한 학문이다. 되먹임의 원리는 산업혁명 당시에도 조속기(調速機, 일정 속도를 유지하는 제어장치)에 이용되어 왔다. 실제 우리 생활에 적용된 예는 실내온도를 일정한 상태로 고정시키는 장치나 자동차의 속도 조절기 등이다. 경제에서도 경기가 과열되면 금리를 올려 자금을 은행에서 흡수케 하고 또 경기가 나빠지면 금리를 내려 자금을 방출케 한다. 사이버네틱스적인 정책이다.

노자는 "정치의 기본은 작은 생선을 요리하는 것과 같다."라고 했다. 작은 생선을 요리할 때 이리저리 자주 뒤집으면 생선살이 떨어지듯이 정책 또한 자주 바꾸는 것보다는 저절로 안정된 상태로 돌아가게 해야 한다는 것이다. 자연주의자였던 노자는 무엇이든 그냥 두어야 되먹임이 자연스럽게 작동한다고 생각했다. '인간의 본성은 본래 착한 것'이라던 맹자도 양심의 사이버네틱스 가능성을 믿었다.

프랙털(자기 닮음)

자연 속의 프랙털 고사리의 모습을 살펴보면 B. 망델브로(B. Mandelbrot, 1924~2010, 폴란드 수학자)가 제시한 프랙털 이론의 본질을 한눈에 이해할 수 있다. 고사리의 큰 잎사귀는 그 속에 있는 작은 잎사귀와 같은 모양을, 또 그 작은 잎사귀는 그보다 더 작은 잎사귀와 모양이 같다. 부분과 전체가 같은 구조이다. 이것을 '프랙털', 우리말로 옮기면 '자기 닮음'이다.

프랙털 이론의 창시자인 망델브로는 'fraction(분수)'에서 프랙털의 개념을 얻은 후, 「영국 섬의 해안선의 길이는 얼마인가」라는 논문에서 프랙털 이론을 설명했다. 그는 굴곡이 심한 영국 해안선의 길이를 성냥개비 정도의 척도로 측정할 때와 1km 척도 단위로 측정할 때 그 결과가 엄청나게 달라진다는 점에 착안했다. 가령 개미와 사람이 해안선을 따라 걷는다고 가정해보자. 성큼성큼 걷는 사람의 10km 해안선

▌고사리에서 보여주는 자기 닮음

은 섬세하게 걷는 개미에게는 45km의 거리가 될 수도 있다. 프랙털적 현상은 측정단위에 따라 그 길이가 달라지기에 절대적인 자로 측정한다는 것의 무의미함을 입증했다.

망델브로는 또한 '복잡한 곡선을 확대하면 확대된 작은 부분이 확대되기 전의 원래의 모습과 비슷하다.'는 사실을 기초로 프랙털 이론의 수학적인 자기 닮음을 설명해냈다. 실제로 복잡한 해안선을 높은 고도의 비행기에서 내려다보면 어떤가? 작은 부분이 무시되어 완만한 굴곡의 해안선으로만 보인다. 그런데 이 모습은 돋보기로 지도를 자세히 들여다봤을 때의 해안선과도 비슷해 보인다. 극단적으로 말하면 전체 해안선의 굴곡 모양이나 그 속의 일부 해안선의 모양이나 서로 닮아 있다는 의미이다. 카오스도 전체가 부분을 닮는 자기 닮음(프랙털) 구조를 보인다.

해안을 치는 파도나 구름의 변화무쌍한 모습은 한참 동안 바라보아도 지루하지 않다. 변덕스럽게 제멋대로 움직이는 것처럼 보여도 그 속에 일정한 패턴을 감지할 수 있기 때문이다. 일부분을 확대하면 전체의 모습과도 같고 또 반대로 전체를 축소하면 마치 한 부분처럼 보이기도 한다. 이 현상은 구름이나 나무, 강, 산 등 자연계 곳곳에서 보이는 복잡계의 특성 중 하나인 '자기 닮음'이다.

대우주와 양자의 대응 1980년대 초에 〈마이크로 결사대〉라는 공상과학 영화가 크게 히트한 적이 있다. 국방과 관련된 중요한 원자핵 정보를 알고 있는 어느 물리학자의 뇌 속 깊이 들어 있는 병인

▌수학적인 자기 닮음: 작은 부분이 전체의 모양과 같다.

을 제거해야 하는데 통상적인 수술로는 도저히 치료할 수 없어 여러 명의 의사가 탄 소형우주선을 극미한 크기로 축소하여 몸속에 집어넣는다는 판타지 소설 같은 구상이었다. 혈관을 통해 뇌에 접근한 마이크로 우주선은 문제의 뇌세포 상공에 무사히 도착한다.

세포의 표면은 마치 바다처럼 넓고, 표면 위에 작은 부표(浮漂)처럼 세포막이 수없이 둥둥 떠 있다. 또 곳곳에 빙산과 같은 것도 떠 있다. 우주선은 그 바다를 뚫고 세포 속으로 들어가야 한다. 가는 곳마다 혈관, 신경망 등 온갖 것들이 드러나는데 마치 광대한 대우주를 헤매는 것 같은 모험의 연속이다. 드디어 뇌세포 깊은 곳에 있는 병인을 찾아서 제거하는 데 성공하고 무사히 돌아와 다시 지구상의 보통 크기로 환원된다는 줄거리다.

극미한 뇌세포 속을 고배율로 확대하면 대우주와도 같은 구조를 보이는 것은 마치 '하나의 먼지가 전 우주와 같다.'는 화엄경의 세계를 보여주는 것 같았다. 영화에서 우주선의 이름은 엘빈(Erwin)이었다. 저명한 오스트리아의 물리학자 엘빈 슈뢰딩거(E. Schrödinger, 1887~1961)에서 얻은 이름이었다. 슈뢰딩거는 원자핵 주변을 춤추며 돌아다니는 양자 궤도의 파동함수를 발견하여 노벨물리학상을 받은 학자이다. 극히 미세한 원자 또는 세포가 대우주와 같은 구조를 갖고 있다는 것은 이 세계가 거대한 프랙털 구조임을 시사하고 있는 것이다.

예술에서도 프랙털적 묘사는 매우 중요하다. 가령 교향곡은 한 절의 멜로디가 차례로 변조되어 박자와 음색을 바꾸면서 연주된다. 음정의 길이를 늘이고 줄이는 기법을 구사하고, 선율이 올라가면 다시

내리는 역행의 기법도 사용한다. 위대한 음악일수록 개성이 강한 것은 자기 닮음 속에 전체 모습을 여러 각도로 유기체처럼 변형시키기 때문이다. 마치 프랙털의 그림이 시간의 흐름 위에 전개되어가는 모습을 연상시킨다. 그래서 우리는 각 음절의 한 토막만을 듣고도 전체음의 모습을 상상할 수 있다. 부분을 확대할 때 전체를 얻을 수 있다는 프랙털의 개념을 구현시키고 있어서다.

음악뿐만 아니라 미술, 건축 등 모든 예술작품에도 프랙털적 성격이 드러난다. 그래서 전혀 다른 작품이라 해도 하나의 패턴을 보고 우리는 작가를 단박에 판별해낼 수 있다. 패턴과 경향 또한 대상의 프랙털적 성격이 나타난 것이며, 그것을 분별하는 것이 지(知)의 첫걸음이다.

코흐 곡선(수학)과 프랙털적 인식능력

인식은 비교와 유별(類別)에서 시작된다. 인간은 '부분(一)과 전체(多)'의 관계를 파악함으로써 현실에 적응해 나갈 수 있다. 모든 생물은 대상에서 자기 닮음(一卽多 多卽一)을 파악해 먹이를 찾고 자기와 같은 부류를 가려낸다. 쌀알을 자세히 관찰하면 서로 약간씩은 다르다. 완전히 모양이 일치하는 쌀알은 없다. 그러나 사람들은 이들을 다 같은 쌀알로 여긴다. 직관적으로 자기 닮음을 인식하기에 모두 하나의 종으로 보는 것이다. 자연은 이런 자기 닮음으로 꽉 차 있다. '…은 …과 같다'처럼 우리는 '같다'는 말을 일상적으로 쓴다. '자기 닮음'을 뭉뚱그려 '같다'고 하는 것이다.

완전히 합쳐지는 것, 크기는 다르지만 닮은 것 등 위에서 설명한 '같다'를 좀 더 형식적으로 풀면 다음과 같다. 수학에서는 아래의 세 가지 조건을 만족할 때 '같다'고 한다(동치율).

1) A는 A와 같다.

2) A와 B가 같으면 B와 A는 같다.

3) A와 B가 같고 B와 C가 같으면, A와 C는 같다.

유클리드(상식)의 세계에서는 완전히 겹칠 때만 '같다'가 성립된다. 그런데 화엄(華嚴) 철학의 "일즉다 다즉일(一卽多 多卽一)"의 즉(卽)도 수학적 동치율의 조건을 만족하게 한다.

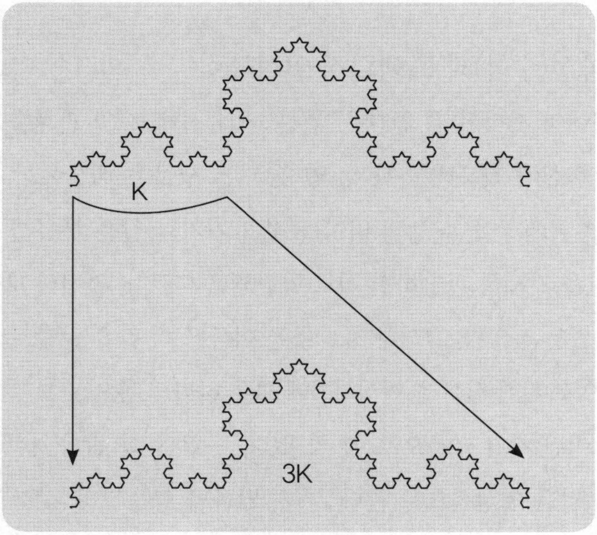

▌수학적 '일즉다 다즉일'이 되는 코흐 곡선

코흐 곡선 또한 이 사실을 실감시켜 진리의 의미를 생각하게 한다. 코흐 곡선은 분명 1차원의 직선을 단순히 좌우 일정한 각도로 꺾어서 만든 것이다. 그림과 같이 코흐 곡선(k)을 3배 확대해도(3k), 또는 아무리 축소해도 본래의 그림과 같은 일즉다 다즉일(一卽多 多卽一)의 구조이다. 자기 닮음, 즉 프랙털(fractal)이다.

프랙털적인 도형에서는 크기나 길이의 개념은 의미가 없다. 동일한 대상도 눈금의 크기가 다른 자로 재면 길이가 달라지기 때문이다. 고사리의 잎사귀가 자기 닮음의 구조인 것처럼 어떤 나무든지 줄기에서 가지로 뻗는 구조는 큰 가지에서 작은 가지로 뻗는 구조와 같다. 일부분만을 보고 전체를 직감할 수 있는 능력은 이성의 중요한 특성이다. '…와 같다' 또는 '…과 닮았다'처럼 전체와 부분의 같음을 직감할 수 있는 판별력은 기초적인 지적 활동이다. 대상 특유의 프랙털적 구조를 파악해내는 인간의 인식능력에서 나온 것이다.

E. 로렌츠(E. Lorenz, 1917~2008, 나비효과의 개념을 창안한 미국의 기상학자)는 해마다 같은 날의 날씨가 완전히 일치하지는 않지만 구조적으로 같다는 것을 밝혀낸 학자이다. 같은 시기에 비슷한 일기 현상이 나타나는 것은 시간 축에서의 프랙털로 인해서이다. 상부와 하부, 과거와 현재 사이의 '자기 닮음'에서 나온 것이다. 자연이나 생물의 진화 또는 사회 변화에도 일관되게 나타나는 구조이다.

인간관계에서도 이와 유사한 현상이 나타난다. 과거에 일어났던 일이 비슷한 조건에서 다시 되풀이되는 것이다. 이는 우연이 아니라 본질적으로 같은 성격이 같은 일에서 비슷한 반응을 한 결과로, 행동의 프랙털 현상이다. 이를 국가와 민족으로 확대하면 역사 되풀이가 되고, 인류사의 되풀이로까지 넓혀질 수 있다. 개인과 국가가 닮는 경우도 있는데. 이는 앞으로 설명될 원형사관의 중심이론이다.

"하나를 보니 열을 알겠군!"이라는 말은 비단 사람에게만 적용되는 것이 아니다. 가령 대기업의 말단 직원이 전화를 친절하게 응대하면 그 회사 전체가 서비스 정신이 투철하다고 여기고, 기계적으로 응대하면 그 회사의 서비스 정신이 형편없다고 판단한다. 회사 고유의 사풍(혹은 문화)이나 분위기는 상부로부터 말단조직에까지 미치기 때문이다. 인간의 가장 중요한 인식능력은 패턴인식, 즉 프랙털 구조의 파악 능력이다. 이 능력으로 인해 인간은 하찮은 것(trivial)과 본질(essential)을 판별해낸다.

프랙털 현상의 활용-홀로그래피 남아프리카공화국의 정치가이자 철학자인 스뮈츠(J. C. Smuts, 1870~1950)는 저서『전체론과 진화(Holism and Evolution)』에서 "부분이 전체와 같을 수 있다."는 말로 학계에 신선한 충격을 주었다. "전체는 부분의 합 이상의 것이다."라는 전체론(全體論)적 견해였다.

전체론은 레이저의 개발이 가져온 최신 사진기술인 홀로그래피(holography)에서 처음으로 현실화되었다. 홀로그래피란 작은 일부분으로 전체를 복원하는 기술이다. 가령 다 부서지고 남은 옛 건축물의 잔해를 보고 그 전체의 모양을 복원해내거나, 땅에 묻혀 있던 사체에서 검출된 DNA로 고대인의 모습을 재현해내는 것과 같은 발상이다.

최근 대뇌생리학에서 밝혀낸 뇌구조에 관한 연구결과도 전체론적 구도에서 나온 것이다. 종전에는 뇌의 어느 부분은 기억을 담당하고, 또 다른 부분은 운동신경을 관장한다는 식으로 뇌 전체가 기능별로 분할되어 있다는 생각이었다. 만약 운동신경을 조절하는 부위가 손상되면 그 기능을 발휘하지 못하는 것으로 이해했다. 그러나 의학 발달은 해당 부위가 손상된 사람도 그 기능을 다시 복원시킬 수 있음을 실증해냈다. 뇌신경에 충격(impulse)을 주면 홀로그래피의 구조에 의해 뇌의 다른 부위에도 영향을 주어 치유될 수 있음을 밝힌 것이다. 심지어 인간은 머리카락 하나로도 유전자를 완전히 파악해낼 수 있다. 머리카락 하나가 인간의 몸 전체와 같다는 뜻이다.

공시성(共時性, synchronicity) 나의 사사로운 경험이다. 어느 날 우연히 한 친구를 생각하면서 신문을 펼쳤는데 그 사람에 관한 기사가 실려 있다거나, 고향을 생각했더니 전혀 예기치 않게 옛날에 사귀던 고향 친구가 찾아오는 경우가 있다. 또 미국과 일본에 있는 아들들로부터 거의 동시에 전화가 걸려오는 일도 있다. 우리 주변에는 가끔 이러한 기묘한 우연의 일치 현상이 일어난다. 서로 관련되는 일이 동시에 나타나는 것, 이것이 공시성이다. 구조적으로 비슷한 자기 닮음 현상이 동시에 나타나는 것을 이른다.

수학사에도 이상한 공시성 현상이 있다. 뉴턴(I. Newton)과 라이프니츠(G. Leibniz)는 거의 동시에 각각 미적분을 생각해냈고, 해석기하는 데카르트(R. Descartes)와 페르마(P. Fermat)가 거의 동시에 발명했다. 위상기하학, 확률론, 복잡계의 수학 등도 거의 같은 시기에 복수의 수학자에 의해 발명되었고 진화론과 상대성 원리, 에너지 보존법칙 등 중요한 과학적 업적 대부분이 거의 동시에 복수의 과학자에 의해 발명되었다.

융은 이 같은 동시현상을 집단 무의식을 공유하는 인간의 심층 무의식의 공명현상으로 보고 공시성이라 이름 지었다. 개인은 다른 인간뿐만 아니라 전 우주와 관련되어 있다는 것이다. 동시적 발명현상은 집단 무의식에서 발생하는 자기 닮음이다. 즉 프랙털로 인해 동시에 다른 지역에서도 발명이 이뤄지는 것이다.

천재적 예언가는 보통 사람이 무심코 넘겨버리는 것에서 공시성을 감지하곤 한다. 꿈을 예로 들자면 꿈이 우연 또는 현실과 관련된 것인지에 대해서는 여러 견해가 있다. 『성경』의 「창세기」에서 요셉은 이집트 왕의 '7마리의 살찐 소를 7마리의 말라빠진 소가 잡아먹는 꿈' 이야기를 듣고 앞으로 닥칠 7년간의 풍년과 7년간의 흉년을 알아차렸다. 문명의 초기 단계에서 고대인들은 합리성보다 공시성을 감지하는 육감이 발달해 있었다. 작은 징조를 보고 앞으로 발생할 사건을 감지해내는 일, 즉 사소한 일에서 전체의 프랙털적 의미를 파악해낸 것은 생명보존을 위한 지혜였다.

공시성은 동시적일 뿐만 아니라 시간 축에서 발생한 프랙털 현상이기도 하다. 일반적으로 점(占)의 원리 또한 공시성의 개념과 같은 맥락이다. 점치는 것은 그 방법론을 물리나 수학 공식처럼 만들 수는 없다. 복합성을 단순히 수식화하는 것 자체가 본질적으로 모순이다. 그러나 유능한 예언자나 점술인은 상징물에 나타난 현상을 보고 혼돈의 자기조직화를 예측해낸다. 융이나 노스트라다무스(M. Nostredame,

1503~1566) 같은 뛰어난 예지능력자는 이런 공시성을 감지해낸 사람들이다.

자기조직화

새로운 질서의 창조 　고대 인도와 중국의 사상은 사유방식에 있어서 부분에서 전체를 통찰해냈다. 인도 사상은 모든 것이 '눈에 보이지 않는 업(業)에 의해 생성'되는 것으로 보았고, 노장(老壯)은 "현상에는 절로 되는 힘이 있으니 인간은 간섭 말라."는 무위자연(無爲自然)을 믿었다. 업과 무위자연은 현실적으로 인간이 힘을 가할 수 없는 대상이다.

카오스 또한 이들과 무관하지 않다. 만약에 카오스가 그냥 혼돈에서 끝난다면 별 큰 의미가 없다. 그 속에 새로움을 창발하는 생명력이 있기 때문에 가치가 있는 것이다. 학자들의 학제 간 연구에서도 카오스로부터 나오는 생명력이 질서의 창조 곧 '자기조직화(self-organization)'를 이룬다는 것을 확인했다.

카오스 현상은 복잡계라는 이름으로 통합적으로 인식된다. 푸앵카레(H. Poincaré, 1854~1912, 프랑스 수학자이자 천문학자)의 천문학의 삼체운동–3개의 천체가 서로 영향을 주고받는 상호작용–을 비롯해 E. 로렌츠의 일기현상 이론 등은 여러 요인의 상호작용으로 발생하기 때문에 예측이 불가능하다. 또한 자신의 변화가 바로 다른 것에 영향을 줘서 되먹임되는 특징도 보인다. 이 두 현상의 공통점은 미래를 예측할 수 없다는 것이다.

카오스의 결말을 분류하면 하나의 질서를 창발(자기조직화)하는 경우와 의미 없이 흩어지는 경우가 있다. 이 가운데 우리가 관심을 갖는 것은 창발되는 결과의 다양성이다. 창발의 결과가 단지 한 가지라면 결정론의 대상이 되겠지만, 생물의 진화나 태풍의 향방 또는 개인의 미래처럼 카오스는 다양하게 자기조직화를 이뤄가기 때문에 결정론의 관점에서는 접근이 어렵다.

미동(微動)과 상전이(相轉移) 얼음이 서서히 열을 받아 0도에 접근하면 녹아서 물이 된다. 그러나 미세한 분자 차원에서 관찰하면 0도에 가까워졌을 때의 물 분자는 부분적으로는 얼음이면서 또 다른 부분에서는 물의 상태로 되어 있다. 물이 수증기(기체)로 변하는 과정도 마찬가지다.

물질이 전혀 별개의 것으로 '불연속적인 변화'를 하는 과정을 '상전이(相轉移)'라고 한다. 얼음의 상(相)에서 물의 상(相)으로, 전혀 다른 상태로 변했다는 뜻이다. '얼음 → 물 → 수증기'의 변화는 고체, 액체, 기체의 불연속적인 변화지만 그 중간에는 애매한 상태가 존재한다. '미동'이다. 얼음의 상태에서는 분자들이 굳게 손을 잡고 있으나 열이 가해지면 잡고 있던 손이 흔들리면서 물의 상태로의 전환을 준비한다. 이 흔들리기 시작하는 과정을 미동이라고 한다.

원래 미동과 상전이는 과학적인 개념이었으나 지금은 사회, 경제 전반에 널리 쓰인다. 젊은 사람이 이성을 만났을 때 마음이 울렁거리는 것을 미동으로 이해해도 좋다. 싫지도 좋지도 않았는데 어느새 마음에 미동이 발생하고, 타인의 상태에서 사랑하는 사이로 '상전이'가 된다. 복잡계 이론은 로맨스와 불륜의 차이는 구별할 수 없어도, 로맨스와 성폭력은 분명히 구별할 수 있다. '미동이 있었는가, 없었는가?'이다.

인류는 가족에서 마을로, 부족사회에서 국가로 조직이 확대되면서 계층구조의 발생을 겪어왔다. 작은 규모에서 대제국으로 거대화되는 과정에서는 마찰을 피하기 위해 미동이 개입한다. 상전이 사이에 미동이 개입되면, 미동의 유연성으로 인해 질서와 체계가 잡혀지게 된다. 마치 고층 건물이 지진에 견디기 위해서는 흔들림 즉 미동을 흡수할 수 있도록 유연성을 갖춰야 하듯이 사회구조도 마찬가지다. 조직이든 생명체든 적절한 미동과 상전이가 없으면 고인 물이 썩는 것처럼 조직은 쇠하여 결국 무너지고 만다.

다윈(C. Darwin, 1809~1882, 영국의 박물학자, 진화론자)의 적자생존의 법칙도 새로운 환경에서 제대로 상전이를 겪지 않으면 모두 사멸한다는 뜻으로 해석된다. 옛 조직이 파괴되고 새로운 조직이 형성되는 과정에서, 정보 소통이 원만하게 이루어지느냐 마느냐는 상전이의 상태에 달려 있다.

개혁이나 발전은 하루아침에 이루어지는 것이 아니다. 눈에 보이지 않는 작은 미동이 축적되어 새로운 변화를 가져온 것이며 미동을 허용하기 위해서는 사회적 유연성이 필요하다. '병 속의 태풍'이라는 말이 있다. 폐쇄계는 아무리 바깥에서 큰일이 벌어져도 내부 세계는 전혀 영향을 받지 않는다. 그러나 개방계는 외계와 늘 상호작용을 하는 구조이다. 마치 생명체가 공기를 마시고 먹이를 소화해 찌꺼기를 외부에 배설하듯이 개방계가 그러하다. 복잡계는 열려 있는 개방계이다. 상전이를 하면서 무질서 가운데서 새 질서를 발생시킨다. 쇄국 상태의 나라가 폐쇄계라면 국제화는 늘 변화하는 개방계이다.

미동의 역학 근대화 이전의 일본은 원리주의적이었던 조선과는 달리, 쇄국 상태에서도 네덜란드와의 교역을 위해 나가사키(長崎)항은 열어두고 있었다. 이 구멍을 통해 일본사회의 미동이 시작됐기에, 개국이 가져온 카오스에서도 큰 무리 없이 근대화로 성공적으로 이동할 수 있었다.

반면에 조선은 완전히 닫혀 있어 전혀 미동을 일으킬 여지가 없었다. 개국에 따른 카오스가 발생했으나 무의미하게 흩어지는 방산(放散)에 그쳤다. 미동을 허용하지 않는 경직된 조직은 조선이 일본식민지로 전락했듯이 결국 좌절이나 파국으로 끝난다. 최근까지 쇄국 상태였던 미얀마와 쿠바는 그나마 미동을 허용하는 틈이 있었기에 쇄국에서 개방으로 가는 카오스를 슬기롭게 소화해내고 있다.

북한은 어떨까? 없다. 작은 구멍이라도 뚫으려 시도했던 외삼촌(장성택)과 이복형(김정남)까지 처형한 조직이다. 핵·미사일을 앞세워 안으로는 수용소에 가두고, 비밀경찰을 동원해 외부로부터의 바람을 막으니 카오스를 맞이할 준비가 전혀 되어 있지 않다. 핵무기 제조에 집중할수록 탄압은 심해질 수밖에 없다.

북한문제 해결은 폐쇄계를 개방계로 유도하는 일이 먼저다. 이에 대해 A. 토크빌(A. Tocqueville, 1805~1859, 프랑스 정치학자이자 역사가)이 깊은 통찰을 한 적이 있다. "민중이 절대 빈곤 상태에 있을 때는 혁명이 일어날 수 없다. 어느 정도 부가 형성되고 사회에 불만층이 생길 때 정권은 개혁을 시작하고, 과거를 저주하고 변혁을 바라는 운동도 일어난다(『체제와 대혁명』)." 토크빌의 말처럼 우리의 6월 항쟁(1987년)도 비교적 생활수준이 높던 넥타이부대가 이끌었다. 김대중 대통령의 대북정책도 북한 사회의 미동을 기대하고 한 것이었다.

사회적 미동이 전혀 없는 북한과 대화하려면 적어도 GNP가 5,000달러 선이 되어야 할 것이다. 한국 통계청의 '2015년 북한의 주

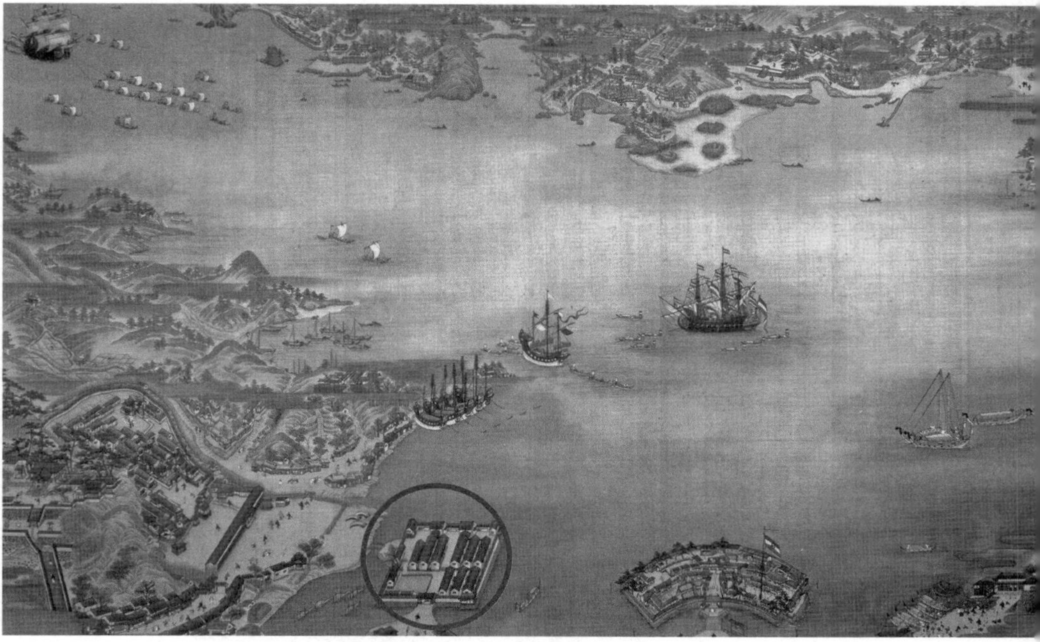

나가사키(長崎)항의 네덜란드인들이 거주하던 지역인 데지마(出島). 일본 쇄국의 구멍이 되어 근대화의 미동이 발생한 곳이다.(1792년)

요통계지표'에 의하면 남한의 1인당 국민소득(2만 5,100달러)은 북한(1,117달러)보다 22배 많았고, 무역액은 무려 144배 이상 차이가 났다. TV에서 보는 북한인의 생활은 수년 전에 비해 윤택해져 보이지만 소득 격차는 더욱 심화되었다. 2014년의 20배에서 더욱 벌어진 것이다. 흔들림에 유연해야 국가도 지탱할 수 있는데, 북한은 미동조차 허용하지 않는 폐쇄계인 데다 아직은 너무 가난해서 카오스를 기대하기 어렵다.

카오스의 분기점 폐쇄계와 달리 개방계는 항상 미동상태에 있다. 미동상태에서도 균형을 유지하는 것은 새로 받아들인 에너지와 정보, 물질 등의 양만큼 밖으로 버리기 때문이다. 그러나 만약에 외부에서 공급되는 물질과 에너지양이 계속 늘어나기만 하면 미동이 심해지면서 균형이 무너지게 된다. 평형(平衡)에서 비평형으로 바뀌기 때문이다. 이럴 경우 에너지는 흩어지기 시작한다. 불규칙적으로 흩어지기도 하고, 예상과 다른 방향으로 넘어가는 분기점(分岐點)이 나타나기도 한다. 1977년에 노벨화학상을 수상한 프리고진(I. Prigogine, 1917~2003, 벨기에의 물리학자)은 이런 현상을 산일구조(dissipative structure)라 명명했다. 간단히 말하면 '카오스의 끝'이다.

반정부운동이나 노동쟁의 등도 산일구조에 속한다. 처음에는 극소수가 불만을 표출하기에 그 힘이 적고 움직임도 산발적이다. 그러나 불만 요인을 계속 방치해두면 소리가 더 커지면서 사람들도 늘어나 데모로 변한다. 그래도 여전히 상황이 바뀌지 않으면 결국 폭발해 조직의 질서가 붕괴된다. 돌연히 기존의 조직과 질서가 무너지거나 반대로 새로운 조직의 형성으로 이어질 수도 있다. 후자의 경우는 자기조직화가 창발되는 것이다. 폭발이나 창발의 분기점, 카오스의 끝, 산일구조는 다 같은 뜻의 말이다.

프리고진

프리고진은 혼돈에서 질서가 형성되는, 즉 산일구조에서 자기조직화로 이어지는 사례를 생물과 화학·물리적 변화 등 다양한 곳에서 찾아냈다. 특히 아메바의 일종인 점균(粘菌)에 관한 사례는 매우 인상적이다. 점균은 평소에는 고립적으로 존재한다. 그러나 영양이 부족해지면(에너지의 공급에 균형이 무너지면, 즉 산일구조가 발생하면) 가까운 점균에 화학적 신호를 보낸다. 그러면 수천의 점균이 이 신호에 호응해 마치 하나의 생명체처럼 전체가 한 덩어리가 되어 영양이 충분한 곳으로 이동한다. 영양을 얻으면 이들은 다시 줄기를 생성하고 포자(胞子)를 만들어 주변으로 흩어진다. 포자는 다시 하나의 점균으로 변한다. 위급한 상태에서는 집단으로 뭉치고, 자기조직화가 안정상태에 다다르면 다시 분열해 종을 보존해가는 것이다.

천재의 영감과 미동

혼돈에서 질서로 넘어가는 경계선, 즉 무질서에서 질서에 이르는 길목에는 '카오스의 가장자리'가 있다. 이 가장자리는 카오스의 생명력을 실감시키는 곳이다.

위대한 과학업적을 낸 천재 가운데 대부분은 자신이 겪은 창조의 순간을 말하려 하지 않는다. 제대로 설명도 못할 뿐더러 두루뭉술하게 계시라는 등 영감으로 신비화하는 경향마저 있다. 그러나 예외적으로 푸앵카레는 프랑스 심리학회에서 자신의 학문적 창조과정을 자세히 설명하고, 이를 기록으로 남겼다. 중요한 수학이론 중의 하나인 '폭스(Fuchs)함수' 발견에 관한 것이다.

푸앵카레는 이 어려운 함수문제와 2주일 가까이 씨름했지만 전혀 실마리조차 잡을 수 없었다. 커피를 너무 많이 마셔서인지 잠도 오지 않았다. 멍하게 침대에 누워 있던 어느 날, 갑자기 그 해답이 그림처럼 생생히 떠올랐다. 순간적이었다. 마치 구름이 서로 부딪치고 어울리며 팽창해가는 혼돈 속에 문득 나타난 질서 같았다고 그는 술회했다.

문제를 골똘히 생각하고 있을 때는 답이 나오지 않다가, 완전히 잊고 방심하고 있을 때 그 신비한 순간이 왔다는 것이다. 만사를 접고 침대에 몸을 던지는 순간이나 마차에 발을 올려놓는 순간 같은, 그 방심한 순간이 카오스의 가장자리 즉 혼돈의 끝이 되어 오랫동안 골치를 썩이던 문제의 해답이 떠오르는 것이다.

부력의 원리를 발견한 아르키메데스(Archimedes)의 경험도 이와 유사하다. 그는 왕으로부터 왕관을 부수지 않고 순금인지 아닌지를 알아내라는 명을 받는다. 오랫동안 골머리를 앓으며 아무리 생각해도 해결의 실마리를 잡을 수 없었다. 그런데 잠시 만사를 잊고 목욕탕에 몸을 담그는 순간 그 해답이 떠올랐다. 목욕탕의 물이 자기 몸의 부피만큼 흘러넘치는 것을 보고 깨달음을 얻은 것이다.

문제에 집중할수록 우리 머릿속에서는 혼돈의 구름이 계속 솟아오른다. 무의식중에 뇌 속에서는 다음과 같은 과정이 진행되고 있는 것이다.

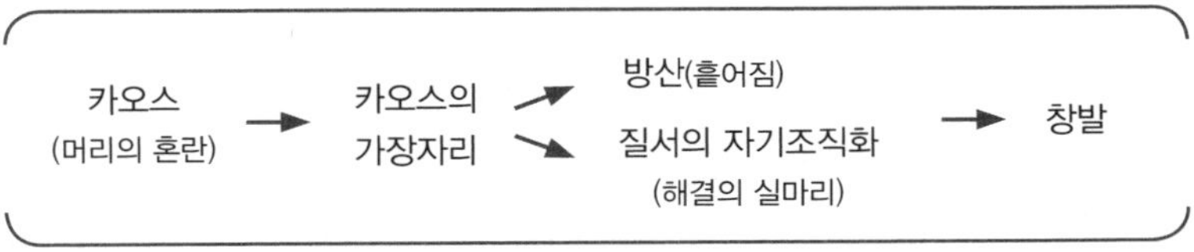

창발된 결과는 새로운 질서(cosmos)이다. 카오스에서 코스모스로 변화하는 과정이 역사이며 일반적으로 이를 발전이라고 한다.

이 과정은 선사(禪師)의 수행에도 있다. 가령 '병 속의 새를 잡아라.'와 같은 엉뚱한 화두는 아무리 생각해도 그 뜻을 알 수 없다. 해답을 찾기 위해 고민하는 사이에 머릿속은 혼란스러워진다. 그런데 어느 순간 아르키메데스가 목욕탕에 몸을 담그는 순간이나, 푸앵카레가 아무 생각 없이 침대에 몸을 던지는 순간에 번개처럼 '스스로 깨우치게' 된다. 섬광과도 같이 나타나는 이 순간에 얻는 창발(創發)의 지혜가 깨우침이다. 카오스의 끝자락에서 나타나는 사소한 자극은 '낙타의 마지막 지푸라기(The last straw that broke camel's back)'와도 같은 맥락이다. 지푸라기 하나 더 올렸을 뿐인데 낙타가 이를 버티지 못하고 쓰러져 버리듯이, 고뇌의 임계점에 도달하면 사소한 것에서 결정적인 단서를 얻게 된다는 것이다.

'천재는 99%의 땀(perspiration)과 1%의 영감(inspiration)'으로 만들어진다고 한다. 문제를 해결하려는 노력, 즉 99%의 땀이 혼란을 야기하고, 그것이 카오스의 가장자리에 도달했을 때 마침내 스스로 질서를 창조하는 깨우침으로 나타난다고 해석될 수 있다. 그러나 새 질서로 편입되지 않고 무의미하게 흩어질 때(방산, 放散)도 있어, 매머드나 공룡처럼 멸종하기도 한다.

자연과 자기조직화 대우주에도 탄생, 성장, 죽음이 있다. 태양계가 속한 우리 은하의 전체 질량은 태양 질량의 2,000억 배 규모로 약 2,000억 개의 별과 물질로 구성되어 있다. 이 엄청난 크기의 은하도 본래는 깨알 정도의 작은 물질이 빅뱅으로 탄생해 계속 팽창해온 결과이다. 그 과정에서 사라져버린 별들도 수없이 많다. 우주가 큰 규모의 자기조직화를 해왔다면, 세포와 같은 작은 세계에서도 자기조직화는 끊임없이 진행된다. 매크로에서 마이크로의 세계에 이르기까지 이 세상에 존재하는 온갖 것들은 스스로 자기조직화를 하면서 끊임없이 새로운 질서와 구조를 형성해간다. 경이로운 일이 아닐 수 없다.

사회의 여러 조직도 자기조직화로 이루어진다. 세계 어느 도시든 저마다의 독특한 분위기가 있다. 이 분위기는 특정한 지도자 즉 대통령이나 시장의 의도나 계획만으로 이루어지는 것이 아니다. 도시가 개성을 지니는 것은 외부로 개방되어 있기 때문이다. 사람과 정보가 자유로이 드나들 수 있는 개방계일 때, 도시는 역사와 분위기에 따라 자기조직화를 이루는 것이다.

거대도시 서울의 경우, 작가 이호철이 『서울은 만원이다』를 출판한

1966년만 해도 인구 360만이었으나 지금은 1,000만이 넘는다. 일산, 분당, 평촌, 산본 4대 신도시가 동시에 생겨났고 엄청난 규모의 위성도시가 속속 생겨났다. 아무리 정부가 서울의 거대화를 억제하려 해도 여전히 팽창하는 것은 지방에서 사람들이 올라와 모이면서 정보가 모이고, 모인 정보가 다시 더 많은 사람들을 끌어모으기 때문이다. 서울 공화국은 정보, 경제, 정치의 중심지로서 더욱 다양한 기능을 하면서 자기조직화를 이루어가고 있다. 누구 한 사람의 뜻에 따라서가 아니라 개방계이기에 사람들의 참여로 변해가는 것이다. 정부도 어쩔 수 없다.

이렇듯 자기조직화로 계속 새로운 질서와 구조를 생산하고 사람을 더욱 끌어당기는 서울은 국제도시로서 필요한 다양한 시설을 정비하며, 전 세계의 회사들과 관광객들이 모여들어 더욱 팽창해갈 것이다.

나비효과(butterfly effect)

나비효과란 '오늘 서울의 거리를 날아다닌 나비의 작은 날갯짓이 일주일 후, 뉴욕에 폭풍우를 일으킬 수도 있다.'는 비유로, 누구도 예측할 수 없는 아주 사소한 요인이 훗날 엄청난 결과를 낳을 수 있음을 의미한다. 일기나 경제, 증권 등에 흔히 나타나는 현상이다. 컴퓨터를 이용해 정밀하게 관측한 자료를 신속하게 처리한 일기예보가 빈번히 빗나가는 것도 나비효과 때문이다. 세상은 이런 현상들로 가득 차 있다. 파스칼(B. Pascal, 1623~1662, 프랑스의 수학자이자 철학자)은 "클레오

파트라의 코가 조금만 낮았더라도 세계 역사가 변했을 것이다."라고 했는데 한 여인의 코 높이가 세계사의 방향을 바꿀 수 있다면 이것 또한 역사에 나타나는 하나의 나비효과로 볼 수 있다.

역사는 카오스가 나타나는 전형적인 시·공간이다. 1914년 6월 오스트리아의 황태자 부처가 어느 세르비아 청년에게 암살당한다. 이날 사라예보를 방문한 프란츠 페르디난트(Franz Ferdinand) 황태자는 갑자기 일정을 바꾸어 장병들의 병문안을 가기로 결정한다. 그런데 병원으로 향하던 중 선두에서 안내하던 마차가 길을 잘못 들어 황태자 부처를 태운 마차가 노상에서 무리한 회전을 하게 된다. 그것이 암살자에게 저격의 기회를 제공한 것이었다. 이 사건으로 인해 제1차 세계대전이 발발해 3,200만 명의 희생자를 냈다.

① 예정에 없던 갑작스러운 병원 방문, ② 안내자의 착각, ③ 길 한복판에서 마차의 회전, ④ 한 청년의 총격 등 이들 중 하나만 없었더라도 제1차 세계대전은 시작되지 않았을 것이다.

당시 유럽 열강은 서로 힘을 겨루는 카오스의 마지막 단계에 있었다. 여기에 사소한 요인이 개입함으로써 대카오스로 번진 것이다.

인류 역사뿐만이 아니다. 생물의 진화 심지어 기업의 성장, 학교의 발전 등에 이르기까지 여러 요인으로 구성된 유기체는 시간이 흐르면서 변해가는 과정에서 수시로 나비효과가 나타날 수 있다.

2 단순계와 복잡계

이성의 한계

단순계의 착각 인간의 비극성은 단순계적 사고로 인해 더욱 가중된다. 대상을 단순계로만 바라본 과학자, 경제학자들의 한계와 마이크로의 세계를 무시한 천문학자의 오만이 최근까지 과학만능의 환상을 심어왔다. 과학의 실상은 우리가 생각하는 것처럼 그렇게 단순하지 않다.

간단한 함수로 나타낸 갈릴레이의 낙하법칙도 '공기저항을 무시한' 이상적(비현실적)인 상태에서만 성립된다. 뉴턴이 사과가 나무에서 떨어지는 것을 보고 중력 원리의 힌트를 얻었다지만, 뉴턴의 역학이론도 지구와 사과, 지구와 태양이라는 식으로 운동체가 단 2개일 때만 성립할 뿐이다. 운동체가 3개(삼체 문제) 이상이 되면 그 궤도가 걷잡을 수 없이 복잡해져서 운동식조차 꾸밀 수 없다.

근대의학은 어떤 난치병도 병인을 분석해가면 단순한 병원체로 귀착시킬 수 있으며(요소 환원주의), 치료가 가능하다는 입장이다. 실제로 지금까지 여러 질병은 이런 입장에서 치료됐다. 암이나 '거부할 수 없는 신의 형벌'이라고 불리던 AIDS와 같은 난치병도 그 병원체인 세포, 세균 등 작은 요소를 규명함으로써 치유가 가능한 것으로 입증되었다.

그러나 특별한 원인을 규명할 수 없어 치료법이 불투명한 병들도 있다. 예를 들어 신경성 두통, 위장병, 소화장애, 직업병 등과 같은 것이다. 현실적으로 같은 병에 걸린 사람들에게 똑같은 약을 투여해도 같은 치유 효과가 나타나지는 않는다. 이런 병들은 발달한 현대 의학으로도 원인을 확실히 규명할 수 없다.

종전의 요소 환원주의적 사고로 규명할 수 없는 분야는 비단 과학이나 의학, 경제뿐만이 아니다. 사회, 언어 등 여러 분야도 단순계의 사고로는 실상을 파악할 수 없다.

인간의 한계 세계가 주시했던 이세돌과 알파고의 바둑대결 결과는 1:4로 알파고의 승리로 끝났다. 자기학습을 통해 스스로 능력을 향상시키는 IT의 발전은 인간지성을 능가해 머지않아 절대 무패의 알파고가 등장할 것이다.

명인전에 출전한 바둑이나 장기 기사들은 상대의 수를 예상하면서 자신의 수를 선택한다. 바둑, 장기는 실수가 적은 사람이 이기는 게임이다. 아무리 머리가 좋은 기사도 절대적인 수를 둘 수 없다.

『삼국지』에서 재주 많은 조조는 진중에서 병사들이 바둑 두는 걸 보고 "먼저 두는 사람이 이길 것이다."라고 했고, 장기 두는 걸 보고는 "비긴다."라고 말했다고 한다. 절대 실수를 안 하는 완전한 이성을 지녔다는 전제 아래 바둑·장기의 게임 법칙의 본질을 파악했던 것이다. 요컨대 완전한 이성으로 바둑과 장기의 구조를 판단하면 바둑은 선수필승이고 장기는 무승부가 된다. 만약 절대무패의 알파고끼리 시합한다면 처음 한 수만 두어도 그 후의 수를 전부 알아낼 수 있으므로 게임은 시작과 함께 끝이 날 것이다.

경제행위도 바둑과 마찬가지로 공통의 규칙에 따라 두 사람이 서로 최대의 이익을 추구해가는 과정이다. 세계에서 계산이 가장 빠르다고 자부한 노이만(J. Neumann, 1903~1957, 응용수학에 큰 업적을 남긴 미국의 수학자)은 최초의 전자계산기를 만들어놓고 세계에서 두 번째로 계산 잘하는 자가 등장했다며 자신의 능력을 자랑했다.

그런데 서양장기의 가능한 방법의 수는 1 뒤에 0이 120개 붙는 10^{120}으로 빅뱅 이후 현재까지의 시간을 초로 표시한 수보다 크다. 노이만도 그것은 계산해내지 못했을 것이다. 노이만의 게임이론에는 한계가 있었다.

바둑이나 장기를 몇 번 두어도 지루하지 않은 것은 그때마다 승부의 내용이 다르기 때문이다. 다시 말해 인간의 지성은 '완전 합리성'이 아닌 '한정된 합리성(bounded rationality)'을 바탕으로 움직이고 있어 바둑이나 장기와 같은 놀이를 즐길 수 있는 것이다.

신은 주사위 놀이를 하는가

단순한 법칙의 위력 뉴턴의 과학적 방법론을 따라가 보자. 그는 처음에는 태양과 특정 행성의 역학관계에만 주목해 다른 천문역학의 요인들을 무시했다. 이를테면 몸무게를 잴 때 머리 위에 파리가 앉아 있거나 말거나 상관하지 않는 것과도 같다. 그래서 '두 물체 사이에 작용하는 힘은 거리의 제곱에 반비례한다.'는 법칙을 얻어냈다. 단 하나의 간단한 인력 법칙만으로 '우주의 모든 물체는 서로 당기므로 전 우주의 질서를 유지해낼 수 있다.'는 놀랍고도 단순 명백한 결론을 이끌어냈다.

이 법칙은 이전에 케플러(J. Kepler, 1571~1630, 독일 천문학자)가 관측으로 얻은 행성에 관한 법칙을 간단한 공식으로 계산해낸 것이다. 태양과 행성의 질량과 지구 자전의 원심력과 지구의 중력 그리고 행성의 자전주기를 설명하고 조수간만 현상도 달의 인력에 의한 것임을 증명했다. 이 외에도 뉴턴의 이론을 바탕으로 다양한 과학적인 업적이 나왔다. 가령, 혜성이 1531년, 1607년, 1682년에 나타났음을 확인한 헬리(E. Halley, 1656~1742, 영국의 천문학자)는 이 혜성이 다시 출현하는 시기가 1758년 말에서 1759년 초임을 예언했고, 실제 1758년 크리스마스에 관측되었다. 20세기에 들어와서도 1910년과 1986년에 헬리의 계산대로 혜성이 나타났다.

뉴턴 이래 일반인은 물론이고 과학자들 사이에서도 과학이 모든 것을 해결할 수 있다는 미신이 싹튼 것은 당연했다. 과학자들은 대상에 관한 몇 개의 조건만 알면 자연현상들을 하나의 공식으로 풀 수 있다는 미신에 빠졌다. 심지어 이 세상에는 애매모호한 것은 존재할 수 없으며, 미래도 과거에 발생했던 일처럼 분명히 알 수 있게 될 것이라고 믿었다.

물리학은 과학의 중심이 되어 원자와 양자 등 마이크로의 세계에 관심을 두고, 그것만 충분히 파악하면 세계를 이해할 수 있다는 신앙을 낳았다. '과하면 못 미친 것만 못하다(『논어』).'는 말이 현실로 나타난 것이다. 마치 처음 페니실린이 등장했을 때 어떤 병이든 고치는 만

병통치약으로 여겼던 것과도 같은 양상이었다.

자연과학과 인문사회과학의 근본적인 차이는 현상에 관한 요인수의 차이에 있다. 자연과학은 단순해서 정식화(定式化)할 수 있지만 후자는 요인수가 많아 식으로 나타낼 수 없다. 예를 들어 태양과 지구, 태양과 달의 관계는 다른 천체로부터의 인력이 거의 0에 가깝기에 두 개만을 운동체로 간주하고 계산해낼 수 있다. 실제로 지구와 태양 외의 수많은 천체의 인력은 무시해도 좋을 만큼 미미하다. 2층에서 떨어뜨린 돌이 거의 직선으로 떨어지는 것도 이 때문이다. 그러나 인문사회학은 이와 전혀 다르다.

인과론적 vs 확률론적 사고 1850년대 독일의 병리학자 루돌프 피르호(R. Virchow, 1821~1902)는 『세포병리학』에서 다음과 같이 언급했다.

"인간의 신체는 국가와도 같아 여러 세포(구성원)로 형성된 복합체이다. 각기 다른 세포가 서로 어울려 몸 전체의 균형을 유지한다. 몸 일부에 강한 자극이 가해지면 그 부분에 반응이 발생함으로써 병이 발생한다."

그가 언급한 복합체란 많은 요인이 서로 얽혀 있는 상태를 뜻한 것일 뿐, 카오스의 역동성은 의식하지 않았다.

이처럼 신체를 단순히 세포의 구성체로 보는 역학적인 사고가 서양 병리학의 기본적인 태도였다. 최근까지도 모든 생명현상은 유전자에 담긴 프로그램에 따라 진행된다고 믿었다. 수정란이 발생할 때 내장

된 유전자 프로그램에 따라 신체의 각 부분이 결정된다는 것이다.

그러나 실상은 이들 사이의 상호작용에 의해 결정된다. 그동안 복잡계의 과학을 외면해왔던 일부 과학자들은 지금까지 산발적으로 다루었던 현상에 통합적인 해석을 가하기 시작했다. 생명현상을 세포(기본 요소)의 기계적인 작용으로만 보는 설명에 한계가 있음을 인식한 것이다. 사실 몸 일부에 가해진 자극은 세포 전반에 유기적 반응을 일으켜 이상(병)을 발생시킨다. 단순히 그 환부의 국부적인 원인만으로 발병하는 것이 아니다. 생물의 특성은 수많은 구성요소가 상호작용한 결과라는 입장에서 설명되어야 한다. 간단히 요약하면 이렇다.

① 요소 간의 상호작용은 가까운 일정 범위에만 한정시킬 수 없다.

② 요소는 전체의 단순한 일부가 아니며 전체와 상호 관련되어 있다.

③ 부분은 여러 겹의 층을 형성하고 전체와 유기적인 관련성을 지닌다.

각 요소의 얽힘 속에서 전체를 파악하는 관점은 생물학뿐만 아니라 경제, 문화 현상에도 마찬가지로 적용된다. 가령, 다빈치의 「모나리자」는 한 점, 한 획만 보는 것으로는 제대로 감상할 수 없다. 점과 획이 모여진 전체적인 이미지로서의 「모나리자」를 감상해야 그 진가를 느낄 수 있다.

'경제는 생명체'라는 비유도 ①에서 ③까지의 항목을 모두 포함하고 있기에 성립한다. 경제 단위가 형성되는 과정도 마찬가지다. 가령 조그만 중소기업이 대기업으로 성장할 수 있는가 여부는 경제 참여자의 유기적인 관계에서 파악된다. 여러 사람 또는 여러 세포가 모여 구성되는 조직은 순간마다 상호영향을 주고받으면서 변화한다. 생물체가 쓸모없던 유전자를 변화시켜 보다 유익한 유전자로 바꾸어 스스로 자신의 운명을 결정해가듯이 회사나 단체도 마찬가지다. 실패한 경제 참여자도 미처 예상치 못한 곳에서 긍정적인 역할을 할 수 있다. 한 조직에서 별 쓸모없던 사람이 위치가 바뀌면서 딴사람이 되는 것과 같다. 경제는 역동적인 복잡계이기 때문이다.

또 다른 20세기의 대표적인 지성이자 결정론자로는 아나톨 프랑스와 아인슈타인이 있다. 프랑스의 노벨문학상 수상자인 아나톨 프랑스(A. France, 1844~1924)는 "우연이란 신이 그 이름을 감추고 싶을 때 사용하는 아호(雅號)다."라며 우연이란 있을 수 없고, 신이 만들어놓은 질서에 따라 움직인다는 결정론적인 입장을 보였다. 아인슈타인(A. Einstein, 1879~1955)도 상대성 원리로 복잡계의 세계를 예감하면서도 신의 절대성을 신봉해, 신 앞에서 우연이란 있을 수 없다고 단언했다. 아인슈타인은 뉴턴이 구상한 '톱니의 조합'처럼, 세계의 구조에 관측자를 개입시켜 시간이 관측자의 위치에 따라 변한다는 것을 이론화했다. 시·공간의 상대적 개념이다.

그럼에도 그는 양자역학에 확률론적 해석을 한 노벨상 수상자 보른(M. Born, 1882~1970, 독일의 물리학자)에게 보낸 편지에서 "당신은 신이 주사위 놀이를 한다고 믿고 있으나, 나는 완전한 법칙성과 질서의 존재를 믿고 있다."고 했다. '신은 주사위 놀이(확률적인 일)를 하지 않는다.'는 것은 어느 경우에도 반드시 인과율로 성립하는 법칙이 존재한다는 믿음이다.

셈족처럼 황량한 사막이나 준 사막지역에 사는 사람들은 신이 늘 정확히 길을 인도해준다고 믿어왔다. 사막에서 길을 잘못 드는 일은 곧 죽음을 의미한다. 그들의 신은 항상 명확한 길을 제시해야 하고 신이 창조한 세계에는 모호성이 없어야 한다. 아니 믿어야 살아갈 수 있다. 아인슈타인이 가졌던 '신은 주사위 놀이를 하지 않는다.'는 신념은 유대인으로서의 신앙고백이기도 했다.

기독교 사상의 영향을 받은 서구 지성인에게 복잡계의 등장은 당혹스러운 일이었다. '이성의 절대성'이라는 서구 이성주의 전통에 묶여 있던 대천재들이 당혹해한 것은 종교가 근대과학의 등장을 막지 못한 것처럼 결국에는 그들도 복잡계를 인정하지 않을 수 없었던 탓이다.

복잡계의 확률은 현상이 발생할 가능한 범위를 예측하는 것이다. 예를 들어 몬순 지역의 사람들은 일찍부터 불확실성의 묘미를 감지했다. 도연명(陶淵明, 365~427, 중국 동진 말기에서 남조 송대 초의 최고의 시인)이 그린 이상향인 도원경(桃源境)도 '길을 잘못 들어 오히려 유토피아(천국)로 갈 수 있었다.'는 믿음에서 나온 것이다. 중국의 고대국가 은(殷)은 우연을 신뢰해 점에 관한 많은 양의 기록을 갑골(胛骨)에 남겼다. 이들은『주역(周易)』을 고전 가운데 으뜸의 지혜로 삼았고, 인간 이성의 한계에 도달했을 때마다 확률적인 점(占)에 의존했다.

세상은 불확정성이기에 매력이 있고 묘미가 있는지도 모른다. 불확정성을 당연한 것으로 인정하면서 당면한 상황에 최대의 노력을 기울여 문명을 구축해갈 때 인간의 존엄성이 돋보이는 것이다. 인간이 오직 이성에 의해서만 행동하고 미래를 정확히 예측한다면 세상은 얼마나 무미건조해질 것인가.

현대과학의 한계를 제시하는 3가지 대원리

상대성 원리

과학계는 20세기 최대의 과학업적으로 상대성 원리와 불확정성 원리, 불완전성 정리를 꼽는다. 이들 학설들은 뉴턴 이론의 한계에서 나온 것으로, 세계는 단순하지 않으며 결정되어 있는 것도 없고 곳곳에 모순과 복잡계가 도사리고 있음을 시사한다.

아인슈타인의 단골가게 주인이 어느 날 "요즘 신문에 당신이 발견했다는 '상대성 원리'라는 말이 나오는데 무슨 뜻입니까?"라고 물었다. 아인슈타인은 그 사내가 잘 이해할 수 있도록 아주 쉽게 설명을 해주었다.

"시원한 바닷가에서 멋진 밤하늘을 바라보면서 연인과 함께 있었던 시간은 정말이지 총알보다 빨리 흘러간 것처럼 느끼지만, 무더운 여름날 두터운 코트를 입고 난로 앞에 앉아 있다면 아마도 1초가 한 시간처럼 길게 느껴질 것입니다. 시간은 경우에 따라 빠르기도 하고 느리기도 한데 이것이 시간의 상대성 원리이죠!"

이 이야기는 심리적인 차원의 설명이었지만 아인슈타인은 물리적 시간(시계의 시간)이 때와 장소에 따라 달라진다는 것을 증명했다. 아인슈타인의 선배격인 뉴턴은 언제, 어디서나 시간은 같은 속도로 흐른다는 절대공간, 절대 시간의 개념을 신봉했다. 시간의 상대성을 생각하지 못한 것이다. 실제 대부분의 사람도 모두 그런 식으로 생각해 시계를 기준으로 생활한다.

그러나 어떤 이상한 사람이 시속 100km로 달리는 기차 속에서 시속 10km로 달린다면 속도는 달리는 방향에 따라 달라진다. 기차와 같은 방향이면 100+10=110km이고, 반대 방향이면 100−10=90km가 된다. 이것은 기차 밖의 플랫폼에 서 있는 사람에게 보이는 이상한 사람의 속도이다. 기차 안의 다른 승객에게는 똑같이 100km로 느껴진다. 요컨대 속도는 관측하는 사람의 위치에 따라 달라진다는 것이다. 지구라는 기차 속에 살고 있는 사람에게는 별로 관심이 없는 이야기이다. 뉴턴의 시간 또한 지구라는 국한된 공간에서만 성립한다. 우주와 같은 거대한 공간에서는 성립하지 않는다.

시간의 상대성 원리를 쉽게 체험할 수 있는 것은 위성방송이다. 요즘은 인공위성으로 정보를 얻는 내비게이션이 일상 속에 깊이 들어와 있다. 지구로부터 수만km 상공에 있는 인공위성과의 교신에서는 사소한 시간차가 생긴다. 외국 방송을 수신하는 TV에서 아나운서의 발언에 시차를 느끼는 것도 아인슈타인 효과 때문이다.

양자 세계의 확률론은 반대했지만 아인슈타인의 상대성 이론은 절대적인 시간과 공간을 기준으로 실험과 증명을 했던 뉴턴의 개념을 완전히 뒤엎은 획기적인 이론이었다.

불확정성 원리

한 과학자가 렌즈로 조심스럽게 소립자를 들여다본다. 그런데 관찰하는 바로 그 순간 소립자가 말을 걸어온다.

"당신이 나를 관찰하려는 순간 렌즈를 통해 들어온 빛의 열 때문에 내 본래의 성질은 어딘가로 달아나 버리고 말았어요!"

유치한 예를 들었다고 하겠지만 간단히 말하면 이렇다. '어떤 대상을 측정하는 순간, 빛과 대상의 전자 충돌로 인해 본래의 위치에 관한 정확한 정보를 얻을 수 없다.'는 것이다. '불확정성 원리'이다.

하이젠베르크(W. K. Heisenberg, 1901~1976, 독일의 이론물리학자)는 '전자의 위치와 속도를 측정하는 실험에서 감마선을 비추면 비록 위치는 알 수 있어도 그 순간 전자는 어디론가 튕겨나가 속도를 알 수 없고, 파장이 긴 가시광선을 비추면 속도는 알 수 있어도 위치를 알 수 없게 된다.'라고 '불확정성 원리'를 설명했다. 미세한 입자의 세계에서는 어떤 것도 완전한 상태를 관찰할 수 없다는 것이다.

매우 작은 입자의 위치와 속도를 측정하려면 파장이 짧아서 에너지가 큰 빛을 사용해야 하는데 입자에 강력한 빛이 닿는 순간 빛 에너지가 그 위치를 바꾸어버린다. 그 반대도 마찬가지여서 속도를 측정하려하면 위치는 관찰할 수가 없게 된다는 것이다. 굳이 설명한다면 사람이 자신의 그림자를 밟을 수 없는 것과 같다.

불완전성 정리

수학자 괴델(K. Gödel, 1906~1978, 미국의 수학자이자 논리학자)은 불완전성을 발견하기에 앞서 '지금까지 알려진 논리학의 법칙 외에 그 이상의 새로운 논리법칙은 생길 수 없다.'는 '완전성 정리'를 발표했다. 한마디로 현재의 논리학은 완전하다고 증명한 것이다.

과연 인간이 어떤 대상에 대해서 옳고 그름을 정확히 판단할 수 있을까? 이 질문에 대해 부정적인 대답을 한 사람도 공교롭게 괴델 자신이었다. 학문 중 가장 명백하고 정확한 수학마저도 Yes, No의 판단을 내릴 수 없다는 폭탄선언을 한 것이다. 이것이 '불완전성 정리'로,

수학적 사고마저도 불완전함을 지적했다. 서로 독립적이며 모순이 없는 수학 공리로만 구성되는 체계에도 반드시 '참, 또는 거짓'으로 판정할 수 없는 문제가 발생한다. 쉽게 말해 '어떤 명제도 그 체계 내에서는 진리성을 증명할 수 없다.'는 것이다. 굳이 보기를 든다면 이렇다. 인간의 문제를 인간 세계만의 논리로 설명할 수 있는가? No! 신을 개입시켜야 인간이 제대로 보일 것이다. 그럼 '신과 인간 세계'를 설명하기 위해서는 어떠할까? 또 하나의 슈퍼신이 있어야 한다. 이런 식으로 대상을 넓혀가는 것이다. 문제는 아무리 그 범위를 넓혀도 끝이 없다. 결국 불능이다.

불완전성 정리는 자연을 포함한 모든 현실 세계는 수학적 형식으로 표현할 수 없다고 파악했다. 이는 인간의 사고 한계를 지적한 것일 뿐 아니라 사고방식의 유한성을 인식하게 해주었다. 결과적으로 이상적인 세계 구축에 힘을 쏟아온 수학은 또 한 번 숨을 고르고, 현실에 관한 표현에 힘쓸 수 있게 되었다.

이상 설명한 상대성 원리, 불확정성 원리, 불완전성 정리는 기존의 이상화된 과학적 방법의 한계를 지적한 이론들로 이 세상에는 절대적인 것, 완전한 것은 없으며 단순계의 원리로는 도저히 헤아릴 수 없는 깊은 골의 존재를 예언한 것이기도 하다. 인간 이성의 한계이고, 슈퍼인간의 등장, 새로운 과학적 방법의 등장에 대한 예감이기도 하다.

상대성 원리(우주는 절대적이 아니며 상대적이다)와 불확정성 원리(미립자의 정확한 위치와 속도를 판단할 수 없다) 그리고 불완전성 정리(수학에는 참, 거짓을 단정할 수 없는 명제가 있다)의 철학적 해석은 복잡계의 현상을 과학적(단순계) 사고로는 대응할 수 없음을 의미하는 것이다.

20세기 말 복잡계 연구가 시작될 무렵 신과학 운동이란 이름으로 '양자이론과 노장사상과의 관계', '불교사상과 현대물리학'을 논한 노벨상급의 물리학자들이 나타났다. 카프라(F. Capra)는 『현대물리학과 동양사상(The Tao of Physics: An Exploration of the Parallels Between Modern Physics and Eastern Mysticism)』에서 양자역학의 창시자 하이젠베르크와 보어(N. Bohr)의 토론을 통해 양자역학이 노장사상과 일치하는 것을 발견했다. 그는 책 서문에서 "과학은 신비주의(노장사상)를 필요로 하지 않고, 노장사상도 과학을 필요로 하지 않으나 인간은 이 두 분야를 필요로 한다."는 유명한 글을 남겼다. 복잡계는 복잡계의 사고로 접근해야 함을 시사한 것이다. 그 외에도 『히든 커넥션(The Hidden Connections)』 등 많은 저서와 논문으로 과학자와 철학자를 놀라게 했다. 그의 신과학운동은 복잡계의 연구를 자극했다. 세상은 원래 복잡계인데 인간이 단순계로만 바라본 데서 많은 혼란이 있었고, 이제 인간은 복잡계가 지적 대상이 될 수 있음을 알아낸 것이다.

복잡계와 단순계의 사고 비교

단순계의 사고법 VS 복잡계의 사고법 거대한 과학이나 철학 세계가 아니라 잠깐 숨을 돌려 일상생활에서 생각해보자. 미국은 계몽주의에서 출발해 단순계의 사고방식에 익숙하다. 그 결과, 번번이 실패를 거듭하기도 한다. 단순한 도미노이론에 현혹되어 베트남

전쟁에 개입한 것이 그 좋은 예이다.

단순계적 사고방식에서 나온 대표적인 사례가 금주법이다. 미국은 카우보이가 상징하듯이 폭력 사건이 많고 술로 인한 범죄도 많지만, 청교도에 의해 개척되었으므로 종교적으로는 단순한 면이 있다. 1920년대에 미국 국회는 금주법을 통과시켜 술의 제조와 판매를 일절 금지했다. 어느 민족에게나 술의 역사는 깊고 문제도 많지만 필수적인 음료이다. 그런데 국회의원들이 단순하게 술만 없으면 범죄도 없어질 것이라고 판단했다. 이런 정치인들의 사고방식과 정반대의 극단에 있는 것이 갱(gang)들의 사고방식이다. 조직폭력배는 평소에도 사회의 틈새에 파고들어 돈을 버는 복잡계의 사고를 하는 무리이다.

마피아의 우두머리였던 카포네(A. Capone)는 정치인들의 단순한 생각을 비웃으며 금주법을 비즈니스의 기회로 생각했다. 인류사와 같이해온 술을 금하면 반드시 밀주가 성행할 것으로 판단했다. 대량으로 밀주를 빚고 밀매조직을 만들었다. 그의 전성시대에는 전국에 약 2만 개의 밀주 술집이 번성했고, 비밀 사창가 3,000곳, 그리고 도박장 3,000개가 운영되었다. 연간 1억 2,000만 달러를 벌어들였다. 지금의 돈으로 환산하면 몇 조 달러의 엄청난 돈이다. 밤의 제왕이었던 것이다. 복잡계의 사회를 단순계의 법으로 막았을 때 필연적으로 뒤따르는 것이 파탄이다. 결국 카포네는 교도소에 갇혔고 미 정부는 금주법을 폐지했다. 우리가 실시하고 있는 학교평준화와 수능의 내용은 전형적인 단순계 사고의 소산이다.

이에 비해 중국철학의 중심은 음양론이다. 음과 양 두 개의 기(氣)의 상호작용(되먹임)으로 모든 것이 이루어진다는 복잡계의 사고로 역사를 펼쳐왔다. 모택동(毛澤東)은 게릴라전의 명인으로 혁명에 성공했다. 게릴라전은 상황의 틈새를 이용하는 전법이다.

그의 전술 원칙은 이렇다.

적이 진격해오면 퇴각하라 (敵進我退)
적이 멈추면 교란하라 (敵駐我攪)
적이 피로하면 공격하라 (敵疲我進)
적이 퇴각하면 추격하라 (敵退我打)

카오스의 용어로는 상대의 행동에 되먹임하는 복잡계의 전법이다.

나는 자택 감금에서 풀린 김대중 전 대통령을 만날 기회가 많아 그의 사고법을 물어본 적이 있다. 그는 내가 만난 인물 중 가장 지혜로운(복잡계의 사고를 하는) 사람이라고 나는 감히 생각한다. 그는 평소 스스로 만든 사고방법을 실천하고 있었다.

당면한 문제를 해결하기 위해 그는 이런 순서로 생각을 정리하고 있었다.

1. 모든 가능성을 열고, 기록한다.
2. 이들 가능성의 조건(정보, 지식, 요소)을 열거하여 기록한다.
3. 이들 사이의 관계를 생각한다.
4. 가능성이 적은 것부터 차례대로 지워간다.
5. 마지막에 남는 것이 답이다.

나는 그의 말을 들으며 데카르트의 『방법서설』을 떠올렸다. 여러 요인의 관계를 따지는 사고법이야말로 복잡계의 사고다. 일반적으로 생각이란 경험을 중심으로 가설을 설정하고, 다른 몇 개의 경우가 성립하는가를 검증 후 타당하면 옳은 것으로 받아들인다. 그런 과정에서 하나나 둘의 경우만으로 만족하고 상호 관계(조합)를 무시할 때 실패하게 된다.

단순계와 복잡계의 만남 영국 해군이 오대양을 누비며 '태양 아래 유니언 잭의 깃발이 휘날리지 않는 곳이 없다.'고 큰소리치던 무렵에 영국 해군이 강한 이유를 묻는 사람이 많았다. 다음의 논리를 따라가 보자.

"영국 목장에는 인도 클로버가 무성하다. 꽃의 꿀샘은 깊어서 혀가 긴 꿀벌만이 그 끝까지 빨아먹을 수 있다. 그런데 그 벌에게는 천적인 들쥐가 있다. 들쥐는 땅에서 벌의 유충을 찾아 먹고 인도 클로버의 뿌리까지 파먹어버린다. 그러나 들쥐는 사람이 사는 인가 근처에는 고양이가 있어 접근할 수가 없다. 이런 먹이사슬로 인해 목장이 잘 된다."

진화론의 다윈이 여기까지 말하자, T. 헉슬리(T. Huxley, 1825~1895, 영국의 생물학자)가 이야기의 뒤를 이었다.

"올드미스는 고양이를 좋아한다. 그러므로 노처녀가 많아지면 들쥐가 없어지고 인도 클로버가 잘 자라 소가 살찐다. 결과적으로 영국 해군은 영양가 높은 쇠고기를 많이 먹어 강하다."

헉슬리는 다윈의 결정론적 단순계 사고를 은근히 빈정댔던 것이다. 대화는 서로의 사고 회로가 맞을 때 즐거워진다. 특히 복잡계의 대상을 단순계의 사고로 처리하면 대부분 실패한다. 예를 들어 하천공사나 수리사업은 생태(ecology)적으로 접근해야 한다. 환경과 생태의 상호 관계가 중요한 배려의 대상이 된다. 복잡계의 사고도 이와 유사하다. 그래서 카오스 이론이 등장하기 전에는 복잡계라는 말 대신에 생태적 사고라 명명했다.

대부분의 사람은 무심코 지내지만 사람마다 성공하는 분야가 있다. 일반적으로 복잡계에서는 복잡계의 사고를, 단순계에서는 단순계의 사고를 하는 사람이 성공한다. 이명박 전 대통령은 토목 전문가로 환경이 단순한 중동 사막 공사에 성공했고, 청계천 공사로 이름을 날렸다. 하지만 한반도의 강은 복잡계이며 한민족의 원형과도 깊이 연관되어 있다. 적은 비에도 금방 수위가 오르고 짧은 가뭄에도 강바닥을 드러낸다. 이런 비산비야의 한반도 강은 세계에서 보기 드물게 잠수교를 등장시키기도 했다. 그런데 이 대통령이 재임 시 4대강 공사를 시행했다가 결국은 심각한 후유증만 낳고 말았다. 보(洑) 때문에 녹조가 무성하게 번져 물이 썩어가고 있기 때문이다.

미국 대통령 트럼프도 국제지구온난화방지 협정을 탈퇴함으로써 세계의 비난거리가 되었다. 기후문제야말로 복잡계의 전형이다. 가정주부까지도 일상적인 소모품 사용을 두고 환경문제로 신경을 쓰는

데, 지구가 망가져도 미국만 잘 되면 좋다는 식의 단순계적 사고는 도저히 성공할 수가 없기에 앞일이 걱정이다.

운명과 집단의 지혜

"운은 있는가?"라는 질문은 "결정론인가, 우연론인가?"라는 질문과도 같다. 내 고향은 벽촌으로 6·25 당시 인민군과 국군이 밤낮으로 번갈아 들고나가 희생자를 많이 냈던 곳이다. 사소한 이유로 죽고 사는 사람이 나오자 마을 어른들은 예언서 『정감록(鄭鑑錄)』을 화제로 삼기도 했다. 그 와중에서 나는 '사주팔자(운명론)'에 마음이 기울어져서 『주역』을 읽었다. 신통하게 맞는 경우도 있고, 반대의 경우도 많았으나, 정해진 운명은 없다는 결론을 얻었다. 동양문학에 비극이 없는 것은 불가지론(不可知論)이나 연기론과 같이 복잡계와 관련된 사고방식 때문이다.

'知=로고스'를 믿는 그리스의 지적 세계는 "지옥에 빠져도 사실을 알아야 한다."는 오이디푸스(Oedipus)의 지성주의 정신에서 나온 것으로 서양철학의 주류를 이루었다. 오이디푸스는 괴물 스핑크스와의 목숨을 건 지(知)의 대결에서 승리함으로써 왕으로 추대된다. 그리고 아버지인 줄 모르고 왕을 죽인 후 자신의 생모인 왕비를 아내로 맞아 딸을 갖게 된다. 물론 그는 왕비가 어머니인 줄은 몰랐다. 비범한 지성을 가진 오이디푸스였으나 정해진 운명

오이디푸스와 스핑크스의 지(知)의 대결

에서 벗어날 수 없어, 스스로 자신의 눈을 찔러 장님이 되어 황야를 헤매다 죽어야 했다.

세상은 복잡계이기에 지성으로 맞설 수 없다. 로고스 즉, 지성을 최상으로 여긴 그리스인은 복잡계의 현실과 지성의 한계 사이의 공백에 운명을 개입시켰다. 오이디푸스의 비극은 비참한 것도 잔인한 것도 아닌, 일단 정해진 것은 바꿀 수 없다는 절대적 운명 앞에 단순계의 지성이 좌절하는 줄거리다.

단순계와 복잡계는 지성(知性)과 지혜(知慧)로 구분되어질 수 있다. 동양의 지혜는 세상이 복잡계임을 알고 운명 또한 절대적이 아니며 수시로 변할 수 있다는 것이다. 새옹지마(塞翁之馬)의 이야기처럼 화복(禍福)은 새끼줄처럼 꼬여 있어 오늘의 화(禍)가 내일의 복(福)의 씨가 될 수도 있는 것이다. 동양의 지혜는 행복과 불행에 일일이 동요하지 않고 주어진 상황에 타협하며 살아가는 것이다. 따라서 비극이 나타날 여지가 없다.

예를 들어 신라 김유신의 누이 문희는 해몽을 잘해서 언니 보희에게 갈 행운을 가로채 왕비가 된다. 언니 보희가 서라벌의 남산에 올라 소변을 보았는데 서라벌 시내에 가득 차는 꿈을 꾼다. 불길한 꿈인 줄 알고 동생 문희에게 말하자, 길몽임을 알아차린 문희는 비단 한 필을 주고 그 꿈을 산다.

이렇듯 한국인의 운명관은 어차피 운명은 알 수 없는 것이기에 "꿈보다 해몽이 중요하다."며 주관적으로 해석한다. 꿈은 결코 정해진 대로 전개되지 않고, 인간의 태도에 따라 얼마든지 변한다. 한국인의 운명관은 중국인처럼 불가지론의 입장이다.

3 단순계의 사고를 거부하는 복잡계

카오스 이론의 대상 카오스 이론은 물리학, 심리학, 천문학, 사회학 등의 영역을 넘나들며 이들 분야에 공통 분모로 나타나는 혼돈 현상을 분석하는 영역이다. 기원전 5세기에 플라톤이 "기하학을 모르는 자, 이 문에 들어오지 말라."는 현판을 그의 아카데미 정문에 내걸고는 그리스의 지적 세계의 입장권이 기하학임을 선언한 것처럼, 21세기에 복잡계 세계의 입장권은 카오스 이론이다.

1980년대 말, 냉전의 막다른 골목에서 역사의 출구가 안 보이던 시절에 헤겔주의자인 F. 후쿠야마(F. Fukuyama, 1957~ , 미국의 미래 정치학자)는 저서『역사의 종언』에서 '냉전의 종결과 미국식 안이한 시민생활의 일반화'를 예언했다. 그의 예언대로 1991년에 소련이 붕괴했다. 이어 발트삼국(에스토니아, 라트비아, 리투아니아) 등 15개 국가가 독립을 선언, 사회주의를 포기했다. EU도 확정이 되어 역사의 다음 단계는 국경이 사라지는 '진보의 종언'이 될 것이라는 성급한 판단까지 나왔다.

한반도에 관해서도 낙관적인 통일 논의가 활발했다. 미국의 냉전 승리가 세계를 민주화와 국제화로 이끌어갈 것이고, 자유경쟁이 심화되어 신자유주의가 일반화될 것으로 내다보았다. 그러나 세계는 하나의 원인이나 법칙에 따라 전개되지 않는다. 세계는 단순계의 사고에 익숙한 인간을 비웃듯이 전혀 다른 방향으로 움직여갔다. 신자유주의 경제는 리만 쇼크로 좌절되었고 세계 경제를 위기로 몰고 갔다.

국제화와 정보화는 오히려 민족의 정체성과 종교의식을 자각시켰다. 이슬람 과격파 테러가 격화되었고 영국의 EU 이탈도 현실이 되었다. 한때 단순한 민주화 운동으로 간주되었던 중동의 자스민 혁명은 오히려 민족의식의 자각으로 작용했다. 후쿠야마는 세계정신과 지성이 역사를 움직일 것으로 보았으나, 현실은 각 민족의 집단 무의식과 원형의 생명력을 증폭시켰다. 단순계의 사고로는 파악할 수 없는 여러 요인이 상호작용하여 심화된 복잡계의 세계를 전개한 것이다.

종전에는 복잡계를 이해할 수 없는 것, 철학적으로는 판단중지(epoche)의 대상이었다. 그러나 지적 인간은 기어코 그것을 과학화했다. 지금의 한국도 국제적 카오스와 연동하며 주변국과 밀접하게 얽혀 있다. 종전의 단순계의 사고유형에서 벗어나 복잡계의 지혜로 접근할 때 한줄기 빛과 같은 출구가 보일 것이다.

복잡계의 경계

제1부에서는 급속한 사회 변동에 따른 경제 이론의 한계성에 대해 설명했지만 여기서는 경제 구조와 이론 자체의 카오스적 성격을 논의하려 한다. 아담 스미스는 개인의 이기적 행동에 '보이지 않는 신의 손'이 작용해 자본주의를 조화롭게 발전시킨다고 했다. 스미스 자신은 '신'을 개입시키지 않고 '보이지 않는 손'이라고만 표현했으나, 그 후 다른 사람이 그의 신통한 이론에 감동하여 '신'이라는 수식어를 붙였다. '보이지 않는 손'이란 경제 용어로는 '시장의 자율적인 조절능력'이며 카오스 이론으로는 '자기조직화'이다. 스미스

가 볼 수 없었던 것은 신이 아니라 복잡계의 실상이었다.

그런가 하면 헤겔(Hegel)은 개인의 타산적 행동이 이성의 미묘한 지혜, 즉 세계정신으로 나타난다고 보았다. 그러나 경제나 역사 등 많은 사람이 참여하는 사회 현상은 누구도 의도하지 않았던 방식으로 자기조직화를 창발한다. 사소한 카오스 요인이 긍정적인 질서를 창발해 자기조직화에 공헌하게 되는 것이다. 자기조직화에 대한 지식이 없었던 스미스와 헤겔은 카오스를 신이나 철학의 개념으로밖에 표현하지 못했다.

복잡계의 과학은 전체를 개(個)의 총합, 즉 단순한 산술적인 합-전체론적 관점-으로 보지 않는다. 개(個)적 요소의 상호작용이 카오스를 일으켜 자기조직화 과정을 거쳐 질서를 형성해가기 때문이다. 처음에는 눈에 띄지 않던 소수의 이기적 행동이라 해도 사소한 미동이 카오스로 이어지면 생명력을 얻고 그 가장자리에서 새로운 질서가 창발(자기조직화)된다.

스미스 이론의 토대인 『국부론』에는 '분업'의 개념이 나온다. 가령 바늘을 혼자서 만든다고 하면 「쇠줄을 만들어」, 「적당한 길이로 절단하고」, 「앞부분은 가늘게 하고」, 「윗부분에 구멍을 내야」 하는 등 4단계 작업을 해야 한다. 이런 전 과정을 혼자서 할 때와 여러 사람이 분업할 때의 능률 차이는 엄청나다. 빵 제조업자는 밭에 직접 밀알을 뿌릴 필요가 없고, 농민, 제분업자, 빵 제조업자가 한자리에 모여 상의할 이유도 없다. 각자가 한 푼이라도 더 많은 돈을 벌려는 목적으로 일을 해나가면, 손해를 보지 않고 이익을 챙기려는 각자의 마음이 제품의 가격을 조절해간다. 돈벌이하겠다는 마음이나 남보다 더 벌겠다는 개인의 이기심이 분업을 일으켜 결과적으로 시장경제를 돌아가게 하는 것이다.

스미스는 이 과정에서 나타나는 자기조직화의 창발을 '보이지 않는 손'의 작동으로 표현했다. 시장이란 가만두어도 스스로 돌아가는 것이므로 '자유방임' 즉 노자의 '무위자연'이 최고라는 것이었다. 스미스가 주창한 시장의 자기조절능력은 복잡계의 자기조직이다.

그러나 자본가의 이기심이 극대화되고, 사회적 갈등과 모순이 심화되면서 마르크스가 등장한다. 스미스의 『국부론』에 대항한 『자본론』에서 마르크스는 노동자가 불리한 입장에서 자본가와 노동계약을 하게 된 점을 지적하고, 자본과 기계 등을 국유화하는 공산주의를 주창한다. 스탈린과 모택동, 김일성, 카스트로 등이 그의 공산혁명을 추종했으나 결국 모두 실패했다.

중국에는 '공산자본주의'라는 서로 모순된 제도를 합해놓은 기묘한 제도가 등장했다. 인간의 본질을 무시한 계획경제는 결국 자멸한다는 것을 입증했다. 무위자연의 중국 고대철학이 근대자본주의 성격을 꿰뚫어 보고 있었다니 신통한 일이다.

자본주의는 경기호황과 불황이 번갈아 나타난다. 그런데 마르크스는 경제 불황 때의 노동자 계급의 불행한 생활만을 지적했던 것이다.

케인즈는 불황에 빠진 자본주의를 위기에서 구제할 경제정책을 생각해낸다. 정부가 불황을 극복하기 위해 사업을 일으켜 수요를 늘리면 공급과 수요의 균형을 잡을 수 있고, 경기가 호황일 때 세금을 걷어 보충하면 재정 적자도 두려워할 게 아니라고 주장한다. 케인즈 혁명으로 불리는 이 정책도 초기에는 잘 작동했으나, 통제할 수 없는 사태가 발생하면서 한계를 드러냈다. 선진국들이 누적된 재정 적자를 수습하지 못할 지경에 이른 것이다. 그러자 미국 시카고 대학의 M. 프리드먼(M. Friedman, 1912~2006)이 신자유주의를 들고 나왔다. 모든 규제 즉 최저임금제나 집세, 심지어 의사면허제까지도 없애고 완전한 자유경쟁을 할 것을 주장했다.

이들 여러 갈래의 경제학 이론들은 그 자체가 경제의 복잡성을 시사하는 것이다. 경제는 어떤 경제 이론으로도 통제할 수 없는 예측 불허의 돌발현상이 일어나는 영역이다.

스미스 (자유방임) → 마르크스 (계획) → 케인즈 (정부의 간섭) → 프리드먼 (자유의 확대)

경제이론의 등장 순서가 마치 정반합의 변증법을 연상시키지만, 사실은 놀이터의 시소처럼 이론과 이에 대한 되먹임 구조이다. 경제는 복잡계이기에 단순계적인 경제 이론은 금방 한계를 드러낸다. 오늘의 경제 이론이 다음에는 어디로 귀착될지 아무도 모른다.

아담 스미스 이후의 경제계는 모든 현상을 단순한 원인에 귀착시키는 이른바 요소 환원주의적 사고(단순계)의 틀 속에 계속 머물러 왔다. 경제현상도 분석해가다 보면 결국에는 자신의 이익을 얻기 위해 합리적으로 행동하는 '경제인'이라는 하나의 단위로 귀착된다는 입장이다.

그러나 현실의 경제세계는 다르다. 많은 사람이 함께 참여해 발생시키는 주가의 폭락, 급격한 환율의 변동 등 기존의 경제 이론으로는 설명되지 않는 일들이 벌어지고 있다. 이는 경제계가 단순한 '경제인'의 활동을 넘어 다른 여러 요소들이 작용하고 있어서다. 복잡계인 경제현상을 단순계로 생각하면 필연적으로 한계가 드러나고 그것을 보충할 새 이론도 얼마 못 가 또다시 한계를 보이게 되어 있다. 경제 이론이 등장하는 순서는 되먹임될 수밖에 없는 구조이다.

4 단순계의 공자와 복잡계의 노자

연속적인 변화와 비약적인 변화 기하학적인 직선은 자연에 존재하지 않는다. 자연이 만들어낸 조형물은 여러 요인이 얽혀 형성된 것이므로 자를 대고 그린 기하학적인 것이 아니다.

그런데 수학자는 자연의 선을 기하학적인 직선으로 이상화했다. 고전물리학에서는 시간도 수직선상에 균등하게 나타나는 것으로 보았다. 뉴턴은 '시간·공간의 동질성'에 대해 '시간, 공간은 절대적'이라고까지 강조했다.

근대과학의 균질적인 직선상의 시간개념을 전제로, 균등하게 분할된 시간관은 어음과 이자의 일상화를 가능케 했고, 균질의 시간과 세월에 대한 관념을 일반화하여 자본주의를 발달시켰다. 과학이 산업화를 야기하고 산업화는 자본주의를 자극하여 부를 이뤄 다시 과학연구에 도움을 주었다.

근대과학이 연속적인 균질적 변화를 전제로 했다면, 카오스 현상은 예측 불허이다. 한시도 그대로 있지 않는다. 수시로 비약하고 불연속적으로 변하며, '개량이 아닌 혁명(no evolution but revolution)'인 나비효과도 수반한다. 오늘날과 같은 정보화시대에는 비약적인 변화 양상이 더욱 자주 나타난다.

'해 아래에는 새것이 없나니(『성서』「전도서」 1장)'라며 정해진 길을 꾸준히 가는 기독교의 입장과는 정반대이다.

공자 죽이기의 시작 고대 중국에도 카오스의 생명력을 믿는 철학이 있었다. 노자와 장자는 카오스의 생명력을 직관했을 뿐만 아니라 철학까지도 체계화했다. 노장사상은 불교와 궁합이 맞아 대승불교로 합체된 복잡계 이론이다.

노자의 사상을 이어받은 장자는 유가(儒家) 성인들의 위선을 꼬집으며, 이들이 부패의 원흉이라고 비판했다. 그는 '공자, 맹자와 같은 성인이 죽지 않으면 대도(大盜: 큰 도둑)가 끊이지 않을 것이다.'라며 정명(正名) 질서주의자(공자)를 신랄하게 비판, '공자 죽이기'의 효시가 되었다. 5·4운동의 계몽가 루쉰(魯迅)도 공자를 중국 근대화의 가장 큰 장애물로 매도했다. 태고의 사람들은 자연과 어울려 죄의식도 없이 순박하게 살았는데, 성인이라 불리는 이들이 등장하여 인의(仁義), 예악(禮樂) 등 번거로운 인위적 장치를 내세움으로써 인간은 자연성(순박함)을 잃고 간사해져 온갖 나쁜 짓을 하게 되었다는 것이다.

노자의 무위자연은 인위적인 질서보다 혼돈에서 자연스럽게 형성되는 생명력과 창조성을 믿었다.

道可道 非常道
名可名 非常名

無名天地之始
有名萬物之母

도가 도인 것은 보통의 도가 아니며

이름에 이름이 붙는 것은 보통의 이름이 아니다.

이름도 모양도 없는 오묘한 것이 천하의 시작이며
이름과 모양이 있는 것이 만물의 어머니다.

『노자』 제1장

'이름도 모양도 없는 것'은 곧 혼돈(chaos)이다.

유물혼성(有物混成),
여러 요인이 혼돈을 일으키는 현상을 나타낸 것이다.
즉 혼돈은 천지창조 이전부터 존재해 있었다.
도(道)는 고요하여 아무런 소리도 형태도 없고
다른 어느 것에도 의존하지 않으며 천하의 어디에도 있다.
또한 그것은 천하 만물의 조물주라고 말할 수 있다.

『노자』 제25장

도(道)는 어렴풋하며 뚜렷하지 않은 어떤 현상이다.
이렇듯 뚜렷하지 않은 가운데 무언가 형성한다.
깊고 오묘한 가운데 영묘한 정기가 있는데
그 정기는 더할 나위 없이 진실하여….

『노자』 제21장

노자는 '깊고, 오묘한, 영묘한' 등의 형용사를 사용해 생명력을 지닌 카오스를 설명했다. 혼돈의 생명력은 자기조직화에서 발생하는 창발인데 설명할 수 있는 적절한 말이 없었던 것이다. 그는 현실보다 시원(始原)의 세계, 자연의 생명력을 주목한 중국 최초의 철학자다.

인식은 이(理)에 따른 분석의 결과이며, 분석은 대상(혼돈)을 가늠하는 일이다. 분석과 분류는 혼돈에 대한 이성의 칼이다. 본래 천지만물이 혼돈 상태에 있을 때는 어느 것도 지식의 대상으로 삼을 수 없었다. 가름의 과정을 거쳐야 지적 대상이 되어 언어적 표현이 가능해진다. 장자(莊子)는 혼돈에 '가름'을 가함으로써 그 생명을 잃게 되는 것이 안타까워, 혼돈에 인위를 가하는 것을 거부하고 무위자연을 선호했다. 노자는 언어를 믿지 않았다.

『노자』 42장은 카오스 이론과 깊은 관련성이 감지되는 부분이다.

> 도(道)는 하나(一)가 둘(二)을 낳는다. 둘(二)은 셋(三)을 낳고, 셋(三)이 만물을 낳는다.
> 만물은 음(陰)을 짊어지고 양(陽)을 껴안으며 충기(沖氣)로 화(和)를 이룬다.

현대적으로 해석하면, '1은 세포분열로 2가 되고 1, 2가 합쳐 3이 되고 3은 카오스를 발생한다.'가 된다. 현대 카오스 이론의 창시자 푸앵카레는 이 3가지 요인이 서로 작용하면 뉴턴역학으로도 풀 수 없는 카오스적 현상이 됨을 수학으로 증명했다. 푸앵카레의 카오스 이론은 '삼(三)에서 카오스가 발생'하고, 그것이 자기조직화된 결과를 노자는 '충기(沖氣, 음양을 합하는 기)로 화(和)를 이룬다.'고 표현했다. 화(和)

는 자기조직화의 결과이다. 노자는 현대의 복잡계 과학용어는 몰랐으나 직감으로 설명했다.

노벨물리학상 수상자인 유가와(湯川秀樹)는 장자의 '혼돈'에서 소립자를 발견하게 되었다고 실토했다. 그는 원자핵 속에 중성자와 양자를 묶는 입자로서 중간자의 존재를 이론적으로 예언했는데, 그 물질은 입자이면서 우주를 헤매는 파동이며, 끊임없이 모양을 바꾸고, 다른 입자들과 상호작용하는 혼돈의 중간자로 귀착했다. 이러한 생각이 신과학 운동의 밑거름이 되었다.

노자와 카오스

삼(三) 요소	카오스의 발생
충기(沖氣)	카오스의 가장자리
화(和)	자기조직

노자와 공자

공자의 기본사상인 예(禮)는 사회질서를 유지하기 위해 구속력을 가지는 것이다. 명분이 확실하고 인위적인 법(法) 사상으로도 이어진다. 반면에 노자는 『도덕경』의 첫머리에서 "도(道)라고 말할 수 있는 것은 도가 아니며, 확실하다는 명(名)은 진실의 명이 아니다. 천지의 시작에는 명이 없고 현상의 밑바닥에 미묘한 근원세계가 있다(道可道 非常道 名可名 非常名)."며 미묘한 도를 진리로 해석해 공자의 생각과는 정반대의 입장을 보였다. 공자는 현실의 질서를 중시했지만, 노자는 양자세계의 미묘한 확률현상을 바라보았다.

노자는 자연의 스스로 되는 힘을 믿었다. "골짜기의 신(谷神)은 속 깊은 샘에서 끊임없이 물을 뿜고 영원한 생명은 죽는 일이 없다. 신비의 암컷(雌), 현빈(玄牝)의 작용이다(谷神不死 是謂玄牝)."라며, 생명의 요인들은 상호작용을 통해 끊임없이 자연의 생명력을 발생시킨다고 생각했다. 카오스 이론의 자기조직화를 빗댄 시적 표현으로 볼 수 있다.

▌『공자화전』 問禮老聃圖, 공자가 노자에게 묻는다

『사기(史記)』는 공자와 노자의 만남을 매우 비중 있게 기록하고 있다.

공자가 주나라에 가서 노자를 만나 '예(禮)'에 관해 물었다. 노자는 "그대가 이 말을 하는 것은 그 말을 했던 사람의 뼈는 이미 썩었지만 그 말은 남아 있기에 가능하오. 또 군자란 때를 만나면 벼슬을 하며 수레를 타고 다니고, 때를 못 얻으면 남루한 모습으로 다니게 되오. 유능한 상인은 상품을 깊이 감추어 마치 아무것도 없는 듯이 행동하고, 현자(賢者)는 큰 덕을 갖추고 있으면서도 얼굴빛은 어리석어 보이게 한다오. 당신의 욕심으로 가득 찬 마음과 때를 기대하는 기색, 그리고 넘쳐흐르는 뜻을 버리시오. 그것들은 모두 당신 자신에게 무익할 뿐이오. 내가 할 수 있는 말은 이것뿐이오."

공자는 기가 질려 돌아와 제자에게 말했다.

"새라면 능히 날 수 있고, 물고기라면 헤엄칠 수 있으며, 들짐승이라면 달릴 수 있다. 달리는 놈은 올가미로 잡을 수 있고, 헤엄치는 놈은 낚시로 잡을 수 있으며, 나는 놈은 화살로 잡을 수 있다. 모든 것은 잡을 수 있지만, 바람과 구름을 타고 하늘로 오르는 용만은 잡지 못한다. 오늘 나는 노자를 만났는데 그는 마치 용과 같구나!"

지상 현실의 질서만을 중시한 공자는 대우주가 무엇인지 알 수 없었던 것이다. 공자의 노자에 대한 평은 "결정론과 같은 단순계의 사고로는 복잡계에 맞설 수 없다."는 설명과도 같다.

보편사상의 자기조직화 공자, 맹자의 철학과 주자학, 양명학 등의 동양 철학에는 일관해서 역(易)의 철학이 있다. 종교는 과학처럼 집단의 원형에서 파생된 하나의 문화현상이다. 원형이 풍토와 역사에 반영되는 것과 같이 종교도 분명 풍토의 영향을 받는다. 일신교가 몬순지역에 발생할 수 없는 것처럼 불교도 사막에서 나타날 수 없다. 만일 헤브라이 예언자가 인도에 등장했다면 신의 계시를 들을 수 없었을 것이고, 석가모니가 사막에서 설법했다면 그 말씀은 허공에 메아리쳤을 것이다.

맹자가 성선설(性善說)에서 인간의 무의식에 성(聖)스러운 부분이 있음을 강조했듯이, 개인의 무의식은 진선미를 갈망한다. 이 갈망이 공동체(문화권, 민족)의 의지가 되어 문화를 이룬다. '진'은 철학과 과학으로, '선'은 종교로, 그리고 '미'는 예술을 통해 자연으로부터 보호막을 만들고 공동체의 존속과 번영을 이루어가는 것이다.

특히 종(種)을 유지시키려는 신비로운 지혜가 자기조직화하는 과정을 보면 감탄하지 않을 수 없다. 아담과 이브는 하나에서 둘이 된 남매간이었다. 고대의 부족형성 신화는 모두 남매 혼(婚)에서 시작하고 있다. 이로 인해 부족이 멸망하는 모순도 발생했다. 그래서 고대 부족의 집단 무의식은 건전한 후손을 남기기 위해 근친결혼을 피하는 터부(금기)를 자기조직화했다. 물론 종교적으로 금했다. 근친혼의 터부에 관해서 레비 스트로스는 독특한 해석을 한다(5부 4장 참조).

카오스에서 질서가 창발해 위기를 극복해가는 과정을 보면 무언가 위대한 존재(something great)가 있음을 믿게 만든다. 규모는 다르지만 추축시대의 보편종교와 사상도 그런 식으로 형성되었을 것이다.

노자의 직관은 옳았다. 21세기 인류는 멸망의 위기를 맞고 있으나 이 위기를 극복하기 위한 인류적 지혜에 기대하는 것은 집단 무의식에 내재한 신비한 힘, 즉 기적을 믿기 때문이다.

서로 다른 동서양 철학의 초기조건

괴테(J. Goethe)의 『파우스트』에는 다음과 같은 글이 있다.

"파우스트 박사가 그리스어 성경을 독일어로 번역하던 중 '태초에 말씀이 있었다.'에서 막혀버렸다. '말씀'은 존중받지 못하는 말이다. 하나님의 영(靈)으로부터 올바른 계시가 왔다면 다른 말로 표현되어야 한다. 내 손의 펜(pen)이 경솔하게 움직이지 않기 위해 신중해야 한다. 모든 것을 만들어내는 것은 뜻(意)이 아닐까? 그렇다면 '태초에 뜻(意)이 있었다.'로 하면 어떨까? 만물을 창조하는 것은 힘이 아닐까? 그러면 '태초에 힘이 있었다.'고 써야 할 것이다. 그러나 계속 써내려가는 사이에 이 또한 어색해진다. 돌연 생각이 들었다. '태초에 행위가 있었다."

'말씀에 뜻(意), 힘, 행위'가 내포되어 있다고 한 파우스트 박사의 말은 기독교(일신교) 입장에서 '창조'의 뜻이 곧 힘이고, 행위가 될 수 있음을 말한 것이다.

파우스트와 복잡계의 대비

단순계	파우스트	말씀	뜻(意)	행위	창조
복잡계	원형사관	원형	카오스	자기조직	창발
	불교	업	인	업	인
	카오스	미동	카오스	카오스의 끝	창발
	노자	一	二	三	무위자연

괴테의 이 생각에 대해 원형론의 관점에서는 처음 원형이 있었고 그것은 업, 카오스, 자연(무위자연, 노자), 자기조직화를 대응시켜 왔다고 할 수 있다. 불교는 업(業)에서 시작된 업인업과(業因業果)를 주장하고, 도교(노장)의 도(道)는 一을 낳고 一이 二를 낳고 二는 三이 되어 만물을 생성하며 혼돈이 천지에 앞서 존재한다고 주장한다. 카오스는 미동에서 자기조직화를 이루어 새로움을 창발한다고 본다.

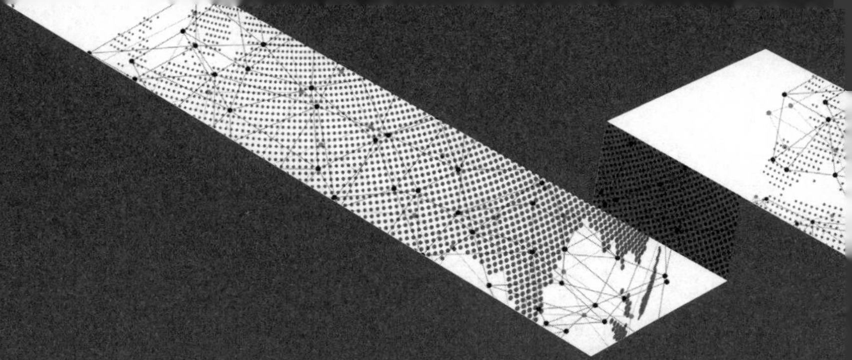

3

추축시대(樞軸時代)의 의미

신은 세계 속에 있고 세계는 신 속에 있다.

B. de 스피노자

1 카오스에서 문명으로

인류문명은 카오스의 연속 개미나 벌떼는 질서정연하게 왕국을 만들고, 철새와 바다의 고기떼도 질서 있는 행동으로 서로 충돌하지 않는다. 종(種)은 무의식을 집단화할 수 있어, 이런 집단 무의식이 종의 생존을 가능케 한다.

알래스카에는 레밍(lemming)이란 들쥐 무리가 살고 있다. 이들은 번식력이 어찌나 강한지 단기간에 주변 생태계를 파괴시켜버릴 정도이다. 집단을 이루어 우두머리가 선두에서 달리면 온 무리가 그 뒤를 따른다. 이들이 함께 벌판에서 곤충이나 잡초의 뿌리를 파먹고 지나가면 그 일대에는 남아나는 식물이 없다. 그러나 집단의 규모가 임계점에 달하면 무리는 스스로 절멸을 택한다. 우두머리가 먼저 절벽에 몸을 던지면 뒤따르던 무리도 몸을 던져 절멸한다. 그 후, 겨우 살아남은 몇 마리의 소집단이 다시 번식을 시작한다. 그들의 주기적인 대량

자살은 종을 남기기 위한 지혜이자 자연의 섭리로 해석되어 진다.

근세 이후 인류는 너무 빠르게 문명을 발달시켜왔고, 이제 수습하기 어려운 카오스에 직면해 있다. 카오스의 파고는 가파르게 높아지는데 과연 이대로 절멸할 것인가, 아니면 문명의 궤도를 수정할 새로운 정신혁명, 즉 급속한 과학발전과 합체된 자본주의에 제동이 걸리면서 한계를 극복할 제2의 추축시대를 맞이할 것인가!

인간(호모사피엔스)은 불과 3만 년 전에 지구상에 나타났다. 유인원이 처음 출현한 시점이 600만 년 전인 것과 비교하면 인간의 역사는 매우 짧다. 원시사회에서 IT사회로의 발전도 긴 지구역사에서 보면 아주 짧은 기간이다. 그러니 20여 년간의 핵전쟁의 위협과 테러, 종교 갈등, 국제화로의 분리와 통합의 기간은 더욱 짧아 긴 지구역사에 비교하면 바로 어제 발생한 일과도 같다. 호모사피엔스가 성취한 엄청난 진보는 레밍 무리의 성장과 절멸 패턴과 비슷하다. 새로운 문물이 등장하면 기존사회에 카오스를 야기하고, 그 가운데 새 문명이 자기조직화에 성공, 창발적 진화를 하는 방식의 연속이다.

전 세계에 5,000개 이상의 민족(언어)이 흩어진 것은 오랜 채집과 수렵생활의 유산이라고 A. 토인비(A. Toynbee, 1889~1975, 영국의 역사가)는 정의했다. 고유의 언어를 사용하는 소집단은 나름의 카오스를 겪으면서 여러 차례 자기조직화의 과정을 겪었을 것이다. 그런데 지금 우리는 국제화를 통해 다시 하나로 통합하는 뉴 호모사피엔스로 가는 문턱에 있다.

호모사피엔스는 B.C. 5세기 이후부터 수 세기 동안 황음(荒淫)과 대량살인으로 인한 자멸의 위기를 겪으면서도 이를 정신혁명으로 극

30,000년 전	호모사피엔스의 조상만 남고 네안데르탈인 등 다른 인류의 줄기는 모두 절멸
12,000년 전	채집과 수렵으로 생명을 유지해온 호모사피엔스가 농업혁명을 일으켜 곡물의 재배와 가축 사육을 시작
5,500년 전	큰 강(나일, 티그리스, 유프라테스, 인더스, 황하) 유역에 도시문명 발생
2,700~2,300년 전	추축시대, 4대 종교(유대교, 불교, 유교, 그리스 철학), 사상의 발생, 정신혁명의 시대
500년 전	과학혁명
200년 전	산업혁명
20세기	핵무기의 발명, IT산업, 국제화의 시작
21세기	제2의 정신혁명의 시작, 제2의 추축시대

복하는 추축시대를 경험했다. 절멸 위기를 맞은 인간은 추축시대를 겪으며 비로소 스스로를 인간답게 여기는 정신성을 지니게 된다. 추축시대는 단순히 생활수단의 개혁이나 기술적 발명에서 태동된 것이 아니었다. 인류가 처한 자멸의 위기 즉 카오스에서 벗어나기 위한 정신적 비약이었다.

지금의 상황 또한 일찍이 경험한 적이 없던 대카오스 상황이다. 자칫하면 기존 문명의 파괴에 그치지 않고 인류와 생물의 절멸을 불러올 수도 있는 위기이다. 한민족 또한 생존이 걸린 카오스의 한가운데서 범세계적 카오스와 연동하고 있다. 이는 기존의 학문적 지식이나 종교적 지혜로도 대응하지 못하는 것들이다. 핵, 지구환경의 변화 등에 의한 21세기의 인류절멸 위기에도 제1의 추축시대를 극복하게 한 것과 유사한 새로운 정신혁명을 기대할 수 있을까!

문명의 시작

태고의 인류는 나무 열매나 뿌리로 겨우 연명하며 비교적 쉬운 수렵이나 채집에 의존하여 생활했다. 주로 구릉지의 골짜기나 작은 개천가를 주거지로 택했다. 오아시스는 사막으로 둘러싸여 위험한 침입자나 짐승들로부터 격리되어 있어 매우 이상적인 생활 터전이었다. 문명의 꽃은 이러한 조건을 두루 갖춘 유라시아의 사막 주변에서 피어나기 시작했다.

고고학적으로 알려진 바로는 문명이 싹튼 시기는 8,000년 전이다. 이 무렵 인류는 숲에서 나와 가축을 사육하기 시작했다. 야생동물을 가두어 길들이고 야생식물을 재배함으로써 식량을 능동적으로 관리하는 농업혁명을 일으켰다. '문화'와 '농업'이 모두 경작을 뜻하는 'culture'로 표현되는 것은 결코 우연이 아니다. 충분한 식량 없이는 문화가 형성될 수 없음을 시사한다.

오아시스를 중심으로 원시 농업을 하며 가축을 기르던 무리의 일부는 인구 증가로 인해 오아시스를 떠나 초원으로 목축의 범위를 확장해갔다. 초기 유목민들은 가구당 20~40마리 정도의 염소와 산양을 사육할 수 있었다. 낙타와 말을 다스리게 되면서 유목민들의 기동력도 크게 높아졌다. 낙타는 B.C. 3000년경, 말은 이보다 늦은 B.C. 2000년경 남부 러시아와 메소포타미아 지역에서 사육되었다. 유목의 범위가 넓어지자 수백, 수천 마리의 염소와 산양 무리를 한꺼번에 이

동시킬 수 있게 되었다. 인간이 일신교의 신을 만나는 시기의 목축기술은 이미 상당 수준에 달해 있었다. 『구약』의 「욥기」에는 욥이 신에게 시련을 받을 당시 11,000마리의 소와 염소, 말, 낙타 등을 기르고 있었다. 이는 욥이 많은 하인을 거느린 부족장이었고, 당시 유목민은 관리 능력의 한도까지 가축을 기르고 있었음을 나타낸다.

한편, 치수 관개기술을 익힌 무리는 잉여 농산물의 힘으로 서서히 도시를 형성하기 시작했다. 가장 원초적인 사회는 유목을 겸한 농경이 가능한 지대에서 시작되었다.

공진화(共進化)와 백 번째의 원숭이 인류 역사는 정해진 공식에 따라 발전해온 것이 아니다. 수렵채집시대에서 농업혁명, 다시 도시혁명에서 정보화혁명에 이르기까지 각 단계마다 비약을 경험해왔다. 사회 일각에서 사소한 변화가 발생하면 미동을 시작한다. 마치 조용한 호수에 던진 돌멩이가 수면에 작은 파동을 일으키는 것과 같다. 그러나 호수는 한정되어 있어, 돌멩이 하나의 힘은 큰 영향력을 갖지 못한다. 호수는 다시 원상태로 돌아간다.

그러나 같은 미동이라도 인간사회에서 발생하면 이와 다르다. 미동은 되먹임을 계속하며 카오스로 이어진다. "발 없는 말이 천리를 간다."는 속담처럼 '서로 주고받는 되먹임 작용'이 카오스를 일으켜 예기치 않은 결과를 낳게 된다.

인간과 가장 가까운 원숭이에 관한 사례가 있다. 일본의 어느 대학

연구팀이 고지마(幸島) 섬에서 원숭이를 사육하며 관찰하고 있었다. 이들의 먹이는 모래와 흙이 묻은 고구마였다. 6년이 지난 어느 날 그 중 한 마리가 고구마를 바닷물에 씻어 먹기 시작했다. 그것을 본 다른 원숭이가 그 행동을 따라 했다. 차츰 고구마를 씻어 먹는 원숭이 수가 늘어났다. 그 수가 어느 일정한 수준에 달하자 그 섬 안의 원숭이는 물론 그들과 접촉이 없던 다른 섬의 동종의 원숭이들까지도 고구마를 씻어 먹기 시작했다. 고지마 섬 이외 지역의 원숭이들까지 같은 행동을 보인 것은 종으로서의 집단 무의식이 공명(共鳴)되어 나타난 결과였다. 인간 이외의 생물에 이성의 이름으로 표현될만한 지혜는 없다. 그러나 이들에게는 집단, 즉 종을 존속시키기 위한 행동양식이 있다. 무의식적 본능인 종의 집단적 무의식이다.

한 마리의 '고구마 씻는 행위'가 원숭이 사회에 이전에 없던 작은 미동을 일으킨 것이다. 이어 두 번째 원숭이의 행동이 또 하나의 '미동'이 되었다. 이런 작은 요동이 계속되자 섬 내의 원숭이 사회에 카오스를 야기했다. 엉뚱한 행동을 취하는 개체가 일정한 수에 도달하면 무리 전체가 함께 그 행동을 하게 된다. 상징적으로 그 원숭이를 100번째라고 하자. 그가 바로 혁명가가 되는 셈이다. '100번째 원숭이'에 의한 나비효과로 새로운 성격이 전체 원숭이 사회에 번지고, 이것이 카오스의 창발(emergence)이 된다. 창발이 된 새로운 행동이 그 종 전체로 퍼지면서 일반화되고, 심지어 전혀 교류조차 없는 다른 섬의 원숭이로까지 확산된다. 동종(同種)의 집단 무의식의 공명은 다윈의 진화론 이상의 혁명적인 현상이다.

원숭이가 고구마를 씻어 먹는 것과 유사한 행동은 그동안 학계에 계속 보고되어 왔다. 영국의 어느 도시에서는 새 한 마리가 아침마다 어느 집 앞에 배달되는 우유병의 종이 뚜껑을 쪼아 우유를 마셨다. 그러자 다른 한 마리가 그 행동을 따라 했고, 우유병 뚜껑을 쪼는 새의 숫자는 점점 늘어났다. 우유 마시는 새의 숫자가 일정한 수준에 도달하자, 전 영국 내에서 같은 종의 새들은 모두 똑같은 행동을 하기 시작했다. 새로운 성격의 '창발'이다.

이 사실은 인간뿐만 아니라 동물도 집단 무의식이 작용하고 있음을 의미한다. 모든 생물 종(種)은 보이지 않는 집단 무의식과 연결되는 네트워크를 갖고 있는 것이다. 융은 인간의 집단 무의식만을 지적했으나, 동물까지도 집단 무의식의 공명작용을 하는 것은 분명하다.

다윈의 '적자생존'을 중심으로 한 고전진화론은 진화과정의 연속이 끊어진 공백 부분을 미씽 링크(missing link)로 대응했으나 충분치 않아 번번이 논란의 대상이 되어왔다. 적자생존이라면서도 그것이 '개체'의 진화인지 '집단' 전체의 진화인지에 대해 명확히 설명을 하지 못해서다.

L. 왓슨(L. Watson, 1939~2008, 남아프리카의 동물학자)은 저서 『생명의 조류(Life Tide)』에서 자연에 존재하는 신비로운 힘을 상호작용으로 설명했다. 특히 오징어가 몸에 비해 눈이 과도하게 큰 이유를 오징어가 한곳에 정보를 집적해 종의 생존을 유지해온 결과라고 설명했다. 그의 주장을 시각화해보면 마치 거대한 오징어가 큰 눈으로 세계 곳곳의 오징어들로부터 정보를 수집하고 또 적절한 생존방식을 지시하고 있는 것 같다. 그러나 사실 이는 오징어만의 일이 아니다. 종마다 갖고 있는 집단 무의식으로 인해서다.

카오스의 자기조직화와 창발이론은 진화를 고전적인 생존경쟁(적자생존) 이론의 관점에서 바라보지 않는다. 집단의 일부에 싹튼 새로운 지혜가 어느 시점에 일제히 종 전체에 발동된 것으로 해석한다. 다시 말해 생물은 환경에 적응한 어느 개체만 진화해온 게 아니라, 집단 일부의 진화가 카오스적 진행의 끝에서 종(집단) 모두와 함께 새로운 능력과 지혜를 갖게 된 공진화(coevolution)로 발전해온 것이다.

인간사회에서 조직이 성장하고 변화하는 것 또한 같은 패턴이다. 어느 한 사람의 긍정적인 행동이 집합체에 미동을 야기하고, 요동이 누적되면 카오스를 발생하고, 그 끝에서 자기조직화를 창발해 조직은 일제히 활력을 갖게 된다. '미동 → 카오스 →카오스의 끝 → 자기조직화 → 새 질서 창발'의 과정으로 카오스는 생명력을 갖게 된다. 자기조직화를 거쳐 새로운 문명 단계로 진행하고 나비효과적인 변화로 비약을 거쳐 혁명적 창발로 이어지는 것이다.

공진화를 이루기 위해서 공동체는 필수적으로 미동을 허용해야 한다. 자율성을 발휘할 수 있는 열린사회에서만 '자기조직화와 창발'이 이루어지기 때문이다. 제1의 정신혁명 또한 그런 식으로 발생했을 것이다. 이전에는 인류문명의 첫걸음인 농업혁명이 메소포타미아의 일부 지역에서 일어나 전 세계로 확산된 것으로 알려졌으나, 오늘날에는 지구 각지에서 발생했다는 것이 정설이다.

인류는 100번째 원숭이를 수없이 등장시키며 농업혁명과 도시혁명 그리고 오늘날의 정보화, 국제화 혁명을 진행해왔다. 추축시대는 정신적인 대카오스를 거쳐 각 문명권이 거의 동시에 변화하고, 공진화하면서 보편사상을 형성한 시대다.

2 추축시대(樞軸時代)의 문명권

4대 문명권

인간다움의 자각 농업혁명은 도시를 형성시켜 중동과 그리스, 중국의 황하, 인도의 인더스강 유역에 문명권을 형성했다. 추축시대의 사상은 보편성을 의식하면서도 지역풍토의 특성을 반영해 풍토차이만큼 사상과 종교도 개성적이었다. 교통수단이라고는 인간의 두 발과 짐승의 네 발밖에 없던 시절이었기에 문명권 간의 왕래는 미미했을 것이다. 아마 서로 간에 느끼는 물리적 거리감은 현대인이 느끼는 태양계의 행성 사이의 거리감과 같았을 것이다.

인류는 기원전 8세기에서 3세기까지 500년간 정신혁명을 경험한다. 먹고살기에 급급했던 인간이 정신혁명을 겪으며 인간다움에 대해 자각하고 처음으로 자아의 개념도 얻는다. 이즈음에 비로소 인간은 주술(呪術)의 세계를 극복하고, 현실의 경험을 넘어 보편세계에 눈을 두게 된다. 오랜 시간 올라온 정신적 고갯길의 정상에서 비로소 넓은 세계를 의식한 것이다. 합리적으로 세계를 해석하고 그 속에서 인간의 위치를 묻는 시도를 했다.

실존철학의 창시자인 야스퍼스(K. Jaspers, 1883~1969, 독일의 철학자)는 이 변혁기를 추축시대(Achsenzeit, Cardinal Age)라고 명명했다. 철학자들은 각기 다른 세계관을 갖는다고 하지만, 야스퍼스는 그것은 전 세계를 의식했다는 오만에서 비롯된 것이라고 일축했다. 세계의 한

부분 그것도 아주 미미한 부분에 불과한 인간이 '무엇을 얼마나 알아 세계를 인식했다고 할 수 있겠는가.'라며 '인식했다는 것은 오류이며 과학, 철학, 종교 모두 완전히 이해한다는 것은 독단에 불과하다.'고 단언했다.

인식은 부분에서 전체를 추측하는 데 불과하다. '세계는 …와 같다'는 말은 수많은 것들 중에서 겨우 한 부분을 보고 전체를 짐작하는 것이다. 사실 인류 전체는 물론이고 우리는 한 사람의 인간조차 제대로 이해하기 어렵다. 세상의 바깥에서 초월자와 같은 관점으로 볼 수 없기 때문이다. 겨우 주어진 상황에서 개별적이고 현실적으로 살아갈 뿐이다.

합리적이고 객관적인 판단이 불가능한 현실에서 우리는 자신의 한계를 알아차리고 인간답게 살아가는 것이 옳다. 개별적으로 겸허하게 살아가는 것이다. 인간은 상황적 존재라는 것을 분명하게 인식하며 살아가는 게 '생의 철학'이다. 나는 남자, 나는 일해야 먹고 살 수 있고, 때로는 거짓말도 하고, 비열할 수도 있는 인간, 헤아릴 수 없이 많은 상황에 둘러싸여 한계에 절망하고 죽어가는 인간임을 인식하는 것이다.

▌야스퍼스

야스퍼스는 스스로의 한계를 자각할 때만 실존의 근원인

초월자의 소리를 들을 수 있다고 믿었다. 초월자는 모순, 갈등, 논리를 초월한 완전한 존재이다. 야스퍼스는 보통 신으로 불러야 할 존재를 초월자 또는 포괄(包括)이라고 했다. 초월자는 암호 즉, 자연, 역사, 예술, 철학 등의 암호들을 통해 우리가 알아들을 수 있게 해주었다고 야스퍼스는 생각했다. 그는 지구 각 지역에 거의 동시에 발생한 추축시대의 고등종교와 철학에서 인류를 존속시켜온 초월자의 암호를 읽어냈다고 했다.

그러나 역사를 카오스로 바라보는 원형사관의 입장에서는 그것을 인류사의 자기 닮음(fractal) 현상, 즉 공시성이며 집단 무의식의 의지표현으로 해석한다. 공시성은 시대의 의지와 역사흐름의 방향성을 나타낸다. 한반도와 세계가 동시에 카오스적인 상황인 것 또한 인류존속을 위한 정신적 비약을 기대하는 의지의 표현일 것이다. 인류의 집단 무의식이 하나가 되어 어딘가에서 생존을 위한 의지로 발휘되어 나타난 것을 제2의 추축시대라 해도 좋다.

4대 문명과 보편사상

추축시대 이전의 인간은 자연 풍토를 객관적 대상으로 인식하지 않았다. 어느 문명권이든 자연은 초월적(신적 또는 영적인 것)이며 무서움의 대상이었다. 자연은 신성한 권위를 부여받은 신화로 인식되었고 주술적 신앙의 대상이었다. 자연은 신이나 영웅 등의 인격을 갖고 나타났고, 신들은 영웅적이며 상징적인 행동을 했다. 우주의 발생과 인간의 창조 신화에 나타난 신들의 계보는 감성적으로까지 묘사되었다.

그러나 인간은 선(善)으로 향하는 무의식을 갖고 있어 초월자와 더불어 도덕률을 종교화시켰다. 의롭고 정직한 행위는 신의 뜻에 따른 것으로 해석되었다. 도시혁명으로 집단화된 무의식이 보편성을 지닌 고등종교를 체계화한 것은 필연이었다.

도스토옙스키(F. M. Dostoevskii, 1821~1881)는 『카라마조프가의 형제』에서 "만일 인간이 신(종교)을 생각해내지 못했다면 문명은 있을 수 없었다."고 토로했다. 신의 영원성은 허구(fiction)일 수도 있다. 하지만 영혼을 정화하고 천국을 생각하게 함으로써 방종한 성욕을 억제하고 불필요한 살생을 금하게 한다. 이런 에너지를 문명의 창조에 돌

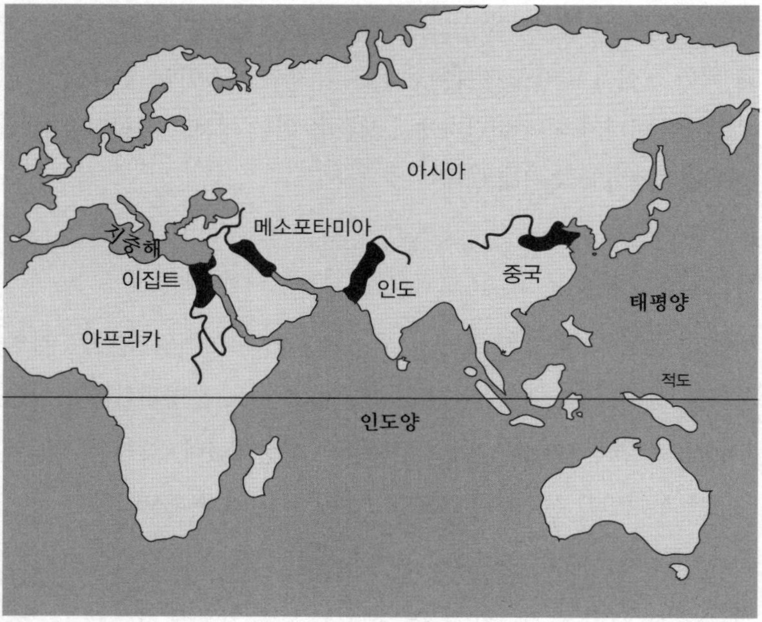

▌나일, 유프라테스, 인더스, 황하 등 큰 강 유역에서 발생한 농업혁명은 강의 성격만큼 서로 다른 문화 원형을 형성했다.

림으로써 인류라는 종을 번영시켰다. 『구약』에서 음탕한 도시 소돔을 멸망시켰듯이 모든 고등 종교는 성적 문란을 금한다.

야스퍼스는 '신이 인간을 창조한 본래의 의도'를 종교적인 차원에서 해석했다. 종교의 본질은 윤리적으로 인류 존속을 위한 '선'의식의 체계적인 발현(發現)이며, 생물학 차원에서는 정신 승화를 통한 인간 종의 보전이 목적이었다는 것이다.

추축시대는 집단 무의식이 긍정적으로 발동된 기적과도 같은 창발의 시기였다. 추축시대의 철학과 종교는 이전의 무속이나 신비사상에서 탈피했다. 확고한 세계관의 기반에서 세계를 해석했고 실존, 현실존재, 현재의 삶의 의미에 대한 사색을 심화시켰다.

세계문명사의 시각으로 보면 이들 종교와 철학에는 우열이 없다. '백 번째의 인간'의 등장으로 가능했고, 이 단계에 도달하기 위한 인류 차원의 종의 보존의지가 있었다. 유발 하라리(Yuval Noah Harari)는 『사피엔스(Sapiens)』에서 농업혁명이 인류에게 '번영과 비극'을 몰고 왔다고 했다. 농업혁명으로 안정적인 식량 공급은 가능해졌으나 도시화로 인해 계급사회가 만들어지고 상류계급의 착취로 음란과 대량살인이 일반화되었다는 것이다. 풍요는 일반적으로 행복과 직결되지 않는다. 에덴동산에서 지혜의 열매를 먹은 인류의 조상을 추방한 신도 그렇게 생각했을 것이다.

3 문명권의 종교, 사상

역사의 역습으로 범인류 차원의 카오스가 지구 곳곳에서 발생하고 있다. 카오스의 진행 방향은 각 민족의 사고와 사상, 넓게는 원형이 결정할 것이다. 원형은 종교로 상징된다.

그리스 문명

본질 추구의 정신

그리스 이오니아의 자연철학은 지중해 물빛과도 같은 합리주의의 밝음 속에서 탄생했다. 철학의 아버지로 여기는 탈레스(Thales, B.C. 624~B.C. 545, 그리스의 수학자)는 '모든 것의 근원은 물이다.'고 했다. 그러나 제자들은 '아니다, 공기다', '아니다, 무한의 가능성을 갖는 원소와도 같은 무한자다.' 등 여러 가지 요소를 제의했다. 그들은 모두 스승 탈레스처럼 자연세계에서 근원적인 것을 찾았다는 점에서 공통적이다. 이 학파는 출신지 이름을 따서 이오니아학파라 하고 자연세계를 대상으로 해서 자연철학파라고도 한다. 자연철학의 학통은 지중해의 그리스 식민지로 퍼져나갔다.

피타고라스(Pythagoras, B.C. 582?~B.C. 497?, 그리스의 철학자이자 수학자)는 천체운동, 일 년의 주기, 음의 진동과 음계의 관계를 수로 파악하고 '모든 것은 수'라고 했다. 파르메니데스(Parmenides, B.C. 515?~B.C.

445?, 그리스의 철학자)는 보는 것, 들은 것, 맛본 것 등 감각으로 알아낸 것은 사람에 따라 다르기에 이성으로 생각한 논리가 세상의 근원이라고 했다. 피타고라스와 파르메니데스처럼 감각을 믿지 않는 이들을 이성주의자라고 한다.

한편, 아테네의 소크라테스는 지성, 덕, 용기 등 인간문제에 관심을 가졌다. 스스로 '나는 아무것도 모른다.'며 무지의 자각에서 인간에 관한 지적 탐구를 시작했다. 탈레스의 자연철학을 인간철학으로 방향을 튼 것이다.

그의 제자 플라톤은 자연, 인간에 관한 모든 것에는 이상적인 것, 이데아가 있다고 주장한다. 아리스토텔레스는 플라톤의 이데아론과 이오니아의 자연철학을 종합한다. 물질적인 것과 이상적인 것의 합이었다. 그는 플라톤의 관념적인 이데아를 믿으면서도 현실적인 존재를 중시했다. 예를 들어 책상은 '설계'와 '나무'의 결합, 즉 이데아(설계)와 원료(나무)의 결합으로 보았다. 이원론이다. 형상(形相)과 질료(質料)라고도 한다. 붕어빵의 예를 들면, 틀이 형상이고 밀가루반죽이 질료인 셈이다.

알렉산더대왕의 동방정복으로 그리스의 폴리스(도시)문화는 헬레니즘 문화권으로 확장된다. 여러 도시국가를 그리스 문명권으로 통일시킨 것이다. "서양 철학사는 플라톤 철학의 시대적 해석의 기록이다."라고 화이트헤드(A. N. Whitehead, 1861~1947, 영국의 수학자이자 철학자)가 단언했듯이, 서양철학에는 그리스적인 본질 추구의 정신이 면면히 흐르고 있다.

신은 유일한가? 그리스의 방랑시인 크세노파네스(Xenophanes, B.C. 6세기)는 그리스 문명이 신화시대에서 로고스 시대로 옮겨지는 길목에 생존했던 인물이다. 시기적으로는 추축시대의 한가운데에 살았다. 그는 각 문명권의 보편사상이 종교를 형성하면서도 매우 독립적임을 직감했다.

"인간은 신의 진실한 모습을 비천한 인간이 서 있는 지면으로 끌어내려 무엄하게도 자신의 생각에 따라 신을 만들어냈다. 에티오피아인은 자신의 신을 매부리코의 검둥이로 그리고 토라키아인은 푸른 눈을 지닌 신을 생각한다. 만일 소나 말이 그림을 그릴 수 있다면 네 발을 가진 신을 그릴 것이다."

각 민족국가의 신들은 진실한 신이 아니라, 그 민족의 특성에 따라 의인화(擬人化)하여 나타난 상대적인 것임을 그는 지적했다. 아마도 우주여행이 일반화되는 날이 오면 화성이나 금성에서 생각하는 신은 그 환경에 어울리는 신이 될 것이다. 『구약』은 신이 자기 모습 그대로 인간을 창조했다지만, 크세노파네스는 역으로 인간이 신을 만든다고 했다.

원형론은 집단 무의식이 신을 등장시킨 것으로 해석한다. 문명권마다 그 중심에서 고유의 신이 태어난 것이다. 칸트는 자신의 묘비에 이런 글을 새겼다. "생각하는 일이 길고 깊을수록 더욱더 가중되는 감탄과 숭배…, 마음을 채워주는 것이 두 개 있다. 그것은 나의 위에 있는 별, 하늘(자연법칙)과 내 마음속에 있는 도덕률이다." 『순수이성비판』의 말미에 있는 글이다. 도덕률은 모든 인간의 마음속에 있다. 성스러운 도덕률이 집단화되어 원형의 일부로 정착될 때 보편적 대종교, 대사상이 발생한다.

헤브라이즘과 일신교

절대자와 나

헤브라이즘의 사상적 원류는 『구약』이다. 연대는 고대 그리스의 대서사시인 호메로스와 거의 같은 B.C. 10세기경으로 생각되고, 모세의 신 여호와와 유대인 사이의 계약이 중심개념이다. 하나님과의 계약에서 출발해 선민의식을 바탕으로 이사야, 예레미야, 에스겔, 호세아, 아모스, 스가랴에 이르는 위대한 예언자들이 나와 하나님의 구원의 약속을 전한다. 신은 '무한(無限)'하고 인간에게 '율법'을 지킬 것을 요구한다. 중요한 사실은 이 계보에서 예수와 무함마드가 등장한다. 『구약』의 정신은 유대교, 기독교, 이슬람교로 이어졌다.

그리스도가 태어날 무렵 이스라엘은 로마의 식민지였고 죽음이 흔한 때였다. 위대한 종교적, 사상적 천재들은 민족의 집단 무의식에 있는 종의 보존에 대한 강력한 요청에 민감하게 감응했다. 그들은 모두 종(인류)의 보존 차원에서 도덕률을 모색했다. 10만 년 전에도 인류의 조상이 소박하게 저승을 생각했던 것에 비하면, 2,800년 전의 추축시대는 바로 수년 전과 같다. 결코 오래전 일이 아니다. 신 일원론은 단순계의 구조이며 업 중심의 복잡계 세계관과는 대조적이다. 일신교인 유대교와 이슬람교, 기독교의 성지는 모두 예루살렘이다. 일신교는 인간과 신의 관계를 중요시한다. 기독교의 신은 영어로 God, 유대교의 신은 여호와, 이슬람의 신은 알라로 불리지만 뿌리는 하나다. 일신교의 신(God)은 자신과 같은 형상으로 인간을 만든 창조주다.

이슬람교는 7세기에 무함마드에 의해 창시되었다. 그는 자신을 마지막이자 최고의 예언자로 자처했다. 이슬람교는 유대교나 기독교보다 후발종교였기에 절대적임을 증명해야 한다는 강박관념이 있다. 무함마드가 시조임을, 교리가 우수함을 선전하고 철저한 평등을 강조했다. 민족차별은 물론 사제계급도 없다. 이슬람 지배 아래서 이교도는 세금도 많이 내지만 개종 인센티브도 많다.

일신교의 예언자는 신이 아닌 인간으로, 신의 말씀을 통해 비판을 한다. 유대교의 예언자는 모세이고, 기독교는 예수 그리스도, 이슬람은 무함마드지만 그 성격은 다르다. 모세는 왕 이상의 지도자였고, 예수 그리스도는 하나님의 아들로 로마의 군대에 의해 처형당하지만 한 손으로 인간을 잡고 신과 인간의 교량 역할을 한다.

일신교는 '최후의 심판'이 있어 한 사람씩 신 앞에 선다. 마지막 날 신 앞에 홀로 선다는 믿음은 서구의 개인주의 사상의 기저를 이루었다. 일신교도(서구인)의 자아는 타인과 단절된 독립된 존재로서 자신을 자각한다. 개인이란 더 이상 나눌 수 없는 것(individual)이라는 뜻이다. 유일신 아래서 모든 것과 분리된 자아는 신과 직결되는 존재이다. 모래 외에는 아무것도 없는 사막에서 인간은 늘 신 앞에 혼자 있다.

자아는 죽으면 사라지지만 일신교는 사후에 신과 다시 연결되는 부활을 믿는다. 이 세상에서의 자아확립 노력도 결국 부활 후 신으로부터 생전의 행위에 대한 심판을 기대하기 때문이다. 미국인의 장례식에서는 방부제로 시체의 부패를 막은 다음 곱게 화장을 시키고 좋은 옷을 입혀 마치 살아 있을 때의 모습같이 꾸민다. 저승에서 신의 심판을 그런 모습으로 맞이한다는 의식 때문이다.

극단화된 일신교

무함마드는 570년에 아라비아 반도의 상업도시 메카에서 태어났다. 상인 집안 출신이다. 나이 사십에 동굴에서 명상을 하던 중 알라의 계시를 받은 천사 가브리엘의 말을 듣고 『코란』을 저술한다. 무함마드는 왕은 아니지만 군 지휘자이자 예언자로서 최고의 권위를 가진다.

예언자는 기적을 낳는다. 모세는 이집트 왕 파라오의 눈앞에서 지팡이를 뱀으로 바꾸고, 예수는 병자를 치료하고 죽은 자를 살리는 기적을 행했다. 하지만 무함마드는 그런 기적은 행하지 않았다. 그러나 신의 계시를 받고 『코란』을 쓴 것 자체가 이미 기적이었다. 그는 집으로 돌아가 이 사실을 15세 연상의 아내에게 말했고, 그녀는 즉각 믿고 가까운 친척, 친구들을 입신(入信)시켰다.

이슬람교를 신봉하는 국가는 국민국가와 같은 통치기구를 가질 수 없다. 철저하게 하나의 사상에 의거해야 하기 때문이다. 알라(Allāh)가 하나이듯이, 그의 말씀 『코란』도 하나이고, 『코란』에 기초를 둔 율법인 샤리아(律法) 또한 하나다. 『코란』은 유일해 다른 언어로 번역하는 것도 금지한다. 이슬람에는 기독교와 같은 원죄의 관념이 없다. 오직 신의 지시에 따르지 않는 것, 신앙을 거부하는 것 자체만 죄가 된다.

이슬람의 궁극적 목적은 전 세계와 인류를 이슬람교화 시켜 칼리프(caliph, 이슬람 왕)가 지도하는 인류공동체인 칼리프제국을 건설하는 것이다. 흡사 세계의 공산주의화가 목적이었던 국제 공산당(Comintern)과 같은 발상으로, 인간을 오로지 적과 동지로만 구분하는 구조이다.

신의 의지를 헤아리는 과학관 계몽주의 이전의 기독교는 '하늘에 계시는 하나님 아버지'를 그대로 믿고 있었기에 교회는 과학의 지동설을 심하게 탄압했다. 하나님이 창조한 피조물에는 새로운 것이 전혀 끼어들 수 없고 모두 신이 예정한 목적에 따라 존재하고 움직인다고 믿어왔다.

뉴턴과 동시대의 과학자들은 창조물과 대자연에는 신의 의도가 반영되어 있을 것이기에, 자연법칙을 밝혀내면 신의 의도를 헤아릴 수 있다고 생각했다. 과학연구의 목적도 신의 업적을 찬양하는 일이었다. 뉴턴은 신이 창조한 우주를 연구함으로써 하나님의 의지를 헤아리겠다는 믿음으로 천문학을 연구했다. 과학자는 새로움을 만드는 자가 아니라, 신의 피조물에서 신지식을 얻는 일을 하는 사람으로 생각했다.

아인슈타인도 양자세계가 인과론적이 아닌 확률적이라는 입자 물리학자들의 주장에 반대했다. 절대자인 "신은 주사위 놀이(확률론)를 하지 않는다."며 "우연이란 인간의 무지에서 비롯된 것"이라고 맞섰다. 독실한 유대교 신자였던 아인슈타인의 하나님은 모든 것을 창조할 수 있는 절대자이기 때문에 상대성 원리도 신의 의도에 포함된 것이었다. 컴퍼스로 우주를 만든 뉴턴의 하나님과는 달랐을 것이다. 만약에 뉴턴이 상대성 원리를 알았다면 '신은 절대적이기에 상대적으로 놀지 않는다.'고 했을 수도 있다. 절대성의 신봉에서 출발한 믿음은 기계론적 시간관으로 이어진다. 이들 과학의 거장들은 하나같이 일신교의 세계관으로 자연을 해석했다. 신의 창조에는 분명한 의도가 있다고 믿었다. 결과적으로 살아 있는 인간의 참모습인 태어남과 죽음이 수시로 야기하는 카오스적 창조성은 외면되었다.

고대 중국의 문명과 유교

역경(易經) 『역경(易經)』은 중국의 고전인 음양철학에 의한 점(易占), 서죽(筮竹)점의 내용을 담은 책이고, 『상서(尙書)』는 서주(西周)에서 전국시대까지의 가장 오랜 역사서로 왕의 포고문과 성명서 등을 담은 책이다. 이들은 중국 사상의 원류가 된 고전들이다.

이어 공자, 맹자를 비롯해 제자백가(諸子百家)가 나타났다. 노·장자는 '도(道)'를 바탕으로 온갖 현상을 '음양론'적으로 해석하는 세계관을 구축했다. 묵가(墨家), 노자, 장자 등 제자백가의 사상은 고대 사회의 동일 성씨(가문), 씨족·인척 중심의 혈족사회에서 형성된 원형에 기초하고 있다. 중국 사상은 자연철학의 기일원론(氣一元論)에 근거한다. 모든 현상을 하나의 기에서 갈라진 음양의 결합 상태로 설명하는 것이다.

히브리 사상이 종교적이라면 중국 사상은 실천적 도덕률이다. 중요한 것은 위의 사상들이 이전의 주술적, 신화적 모순을 극복하고 보편적인 가치체계를 희구했다는 데 있다.

공자의 사상 고대 유교는 공자와 맹자의 가르침이 중심이었다. 고대 중국 최고의 사상가인 공자는 가난한 농촌에서 태어났다. 청년시절에는 지방의 말단 관리로 일했으나 인간적 매력이 대단해서 그를 따르는 자들이 많았다. 이들이 모여 학문공동체, 즉 학교와 같은 것을 형성했다. 마치 플라톤이 아카데미를 만들어 많은 제자를 길렀던 것과 비슷하다.

50세쯤에 노(魯)나라의 장관직을 맡아 군주의 권위 신장을 시도했으나 실패한다. 그 후 공자는 전국을 돌아본 다음 귀향해 제자교육과 중요한 고전의 저술, 편찬에 힘썼다. 그리스도가 "가이사의 것은 가이사에게, 하나님의 것은 하나님에게(마태복음 22장 21절)"라며 정치권력과 교회를 완전히 분리한 것과 달리 공자는 평생 동안 현실사회에 관심을 가졌다. 명(命), 천(天)과 같은 단어를 자주 사용했으나 그 뜻은 운명, 천명과 같은 초월적인 의미가 아니었다. 천(天)은 자연과도 같아 존중하지만, 전념해야 할 대상은 오직 인간이라고 보았다. 합리론적인 생각으로 일관해 귀신의 존재도 일절 무시했다. 공자 사상의 근본은 인(仁)이다. 인이란 인간관계를 중시하는 정(情), 굳이 풀어 말하면 인간성이라고 할 수 있을 것이다.

어진 사람에게는 근심이 없다(仁者不憂).

인(仁)은 스스로 자신을 돌아보고 예(禮)로 나타내는 것이다.

인은 남이 하는 것이 아니라 스스로 하는 것이다.

『논어(論語)』

자기를 이기고 예로 돌아가는 것이 인이며

자신을 이겨 예로 돌아가면

천하가 모두 너의 인을 칭찬할 것이다.

克己復禮爲仁 一日克己復禮 天下歸仁焉 爲人由己 而由人乎哉

『안연(顔淵)』

공자는 인간의 자주성과 존엄성의 자각을 중시했다. 예(禮)를 중요시한 것은 질서 때문이다. 질서유지는 곧 법이다. 옛것을 존중하는 조법(祖法)주의 또는 상고(尙古)정신은 가족주의, 연장자 숭배(長幼有序) 등에서 비롯되었다. 효제(孝悌)는 집안에서의 질서이고, 그것이 바깥세계에서는 예(禮)가 된다. 음악이 조화로울 때 마음을 감동시키는 것처럼, 예(禮)로써 사회의 질서가 유지된다고 여겼다.

군주는 통치자로서 신하(臣)와 조화하고 백성을 사랑할 것을 요구했다. 형벌(刑罰)을 가볍게 하고 덕으로 다스리는 덕치(德治)를 요청했다. 군주 밑에서 실제로 그런 정치를 유도한 것은 공자가 유능한 관리였기에 가능했다. 공자는 그런 벼슬아치가 될 수 있는 인물을 양성하기 위해 제자를 길렀다. 덕행(德行), 언어(辯論), 정사(政事), 문학(고전의 지식) 등이 개인에게는 인(仁)의 완성이고, 사(士)로서는 군신 간의 상하의 질서를 유지하는 교양이었다.

그러한 사상이 과거(科擧)를 낳았고 속화(俗化)되어 오늘날 한국의 사시, 행시로까지 이어졌다. 그러나 모양은 그대로 이어져도 그 본질은 잊는 것이 인간의 속성인지, 한국의 국가고시는 덕행, 교양이란 알맹이는 빠지고 속물적인 출세주의만 남았다.

불가지론적 사고정지 유교는 결정론도 복잡계도 아닌 불가지론의 사상에 근본을 두고 있다. 복잡계가 여러 요인이 서로 영향을 주고받으며 초기조건에 민감하게 반응하는, 카오스에서 자기조직화로 변화하는 과정이라면, 불가지론은 이도 저도 알 수 없다는 사고정지의 상태다.

공자는 군자(君子)의 사명은 명분을 분명히 하고 사회질서를 엄격하게 유지하는 것으로 보았다. 종교적 견해는 귀신은 있는지 없는지 잘 모르지만 있을 수도 있으니 멀리서 떨어져 경의를 표하라, 즉 경원(敬遠)이었다. 공자의 예(禮)는 신이 개입하지 않는 인간사회의 질서다.

사막의 단조로운 풍토에서 일원적 유일신 종교가 나오고, 복잡한 몬순지역의 풍토에서 복잡계적 불교와 불가지론적 유교가 나오는 것은 우연이 아닐 것이다. 중국의 풍토는 황하의 범람과 기후에서 볼 수 있듯이 변덕스럽다. 불가지론적 세계에서는 이성으로 접근할 수 없는 대상과 현실세계를 분리시킨다. 현실적으로 이해 못하는 것은 아예 사고의 대상으로 삼을 필요가 없으니 사고정지가 되는 것이다.

이런 이유에서 유교는 기독교와 불교에 비해 매우 현실적이다. 이승의 일도 제대로 모르는 주제에 저승(하늘나라)을 걱정하느냐는 태도로 초월자를 무시하고 현실에 집중한다. 공자는 중국의 원형을 가장 투철하게 구현한 인물이다. 이 점에서는 석가모니와도 상통한다. 석가모니는 '세상의 시작과 끝, 영혼의 존재 여부'를 택하라는 질문에 대해서는 대답을 하지 않았다(『捨置記』). "화살에 맞은 사람에게 화살을 누가 쏘았느냐, 화살이 무엇으로 만들어졌느냐고 묻는 것은 의미가 없다. 당장 화살을 뽑는 것이 급선무"라고 했다. 삶을 고민하는 사람의 고통을 먼저 달래야 한다는 것이다. 일반적으로 한 시대의 민족사상을 창출한 인물은 당대의 원형을 상징하는 인물이다.

유교와 정체성(停滯性) 세상은 변해가는데 고대의 소박한 제도를 그대로 고집할 수는 없다. 공자가 중국 사상사에 큰 영향을 준 것은 예(禮)가 중국 원시부락에 강하게 뿌리내려 있었기 때문이다. 기원전 14~15세기경에 주나라에서 형성되었던 법령과 제도, 예의였던 주례(周禮)가 공자의 시대에서 무너지기 시작했다. 주대의 씨족제도가 파괴되고 있었다. 하지만 공자는 새로운 시대에 적응하도록 원형을 승화시키려 하지 않고 오히려 고집스럽게 그대로 유지하고자 애썼다. 불가지론적 사고가 고대 제도에 대한 의심을 막고 새로움에 관심이 없도록 만든 것이다. 이런 현상이 서구학자의 눈에는 정체된 중국으로 보였을 것이다.

중국 역사에 근본적인 변혁이 없었던 것과 공자의 사상이 계속 지배적이었던 것은 우연의 일치가 아니다. 두 요소는 중국사회를 유지해온 상보적인 것이었다. 유교의 인도주의는 인간성과 부모·자식 간의 사랑(孝, 慈), 형제간의 우애(悌)를 강조했고, 그것을 대외적으로 확장시키는 일을 이상으로 삼았다. 따라서, 초기 혈연중심의 사회구조

속에서 형성된 중국의 원형은 노예제와 봉건제, 반봉건, 반식민지 등 각 단계를 거치면서도 거의 파괴되지 않았다.

인도문명의 탄생

인도에서는 우파니샤드(Upanisad) 철학을 비롯하여 아지타, 파크다, 푸다니, 크사라, 산샤야, 니카타, 나타붓타 등의 철학자들이 나왔다. 석가모니와 거의 동시대에 인더스강 유역에서 활약한 자유사상가들은 유물론과 숙명론, 회의론, 감각론, 무도덕론 등을 주장한 '육사외도(六師外道)'였다. 이 시기에 철학과 불교사상이 탄생했다. 이들은 신이나 저승과 같은 초월적 문제는 증명이 없는 명제, 즉 형이상학으로 생각했다. 우파니샤드의 정통철학과 반(反)우파니샤드인 육사외도의 철학이 유포되면서 일으킨 소용돌이는 석가모니의 불교를 등장케 했다. 이란에서는 조로아스터교(拜火教)가 선과 악의 투쟁의 세계상을 구현했다.

인도는 우파니샤드 정통철학의 흐름에서 운명론, 무신론, 원자론까지 다채로운 철학이 논의되었다. 특히 붓다의 사상(불교)은 아소카왕의 후원으로 전 인도는 물론 동남아, 동양문화권 전역에 보급되었다. 달마(達磨)는 실체는 아무것도 없다는 '공(空)'의 세계를 추구했다.

불교적 실존

성공한 보살(수행자)은 어느 순간, 하나의 계기

에서 대오를 얻고 세상만사와 인류 차원의 거대한 문제의 본질을 알아차린다. 대오의 과정은 대오의 계기가 된 작은 일 하나에 삼라만상의 모든 의미가 내포되어 있음을 깨우치는 일이다. 한 가지(一) 계기에서 전반적, 보편적인 문제(多)를 알아차리는 것이다(一卽一切 一切卽一). 수행자는 끊임없이 그 하나(一)에 내포된 전체의 프랙털적 구조를 찾는다.

석가모니가 처음 실존(實存)의 아픔을 갖게 된 동기는 생로병사(生老病死)의 현장을 직접 목격하면서부터다. '왜 생로병사가 있는가.'에서 시작해 누구도 피하지 못하는 이 과정을 살피며 불교 철학을 확립했다. 사람마다 겪어야 하는 일, 너도나도 구별 없이 가는 길이 생로병사이다. 여기에는 세상 모든 것의 과거와 현재, 미래가 일관되게 되풀이되는 구조가 있다.

윤회 철학의 발상 또한 만물이 '태어나고 죽는' 소박하고도 자연스러운 되풀이에서 얻은 직관을 배경으로 한다. 어느 곳, 어느 시대의 인간에게도 똑같이 적용되는 이 사실은 '어느 부분이든 구조적으로는 전체와 닮아 있다.'는 사실을 깨닫게 한다.

복잡계의 그래프에 끌개(attractor, 도형이 수렴되는 영역)가 있듯이 복잡한 인간에게도 끌개가 있다. 석가는 바깥세계와 단절된 궁 안에서만 살았지만, 어느 날 왕궁의 동서남북의 문밖에서 생로병사로 고통받는 사람을 보고 인생무상을 깨닫고 종교의식을 갖게 된다. 사문출유(四門出遊)의 설화이다. 석가모니의 첫 인간 해석은 "세상에 변하지 않는 것은 아무것도 없다(諸行無常)."에서 출발하고 있다. 얼핏 무의미해 보이는 자기 닮음의 구조에서 삶의 보편적인 의미(불성)를 찾아내는 길이 곧 보살행이다.

인간뿐만 아니라 한낱 벌레에 이르기까지 모두가 '생로병사'의 구조 가운데 산다. 행성과 대우주도 이 과정을 밟고, 문명도 하나의 생명체로서 같은 길을 걷는다. 끊임없이 되풀이되어 나타나는 자기 닮음의 구조 속에 태초에서 영원으로 이어지는 생명의 본질이 존재하고 있다. 이런 인식에서는 살아 있는 것, 죽어야 하는 것, 온 누리에 있는 모든 것이 다 자비의 대상이 될 수 있다. 고해(苦海) 속에 살아가야 하는 인간의 숙명에서 삶의 의미를 묻는 일이 불심을 헤아리는 첫걸음이다.

불교의 삼대 철리(哲理)인 삼법인(三法印, 삼대원리)은

첫째, 모든 것은 변하고 (諸行無常)

둘째, 모든 것은 괴로움 없이 고요할 수 있으며 (涅槃寂靜)

셋째, 모든 것은 실체가 없다 (諸法無我), 이다.

모든 현상은 요인의 상호작용에 따라 변하는데, 현상의 본질은 없다. 요인이 없으면 현상도 없어 고요하다.

복잡계의 불교, 업(業)과 연기(緣起)

불교는 모든 것에는 본질이 없으며(無我), 모든 일은 '연(緣)'에 따라 나타나는 것으로 본다. 연은 요인이 얽혀 발생하는 것이다. 연이 없어지면 모든 것은 사라진다. 요인(업)이 얽히는 방법은 무궁무진하기에 요인을 반영한 인간

의 삶 또한 그러하다. 불교는 세상을 복잡계로 보는 종교다.

영국의 경험주의 철학자인 로크(J. Locke, 1632~1704)나 버클리(G. Berkeley, 1685~1753), 흄(D. Hume, 1711~1776) 등은 하나같이 태어날 때부터 가진 생득관념(生得觀念)은 없기에 바깥세계로부터의 정보가 없으면 아무것도 알 수 없다고 믿었다. 특히 로크는 인간은 백지(tabula rasa)와 같다고 했다. 아무것도 쓰여 있지 않은 백지상태로 태어남을 의미했다. 그의 어법에 따른다면 불교의 '업'이란 백지에 글을 써가는 것이다.

업(業)은 인(因)의 결과이며 그 관계를 연기(緣起)라고 한다. 업은 합리적인 이유로 오는 것도 아니고, 과거의 체험에서 생긴 최상의 결과도 아니다. 그러나 일단 업이 정해진 후에는 자신이 주체가 되어 계속 새로운 일과 습관, 전통 등 새로운 업을 형성해간다. 인의 얽힘으로 인해 생긴 업은 또 하나의 인을 만들며 무한의 '되먹임'으로 이어진다. 그러나 수행을 통해 자기의식을 버리고 과거를 완전히 불식하면 누구나 부처가 될 수 있다고 믿는다.

불교적 인간 해석에서는 개인의 선입견이나 사회적 가치관 등은 절대적이지 않다. 그러나 일단 정해지면 사고의 틀로 작용해 계속 유지되어 그것에서 벗어나기 위해 필요한 과정이 수행이다. 깨우침(大悟)은 업을 이해하고 스스로의 길을 찾는 일이다.

원형도 업과 마찬가지로 역사 체험의 결과이다. 넓은 뜻으로는 민족적 업이라고 할 수 있다. 과거의 역사가 현재에 되먹임된 결과이다. 원형론, 불교철학, 카오스 이론은 모두 '인 → 업 → 인'의 구도를 중심 개념으로 한다.

불교 경전은 '인과 업'의 이어짐을 설명한다. 이 순간의 일은 지난날의 인과 연이 얽혀 업으로 나타난 것에 불과하다. 보수(寶首) 보살은 업의 성질을 다음과 같이 말한다.

> 맑고 밝은 거울 앞에 와서 비추는 성질에 따라 그림자 나타냄이 같지 않듯이 업의 성질도 그러하니라.
>
> —『화엄경』「보살문명품」(법정 옮김)

거울 앞에 서는 것(인)과 거울에 비치는 것(업)은 하나의 연기다. 이 자리, 이 시간에 발생하는 인과 연은 순간마다 장소마다 다르기에 현실은 누구에게나 같을 수 없다. 또한 그 엄청난 연기가 만들어낸 업의 결과는 현실에서 순간마다 차이를 보인다.

보현 보살은 다음과 같이 말한다.

> 세계라는 바다에는 여러 현상이 발생하는데 하나도 같은 것이 없다. 나라와 바다에는 구별이 있고 한 티끌 속에도 크고 작은 나라가 있다. 평탄함과 높고 낮음이 모두 같지 않고 모양이 다르다. 중생에도 오염된 자와 깨끗한 자, 고통을 받는 자와 축복받는 자, 그 차이와 종류의 개수는 티끌의 수(塵數)와도 같다.
>
> —『화엄경』「세계성취품」

이런 다양한 것들이 얽혀 엄청난 연기를 이루며, 순간마다 현상이 나타나 그것 또한 수시로 되먹임되어 새로운 업을 쌓아간다. 세상에는 여러 현상이 나타나는데 이들 중 하나도 같은 것은 없다.

업의 양면성

업은 과거에 영향을 받은 일이 현실에서 나타나는 것이다. 과거사(인)는 모두 업이 되고, 그것 또한 하나의 새로운 인이 되어 또 하나의 업을 만든다. 세상은 이처럼 되먹임을 계속하는 복잡계이다. 그러나 업은 절대적이지 않다. 만일 현재의 모든 일이 과거의 업의 필연적인 결과라면, 인간은 단순한 과거의 노예일 뿐이다. 태어나기도 전에 이미 운명이 정해져 있다면 결정론과 운명론의 함정에 빠지고 마는 것이다. 업은 이 순간까지는 결정하지만 다음 순간부터는 지금의 나의 행위에 따라 결정된다.

인(과거사) → 업 → 인+의지 → 업 → 인+의지 → 업

석가모니는 삶의 마지막에 아끼는 제자 아난(阿難)에게 '자등명(自燈明, 스스로 이성을 밝혀라)'이라는 말을 남겼다. 인간의 현실이 과거 인연의 결과였더라도 이 순간의 행위는 자신의 燈(이성)에 따라 합리적으로 행하라는 것이다. 인생은 카오스이면서도 자기조직화로 가는 비약의 순간에 스스로 참여할 수 있다는 의미이다.

모든 것은 변화한다

불교적 사고는 관념적인 공(空)과 무한의 세계를 넘나들기 때문에 현실감을 느끼지 못할 때가 있다. 팔만

대장경의 '팔만'으로 상징되는 방대한 경전은 석가입멸(釋迦入滅) 후 수천 년간 계속 만들어져 왔다. 복잡계에 사는 인간이 하는 불교 해석은 전달자의 각도에 따라 얼마든지 새로워질 수 있기 때문이다. 중심적 경전으로 여기는『법화경』도 석가입멸 후 1,000년이 지나 편집된 것이다. 여시아문(如是我聞), 즉 "나는 석가한테서 이처럼 들었다."는 구절이 첫머리에 쓰이기만 하면 모두 경이 되기 때문에 그 수는 계속 늘어나게 된다.

경전마다 강조하는 항목이 다르기에 경전의 선택에 따라 교파도 달라진다. 이런 경전을 두고 우열을 가리는 일이 교판이다. 교판은 교상판석(教相判釋)을 줄인 말로 입장에 따라 교리를 해석하는 경을 달리한다. 가령 화엄종은『화엄경』을, 천태종은『법화경』을, 정토교는『대무량수경(大無量壽經)』,『관무량수경(觀無量壽經)』,『아미타경(阿彌陀經)』의 삼부경을 기본 경전으로 삼는다. 이 방대한 경전들은 실체(實體)를 논하기보다는, 한결같이 모든 현상은 인과 업이 연기에 의해 나타나기에 연기가 없다면 남는 것은 '공(空)'이라고 한다. 이 '연기와 공' 개념이 불교사상의 핵심이다. '인⇄업'은 연기의 되먹임이며 카오스적 사고가 바탕이 되어 있다.

반면에 일신교(기독교, 이슬람교, 유대교)는 경전이 절대적으로 확정되어 있어 존재론적 입장에서만 신의 실체를 논할 뿐이다. 신앙은 신과의 계약을 실행하는 것이기에 바꿀 수 없다. 그래서 기독교의『성경』이나 이슬람교의『코란』은 달리 해석할 수 없는 신 일원론이다. 반면에 불교 경전은 복잡계적으로 인간을 여러 각도로 해석하게 한다.

윤회와 열반 "인간은 생로병사의 길을 걷는 존재인데 왜 하필 이 시기에 나는 살아가야 하는가?"라고 스스로 묻는 것이 불교적 관심의 시작이다. '전생의 인연'이라는데 그 실체는 무엇일까? 나의 전생과 그 전생, … 또 그 전생에 대한 질문은 곧 복잡계의 밀림을 향해 던지는 질문과도 같다.

고대의 인도 철학자 야지나발키아(Yajnavalkya, B.C. 750~700년경)는 바라몬과의 대화에서 이렇게 묻고 답한다.

> "인간이 죽으면 말씀은 불로 돌아가고, 숨은 바람에, 눈은 태양에, 육체는 대지에, 영혼은 허공으로 간다는데, 그렇다면 그 인간은 어떻게 되는 것일까?"

> "복업(福業)에 의해 행복해지고 악업(惡業)에 의해 불행해진다."

이 질문과 답은 인도 철학자들에게는 공통된 화두이다. 복업과 악업은 윤회사상으로 설명된다. 우리의 전생도 같은 궤도를 도는 큰 수레의 한 점이다. 그것으로부터 벗어나는 일이 해탈이다. 더 이상 고되고 무의미한 삶을 돌지 않고 열반을 이루는 것이다. 윤회에서 벗어날 때에만 우주, 즉 브라만(梵)과 하나가 되고 진실한 자아(自我, 아트만)를 알아차린다. 이것이 열반이다.

자아에 대해서는 "보는 자는 볼 수 없으며, 듣는 자는 들을 수 없고, 생각하는 자는 생각할 수 없다."고 한다. 나는 내가 아니다. 나는 논리가 아닌 직각(直覺)의 대상이다. 구체적으로는 '고통의 인'은 욕심에 대한 집착이다. 그렇다면 집착을 끊으라. 그러나 '집착을 끊으려는' 욕심 자체가 고통이다. 그러므로 그 마음까지 없애야 브라만(梵)과 일체가 된다.

업의 창조성 역사의 시간뿐만 아니라 인간 의식의 시간도 직선처럼 가다가 돌연 폭포처럼 단절되기도 한다. 시간은 순간순간이 새롭고 마디마디에 전체가 표현되어 있다. 윤회와 전생은 업에 따라 다양한 삶이 있음을 말해준다. 불교가 인간을 해석하는 방식은 복잡계의 개념과 수시로 교착(交錯)한다.

그럴 때마다 생긴 작은 변화(미동)가 큰 깨우침을 일으키면, 마침내 어느 순간 육신을 그대로 지닌 채 부처가 되는(卽身成佛) 비약적인 변화를 얻을 수 있다. 불교는 인간의 긍정적 변화를 목적으로 하는 종교이다. 사람의 마음속에 수시로 카오스가 형성될 것을 기대한다.

『유마경』에는 광암동자(光巖童子)와 유마거사의 만남이 묘사되어 있다. 광암이 유마에게 묻는다.

"유마거사시여, 당신은 어디에서 오셨습니까?"

"도장에서 왔습니다."

"당신의 도장은 어디에 있습니까?"

유마는 도장의 의미를 설명한다.

"도장은 직심(直心, 거짓이 없는 마음)이며, 자(慈), 비(悲), 희(喜), 사(捨) 네 개의 헤아릴 수 없는 이타(利他)의 마음"임을 말한다. 유마는 역설적으로 "번뇌가 곧 도장이며 그 속에서 실상(如實)을 알 수 있다."고 했다.

번뇌는 인간의 마음을 괴롭히고 자유로운 활동을 방해하는 카오스다. 그러나 유마는 번뇌를 인간의 업으로 자각하고, 그것이 얼마나 마음을 더럽히는가를 인식함으로써 오히려 그것을 없애는 노력을 하게 된다는 것이다. 번뇌 즉, 카오스가 없다면 아예 처음부터 걱정할 필요가 없다. 번뇌는 업 속에 있으면서 그것이 의지를 발동해 창조(自己組織)가 창발된다. 그런 뜻에서 업은 도장이다.

'전생의 업에 따라 생물종의 하나로 태어난다.'는 윤회사상은 거대한 원환의 띠 위에 연출되는 생과 죽음에 관한 상상력의 산물이다. 인간은 업을 업고 이승에 태어나 그 육체를 낳게 한 원인으로서의 업의 결과를 모두 겪고 죽음과 함께 그 육체도 소멸한다. 그러나 이 세상에 사는 동안의 모든 행위는 소멸되지 않고 업으로 남는다.

업에 관한 교과서적인 해석은 전생의 삶이 선할 때는 고귀한 인간이 될 수 있고, 악하면 천한 계급으로 또는 천한 짐승이 되기도 한다는 것이다. 고통과 부조리로 가득 찬 현세에 있게 한 윤회의 고리를 끊어 업에서 완전히 자유로워지는 상태를 해탈 즉, 범아(梵我)일체라 한다. 아마도 처음 윤회사상을 생각한 사람은 다람쥐가 쳇바퀴를 계속 돌리는 것처럼 생사를 거듭하는 고뇌에 찬 인간의 모습에서 삶의 의미를 물었을 것이다.

깨우침에 관한 생각은 니체가 말하는 초인사상과도 일맥상통한다. 삶의 비약적 전환인 업에서 벗어나는 단계가 불자가 바라는 최고 목표이다. 인생에서 나비효과가 발생하는 순간이다.

윤회사상은 현대인이 그대로 받아들이기에 황당하다. 그러나 그 사상의 밑뿌리에는 무한히 이어지는 무의미한 세월을 거부하고 나비효과적인 변화를 향한 강한 바람이 있음을 감지할 수 있다. 중생에게는 누구나 불심이 있고 선정과 고행, 수행을 통해 부처가 될 수 있다는 믿음이 있다. 자신의 의지 하나로도 업의 고리를 끊어 이상의 경지에 도달할 수 있다는 인간 긍정의 낙관론이 깔려 있는 것이다.

'아니다'의 철학 '…이다'라는 긍정의 표현은 그 자체가 다시 질문의 대상이 되고 되먹임되어 '아니다'를 불러온다. 복잡계의 현상은 하나의 원인으로 귀착시킬 수 없다.

불교는 철학적 논의를 피한다. 석가모니는 종교적 형이상학(形而上學)의 문제, 가령 세상의 시작은 언제인가? 영혼은 존재하는가? 등의 질문처럼 확정된 의미가 없는 것에는 긍정도 부정도 하지 않았다. 이런 질문들은 종교적 신념으로는 확신할 수 있지만 복잡계 현실에서는 확정할 수 없다.

제행무상(諸行無常)에서도 '무상'에 중심을 두고 있으나, 이는 생각을 멈추거나 방치하거나 무작위(無作爲)의 관점이 아니다. 항상 바뀌는 변화의 주체를 '업'과 '인'의 법에 따라 긍정적으로 보는 것이다. 무상이기에 오히려 능동적이고 새로움을 위한 업의 창조가 된다고 본다.

업인업과(業因業果)로 자손이 생기면 나의 유전자는 그들을 통해 영원히 이어지고 전 인류로 뻗어가는 것이므로 인류 역사는 나 자신의 역사이기도 하다. 나와 전 우주가 대응하는 '일즉다 다즉일'의 화엄철학은 과장이 아닌 현실이다.

업은 '무한의 인과 연이 형성한 것'으로, 모든 것을 공(空)으로 보는 불교적 논리에서 현상은 '…이다'가 되지 않고 '…아니다(없다)'가 된다. 무한의 인(복잡계의 얽힘)에서 어느 특정한 것을 선택할 수 없는 탓이다. 일반적으로 복잡계의 현상은 하나의 요인에 귀착할 수 없다.

원형사관의 세계관은 법칙성보다는 불교적 업의 자리에 원형을 대입한 구조다. 원형은 역사적이면서 동시에 새로운 인이 되어 변하는 무상이다. 현재의 한민족은 먼 조상으로부터 역사의 결과인 원형을 이어받았으니, 그 역사적 경험은 실상 민족적인 업이다. 조상으로부터 이어받은 업에 의해 오늘의 세대가 존재하고 이들은 새로운 역사(업)를 가미한다. 그 영향이 전 세계, 전 인류에게 미쳐 지구 가족으로서 미래 세계를 열어가는 것이다.

이런 자각은 곧 나의 행위가 인류적 업이 되고 우주가 되어 범아일여(梵我一如), 전 우주와 개체가 하나 되는 세계관이 된다.

무의식과 유식(唯識) 융은 청중의 한 사람으로부터 "집단 무의식이란 무엇인가요?"라는 질문을 받고 "당신이요."라고 답했다고 한다. 집단 무의식과 불교의 유식론은 인간의 심층의식을 문제 삼는다. 유식론의 식(識)은 오감으로 인식된 것을 의미하는데, 근대 심리학은 놀라울 만큼 불교의 유식론에 가깝다. 불교적 관점에서 보면 개체의 무의식은 집단 무의식과 같다.

눈으로 보고, 귀로 듣고, 코로 냄새 맡고, 혀로 맛보고, 피부에 닿고, 오관으로 따로따로 감지하는 것을 5식이라 한다. 이런 인식이 마음이 되어 새로운 의식을 형성하게 된다. 인간이 희로애락을 느끼는 것은 오관의 다음 단계인 제6식에 해당하는 의식이다.

그다음이 제7식인 마나(末那)의식, 즉 자아(自我)의식이다. 그 아래에 아뢰야식(阿賴耶識, 무의식)이 있다. 그것이 프로이트와 융이 말하는 무의식 세계이다. 융의 집단 무의식은 아뢰야식과 깊은 연관이 있다.

프로이트가 말한 억압(抑壓)은 아뢰야식의 종자(種子)로 표현될 수 있다. 종자는 제7식까지의 단계에 있던 모든 것을 행위로 나타나게 한다. 그 행위는 다시 아뢰야식에 흡수된다. 유식론에서는 '종자를 훈습(薰習)한다.'라고 하는데, 훈습은 향냄새가 옷에 스며드는 양상을 말한다. 현실과 무의식의 관계를 묘사하는 절묘한 표현이다. 종자에서 현행이 나타난다. 종자생현행(種子生現行)이란 말은 무의식에서 나온 것이 현상을 야기하고, 그 결과가 다시 무의식에 흡수되는 되먹임 구조를 뜻한다.

중생의 번뇌도 아뢰야식의 종자에서 일어나는 것이기에 그것에서 벗어나는 일은 아뢰야식의 종자 중에 더럽혀지지 않은 부분을 극대화하여 높은 단계로 승화하는 것이다. 융이 말한 '무의식 깊은 곳에 있는 성스러운 부분의 확대'와도 같은 맥락이다. 유식론은 결국 미망

8단계로 구성되는 유식론에서의 마음의 구조

5식(五識)	오감(시각, 청각, 미각, 후각, 촉각)
6식(六識)	의식(사고, 의지)
7식(七識)	마나식(자아)
8식(八識)	아뢰야식(무의식)

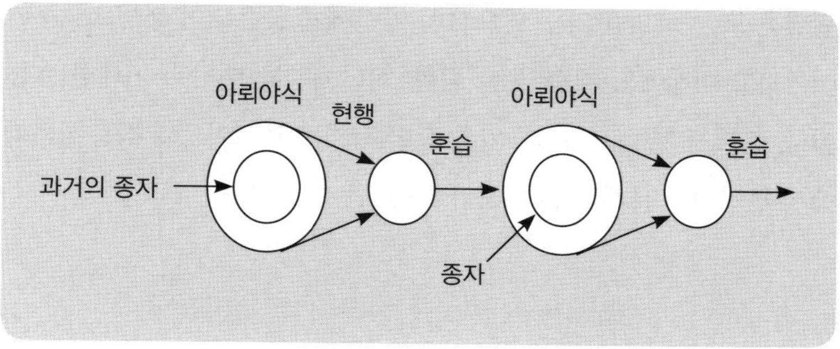

▌아리야식과 종자

(迷妄)에 빠진 중생의 마음 구조를 설명하고, 아리야식에 담긴 종자들이 자의식으로 뛰쳐나올 때 이성으로 제어하지 못하는 부분이 있음을 지적한다.

중생은 인류의 무의식을 자기조직화하는 개체들이다. 과거의 행위는 업, 즉 현재의 종자가 되어 들어 있다. 과거의 시간은 사라졌어도 그 종자는 그대로 남아 다시 현실의 행위로 되먹임된다. 예컨대 젊은 시절의 시간은 사라졌어도 이미 행한 행위는 습관이 되어, 그 수행의 결과나 방탕의 결과가 현재의 나를 지배하고 있는 것과도 같다.

유식론에서 보는 마음은 무의식의 밑바닥에 있는 아리야식이다. 인간은 집단 무의식을 무의식적으로 서로 공유하고, 자아는 마치 거품처럼 그 속에서 태어난다. 거품이 생기고 사라지는 짧은 기간이 저마다의 일생이며 다음에 일어나는 거품이 곧 후생이다.

원형론은 민족 무의식에 관한 정신분석이기도 하다. 프로이트의 무의식은 살아 있는 사람에게만 존재하고 죽음과 함께 사라지지만,

원형은 모든 식(마음)의 근원으로서 인간에게 공유되어 전생으로부터 이어지고 미래에도 계승되는, '원형=집단 무의식'이라는 거대한 흐름이다. 불교사적으로 유식론이 등장한 시기는 프로이트가 심층심리학에서 무의식을 문제 삼은 때보다 1,500년이나 앞섰다.

프랙털의 불교적 의미 카오스의 중요한 특성이 프랙털(자기 닮음)이라는 것은 앞서 설명했다. 세계는 카오스이지만 그 속에서 질서가 감지되는 것은 자기 닮음이 있기 때문이다.

시간관념도 마찬가지다. 일 년 속에 한 달이 있듯이, 한 달에 하루가, 하루 속에 한 시간 그리고 역으로는 하루에 십 년이 있는 등 일정한 주기로 시간적인 프랙털(자기 닮음)을 보인다. 시간과 공간은 프랙털 형태로 우주에 분포되어 있다. 인류도 우주의 일부로 태어나 자손을 남기는 자기 닮음 행위를 계속하고 있다. 인생에 있어서 시간의 의미는 시간의 길이가 아니라 마음에 새겨진 밀도에 있는 것 같다. 중대한 의미가 있는 순간을 위해서 전 인생을 바꿀 수도 있기 때문이다.

같은 사람의 행위가 선(善) 또는 악(惡)으로 비치는 것은 평가가 상대적이기 때문이다. 어느 기준에서 삶을 생각하느냐에 따라 인간의 의미는 0에서 무한대로까지 변한다. 일즉다 다즉일(一卽多 多卽一, 프랙털, 자기 닮음)일 때는 자에 따라 길이가 달라질 수 있는 것과 같다. 즉, 있는 자리가 어디라도 진리를 세울 수 있고(隨處作立處階眞,『臨濟錄』), 절대 진리는 없다. '모든 것은 실체가 없다(諸法無我, 모든 진리는 절대적이 아니다).'가 성립되고 그 역도 성립할 수 있다. 요컨대 어디에나 진리가 있으니(隨處階眞), 절대 진리란 없다는 말과도 같다.

20세기 최고수학자 푸앵카레는 '수학의 가설'로 이를 갈파했다. 그 가설에 따라 수의 의미도 결정된다. 그가 카오스 이론의 창시자가 된 것은 우연이 아니다.

> 수학(과학) 진리는 없다. → 수학(과학) 진리는 편리한 가설이다. → 진리는 상대적이다.

불교는 무한, 변화, 공(空) 등 인식하기 어려운 개념으로 세상을 설명하지만, 이런 다양성과 변화를 화엄 철학은 '일즉다 다즉일'로 단순화했고, 이는 곧 카오스 이론의 프랙털(자기 닮음)이다. 중국 고사의 "한 부분의 무늬(一班)를 보고 전체(全班)를 안다."와도 같은 말이다.

'삼라만상은 프랙털적이다.'는 하나의 철학이지만, 인간은 직관적으로 모든 것은 부분과 같고 부분은 전체와 같다는 프랙털적 질서를 간파한다. 나뭇가지만 보고도 어떤 나무인지 알 수 있고, 가죽의 일부만으로도 호랑이 가죽인지 고양이의 것인지 구별해낸다. 문화에 있어서도 한 부분이 전체의 표상이 된다.

시인 블레이크(W. Blake, 1757~1827, 영국의 시인이자 화가)는 독실한 기독교인이었으나 화엄경과 통하는 생각을 하고 있었다.

> 순수의 전조 (Auguries of Innocence)
>
> 한 알의 모래에서 세상을 보고

한 송이 들꽃에서 하늘을 보려면
그대의 손바닥에 무한을 쥐고
한 순간에 영원을 담으라.

To see a World in a grain of sand
And a Heaven in a wild flower
Hold Infinity in the palm of your hand
And Eternity in an hour

한 개의 세포에도 지구 생명의 역사가 들어가 있다. 지금 나의 몸에도 수십조 개의 세포가 있는데, 그중 일부는 죽고, 또 새로운 것이 만들어지면서 나의 생명을 유지하고 있다. 이를 확대하면 개개의 수많은 인간이 하나의 생명체가 되는 것과 같다. 인류를 하나의 생명체로 보는 관점이다. 생물학에 '개체의 발생이 계통발생을 반복한다.'는 명제가 있다. 아기가 모태에서 잉태된 후 자궁 내에서 성장하는 과정이 인류 전체의 진화과정을 그대로 밟고 있다는 뜻이다. '나'라는 존재가 시간과 공간의 양면에서는 한 부분(개인)일 뿐이지만 전체(전 인류)를 나타내고 있는 것과 같다는 말이다.

의상대사(義湘, 625~702)는 이 사실을『법성게(法性偈)』에서 "티끌 하나 속에 무한의 개체가 들어 있고 순간에 무한의 시간이 들어 있다(一微塵中含十方 一念卽是無量劫)."고 표현했다. 개인(一)은 전 인류(多)와 자기 닮음의 구조를 지니고 있다. 비록 나의 생명은 짧고 보잘것없어 보이지만, 나는 최초의 인간에서부터 현재의 인류에 이르기까지 오랜 세월을 축적해온 인간의 삶을 대표하는 존재이다. 따라서 나는 전 인류이기도 하다. 도스토옙스키가 "각자가 하는 행위에 대해서 모든 사람이 책임이 있다."고 한 말은 이런 의미로도 해석될 수 있다.

만일 이 세상이 프랙털적으로 구성되어 있지 않다면, 그래서 매 순간 새로운 것과 접해야 한다면 어떨까? 아마 당혹한 호모사피엔스는 지적 호기심이고 뭐고 단순한 능력조차 발휘할 수 없었을 것이다.

원형, 종교, 철학 등 범인류적인 사상은 자신의 문명권의 원형을 반영하고 있다. 그런데 풍토를 반영한 원형의 기반 위에 형성된 사상은 결코 유일하지 않다. 테제(These) 즉 최초의 명제가 나오면, 마치 유대교에서 기독교와 이슬람교가 나왔듯이, 같은 원형을 기반으로 안티테제가 나온다. 여러 사상체계를 깊이 파 들어가면 반드시 하나의 원형과 마주 보게 되는 것도 이런 이유에서이다. 같은 문명권에서도 종교적 초기조건에 따라 얼마든지 달라질 수 있는 것이다. 민족고전은 다양한 방법으로 이 원형을 충실하게 반영한 것들이다.

종교와 철학의 관계

	현실의 원인	사후	철학
불교	업	윤회(輪回)	복잡계
유교	모른다	혼백(魂魄)	불가지론
기독교	신	최후의 심판	신 일원론
그리스 자연철학	원소	과거와 현재는 같다	존재론

4 종교의 우열은 논할 수 없다

사상적 원형 인류사 차원에서 문명을 이해하려면 민족의 집단 무의식을 먼저 들여다보는 것이 옳다. 집단 무의식이 곧 원형이다. 정신혁명의 시기였던 추축시대의 문화는 각 도시의 원형에서 발생한 것이었다. 원형론은 문명론을 일반화한 것이다. 오늘날의 종교가 고대 도시혁명 시절의 것과 크게 다르지 않은 것은 원형의 본질이 변하지 않고 있기 때문이다.

일반적으로 새로운 문화가 창조될 때는 일단 고전으로의 복귀, 즉 문예부흥 형태를 취한다. 문학, 예술, 사상, 관습, 이데올로기 등 모든 문화현상은 원형의 시대적인 전개에 불과하다. 민족성도 시공을 초월한 불변의 선험적인 것이 아니라 긴 역사의 결과이다. 따라서 민족성이나 고전사상 등 전통의 근원에는 반드시 오늘의 현실을 공유하고 공감할 수 있는 뿌리가 들어 있다. 추축시대의 문명권에 등장한 사상이 기본고전으로서 거의 변함없이 현재까지 이어져오는 것도 그런 맥락에서다.

『구약』, 『논어』, 바라몬의 『경전』, 그리스 철학은 수천 년 동안 거의 변함없이 인류의 사상적 뿌리역할을 하고 있다. 이 사상을 형성케 한 각 문명권의 집단 무의식 즉 원형은 지역적 한계를 넘어 세계를 통찰했고, 그 속에서 인간 존재를 자각했다. 그렇기에 각 문명권의 가치관은 서로 다르고 대립적일 수 있으나, 갈등 없이 철학, 예술, 종교, 문학, 수학, 과학 등을 고유한 개성에 따라 꽃피울 수 있었다.

추축시대에 발생한 4개 지역의 정신혁명은 풍토의 특성과 원형을 강하게 반영하면서, 지금까지 해당 지역에 막중한 정신적 영향을 미치고 있다. 근세 이후 유럽의 세계지배로 기독교와 이슬람교가 널리 보급되어 있으나, 본질적으로 문명권의 초기조건 또는 원형은 변함없이 이어지고 있다.

사상적 원형과 풍토의 관계

	사상적 원류	사상	풍토
그리스	탈레스, 플라톤	철학	지중해
인도	우파니샤드, 석가모니	불교	산림
중국	『역경』	공자, 맹자, 노 · 장 사상	대륙, 황하
이스라엘	『구약』	기독교, 유대교, 이슬람교	사막

원형사관은 민족과 국가단위로 문화형성의 역사와 미래를 논하고 도시혁명에서 형성된 각 지역의 문화특성을 관찰한다. 앞으로 전 인류가 하나가 될 세계는 필연적으로 각 문화권마다 동등한 가치를 부여하는 보편적 철학을 갖게 될 것이다. 이미 서구중심 사관은 무너졌다. 종교 또한 어느 특정 지역에서 자기조직화된 것만이 세계적 의미가 있는 것은 아니다. 종교적 권위나 교세는 우열의 기준이 아니다.

원형과 문화 정보화와 국제화로 인해 민족은 다른 민족의 원형과 접촉이 잦아졌고, 자신의 가치관과 대비시킬 기회도 가지게 되었다. 그 과정에서 억압되어온 소수민족의 한이 표출되어 원리주의자들의 과격한 테러나 핵무기의 확산도 빨라졌다. 내부적으로는 기존의 윤리의식이 희석되어 사상적 위기감이 발생하고, 인류 멸망을 예고하는 현상마저 나타나고 있다. 2,500년 전에 정신혁명을 몰고 온 카오스보다 더 심각한 위기가 인류의 앞길에 가로놓여 있다.

프랑스의 인류학자 레비 스트로스(C. Lévi-Strauss, 1908~2009)는 "세계는 인류 없이 시작했고 인류 없이 끝날 수 있다.(『슬픈 열대』)"고 예언한 적이 있다. 인간도 매머드나 공룡같이 지구 존재의 필수조건이 아님을 냉정하게 경고한 것이다. 현 인류의 조상 호모사피엔스는 간발의 차이로 네안데르탈인을 대신해 지구의 주인이 되었으나, 역의 관계가 되어도 지구 존재와는 아무런 상관이 없다. 민족도 자각 없이 이대로 카오스 가운데 제2의 정신혁명을 준비하지 않으면 자멸할 수 있다. 그동안 인류사는 수많은 민족의 멸망을 기록해왔다.

새로운 정신혁명은 방향성이 중요하다. 토인비는 인류생존의 조건을 세계국가 형성에 두고 그 명제의 조건으로 인도 우파니샤드 철학과 『구약』의 예언자 사상이 융합된 사상을 구상한 바 있다. 도시혁명이 4대 지역에 고유한 철학과 종교를 일으켰다면, 정보화시대의 인류의 집단 무의식은 지구 단위의 차원 높은 도덕률의 등장을 요구하고 있다.

인류의 문명화 과정을 살피는 일은 거대한 정신을 읊은 서사시를 읽는 것과도 같다. 풍토에 맞춰 서식하는 생물들, 자연조건에 맞춘 생활양식과 사회적 특성, 모두 카오스와 자기조직화를 통해 발생한 결과이다. 그럴 때마다 '백 번째의 원숭이'도 등장했을 것이다. 해양지역에서는 어업으로, 열대우림에서는 화전으로, 사막에서는 오아시스를 중심으로 소규모 농업과 교환무역을 시작했고, 고유의 사회와 문화가 태어났다.

문화는 일단 형성되면 시대적 조건과 융합한다. 되먹임과 몇 겹의 카오스를 겪으며 그때마다 비약한다. 지역마다 특유의 과학, 종교, 예술, 윤리, 관행이 있는데, 이들 문화 양상을 한 시야에 넣고 보면, 시대마다 지역마다 고유의 문화가 프랙털 구도를 전개하고 있는 것을 알게 된다.

민족(또는 문명권) 문화를 지배하는 원초적인 사유형식(思惟形式) 또한 각 문화요소에 어김없이 반영되어 있다. 이를테면 한국의 전통수학에서 한국적인 문화의 특성을 감지할 수 있듯이, 유클리드 기하학에서 그리스 문화의 특질을 파악할 수 있다.

특히 수학은 문화현상 가운데서 가장 뚜렷하게 합리정신을 나타내는 분야이다. 따라서 민족 이성의 구체적인 형태 또한 전통수학의 형성과정에서 살필 수 있다.

같은 넓이 문제를 두고도 한국인은 직관적으로 작은 부분의 넓이의 합으로 생각하는 반면, 그리스인은 논리적으로 생각한다. 같은 내용이지만 각자 고유한 방법으로 이해한 것이다.

대항해시대 이전에 지구상에 산재했던 독립적인 문명권들은 각자 개성 있는 문화를 형성했고, 그 내용은 종교적 특성으로 상징화되었다.

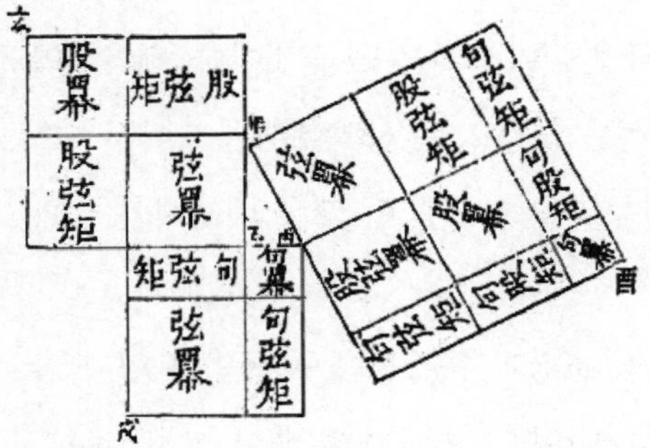

▌작은 부분의 넓이의 합으로 생각하는 한국 전통수학

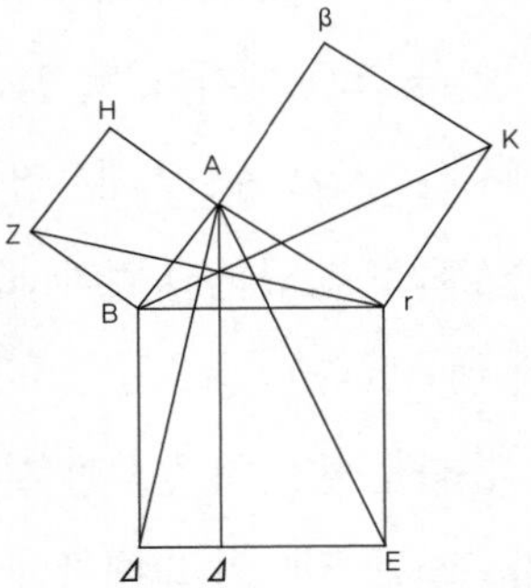

▌수식을 세워 논리적으로 생각하는 유클리드 기하학

보편적 체계로 향하는 문화 과학혁명 이후 최근까지 서구는 과학기술을 앞세워 정치, 경제 분야에서 절대적인 영향력을 발휘해왔다. 뉴턴 역학과 다윈의 진화론에서 비롯된 근대과학은 서구의 소산이다. 수학은 과학의 도구로서 서구에만 존재한 것처럼 인식될 정도로 위력을 발휘했다. 그러나 그 이전인 전근대의 비유럽 세계에도 각 문명권마다 그들 특유의 '과학'이 있었다.

니담(J. Needham, 1900~1995, 영국의 과학사회학 학자)은 『중국의 과학과 문명』에서 중국과학이 서양의 것에 전혀 뒤지지 않았음을 밝혔다. 나 또한 『한국수학사』(김용운, 김용국 공저)를 집필하며 수학이 전통문화와 상보적임을 확인했다. 15세기 세종대왕의 과학은 세계적 수준이었다. 이는 내셔널리즘(국수주의)에 결부시킬 문제가 아니다. 각 문명권의 과학은 그 사회가 요청하는 과학기술을 충족시켜왔던 것이다. 한 민족으로만 이루어진 폐쇄적인 문화일지라도, 외부로부터 자극을 받을 수 있고, 또 역으로 외부에 크고 작은 영향을 줄 수 있는 요인이 있었다.

2,500년 전의 그리스 문화가 지중해를 중심으로 동서 문화를 융합한 결과였다면, 중국 문화는 춘추전국시대의 대륙 내 여러 민족 간의 대립과 융합의 결과이다. 유럽 문화는 게르만 민족의 세계에서 그리스 문화와 히브리적인 기독교 문화가 용해되고 합해져 성립됐다.

우주와 자신이 일치한다는 인도의 범아일여(梵我一如) 사상이나 모든 것을 신의 창조물로 보는 헤브라이의 일신교 사상 등 지구상의 모든 사상은 주변의 문화적 요소를 흡수 통합하면서 고유의 체계를 갖춘 것이다.

문화발전은 해당 문명권이나 민족의 내부에서만 성장해온 것처럼 보이지만, 세계 문화 즉, 보편문화를 향한 과정을 밟아왔다. 어떤 문화든 이질적인 문화를 만나면 대립하지만 결국에는 융합한다. 아무리 개성 강한 문화라도 보편적 체계로 향하게 되어 있다.

문명에는 우열이 없다. 이질적인 문명을 서로가 이해할 수 있다는 것은 인류가 어떤 조건에서도 생존해낼 수 있는 희망이자 중요한 조건이다.

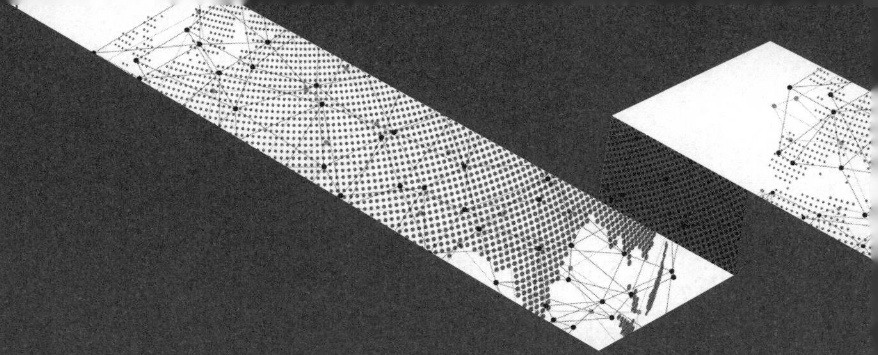

4 풍토와 사회구조

민족의 원형은 민족과 함께 태어난 혼이며
민족이 겪는 충격이 각인되어 있는 복잡계다.

김용운

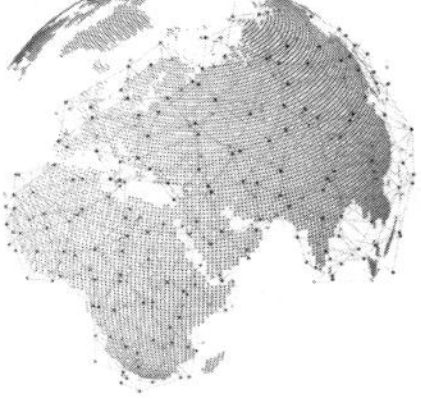

1 집단의 지혜

집단과 구조 개미에 관한 흥미로운 연구가 있다. 개미집단을 자세히 관찰하면 부지런한 녀석들이 있고 빈둥빈둥 노는 녀석들이 있다. 그들을 부지런한 집단 A와 게으른 집단 B로 나누어 분리한 다음, 부지런한 집단 A와 게으른 집단 B를 다시 한 번 관찰해보면 어떨까?

A집단의 개미들은 일만 하고 B집단의 개미들은 놀고만 있을까? 그렇지 않다. A집단에서는 다시 게으른 개미들이 나타나 놀고 있고, B집단에서도 부지런한 개미들이 나타나 집단을 끌어간다. 부지런한지 게으른지에 관한 성격은 태어날 때 결정되는 것이 아니라 소속된 집단 내의 다른 개미들과의 관계에 의해 결정된다.

이와 비슷한 현상은 인간집단에서도 흔히 나타난다. 어떤 집단에서든 지도자는 반드시 나온다. 널리 알려진 일화이지만, 알렉산더대

왕이 부하들을 대동하고 어느 조그만 시골마을을 방문한 적이 있었다. 그 마을의 촌장은 이 소식을 듣고 마을사람들을 이끌고 대왕을 맞으러 나왔다. 그런데 촌장 일행의 모습이 어찌나 위풍당당한지 대왕 앞이라고 해서 전혀 위축됨이 없었다. 대왕과 맞먹을 정도의 당당함에 부하들은 분개했다. 그러자 알렉산더대왕은, "아니다. 나도 이 촌장처럼 되고 싶다. 아무리 조그만 마을의 촌장이라도 조직의 장은 저런 당당함과 의지를 가져야 한다. 나도 그렇게 할 것이다. 너희들은 내 밑에 있지만, 이 촌장만 못하다."고 꾸짖었다고 한다. 알렉산더대왕다운 통찰력이다.

어느 나라든 혹은 지역이든 왕, 군사, 장군에 어울리는 인물은 반드시 배출된다. 전쟁이 일상적이었던 고대에는 대부분은 무식했고 체계적으로 공부한 사람은 극히 드물었지만, 집단 무의식은 이들에게 적합한 왕과 장군에 어울리는 인물을 만들어냈다. 영웅은 시대가 만든다(時造英雄)는 말처럼 각 시대의 집단 무의식이 영웅을 뽑아내는 것이다.

우리는 복잡계의 사회에 산다. 사람은 태어날 때 운을 타고난다고도 하고, 천성(天性) 또한 생물학적 유전으로 생각하지만, 복잡계의 눈으로 보면 집단 무의식의 상호작용이 또 하나의 큰 축을 이루고 있음을 알게 된다.

누구나 일정한 소질과 재능은 갖고 태어난다(결정론). 그러나 성장과정에서 공동체의 집단 무의식과의 상호작용이 소질에 영향을 미치게 된다. 인간은 환경에 따라 성격이 변하며, 공동체의 생명력인 집단 무의식은 개인의 운명까지 지배한다.

한·중·일의 판이한 풍토와 사회

한국인은 허다한 고난의 역사에 대응해 생애적(生愛的) 사회를 형성해왔다. 모진 역사를 겪을 때마다 한국인의 생의 의지는 더욱 강하고 단단해졌다. 근래 국내적으로는 대통령을 탄핵했고, 국제적으로는 미국과 중국의 패권 다툼을 비롯한 카오스적 현실과 마주하고 있다. 나를 알기 위해서는 먼저 나와 영향을 주고받아 온 주변을 파악해야 하듯이 민족도 마찬가지다.

민족의 원형에 대해 이해하려면 끊임없이 영향을 주어온 인접국가인 일본과 중국의 원형을 아울러 인식해야 한다. 특히 근대화 이후 이들 두 나라는 한국을 중심에 두고 숱한 충돌의 역사를 겪어왔다.

일본인은 죽음을 미화하는 사애적(死愛的)인 경향이 강한 민족으로 책임자의 할복자살과 집단자살, 자살공격 등을 찬양해왔다. 또한 정복주의적 가치관(八紘一宇, 팔굉일우 정신)을 이용해 단숨에 군사대국을 이루었다. 비록 제2차 세계대전에서 패했으나 다시 경제 전쟁에서 성공해 세계 제2의 경제 대국으로 부상했다. 아베 총리는 야스쿠니 신사에 지속적으로 참배하며 국수주의적 발언을 반복하고 있다. "다시 한 번 일본!"을 외치며 제국시대로의 복귀를 공언한다. 결국 제2차 세계대전 후의 평화 노선은 일시적 겉모습에 지나지 않았다. 이제 자신의 실체인 상무(尙武)적 경향을 드러내고 있다.

중국 역사의 패턴은 '분열 후 다시 통일 대제국'으로 변하는 형태이다. 춘추전국시대의 군웅 할거 후 진시황이 통일제국을 이뤘고, 초한(楚漢)의 대립 후 한(漢)이 통일을 이루었다. 이후 오호십육(五胡十六)국으로 분열되었다가 다시 당제국으로 통일되는 등 분열과 통일의 패턴은 계속 반복되었다. 분열과 통일이란 카오스와 자기조직화의 역사이다. 19세기 이후에도 한때 서양과 일본의 사냥터로 추락했고, 모택동의 공산당과 장제스(蔣介石) 국민 정부군 간의 내전을 겪었지만 다시 통일을 이루었다. 이제 중국은 대통일에 성공했다. '중국이 세계의 중심'이라는 중화사상으로의 복귀도 분명하다.

한·중·일의 역사의 이면에는 민족 고유의 원형이 꿈틀거리고 있다. 그 원형이 민족의 진로를 결정해왔다. 어느 민족의 미래를 전망하려면 먼저 그 민족의 원형을 규명하면서 민족의 문화 형성 과정부터 살펴야 할 것이다. 어떤 과정을 거쳐 원형이 형성되었는지를 규명하면 세계 곳곳에서 벌어지고 있는 '원형 충돌'의 실상이 명확해지며, 동시에 앞으로 어떤 전략으로 미래를 열어야 할지도 예측 가능해질 것이다. 원형사관은 민족의 진로와 역사를 움직이는 원동력을 원형의 관점에서 본다.

2 삼국의 풍토와 원형

풍토와 집단 무의식 역사와 문화, 풍토론, 원형 등 시간에 따라 변화하는 대상은 복잡계 이론으로 관찰하면 실체가 선명하게 드러난다. 동물은 진화를 통해 풍토에 적응하고, 인간은 일단 문화에 여과시킨 풍토의 영향을 받아 사회를 구성한다. 풍토는 민족의 운명이지만 신이 결정한 것은 아니다. 풍토(환경)의 영향을 받은 문화가 풍토의 의미를 바꾸며 새로운 문화를 창조해가기 때문이다.

'인간은 환경의 동물'이라고 한다. 이 격언의 과학적 근거를 얻기 위해 사회심리학자인 스탠퍼드 대학의 짐바르도(Philip Zimbardo, 1933~ , 미국의 심리학자) 교수는 1971년에 어느 대학생에게 임금을 주고 형무소 생활을 체험시켰다. 비록 짧은 기간이었지만 수감생활을 겪은 그는 성격이 완전히 변해버렸다.

정신적 후유증이 심각했고 그 후 상당기간 후유증은 지속되었다.

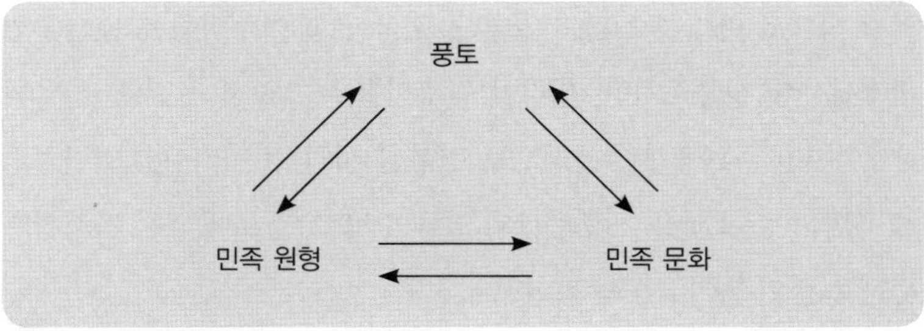

▌풍토와 문화 사이의 끊임없는 되먹임

이 실험으로 '평범한 인간도 환경에 따라 악인이 될 수도 있음'을 밝혔고, 인간 심리의 변화하는 성질, 즉 가소성(可塑性)을 입증했다. 이 실험을 공동체 차원으로 확대하면 '집단 무의식 곧 원형은 철학적 사유에서 나오는 것이 아니라, 역사의 결과'라는 과학적 근거를 갖게 한다. 원형의 다름은 역사의 다름에서 생기는 것이다.

인간을 둘러싸고 있는 환경요소는 다양하지만 특히 풍토조건이 압도적으로 영향을 미친다. 풍토와 원형은 서로 되먹임을 주고받는 복잡계의 관계이다. 풍토는 민족 원형에 영향을 주고, 원형은 풍토를 보는 눈을 바꾼다. 그러나 풍토일원론은 경계한다. 소설 속 로빈슨 크루소를 예를 들어보자. 그는 19세기 영국의 요크지방 출신이다. 자본주의를 체험했기에 절해고도(絕海孤島)에 버려져도 프라이데이라는 노예를 부린다.

같은 맥락으로 영국에서 미 대륙으로 건너온 농민들도 신천지 개척을 위해 엄청난 노동력의 필요를 인식하고 흑인 노예를 부렸다. 자본주의적 합리성을 경험한 유럽 이민자들이었기에 플랜테이션(장원) 농업과 노예제도를 구조화했다. 하지만 미 대륙의 토착민(American Indian)들의 관점은 사뭇 달랐다. 미 대륙의 원주민들은 자연을 상업적 목적으로 바라본 경험이 없었다. 결국 유럽 이주민들은 농산물의 대량생산에 성공하지만, 인디언 원주민들은 그렇지 못했다. 하나의 풍토이지만 주민에게 일률적으로 영향을 미치지는 않는다. 일반적으로 문명 수준이 낮을수록 풍토의 영향이 크고, 풍토에 의한 가소성은 문화 수준이 높아질수록 적어진다.

풍토조건은 지역주민의 심성에도 영향을 주어 작은 공동체의 경우에는 고유의 성격을 자기조직화한다. 또한 '백 번째의 원숭이'처럼 영향력의 범위가 넓어 다른 생활을 하던 무리까지 역사 경험을 함께 하는 과정에서 하나의 생활 질서(패턴)를 형성하게 된다.

언어도 마찬가지다. 초기에는 작은 집단의 방언들 때문에 혼란을 겪지만 결국 각 지역의 최대공약수적 언어가 자기조직화되면서 표준어 역할을 하게 된다. 이처럼 민족 구성원은 같은 풍토에서 언어와 사고방식, 행동양식, 풍습 등 집단의 가치 기준(원형)을 자기조직화한다.

죽은 부모를 땅에 묻는 토장(土葬)풍습을 따르는 한국인은 부모의 시신을 새의 먹이로 하는 티베트인의 조장(鳥葬)을 이해하지 못할 것이다. 티베트인이 한국인을 이해하지 못하는 것도 마찬가지다. 장례풍습은 그 지역의 풍토와 사회 조건을 반영하고, 공동체의 구성원이 집단 무의식을 공유한 결과이다. 공동체의 집단 무의식은 모든 구성원의 무의식이 융합하고 자기조직화되어 하나의 의지(혼, 영성)를 갖고 종교화된 것이다.

집단 무의식은 전 구성원의 무의식을 단순히 산술적으로 평균치를 낸 것도, 산술적 총합도 아니다. 풍토와 역사, 종교 등 여러 요인들이 상호작용을 하는 과정에서 카오스를 야기하고, 자기조직화를 하는 과정에서 질적 변화를 이룬다. 그 결과가 새로운 집단 무의식이다. 따라서 집단 무의식의 결과물인 문화는 역사성을 지니며, 그 중심에는 원형의 의지가 살아 꿈틀거린다. 언어와 수학, 문학 등의 분야도 고유의 성격에 시대의 생산수단이나 외부세력과의 관계 등 시대적 분위기와 의지가 반영된다. 원형론은 인문학과 자연과학의 경계를 넘나들며 복잡계의 관점에서 연구대상을 넓혀간다.

사회구조와 풍토의 되먹임 원형론적 풍토론에서는 집단 무의식(=원형)이 사회구조에 반영되는 사실을 중시한다. 문화는 원형의 상부구조이다. 문화현상 가운데 중요한 것은 풍토이다. 예컨대 동일한 몬순지대에서 살아온 한국과 중국, 일본이지만 풍토의 중요한 요소인 하천의 형태가 각기 다름으로 인해 사회구조가 달라지고 서로 다른 원형을 갖게 되었다. 그 원형 위에 삼국은 독자적인 문화를 만들었다.

원형론은 일본 풍토학의 창시자인 와쓰지(和辻哲郎)의 일원론적 풍토론의 결함을 극복하고, 특히 하천의 성격을 사회구조 형성의 매개변수로 삼아 권력·사회제도를 관찰하고 그것이 나타내는 문화의 특성을 중요시한다.

이 책의 최대 관심사는 한민족이지만 역사는 이웃나라인 중국, 일본과 깊이 연관되어 있다. 토인비는 이에 관해 적절한 충고를 한 적이 있다.

> "영국 역사를 이해하기 위해 영국인이 처음 영국 섬에 당도했을 때의 상황부터 배운다면 제대로 이해할 수 없을 것입니다. 또 영국인이 북미대륙에 당도했을 때부터의 일을 안다고 해서 미국의 역사를 이해한다고 할 수도 없습니다. 한 나라의 경계선을 세계 지도에서 빼거나, 그 나라의 국경선 외부에서 일어난 일을 단 한 가지만이라도 빼놓는다면 그 나라의 역사를 도저히 이해하지 못할 것입니다."

고대 한국과 일본 토인비의 지적처럼 한국 역사는 중국과 일본과의 상호작용을 무시하고는 결코 제대로 이해하지 못한다. 같은 인종으로 보이는 한·중·일이 각자 다른 문명을 구축한 것은 기적과도 같은 자기조직화의 힘에 있었다. 한민족의 역사는 중국, 일본의 역사와 연동하면서 다양한 요소를 융합하고 분기하면서 오늘에 이르렀다.

우리를 순수한 단일민족이라고 하는 것은 신화에 불과하다. 한반도에는 3만 5,000년을 전후한 구석기시대 유적이 함경도 굴포(屈浦)와 평양의 검은모루 동굴에서 그리고 경기도 전곡리 등 약 50군데에서 발견되고 있다. 이에 반해 일본에는 3만 년 이전의 유적은 아직까지 전혀 발견되지 않았다.

약 1만 년 전의 한반도 기후는 지금보다 7~8도 낮았던 것으로 추정된다. 낮은 기후로 인해 한반도는 일본열도와 육로로 이어져 있었다. 멀리는 시베리아와 사할린, 홋카이도까지 육로로 연결되어 수많은 동물이 이동했고 사람이 그 뒤를 따랐다. 동해는 거대한 호수였다. 북해도(北海道)에 거주하는 아이누인은 시베리아에서 사할린을 거쳐 이동한 무리의 후손으로 추측된다. 조몬(縄文)인(일본열도의 원주민)은 아이누인과 달리 한반도에서 폭이 약 7.5km 정도인 육로를 걸어 일본의 남부지역으로 이동한 것으로 보인다.

B.C. 4세기 이전의 고대 일본인은 채집과 수렵생활을 하다가 한반도로부터 전수받은 농업기술로 농업혁명을 이뤘다. 국가형성은 하루아침에 이루어지는 것이 아니라 문명 수준이 상당한 단계에 도달해야 가능하다. 한반도인이 열도 각지로 건너가 부족국가를 형성한 것

은 마치 금속문화를 가졌던 북유럽의 바이킹(Viking)이 유럽 각지에 진출해 국가를 수립한 것과도 같다. 당시 한반도 남부와 일본열도의 북규슈 사이에는 한·왜(韓倭) 연합국과 같은 조직체가 형성되었고, 양자 간의 언어 차이는 거의 없었던 것으로 보인다.

고대 한·일 사회의 성격은 묘제에도 잘 나타난다. 일본열도에는 한반도에 흔한 수백, 수천 개 단위의 대규모 지석묘 유적이 없다. 겨우 15개 정도의 소규모 지석묘 군만 규슈나 후쿠오카, 구마모토 지역에서 발견되었을 뿐이다. 대부분은 부족사회 수장의 묘소로 보인다. 이는 한반도의 부족사회가 일본보다 훨씬 큰 규모로 오랫동안 지속되었음을 말해주는 것이다.

대규모 지석묘는 없지만 일본열도에는 이집트 피라미드보다 큰 규모의 고분, 즉 정복 국가적인 권력을 상징하는 크기의 고분은 여러 곳에서 발견되었다. 그 수와 장소로 미뤄볼 때 소(小)국가 단위의 집단이

전남 화순의 지석묘군

▌일본의 대고분. 대규모 고분은 야마토 지역에 많다.

여러 곳에 분산되어 있었음을 시사한다.

『위지(魏志)』「동이전(東夷傳)」에는 239년에 위(魏)의 외교 사절이 삼한(三韓)과 일본열도의 야마토(邪馬台國)를 방문해 그 사회상을 자세히 묘사한 기록이 있다. 기록에 따르면 왜(倭)의 야마토국은 "엄격한 계급사회이고 정복으로 이루어진 군사적 성격이 농후한 사회"라고 묘사했다. 대조적으로 한반도의 부족국가는 계급의식과 사회질서가 느슨한 자생적인 공동체였다. 『삼국사기』에서도 박혁거세의 집권 30년(B.C. 28년) 초에 "낙랑의 군대가 신라에 침입했으나 사람들은 밤에 문도 안 잠그고 노적가리도 들에 그대로 둔 것을 보고 과히 인심 좋은 곳이라며 감탄했다."는 기록이 있다. 이런 기록은 당시 한반도 사회가 소박한 부족사회였다는「동이전」의 기록과도 부합한다.

지석묘와 고분의 규모, 그리고「동이전」에 기록된 사회상에서 한반도와 열도가 얼마나 대조적인가를 선명하게 알 수 있다. 한반도에는 벼농사를 짓는 민족이 오랫동안 정착해 살아왔기 때문에 이후에 이동해온 기마민족보다 상대적으로 세력이 강했다. 고대 한·일 사회의 성격 차는 민족의 초기조건을 반영했고 서로 독립적인 사회적 특성은 지금까지 이어지고 있다.

황하 문명과 화이의 변 황제, 황하, 황토의 황은 황인종의 황(黃)을 뜻하고, 황하 문명을 상징한다. 잘 알려진 사실이지만 북경 원인(原人)의 유골은 현 중국인과는 직접 관련이 없다. 한족(漢族)의 발생지는 황하의 중류 지역으로 서역과 북방 유목민과의 접촉이 빈번했던 곳이었다.

중국 문명은 항상 주변의 소수민족과 중원의 한족 사이의 긴장 관계에서 발전해왔다. B.C. 771년에 중국 고대국가인 주(周)나라는 견융(犬戎)의 침략을 받아 수도를 서안(西安)에서 낙읍(洛邑)으로 옮겨 춘추시대(B.C. 770~403)를 열었다. 중국인의 민족별 인구비율은 시대마다 약간씩 다르지만 대체로 90% 정도가 한족이다. 한족의 조상은 황토가 많은 황하 중류 지역을 거주지로 삼았고, 그 외곽에 소수민족들이 살고 있었다. 인구비율로는 한족이 중심이었지만, 중국인들은 중화(華)와 야만(夷)을 민족이나 인종으로 구분하지는 않았다.

화이의 변(華夷之辯)이란 한족과 오랑캐의 구별을 문화 수준의 차이로 가늠한다는 것이다. 고대 문헌에도 민족의 생물학적인 특징인 피부색이나 머리카락색 등에 관한 기록은 전혀 없다. 중국은 같은 한민족(漢民族)일지라도 문화 수준이 낮은 지역이면 이(夷)로 여겼다. 원래 화(華)의 땅은 위로 위(魏)와 진(晋)까지였다. "조(趙), 진(秦)과 전국시대의 연(燕)과 오호십육국시대의 연(燕)나라는 중화의 땅에 소속되면서도 덕(德, 문화 수준)은 미천했다(『魏書礼志』)."고 기록하며 화(華)로 보지 않았다.

춘추전국시대의 중원은 낙읍(뤄양)으로 현재의 낙양 부근이다. 주(周)왕조는 중원에 인접해 있는 위(魏)와 진(晋)까지를 중화로 보았고,

그 밖의 땅인 조(趙)와 진(秦)은 제외시켰다. 후에 진시황이 정치력을 발휘해 조(趙)와 진(秦)을 중화에 편입시킨 것은 획기적인 역사적 사건이다. 이처럼 화(華)와 이(夷)는 문화적으로 뚜렷이 구분되었다.

맹자는 화이(華夷)에 대해서 다음과 같이 기록해두었다.

"화(華)로써 이(夷)를 변하게 할 수는 있어도 이(夷)로써 화(華)를 변하게 할 일은 없다(『孟子』)."

문명이 높은 한민족이 오랑캐(夷)를 지배할 수는 있어도, 오랑캐가 한민족을 지배할 수는 없다는 한족 중심의 문화 진보론이다. 사실 역사 이래 맹자의 시대까지 단 한 번도 이(夷) 세력이 중화의 지역을 침범한 일은 없었다. 하지만 그 후 화(華)에 속하지 않은 진(秦)이 천하통

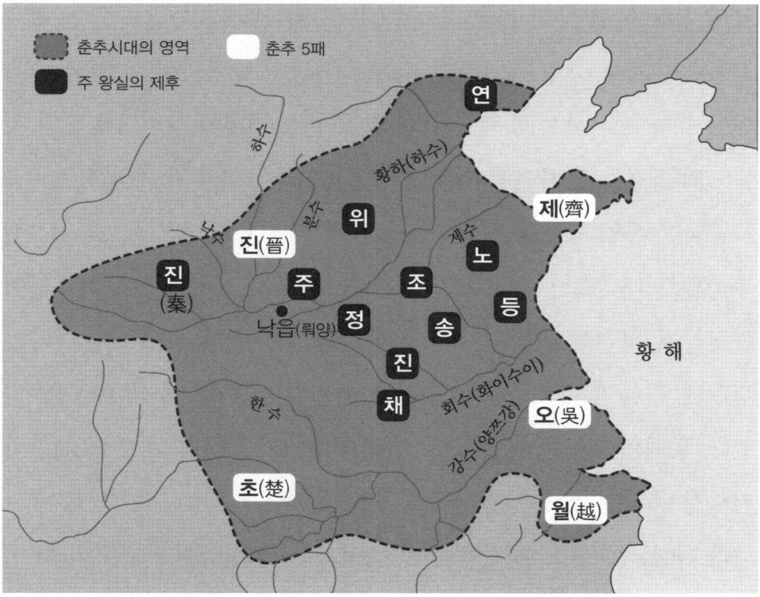

▌춘추시대, 원래 위(魏)와 진(晉)까지만 화(秦)의 땅이었다.

일을 이루자, 화(華)의 지역인 중원은 화(華)와 이(夷)가 패권 다툼을 벌이는 중심지역이 되었다.

맹자가 부정한 '이(夷)가 천하를 변하게 하는 일'은 그 후에도 빈번히 발생했다. 몽골과 여진, 동이 등이 중원세력을 지배하거나 적극적으로 싸운 일이 많았다. 유독 한민족(韓民族, 한반도인)만이 맹자의 '소국이 대국의 권위를 인정하는 禮(철학)'를 충실히 이행하면서 단 한 번도 중원을 넘어다본 일이 없었다.

고대 중국의 기본적인 국가관은 주(周)왕조가 중원에 할거해 세력을 지배하는 방식이었다. 그러나 춘추전국시대를 마감하자, 천하통일을 이룬 진(秦)과 한(漢)에 새로운 사상이 나타난다. 황제의 영토를 중원에 국한하지 않고 오랑캐의 영토까지 포함한 것이다. '하늘 아래 왕의 땅이 아닌 곳이 없고, 땅 위에는 왕의 신하가 아닌 사람이 없다(普天之下莫非王土, 率土之濱莫非王臣).'는 주장이 보편화된다. 결국 중국인이 말하는 천하는 중원을 크게 벗어나 전 세계를 가리키게 되었고, 중국의 황제는 전 세계를 지배하는 권력이라는 의미가 되었다.

중국은 통일 왕조를 이룬 진나라부터 한, 수, 당, 명, 청, 그리고 신중국으로 내려오면서 국토 또한 계속 넓어졌다. 이는 역대 황제들이 한결같이 정권의 권위가 영토의 넓이와 조공국의 수에 비례한다는 생각에 충실했음을 보여준다. 황제의 권위는 중화사상의 확산에 있었다. 황제의 덕이 높을수록 먼 변방의 오랑캐들이 올려 보고 찾아와 인사를 올리는 것으로 생각했다. 중요한 것은 무력에 의한 정복이 아니라 덕(德), 예(禮)의 형식을 취한 대국과 소국의 질서였다. 따라서 먼 변방에서 온 사신일수록 후한 대접과 많은 예물을 주었다. 중화주의가 타민족을 지배한 점에서는 제국주의적이지만 겉으로는 '예(禮)'로 화장하고 엉큼하게 속내를 감춘다는 점에서는 착취를 목적으로 식민지를 지배한 서구의 노골적인 제국주의와는 다르다.

문명 수준이 낮았던 고대에도 한·중·일의 성격 차이는 아주 뚜렷했다. 그러나 이상한 것은 그 차이를 발생시키는 사상적 이유 즉 국가 원리의 차이에 대해서 지금까지 학자들은 적극적으로 탐구의 대상으로 삼지 않았다는 사실이다.

3 치수(治水)와 권력

사회조직은 풍토에 대응하는 방식에 의해 형성된다. 예를 들어 사막의 유목생활은 공동작업보다 되도록 분산되어 가축을 사육하는 것이 유리하기에 사람들도 모래처럼 조직력이 약하다. 그래서 '아랍의 모래 같은 아랍의 조직력'이란 말이 생긴 듯하다. 한국, 중국과 일본은 벼농사를 기반으로 살아온 민족이다. 벼농사는 하천의 성격에 따라 개성이 다른 사회조직을 구성한다. 특히 국가 권력이 수리사업에 어느 정도 개입하느냐에 따라 조직력의 강도는 판이하게 달라진다.

중국 문화를 결정한 황하

이민족 문명을 빨아들이는 황하의 권력구조 중국의 전설적인 요·순 두 황제는 선정과 선양(禪讓)으로 대를 이었고 특히 치수에 힘썼다. 황제가 하는 가장 중요한 일이 수리사업이었다. 중국은 신화가 없는 나라로 알려져 있으나 치수에 관해서는 신화의 흔적이 남아 있다.

가장 잘 알려진 것이 곤(鯀)과 우(禹)의 홍수 신화이다. 인간이 타락하여 천제(天帝)의 노여움을 샀고 천제는 벌로 대홍수를 내린다. 이를 부당한 처벌로 여긴 곤은 어떻게 해서든 인간을 홍수에서 구해내려고 애쓴다. 곤은 신통력을 가진 부엉이와 거북이로부터 하늘에만 있다는 신비한 흙에 대해 듣는다. 식양(息壤)이라는 이 흙은 끊임없이 자라나는 흙이다.

곤은 홍수를 막기 위해 하늘나라에서 식양을 훔친다. 식양은 금방 산처럼 불어나 홍수를 막아주었다. 그러나 이 사실을 알게 된 천제는 크게 노하여 불의 신 축융(蠶戎)을 시켜 곤을 죽인다. 곤은 그리스 신화에서 프로메테우스가 인간을 위해 불을 훔친 후 제우스 신에게 벌을 받는 것과 같은 일을 당한다. 그리스인에게는 불이, 중국인에게는 흙이 필요했다는 게 흥미롭다. 그러나 곤의 육신은 3년이 지나도 썩지 않았고, 그 속에서 아들 우(禹)가 태어난다.

우 또한 아버지의 유업을 이어 치수에 힘을 다한다. 천제는 다시 우를 죽이려 하다가 곧 곤을 죽인 일을 후회하게 된다. 우를 죽여도 인간 중 누군가가 다시 태어나 같은 일을 할 것임을 깨우친 것이다. 천제는 스스로 인간의 치수사업을 도와주기로 결심하고, 우는 갖은 고생 끝에 치수에 성공한다. 이 신화는 중국의 고전 『서경(書經)』에 자세히 기록되어 있다.

> "하늘에서 끊임없이 물이 흘러내려 산을 덮치자 사람들은 어찌할 바를 몰랐다. 우(禹)는 4대의 수레를 타고 산으로 들어가 나무를 쳐내며 길을 열었다. 그 과정에서 익(益)을 만나 서로 협력해 짐승을 잡아 그 고기로 기아로 고생하는 사람들을 먹여 구하고 큰 운하를 만들어 거대한 강에 연결했다. 그는 또 다른 치수 영웅인 직(稷)과도 협력해 곡물의 씨앗을 뿌린다. 그러나 천제의 명을 받고 땅에 내려와 홍수를 일

으켰던 물의 신이 강력하게 반격을 해온다. 우는 회계산(會稽山)에 신들을 모아 함께 대응해 마침내 물의 신을 항복시킬 수 있었다."

우는 중국의 초대왕조인 하(夏)왕조의 시조가 되어 문명의 기틀을 마련한다. 중국의 역사가 시작된 전설적인 요순시대부터 현재의 신중국에 이르기까지 권력의 최대 관심사는 수리사업과 관련된 것이었다. 이는 문화 전반이 하천과 관련해 발전했음을 시사하는 것이다.

대동사상과 농민 황하는 중국 서역의 오지에서 대륙을 가로질러 흐르며 수천 년간 온갖 재난과 혜택을 반복적으로 주어온 강이다. 또한 끊임없이 중국 문명에 영향을 끼치며 이민족 문명을 융합하는 포용력을 갖게 만들었다. 강이 여러 민족의 땅을 적시며 흐르기 때문에 황하 주변의 민족들은 중화 문화를 공유하지 않으면 생존하기 어려웠다. 황제의 통솔 아래 함께 치수대책을 세워야 했기 때문에, 홍수가 나면 물길이 주변의 유역을 다 잠식하듯, 주변의 이민족들은 황하와 접촉하면서 황하 문명에 빨려 들어갈 수밖에 없었다. 그 결과 한(漢)족은 거대한 민족 집단이 되었다. 이민족을 품기 위해 차별이 없는 중화중심의 대일통(大一統), 대동(大同)사상을 형성했다. 다른 인종도 중화 문명에 들어오면 녹아들어 문제가 되지 않았다.

황하의 치수사업은 통치 권력의 존폐를 좌우할 만큼 중요했다. 황하가 범람하면 흉년이 왔고, 흉년은 농민 봉기를 불러들여 정권을 위협했다. 치수를 제대로 못한 왕권은 하늘(天)의 보살핌을 받지 못한 박덕한 존재로 추방의 대상이 되었다. 타성(他姓)에 의한 정권교체인 역성혁명(易姓革命)도 중국인들은 하늘의 뜻으로 여겼다. 중국의 혁명은 무능한 왕조의 교체를 의미할 뿐, 프랑스 혁명처럼 사회변혁을 요구하지는 않았다.

문화적으로는 화(華)와 이(夷)를 구별했지만 황하는 이(夷)의 땅에도 흐르기에, 정치적으로는 대동사상으로 이(夷)를 포용했다. 진시황제 이래 모든 황제들은 천하 통일을 목표로 삼았다. 황하를 형상화한 용(龍)이 황제의 상징이 되었고, 정권의 본질도 황하의 치수사업을 위한 관료조직의 정비에 있었다. 따라서 사회구조의 변화는 거의 일어나지 않았다. 이런 중국이 서구 지식인의 눈에는 정체사회로 비쳤다.

변혁이 없는 사회의 지도자는 항상 민초와 괴리되어 있다. 황제는 농민들과 너무 멀리 떨어져 있는 존재였다. 농민들은 '하늘이 너무 높아 그 은덕이 자신에게 미치지 않는다.'며, 무심한 하늘, 즉 높은 곳에 있어 도움을 구할 수 없는 황제(天高皇帝遠)를 바라보기보다, '스스로 밭을 갈고 우물을 파서 마신다.'며 격양가(擊壤歌)를 노래했다. 그리고 혈연과 지연 중심의 인간관계를 중시했다. 이를 두고 중국 혁명의 아버지 손문(孫文)은 '중국인의 단결심을 한 조각의 모래(一片散砂)'에 비유했다. 그만큼 자기중심적이라는 뜻이다.

공자도 '화하는데 같아지지는 않는다(和而不同).'며 화(和)를 유지하되 상대의 의견과 같이할 필요는 없다고 했다. 황하 대수리 공사를 함께 하되 '너는 너, 나는 나의 세계가 있다.'며 자기만의 세계를 지키는 격양가(擊壤歌)의 정신을 따랐다. 중국인은 일상생활에서도 남이 하는 일에 관심을 보이지 않고 내 일만 한다. 그러나 중국은 모래알 같은 민초들의 힘을 모아 넓은 대륙에 흐르는 대강(大江)의 수리대책을 세웠고, 방대한 인구의 질서를 유지해온 나라이다. 협동심은 없지만, 공동의 사회적 통념은 공유해온 것이다.

황제에 대한 충(忠)은 녹을 먹는 관리에게만 적용될 뿐, 농민과는 무관했다. 공자도 '관직에 있지 않으면 정사에 간섭하지 말라(不在其位, 不謀其政).'고 경고했다. 농민들은 누가 정권을 잡든 상관이 없었기에 이민족 왕조가 번갈아 들어설 수 있었다. 그래서 중국사를 '중원의 왕권과 주변 오랑캐(四夷) 사이의 투쟁의 역사'라고 한다. 왕권에 대한 충성심도 없는 황제의 대군이 번번이 그 수백 분의 일도 못 되는 적은 수의 오랑캐에게 패배당한 것은 그만한 이유가 있었다.

치수에 관심이 없던 한반도

권력이 필요 없는 한국의 강 한·중·일 가운데 유독 한반도에만 치수 신화가 없다. 단군의 아버지인 환인(桓因)은 비와 바람의 신을 비롯해 300명의 농업 신들을 몰고 지상에 내려왔지만 치수에 힘썼다는 이야기는 없다. 그만큼 치수사업은 절실하지 않았다. 강우에 의존하는 천수답(天水畓)만으로도 살 수 있었다. 그러다 보니 치수 영웅이 배출될 수 없었다.

한반도인의 조상은 강을 중심으로 문화권을 형성했다. 그러나 한반도의 강들은 다른 강유역과 상호의존도가 낮았기 때문에 대부분 독립적인 문화권을 형성했다. 전라도 속담에 "외손자가 아무리 예뻐도 경상도 방아코와 같다."는 말이 있다. 그 옛날 가문 중심 사회에서 타성(他姓)은 남이며 도움이 되지 않는다는 생각을 드러낸 속담이다. 경상도 문물이 전라도 사람과는 관계가 없다는 뜻이기도 하다. 물론 경상도 지역에도 이에 대응하는 속담이 있을 것이다. 그만큼 영남과 호남의 수리권과 생활권은 독립적이었다.

분열하기 쉬운 강 한국 역사는 삼한과 삼국, 후삼국 등 분열의 시기가 적지 않았다. 문화권이 하천 중심으로 형성되었고, 평소 교류도 적었던 탓이다. 중앙에 강력한 세력이 없어서 봉건체제도 정립되기 어려웠다. 봉건은 곧 독립으로 이어졌기 때문이다. 『후한서(後漢書)』「한전(韓傳)」을 보면 마한(馬韓)의 왕이 삼한을 지배했고, 각 나라의 왕은 모두 마한 출신이었다고 기록하고 있다. 마한이 실질적인 삼한의 왕이었고, 진한(辰韓)과 변한(弁韓)은 마한 왕족 출신이 다스리는 봉건국가였음을 의미한다. 그러나 금방 삼국시대로 분열했고, 신라 멸망은 다시 후삼국시대로 이어지면서 분열은 계속되었다.

분열과 독립의 역사를 겪은 사회는 지방 토호들이 세력을 가지는 것을 경계한다. 조선시대의 상피(相避)제도가 상징적이다. 상피제도는 부자나 형제가 같은 지역의 관리가 되는 것을 금하고, 자신의 본관이나 고향의 관리가 되는 것을 엄중히 금했다. 관리의 권력이 주민과 결탁해 토호(土豪)를 형성할 가능성을 근본적으로 차단한 것이다. 따라서 지방 권력이 제한적이어서 여러 고을을 지나는 강에 대한 치수사업은 할 수 없었다.

삼국시대에 소규모 저수시설을 만든 것을 제외하고 역대 왕조가 하천과 관련된 수리사업에 적극적으로 관여한 일은 거의 없었다. 대부분의 농토는 계곡 물이나 강우에 의존하는 천수답(天水畓)이어서, "홍수에 사람 몇쯤은 떠내려가야 풍년이 된다."는 말까지 나돌 정도였다. 권력이 치수사업에 명운을 걸었던 중국이나 일본과는 아주 대조적이다.

우리 역사에서 치수와 관련된 가장 큰 사건은 동학농민혁명이었다. 조선왕조 말기에 농민들이 자치적으로 이룬 치수사업을 관리가 착취의 대상으로 삼자 봉기한 사건이다. 전북 고부(古阜)에서 발생한 동학농민혁명은 전통사회의 관리와 농민의 관계를 보여주는 상징적인 사건이다. 조선의 서민들은 재액(災厄) 가운데 관재수(官災數)를 가장 두려운 것으로 여겼다. 관리는 권력을 넘어 폭력에 가깝게 인식되었다.

백성들은 관을 믿지 못하고 믿을 것은 가까운 핏줄뿐이라는 생각으로 본가와 종가를 중심으로 가문의식을 형성했다. 가문의 질서를 위해 항렬자(行列字)로 표시되는 가문 내의 서열을 만들고, 타인을 대하는 것과는 다른 질서를 형성했다. 자기밖에는 믿을 이가 없던 농민은 스스로가 신이라는 인내천(人乃天)의 생각을 갖게 되었고, 충(忠)의 덕목은 무시될 수밖에 없었다.

스스로 하늘이 되는 자부심은 신바람과 흥을 일으켰고, 오랜 시련에도 한민족을 존속시켜온 힘으로 작용했다. 그러나 이면에는 차별에 지나치게 민감하게 반응하는 역작용도 일으켜 차별을 오히려 보신의 수단으로 삼기도 했다. 특히 지역차별은 정당성격을 결정할 정도로 심각하다. 세계에서 가장 동질성이 짙은 한민족만이 가진 특유의 차별의식이다.

신이 되는 일본의 치수기술자

치수와 치국

일본열도는 수백 개의 분지가 높은 산맥에 의해 분할되어 있는 나라이다. 약 250개의 분지는 권력기관인 번(藩)을 중심으로 각기 독립적인 지역단위를 형성했고, 산재한 촌락마다 고유의 방언이 있었다. 분지 주변에는 높은 산이 있어서 흘러내려 오는 계곡물이 급류가 되어 평지를 관통했다. 메이지 근대화 직후 이런 강을 처음 본 어느 네덜란드 토목 기사는 '강이 아니라 폭포'라고 탄성을 질렀을 만큼 강의 위세가 컸다. 때문에 일찍부터 강에 의존해 충적(沖積)평야에서 벼농사를 짓던 농민들은 지역 무사단과 힘을 모아 수리 공사에 온 힘을 쏟아야 했다. 지역마다 벌어진 수리 공사는 경우에 따라 처절할 정도로 목숨을 건 대공사가 되었다.

기소가와(木曾川) 공사 같은 경우는 88명의 희생자를 냈다. 이 공사는 18세기 중엽에 나고야(名古屋) 분지에서 시행되었다. 나고야 분지는 3개의 강이 합쳐지는 곳이어서 번번이 강의 범람으로 피해를 입게 되자 수리 공사에 착수했다. 벼농사와 관련된 공사는 완성시기가 절대적으로 중요하다. 혹독한 공사조건 때문에 둑이 무너지고 실패를 거듭해도 변명을 늘어놓을 여유가 없다. 마을의 운명이 온통 공사에 걸려 있었기 때문이다. 기소가와 공사는 1년의 공사 기간 동안 무려

947명의 무사가 동원되었고, 그중 적어도 51명이 실패한 변명 대신 할복을 택했다. 병사자도 33명이나 나왔다. 공사가 완성되자 "그 많은 젊은이들이 죽어나갔는데 어찌 뻔뻔하게 살아서 집에 돌아갈 수 있느냐."며 지휘관도 할복자살을 택했다.

일본은 번(藩)마다 정도의 차이는 있지만 수로공사와 방풍림건설, 암벽굴착 등에 헌신한 인물에 대한 기록들이 수없이 남아 있다. 난공사를 지휘한 인물을 기리는 신사와 기념비도 많다. 조선의 지방 관청 앞마당에 흉년에 곡식을 풀어 기아를 해결했다고 세운 목민관의 송덕비와는 다르다.

일본에 신사가 많은 것도 지역의 치수를 위한 개척사업과 관련이 있다. 우두머리(지도자)를 중심으로 협력과 단결을 이루기 위해 공동체가 고안해낸 지혜의 소산이었다. 신사는 우두머리를 신격화함으로써 지역주민의 단결을 이끌어냈다.

『니혼쇼키』에 나오는 신화의 주인공 스사노(スサノ)가 대표적인 인물이다. 그는 신라인이었다. 스사노는 소시머리(소머리, 춘천 牛首山)에서 한반도와 가까운 일본의 이즈모(出雲에 있는 새 머리-鳥髮, 소머리의 일본 이두 표시)로 건너가 머리가 여덟 달린 구렁이로 비유되던 강의 지류들을 정비하는 치수사업을 성공시킨다. 이로써 그는 신으로 추대되었다. 스사노는 교토(京都, 백제 무령왕의 외손인 간무천황이 수도로 정함)에서 영웅으로 추앙받아 야

▌기소강(木曽川) 공사를 기리는 비석

사카(八坂) 신사의 신주로 모셔졌고 우두(牛頭, 우두머리)라 불리었다. 한반도의 강원도 우두산(牛首山)에서 일본으로 건너간 우두머리 신 '스사노'는 수리 신의 상징이 되었고, 일본 전역에는 8,000여 개의 스사노 신사가 있다. 마을마다 치수 공사를 지휘한 신이 있었던 셈이다.

치수와 개척을 통해 형성된 엄격한 상하 계급의식과 단결과 협동을 최고의 윤리로 삼는 가치관이 치수 공사 과정에서 형성되었다. 전국의 신사에서 주최하는 신맞이(맞이=마쓰리, 祭) 축제도 상하의 질서와 긴장을 즐기게 하는 원동력 역할을 해왔다.

600년 수도였던 교토의 중심부를 흐르는 강을 가모(賀茂)강이라 부른다. 가모는 한국어로 신을 뜻하는 '감'에서 나온 말이다. 스사노 가미(神)와 관련되어 있다. 스사노 가모(神)를 위해 교토 시민은 매년 마쓰리를 열어왔다. 마쓰리의 어원은 신'맞이'로, 고구려의 '맞이'인 영고(迎鼓, 북 치며 신맞이)에서 유래했다.

▎한반도의 토목기술자 스사노는 일본에서 신이 되었다.

또 다른 치수 신화는 교토의 서쪽을 개발한 우두마사(太秦, 우두머리)에 관한 것이다. 한반도에서 건너간 가문의 후손인 하다노 가와가츠(秦河勝)가 서쪽으로 흐르는(西流) 가쓰라 강(桂川)의 치수에 성공해 많은 부를 이루었고, 그 일족은 유력한 호족으로 번영했다. 강 이름 '가쓰라'는 가라어 '갓(kas)'에서 나온 것이다. '갓을 쓴 사람=가시라=우두머리'라는 뜻이다.

일본열도에는 하천을 중심으로 소국가(번, 藩)들이 만들어졌다. 수백 개의 분지마다 소국가가 세워졌고, 그 숫자만큼 지역 권력이 분산되었다. 이런 조건에서는 서로가 서로의 상대적 우위를 인정하며 손을 잡는 연합구도가 가장 이상적이다. 이를 위해 수백 개의 무사단과 소국가(藩)가 막부(幕府)를 중심으로 막번(幕藩)체제를 구축했다. 막부는 가장 큰 번(藩)이고, 나머지 작은 번들은 그 안의 일정한 범위에서 자율권을 행사할 수 있었다.

그러나 메이지유신으로 근대과학이 도입되면서 번과 번 사이를 구분하던 산과 강의 경계가 무너지기 시작했다. 번과 번이 철도로 연결된 것이다. 이로 인해 소국 안에 머물던 응집력이 일시에 열도 전체로 번져, 더욱 큰 구심력으로 작용해 국민국가 탄생에 기여했다.

천황주의의 기원

천재(天災)에 대응하기 위해 만든 수리사업 조직과 구심력이 일본의 원형이 되었다. 이런 원형에 가장 충실했던 인물은 작가 미시마 유키오(三島由紀夫)이다. 그는 일본 문학의 최고봉으로 추앙받았지만 혐한주의자였다.

일본인의 집단 무의식에는 7세기 백강전투의 후유증이 남긴 혐한주의가 있다. 이들은 '왜 우리가 못난 한국인과 같은 족속이냐.'라는 휘어진 자존심을 내세우며 일본과 한반도와의 문명사적인 관계를 부정하고 심지어 혐오하기까지 한다. 이들은 DNA나 언어 구조에서 한·일이 같은 계통이라는 과학적 사실에 아예 생리적인 거부반응까지 보인다.

유력한 노벨문학상 후보였고 극우파였던 작가 미시마는 제2차 세계대전 후, 천황이 스스로 '신이 아니고 인간'임을 선언하자 천황의 인간선언에 항의해 할복을 택한 인물이다.

그는 일본천황을 현인신(現人神)으로 여겼다. 군국화와 천황 중심의 정치체제(天皇親政)로의 복구를 외치며 그는 "왜 스매로기(天皇)는 신이 아니라고 말씀하셨습니까!"라고 절규했다. 그리고 일본 무사의 전통에 따라 많은 사람이 지켜보는 가운데 할복자살을 했다. 일본 문학의 최고봉이 그 원형에 가장 충실했던 인물이었던 게 무척 인상적이었다.

흥미로운 또 하나의 사실은 그가 천황을 '스매로기'라고 부른 점이었다. 아마도 '스매로기'를 천황을 일컫는 가장 오래된 고어로 알고 호칭했겠지만, 그는 그 말이 백제어에서 나온 것이라고는 꿈에도 생각하지 못했을 것이다. 스매로기는 '소머리(牛頭)+기'이다. '기'는 '치'(사람), 스매로는 소머리가 변형된 말이다. 일본인 학자 중에는 스매로를 백제어로 여기지 않고 멀리 중동의 스매로에서 왔다고 주장하는 사람도 있다.

미시마의 할복에도 나타났듯이 일본은 우두머리 신앙으로 일관해 온 민족이다. 충의 덕목을 강조하며 초월적인 신은 거부한다. 수리 공사의 우두머리가 신 역할도 했기 때문이다.

화백(和白)에서 대화(大和)가 되다 『삼국유사』에 따르면 신라는 국가의 중요 정책이나 과세, 전쟁, 왕의 추대 등을 결정할 때 화백(和白)의 결의를 얻어야 했다. 몽골의 '크릴타이'와 유사하다. 화백은 유목민 사회에서 일반화된 제도였다.

신라에서 배를 타고 조류(潮流)를 따라가면 가장 빨리 당도하는 일본 땅이 현재 시마네현(島根)에 있는 이즈모(出雲) 지역이다. 여기에 신라인은 공동체를 만들었다. 거대한 이즈모 신사를 중심으로 삶을 꾸렸다. 해마다 10월이면 각지의 부족장들이 이곳에 다 모여 회의를 열었다. 신들의 모임인 신집(神集)은 실질적인 화백회의였다. 그래서 일본인들은 10월을 신무월(神無月)이라 하며 결혼식을 올리지 않는다. 각지의 신들이 이즈모의 회의에 참석하기 위해 다 자리를 비우기 때문에 결혼식을 축복할 수 없다는 이유에서다. 그러나 이즈모 지역만은 모임을 위해 신(우두머리)들이 다 모여 10월도 '신이 있는 달(神有月)'이다.

이즈모는 가라어 우두머리에서 나왔다.

'이즈모-우두모-우두머리'

▌이즈모 신사

규슈의 후쿠오카 근처에는 화백(和白)이란 지명이 지금까지 남아 있다. 화백은 일본식으로 와지로(和白)로 읽는다. 이곳은 원래 신라 지역에서 온 도래인들의 회의 장소였던 것으로 추정된다.

'이야기'를 경상도 사투리로 '이바구'라고 하는데, 이 말도 일본어로 화백(和白)이었던 것으로 추측된다. 가로 왈(曰)을 일본어로 '이와구'로 읽는데 이바구와 동류어였을 것이다.

▌와지로역

이바구(和白) – iwaku(曰)

↓

이야기

민주적인 신라의 화백제도가 일본으로 옮겨가 신집(神集), 와지로(和白) 등으로 이어졌다. 그러나 차츰 계급제도가 강화되고 우두머리를 신으로 받드는 중앙집권제가 정립되자, 화백은 '대화(大和)'로 바뀌었다. 동시에 '대화'의 이름으로 왕이 정한 것은 아무도 반대할 수 없게 되었다.

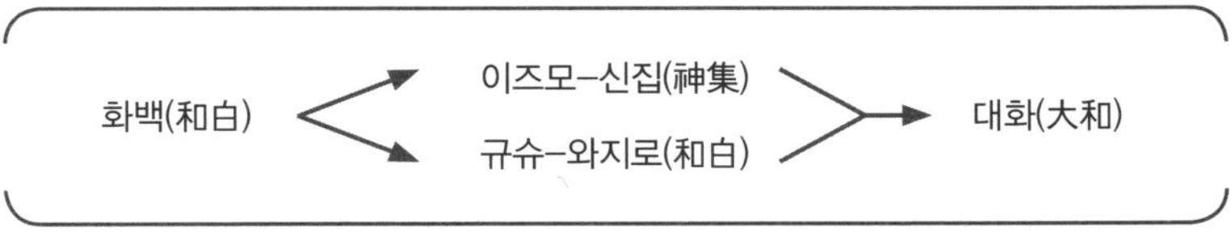

왜는 규슈에서 국가체제를 정비한 다음 계속 동진하면서 국토를 넓

혀 열도의 중심부인 나라 지역에 정권을 수립한 후 이름도 '나라'에서 '야마토', 즉 대화(大和)로 바꾸었다. 처음으로 17조에 달하는 헌법도 제정했다.(A.D. 604) 제1조가 "和를 가장 중하게 여긴다."이다.

고대 일본의 향가집인 『만요슈(万葉集)』에는 "말을 내세우지 않는 나라"라는 시구가 적잖이 등장한다. 대화(大和)를 위해 개인의 의견을 내세우지 않는다는 의미이다. 이로써 대화는 일본의 국풍이 되었다. 수리사업이나 화산, 지진 대책 등을 하려면 협동이 절대적으로 요청되기 때문에 나를 내세우는 일은 곧 사회악이 되는 것이다.

대화(大和)정신은 일본의 근대화와 군사 대국화의 정치적 배경이 되었지만, 망국의 원인이 되기도 했다. 제2차 세계대전 당시, 일본은 자국의 해군력으로는 도저히 미국과 싸울 형편이 못 된다는 것을 알고 있었다. 해군 사령관 야마모토 이소로쿠(山本五十六)는 고작해야 1년 정도밖에 버틸 수 없을 것이라며 반대했다.

그러나 지도부가 공격을 결정하자 야마모토 사령관을 포함한 군간부들은 말없이 하와이 기습을 계획하고 지휘했다. 일본인은 그를 일본 군인정신의 상징으로 추앙하지만, 한국인의 눈에는 전쟁에 질 것을 뻔히 알면서 앞장선 것이 오히려 악으로 비친다.

대화(大和)의 마음가짐이란 하고 싶은 말이 있어도 못하는 것이다. 대세가 일단 한쪽으로 기울면 그대로 따른다. 수학적 표현을 쓴다면 대화(大和)는 각자 의견의 최대공약수라 할 수 있고, 화쟁(和諍)은 각자의 주장을 수용하는 최소공배수라 할 수 있다.

화쟁의 전통이 강했던 조선시대는 언관(言官)과 사간(司諫)의 역할을 중시했다. 서로의 주장을 굽히지 않아 당쟁(黨爭)을 일으키기도 했

치수양식과 조직관

	치수사업의 주체	화(和)의 정신	이상적 인간	민중의 '말씀'
한국	권력이 관여하지 않는다.	화쟁(和諍, 주장의 범위는 확대, 의견의 최소공배수적 수용)	'나를 내세운다.' 권력(왕)에게도 할 말은 한다.	중구삭금 (衆口鑠金, 여러 사람의 말은 쇠도 녹인다.)
중국	황제는 멀리 있어 나와는 상관이 없다.	화이부동 (和而不同), 대동	남의 일에 관심이 없다. 그러나 화(和)를 유지한다.	오불관언 (吾不關焉, 나와 상관없으면 관심이 없다.)
일본	지역공동체	국론은 대화(大和), 최대공약수적으로 수용한다.	내 말을 내세우지 않는다. 자기분수만 지킨다.	무언 실천

(한·중·일의 사유 방법은 치수사업을 통해 형성된 인간관을 반영하고 있다.)

지만, "고기는 씹어야 맛을 알고 말은 해야 의미가 통한다."는 속담처럼 할 말을 하는 것이 정도(正道)였다.

오늘날의 억센 데모문화도 화쟁의 전통과 무관하지 않다. 재미있는 사실은 일본은 역사 이래 현직의 왕이나 총리가 백성의 소리에 못이겨 임기 중 사퇴한 사람은 하나도 없지만, 한국은 해방 70년간 여러 대통령이 도중하차 당했다.

강과 권력의 성격 대응(원형과 강) 한 국가가 처한 지리적 요소엔 주변국과의 정치적 관계(지정학)와 풍토가 있다. 이 두 요소가 얽혀 민족성을 형성, 원형이 되고 역사를 전개한다. 원형론적 풍토론은 풍토, 역사, 권력구조 등의 상호작용의 방법 차이가 어떻게 고유의 문화특성을 만들어내는가를 관찰한다. 복잡계의 사고는 '태양빛이 적은 어두운 지역의 주민은 상대적으로 내성적'이라는 식으로 자연조건과 생리적, 심리적 특성을 결부시키는 결정론적 판단은 거부한다.

문화란 집단 무의식에 기반을 둔 사회적 산물이다. 다른 분야와 서로 영향을 주고받는 복잡계이다. 특히 수리사업을 통해 발생한 사회적 가치관은 윤리의식과 종교심에까지 영향을 미친다.

지도를 펴서 한국의 하천을 따라가 보면 우리가 통일보다는 분단의 역사를 더 많이 겪은 이유가 한눈에 보인다. 한반도의 강들은 대부분 좁은 지역에서 흘러 강마다 유역별 문화권을 만들게 했다. 낙동강에는 신라가, 금강에는 백제가 그리고 대동강을 중심으로 고구려가 자리를 잡았다. 이 같은 구도는 삼한시대부터 삼국시대, 후삼국시대까지 이어졌다. 서로 타지역에 의존하지 않아도 잘 살 수 있는 문화권이 형성되었던 것이다. 신라가 고구려의 옛 땅을 포기하고 남한만의 통일로 만족한 것도 분단구도만으로도 생존할 수 있었기 때문이다. 만일 신의주에서 부산까지 관통하는 큰 강이 있었다면, 분단은 이토록 오래 지속될 수 없었고 아예 처음부터 분단이 성립되지도 않았을 것이다. 한국 하천은 분단을 조장하는 구도이다.

수리사업 또한 백성의 권력관을 반영하고, 민족문화의 특색도 결정한다. 한국은 강의 성격상 소규모 수리시설로도 농사가 가능했다. 타인에 대한 의존도가 적었다는 의미이다. 가족과 가문만 힘을 합해도 농사를 지을 수 있었기에 가문 중심의 사회를 구성했고, 가족 윤리와 효가 중시되었다. 거대한 강을 가진 중국은 이와 다르다. 개인 간의 인간관계보다는 다른 조직과 힘을 합하는 의협(義俠)의 윤리가 발달했다. 반면에 좁은 단위지역별 공동운명체를 조성한 일본은 조직 이외의 가치관은 필요가 없었다. 조직윤리가 중심이었고, 무종교, 무사상의 사상으로 오직 단결과 일치만을 강조하는 대화(大和)정신을 우선시해왔다.

민족 원형을 가장 잘 드러내는 구조는 전통문학이다. 한국의 『춘향전』과 『심청전』은 가족의 사랑을 추구하지만, 중국의 『삼국지』와 『수호전』은 친구 간의 의리와 의협의 윤리를 강조한다. 일본의 국민문학인 『충신장』은 우두머리에 대한 충(忠)을 이야기한다. 삼국의 유교적 덕목 또한 한국은 효(孝), 중국은 의(義), 일본은 충(忠)으로 서로 대립적이다.

이렇듯 민족의 원형은 기초사회인 마을과 치수의 관계에서 큰 영향을 받았다. 치수사업의 주체인 수리권이 누구에게 있느냐에 따라 촌락 구조와 문화의 성격도 달라졌다. 권력으로부터 수리나 치수에 아무런 도움을 바랄 수 없었던 한민족은 권력을 필요악으로 여겨, 인내천의 가치관으로 똑똑하게 자기를 지키며 가문 중심의 윤리를 중요시했다. 반면에 권력을 믿고 우두머리에게 고분고분 순종하면서 자신의 처지만을 지키며 살아온 일본인의 처세법은 권력을 믿고 '분수를 지키는 것'이 최고의 가치였다. 격양가를 부르며 황제와 하늘(天)까지도 무시하며 살아온 중국과는 지극히 대조적이다.

국토의 넓이는 통일과 분열에 직접 상관이 없다고 본다. 오히려 지역주민 사이의 상호의존 관계를 높이는 사회적 요소가 있느냐 없느냐가 결정적 요인이 된다. 한반도의 하천은 생활권을 분열시키고, 중국 대륙의 강은 강력한 통일정권을 수립케 하는 데 반해, 일본열도의 소단위 지역으로 분할된 지형은 지역민의 강한 단결력을 요청했던 것이다.

4 원형과 정체성

서양에서 보는 중국의 정체성 대부분의 근대 서구의 사상가와 역사가들은 중국을 정체된 사회로만 보았다. 19세기 서구 사회는 과학혁명과 산업혁명을 겪으며 '진보 신앙'의 환시(幻視)에 도취해 있었다. 헤겔은 역사는 오리엔트에서 시작해 그리스와 로마를 거쳐 게르만 세계에서 완결되는 세계정신의 전개라고 설명했다. 그가 말한 오리엔트는 동양이 아닌 유럽의 동녘이었다. 중국은 세계 역사의 계보에서 제외시켰다. "가장 오랜 역사를 가졌으면서도 변화가 없는 국가"라며 무시한 것이다. 현대 역사학의 시조로 일컬어지는 랑케(L. Ranke, 1795~1886, 독일의 역사학자)마저 "영원한 정체의 나라 중국에는 과학, 산업, 정치혁명이 없었다."고 단언했다.

헤겔은 언론 자유(百家爭鳴)가 보장되었던 춘추전국시대의 제자백가(諸子百家)의 활동을 생각에 넣지 않았다. 서구의 역사가들은 근세 초기까지도 종교적 권위로 과학을 압박한 서구 세계의 실상을 묵과(默過)했다. 16세기 종교·과학혁명 이전의 유럽에는 문명의 빛이 없었다. 마녀사냥이나 종교재판은 동양의 폭군들보다 심한 비이성적인 행위였다.

복잡계의 관점에서 관찰한 중국의 왕조몰락과 수립의 패턴은 역(易, change)이다. 카오스에서 자기조직화를 반복적으로 해온 전형적인 역사구조이다. 그러나 헤겔은 중국의 풍토와 지정학을 이해할 수 없었으며, 그의 눈에 비친 중국은 황하의 치수를 중심으로 권력의 역성혁명(易姓革命, 왕조가 바뀌는 일)만 되풀이하는 나라였다. 이런 나라는 세계사의 일부가 될 수 없다고 여겼을 것이다. 아리스토텔레스 이후 논리학을 정립하고 "세계는 신의 말씀으로 가득 차 있다."는 신학적 관점을 관념론으로 정리하며 거대한 구상을 한 마지막 철학자 헤겔이 이 정도였으니 그 외는 더 말할 필요도 없다. 종교혁명과 과학혁명, 산업혁명, 프랑스혁명 등 역동적인 혁명을 겪은 서구인의 눈에는 역성혁명으로 일관된 중국사의 본질이 이해되지 않았다. 중국은 그저 거대한 땅덩어리에 많은 사람이 모여 사는 곳일 뿐이었다.

역사는 정신과 지성 등 관념에 의해 발전하는 것이 아니다. 토인비가 말한 현실의 '도전과 응전'에 의해 발전하는 것이고, 되먹임에서 발생하는 '카오스와 창발의 소산'으로 발전하는 것이다(원형사관). 중국사는 황하의 범람, 이민족의 침입 등 되풀이된 심각한 '도전에 대한 응전'의 기록이다.

중국 정체성의 본질

B.C. 3000년경 황하의 대 굴곡 지대 주변은 신석기시대의 중심 지역이었다. 초기 중국 문명이 여기서 꽃피웠다. 굴곡 지대에서 문명은 점차 동녘 해안과 남녘 양쯔강 유역으로 퍼져나갔다. 몽골에서부터 중앙아시아로 티베트고원으로 또 미얀마와 인도차이나까지 확장했다. 한(漢)민족은 서양의 발전 양식과 달리 강의 혜택에 힘입어 국력을 증강시킨 나라이다. 대륙의 왕권은 변덕스러운 기후와 관료의 부패에 항거한 농민 반란의 되먹임과 카오스

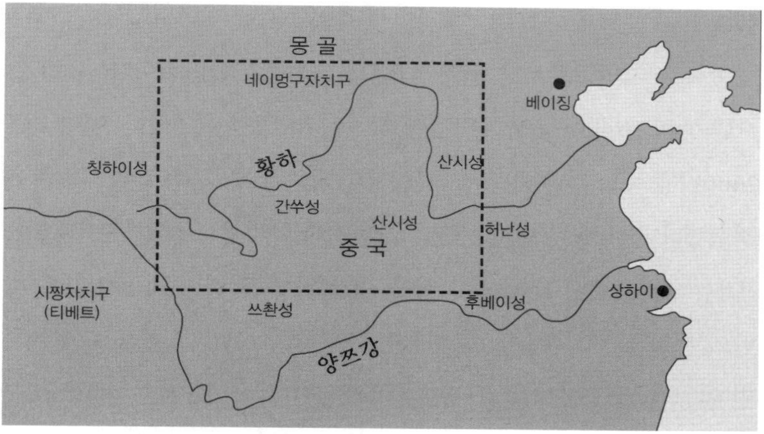

▌황하 굴곡 지대. 중국은 강의 혜택으로 국력을 증강시켰다.

로 인해 그리고 북방 유목민의 침입 등으로 인해 교체되었지만, 그 과정은 늘 물리적이고 현실적인 방법으로 진행되었다. 관념적인 철학이 역사에 개입할 여지가 없었다.

그러나 문명의식은 높았다. 초기 중원 사람들은 양쯔강 유역에 사는 민족에 대해 이렇게 평가했다.

> "오월형번(吳越荊蕃, 거칠고 야만스러운 남녘의 오와 월나라)은 문신단발(文身斷髮, 몸에 문신하고 머리를 단발하는 풍습)한 동물과도 같다. 남쪽의 광동(廣東)이나 복건(福建)에 사는 인간은 귀신이나 도깨비와 다름없는 족속이다."

중화사상은 자신의 것만 문명으로 보고 그 외의 것은 모두 야만시했다. 야만을 중화화시키는 일이 황제가 영토를 넓혀가는 과정이기도 했다.

중국은 지리적으로나 인종적으로 다양한 복합민족이다. 유럽 같으면 능히 10개 이상의 독립국이 형성될 수 있었을 것이다. 이미 B.C. 2300년에 중국은 진시황에 의해 대륙 내의 국제화, 즉 단일시장화를 경험했다. 진시황은 한자 통일과 보천지하 막비왕토(普天之下 莫非王土, 세계는 모두 황제가 다스린다) 사상을 내세웠다. 그 결과 지금과 같은 하나의 통일국가가 수립될 수 있었다. 한자를 쓰고 중국식으로 생활하면 인종은 달라도 모두 중국인과 동일시한다는 대동사상(大同思想)이 탁월한 동화력과 융합력을 발휘했던 것이다.

이를 뒷받침하는 가장 확연한 역사적 사례가 홍타이지이다. 그는 17세기에 청(淸)의 황제, 청태종이 되지만 결과적으로 자신의 본거지를 지참금으로 내고 한(漢)족의 데릴사위 격이 되었을 뿐이라는 평가를 얻은 인물이다. 그는 한국어와 같은 알타이어(만주어)를 쓴 동이족 출신이었으나, 화이(華夷)의 구별을 없애는 동화정책을 써 동북지역에 있는 3개의 성과 몽골, 신강, 위구르, 티베트를 고스란히 중국에 편입시켰다. 청 태종은 영명한 인물이었다. 자신의 본관인 여진족이 한(漢)화될 것을 두려워해 그 땅 일부를 그대로 두어 여진족만 살게 하고, 고유문자를 만들어 여진의 민족성을 보존토록 했다. 그러나 장성 안으로 이주한 여진족은 결국 한족화 되고 말았다. 여진족의 정체성을 지키려 애썼지만 결국 한족의 데릴사위처럼 되고 말았다.

북방 유목민은 만리장성 안으로 들어온다 해도 약화될 수밖에 없었다. 강한 군사력을 갖고 들어와도 장성 안의 풍토는 말 사육에 적절하지 못해 유지가 어려웠다. 또 대규모 치수사업으로 발달된 기술력과 과학지식, 탄탄한 관료제와 정치제도 등, 잘 정비된 중원의 화려한 농경문화에 적은 인구의 유목문화는 동화될 수밖에 없었다. 완전히 동화될 즈음이면 다시 피정복민의 반란과 새로운 도전자의 야욕에 직면해야 했다.

중국 황제는 관료와 지주 계급과는 달리 강력한 경제력과 비서진을 갖고 있었다. 비서진은 곧 환관이며 이들의 주된 업무는 후궁의 관리였다. 환관은 재산을 모으고 후궁과의 관계를 이용해 권력 중추에 개입할 수 있었다. 그러나 후손을 가질 수 없었기에 지주와 관료 계급으로 이뤄진 세습적 상류사회에는 편입되지 못했다. 오로지 황제와의 밀접한 관계를 이용한 정치적 부패 그리고 되풀이된 역성혁명의 고리 역할을 했을 뿐이다. 정권은 황제 중심의 관료제와 유교사상으로 일관했고, 왕조교체도 역성혁명에 불과했을 뿐, 철학적인 바탕이 바뀐 것은 아니었다. 이래서 서구학자들 눈에는 중국사회가 정체사회로 비친 것이다.

그런데 조선은 중국보다 더 심한 정체사회였다. 사대의 과정에서 조선은 중국으로부터 여러 제도를 도입했으나, 중국에게는 필연적인 제도가 조선에 들어와 형식만 남아, 오히려 정체사회에 기여하는 역작용을 했다. 예컨대 중국의 방(幇)은 넓은 대륙의 많은 인구를 다스리기 위해 꼭 필요한 제도였다. 황제와 중앙정부가 챙기기에는 역부족이었기 때문이다. 그 방(幇)이 조선에 도입되어, 지연·혈연 등으로 갈라지며 파당을 이루었다.

조선은 중국에 비하면 작은 공동체이다. 작은 공동체는 밀도가 있어야 한다. 밀도가 민족의지를 키우고 통합을 이뤄 외부세계로 향할 힘을 축적하게 하는데, 우리는 그러지 못해 정체사회로 남게 되었다.

관영과학의 한계 중국이 서양의 눈에 정체사회로 비친 또 하나의 이유는 관영과학에 있다. 치수문화는 발달했으나 중국의 과학은 정부가 주도하는 관영과학 형태로 체계화되었다. 전통 수학과 과학은 실용적이었고 그 수준도 서양과학에 결코 뒤지지 않을 만큼 높았다. 그러나 중국의 수학과 과학은 서양처럼 철학에 여과된 순수과학으로 체계화되지 못한 한계를 보였다. 서양의 수학과 과학은 철학적 사유를 거쳐 추상적 체계를 구축했으나, 중국은 관료들이 과학을 주도했기 때문에 현실문제 해결에 그쳤을 뿐 추상화에 이르지 못했다.

또 하나의 차이는 과학의 활용에 있다. 서양의 경우 대항해시대를 연 동력은 자석과 화약의 힘이다. 자석은 본래 중국인이 풍수지리설에서 방향을 확인하기 위해 사용했던 것이었고, 화약은 불꽃놀이를 위해 쓰였다. 중국인이 평화적으로 사용한 발명품을 서양인은 군사목적으로 사용했다는 차이가 있었을 뿐이다. 중국이 중용과 안정, 질서의 철학에 따라 과학적 발명을 사용한 것과 달리 서양인은 개척과 정복에 이용했던 것이다.

대항해의 경우도 이와 유사하다. 중국은 서양보다 더 큰 규모의 대항해를 감행한 적이 있다. 명(明)의 정화(鄭和)함대였다. 정화는 콜럼버스보다 더 이른 시기인 1405년에서 1433년까지 7회에 걸쳐 대항해를 실행했다. 정화함대는 영낙제(永樂帝)의 명령으로 62척의 대 선단에 3만에 가까운 수병을 거느리고, 아라비아와 동아프리카까지 진출했다. 1492년에 3척의 배에 120명의 선원을 태운 콜럼버스의 함대는 정화함대에 비하면 코끼리 등 위에 올라탄 쥐만도 못하다.

그러나 정화의 대항해는 서양과 달리 이민족 정복이나 영토 확장보다는 중화 문명이 추앙받는 일에 더 관심을 두었다. 지대박물(地大博物, 땅이 넓고 물산이 많다)을 자랑한 중국 황제는 오로지 각지의 세력을 중국 체제에 편입시키는 것만이 목적이었다. 따라서 정화의 군대는 현지의 왕을 생포해도 죽이지 않았고 명 황제에게 순종 서약만 하면 석방하고, 오히려 귀한 도자기까지 주면서 형식적인 조공만 요구했다. 중국의 과학 발전과 대항해는 서양의 제국주의적 성격과 달리 중화의 문명의식만 강조하는 것으로 마무리되었다.

정화함대에는 미지의 땅의 풍물과 인간을 탐구할 학자는 한 명도 동승시키지 않았다. 대조적으로 유럽의 대항해에는 수많은 과학자가 동행했고 그중에는 다윈과 같이 진화론을 창시한 사람도 있었다. 이질문화에 대한 호기심의 결여가 중국의 근대화 좌절의 원인이 되었다.

춥고 메마른 유라시아 대륙의 한 귀퉁이에 있던 유럽 국가들이 이처럼 거대한 부와 인구를 가진 중국을 불과 100년 만에 반식민지화할 수 있었던 것은 가치관 곧 원형의 차이 때문이다. 서양은 그리스적 탐구정신(historia)으로 자연철학과 과학을 발전시켰고, 일신교의 일원적 사고를 바탕으로 과학이론을 체계화했다. 과학혁명과 산업혁명 특히 대항해와 과학의 접목은 식민지 개척과 자본주의의 발전에 역동적으로 기여했다. 중국이 현실 집착으로 호기심을 충분히 자극하지 못한 것과는 대조적이다.

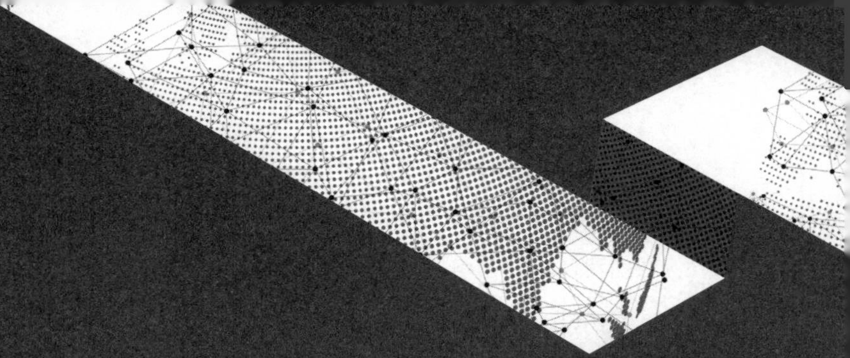

5

원형과 역사, 문화

과학이 가설인 것처럼 역사 또한 가설이다.

E. H. 카

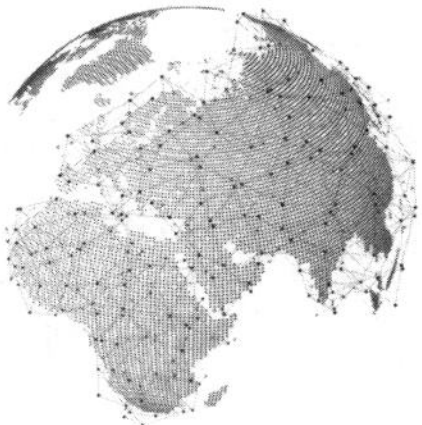

1 가치체계로서의 원형(原型)과 상징적 원형(元型)

프로이트와 융

현재 진행 중인 역사의 역습은 원형의 충돌로 발생하고 있다. 그 실상을 파악하기 위해서는 원형 분석이 앞서야 할 것이다. 원형(原型, ethno-core)은 민족 또는 집단이 지닌 독특한 성격으로 민족문화를 형성하고 역사의 전개양식을 직접 연출하는 가치체계이다. 칼 융의 상징적 의미의 '원형(元型, archetype)'과는 분명히 다른 개념이다. '元'과 '原'의 혼동을 피하기 위해 '원형'의 정의를 보다 명확히 할 필요가 있다. 사실 나는 '원형'이라는 말은 피하고 싶었으나 달리 대체할 말을 찾지 못했다. 처음 원형사관으로 한국사를 관찰하기 시작했을 때만 해도 융의 원형은 전혀 의식하지 않았다.

민족은 원형과 환경이 되먹임하며 언어와 역사를 발달시켜온 생명체이다. 민족의 원형분석은 개인에 관한 정신분석 작업을 민족 차원으로 확대한 것과 크게 다르지 않다. 융의 스승인 프로이트는 인간의 본질을 성(性)에 대한 욕망(libido)에 두고, 그로 인해 발생한 갈등이 꿈으로 나타나고 정신병으로 진행하는 것으로 보았다. 유아기에 받은 성적 충격이 콤플렉스가 되어 무의식 속 깊이 숨어 정신병을 일으킨다는 것이다. 그는 환자와의 대화를 통해 콤플렉스의 원인을 인식케 함으로써 치유에 다가갈 수 있다는 정신분석학을 확립했다.

▌프로이트

▌융

▌라캉

융의 이데아적인 원형(元型) 인간과 문화의 모든 문제를 성에 귀착해서 설명하는 프로이트의 성 일원론을 집단 차원으로 일반화한 것이 융의 원형(元型) 이론이다. 융은 어느 날 환자가 병원 창가에서 태양을 가리키며 "보시오, 저곳에서 남근이 나와 좌우로 흔들리고 있소!"라고 하는 말에 큰 충격을 받았다. 그 말은 고대 시(詩)의 내용과 일치했는데, 그 환자가 결코 읽었을 리 없는 시였다. 우연인가? 융은 인간의 무의식 속에 고대로부터 이어져온 이미지(상)가 있음을 직감했다. 고대의 신화, 설화가 인류의 집단 무의식에 그런 이미지를 담게 했음을 알아차렸다.

융의 집단 무의식은 일정한 틀을 가진다. 하늘에는 남신, 땅에는 대지의 여신인 '대지모신(大地母神)', 깊은 산중에 숨어사는 늙은 도인 '노현인(老賢人)'이 있어 인류는 무의식적으로 이를 숭배해왔다는 것이다. 한국의 도깨비와 영동할매, 마고할미도 그런 유형에 속한다.

또한 남성이 갖는 이상적인 여성상은 '아니마(음곡(陰谷)신앙)'이고, 여성이 갖는 이상적인 남성상은 '아니무스(남근신앙)'로서, 융은 이런 변하지 않는 이데아적 존재를 원형(元型, archetype)이라고 했다. 그는 역사보다는 신화의 해석에 치중했고, 그의 원형(元型)은 종교의 대상이자 이상으로서 신화나 원시종교에 등장한다.

융은 플라톤 철학의 '변치 않는 이상적 존재'인 이데아를 인간의 무의식에 잠재되어 있는 이상적 이미지(像)인 원형(元型)으로 보았다. 그의 원형(元型)은 개인의 무의식이 모여 집단 무의식을 형성할 때, 그 심리적 에너지가 인류적 보편성으로 전화(轉化)된 것이다. 원형은 사회현상을 읽을 수 있는 선명한 통로가 될 수 있다. 융은 나치 독일의 청소년 조직이었던 히틀러 유겐트(Hitler Jugend)의 행진을 보며 그 구두소리에서 북유럽 군사의 신인 보탄(Wotan)을 떠올렸다고 한다. 히틀러의 침략 야망을 감지한 융은 이를 상징적인 시로 발표해 주위 사람들을 놀라게 했다.

나의 원형(原型, ethno-core)은 이데아적인 것이 아니라 역사의 산물, 즉 공동체의 역사를 반영한 집단 무의식이며 생명체처럼 변화해온 것이다. 원형(原型)론은 굳이 보기를 든다면 집단화된 불교의 업과도 같다. 원형은 민족의 집합적 경험의 결과이다. 개인이 업을 씻고 깨우침을 얻는 것과 같이, 민족도 원형 승화를 통한 비약이 가능하다. 가변성 있는 나의 원형(原型)은 이데아적 성격의 원형과는 다르지만 인류 차원에서 논할 때는 융의 이론과 부분적으로 겹칠 수 있다.

라캉(J. Lacan, 1901~1981)은 프로이트파의 정신분석가이자 이론가이

원형(原型)과 원형(元型) 비교

	C. 융
원형	元型(archetype), 변치 않는 이데아적 성격, 집단의 상징
무의식	불변의 집단 무의식이 이데아화한 것
신화	공동체의 성격을 상징 (인류의 최대공약수적 이데아)
상징	대지모신(大地母神), 노현인(老賢人), 한국의 도깨비, 영동할매 등 플라톤적 이데아의 성격
주요 영역	집단심리(정신분석), 문화론
	김용운
원형	原型(ethno-core), 역사의 산물로서 집단의 공동체험을 반영, 민족적 가치관
무의식	역사 체험에서 형성된 집단 무의식, 가변성 있는 가치체계로서 시대적 특성을 가짐
신화	문화의식과 패턴, 집단구성원의 최소공배수적 가치관
상징	과거의 원형에 시대 성격이 가미된 시대원형은 가변(可變)성이 있음. 집단의 사고방식, 행동패턴을 결정
주요 영역	미래론, 비교문화, 집단의 정신분석

다. 프로이트 이론을 분석하고, '본능'으로 설명한 부분을 언어화함으로써 명확하게 무의식의 언어를 인정했다. 정신분석을 '정신의 변화 이론'으로 보고, 신화에 관해서는 "한 시대의 인간의 존재 양식을 상징하는 행위는 신탁(神託)을 통해 나타난다(『신경증(神經症)에 나타나는 신화』)."고 규정했다. 융의 이데아론적 사고에서 벗어나 집단 무의식의 가변성을 인정했다. 신화를 각 세대의 존재양식으로 바라봤다.

원형사관은 원형(原型)을 역사의 축으로 하여 역사 현상을 파악하는 민족 차원의 정신분석이다. 전 세대가 조상으로부터 이어받은 원형에 공동체 성원이 겪은 역사 체험의 심리적 결과를 가미한 것이다. 먼 조상, 가령 고려시대의 조상은 자신이 겪은 역사 체험을 단군신화(홍익인간)에 새겼고, 그 의미는 시간이 흐르면서 희석되지만, 시대마다 새로운 역사 체험이 원형에 다시 가미된다.

신화의 상징성은 변해도 사라지는 일은 없다. 민족(공동체)은 크로노스의 시간이 경과할 때마다 새로운 가치가 가미된 시대원형을 형성해 다음 세대에 넘긴다. 집단 무의식의 상징은 신화 속에만 있는 것이 아니라 속담을 포함한 문화의 모든 요소 가운데 들어 있다. 이들은

원형의 상징성 비교

	상징	변화의 가능성
융	신화	이데아적(불변)
라캉	서사시, 신화	세대마다 다르다
원형사관	문화 전반	시대마다 다르다

하나가 전체를 상징하듯 자기 닮음을 보이며 공동체의 존재 양식을 드러낸다.

문화 기반 고대 이래 철학자들이 문화의 기반에 대해 관심을 가진 것은 존재론, 즉 존재와 현상의 관점에서 관찰했기 때문이다. 평소 우리는 현상만 보지만, 철학자들은 그 현상이 나타나게 만드는 존재가 무엇인지를 묻는다. 플라톤은 그 본질을 '이데아'라고 했다. 독일의 역사학자인 슈펭글러(Oswald Spengler, 1880~1936)는 "문화란 영혼(魂)으로 이루어진 것"이라고 보았다. 원형사관은 구체적인 사회현상이 상징적 역할을 한다고 보고, 집단 무의식의 실체에 접근한다.

S. 헌팅턴(Samuel Huntington, 1927~2008, 미국의 정치학자)은 『문명의 충돌』에서 상대국의 문화의 본질을 아는 것이 얼마나 중요한지에 대해 강조했다.

> "언어의 구사 방법과 행동 패턴 등은 문화권마다 다르다. … 서구 여러 나라는 다른 문명의 종교와 철학의 기층(基層, 기반)을 알고, 상대가 어떻게 자신의 이익을 추구하는지를 더욱 깊이 이해해야 한다."

헌팅턴은 정치학자답게 각 나라의 외교 방식과 사고에는 그 민족의 철학과 종교가 기반이 되어 있음을 주목하고, 국제외교도 상대의 사유방법을 알아야 함을 강조했다. 헌팅턴이 문화의 기층(基層)을 국제정치학에 원용(援用)한 점에서는 원형(原型)론과 부분적으로 일치한다.

하지만 슈펭글러와 헌팅턴의 개념은 직감적이며 혼과 기층의 형성 과정과 가변성에 대한 설명이 없다. 예를 들어 한민족 원형은 백강전투를 겪은 후 크게 변했으나, 슈펭글러와 헌팅턴의 이론은 그런 과정에 대해 설명하지 못한다. 원형사관은 원형이 형성되고 변하는 과정을 구체적으로 관찰한다.

현상과 존재(본질)에 관해서는 학자마다 견해가 다르다.

플라톤	헤겔	슈펭글러	마르크스
이데아	지성	혼	경제

프로이트	야스퍼스	헌팅턴	김용운
성	창조자	기층	원형

2 원형과 역사관

일반적으로 역사란 시간의 축에 따라 발생한 여러 요인이 어떻게 상호작용하여 어떤 결과를 빚어왔는지 분석하고 관찰하는 학문이다. 개인에게 시간과 공간이 있는 것처럼 집단이나 민족도 공간(풍토)과 시간(시대적 상황)을 가진다. 이 두 요인이 얽혀 카오스를 발생시키고 자기조직화를 거듭해 하나의 결과를 낳는다. 역사가는 자신의 역사관이라는 프리즘으로 사실(史實)을 해석하고 끊임없이 새로운 의미의 색칠을 시도한다.

원형사관은 원형을 중심으로 복잡계의 관점에서 역사를 관찰하는 새로운 역사철학으로 원형의 가치관에 따라 민족의 진로가 진행된다고 믿는다. 각 시대는 전 세대에서 이어받은 원형에 새로운 역사적 결과를 더해 카오스를 일으키며 진행되고, 자기조직화 과정을 거쳐 새로운 질서를 탄생시킨다.

"꽃은 해마다 같은데 인간은 해마다 다르다(年年歲歲花相似 歲歲年年人不同, 『대학(大學)』)."라는 시처럼 '꽃은 매년 같아도 역사의 주인공인 인간은 다르다.' 또는 '인간은 달라져도 하는 일은 같다.'라는 말로도 해석된다. 역사 무대는 하나이고, 세상도 완전히 일치하지는 않지만 크게 다르지도 않다(雖不中不遠矣)는 말이다. 오늘 겪는 일은 전에도 비슷한 형태로 겪은 것이고, 같은 집단 무의식과 원형의 기반 위에서는 유사한 역사적 사건이 반복되는 것을 이른다.

동양의 역사관

중국 역사학의 시작

원형은 민족의 집단 무의식이며 문화를 이루는 핵(core)으로 역사의 전개 양식에 있어서 고유의 패턴을 결정한다. 민족 구성원 누구도 이 원형과 단절되어 존재할 수 없다. 전 세대로부터 계승한 문화의 규제를 받고 그 기반 위에 새로운 역사를 창조한다.

중국인은 역사를 '거울'이라고 생각했다. 당면한 상황을 역사(거울)에 비추어 판단한다는 뜻이고, 인간은 늘 과거의 일을 되풀이한다는 의미이기도 하다. 인간의 본질은 변하지 않기 때문에 수시로 비슷한 일을 하고, 같은 상황에서 동일한 반응을 해온 것으로 믿었다.

역사의 되풀이에 관한 호기심은 지적 인간의 공통 관심사였다. 인류는 교역과 전쟁 등의 방법으로 이민족과 접촉할 때마다 상대의 문화와 사유 방법, 가치관에 대해 관심을 가졌다.

특히 이민족과 접촉이 많았던 중국인은 이민족의 지리와 문화적 특성을 정사(正史)에 자세히 기록했다. 중국 역사의 아버지로 일컬어지는 사마천(司馬遷, B.C. 145~B.C. 90, 전한시대의 역사학자)은 『사기(史記)』에서 조선에 관해 자세히 기록했고, 북방을 어지럽히던 흉노(匈奴)에 대해서도 편견 없이 많은 기록을 남겼다.

이민족에 대한 관심은 고대 그리스의 역사서에서도 나타난다. 헤로도토스(Herodotos)와 타키투스(Tacitus)도 각기 그리스와 페르시아의 전쟁을 다룬 『역사(Historiai)』와 게르만인의 풍속과 사회를 기술한 『게르마니아(Germania)』에서 이민족에 대한 예리한 관찰기록을 남겼다.

▌사마천

중국 정사 내용의 절반 이상은 개인에 대한 기록, 즉 열전(列傳)이다. 사마천은 인간 탐구를 통해 역사를 해석할 수 있다고 생각했다. 『한서(漢書)』「위지(魏志)」 등에도 삼한(三韓)과 일본의 지리, 언어, 역사, 종교, 민심 등의 특성을 기록하며 각기 뚜렷한 개성이 있다고 강조했다.

『이십사사(二十四史)』는 사서 가운데 가장 권위를 인정받는 것으로 『사기(史記)』부터 『명사(明史)』까지 포함되어 있다. 중국 대륙에는 이민족 왕조가 번갈아 수립되었기 때문에 민족사의 개념은 없었다. 광대한 영토에서 한 왕조가 멸망하면, 다음 왕조가 이전 왕조의 역사를 편찬했다. 객관적이고 정확한 역사를 기록으로 남긴다는 입장이었지만, 왕조 중심의 단대사(斷代史)가 되어 일관된 민족통사는 없었다. 청 말(清末)의 계몽가 량치차오(梁啓超)는 국민국가가 되기 위해 민족통사가 필요함을 역설했다. 량치차오는 청(중국)이 근대화하기 위해서는 중국사가 단대사가 아니라 하나의 국민사가 되어야 함을 통감하고 일본인이 저술한 중국사를 기반으로 중국 통사를 썼다.

역사 민족 중국인은 오늘 발생한 일에 대한 해결책을 역사에서 찾을 수 있다고 믿는 역사 민족이다. 공자가 성인으로 추앙받는 가장 큰 이유는 정통(正統)과 시비를 가리는 유교 경전인 『춘추(春

秋)』를 저술했기 때문이다. 오경의 하나인 『춘추』는 역사적 사실의 옳고 그름을 분명히 따져 기술하는 '춘추필법'으로 관통하고 있다. 가령 『삼국지』에 등장하는 인물에 대해서도 유비의 죽음은 '조(殂, 임금의 죽음)'라고 하고, 손권의 죽음은 '홍(薨, 제후의 죽음)'으로 구별해 기록했다. 유비는 황제로 손권은 그 아래 격인 제후(諸侯)로 취급해 왕통의 정통성을 분명히 가렸다.

신(神)의 존재는 역사 민족에겐 중요하지 않았다. 공자는 신을 경원(敬遠)하고 그 존재를 믿지 않는 불가지론자였다. 정의로운 백이숙제(伯夷叔齊) 형제는 굶어 죽었는데, 온갖 악행을 저지른 도척(盜跖)은 천명(天命)을 다했다며 '천도(天道)는 옳으냐(是) 그릇된 것(非)이냐.' 묻고 이것 또한 알 수 없는 것이라며 불가지론(不可知論)적 역사관을 피력했다. 역사란 인간이 되풀이하는 실수의 기록이며, 법칙(天道) 따위는 없다고 그는 말하고 싶어 했다.

『이십사(二十四)』를 비롯한 중국 정사를 보면 주로 한(漢)족이 장성 밖 오랑캐와 어떤 관계를 맺어왔는지, 중국 변방의 이민족들이 어떤 과정으로 흥망성쇠를 겪었는지에 대한 상세한 기록이 나온다. 역대 왕조의 고위 관료와 학자가 하는 업무 중 가장 중요한 일도 바로 이 방대한 역사기록을 뒤져 당면한 현실문제와 같은 구조를 지닌 역사적 사건을 발견하고, 그 기록을 거울삼아 정책 방향을 결정하는 일이었다.

'역사는 거울'이란 말은 두 가지 의미를 내포하고 있다. 현실이 거울처럼 역사에 기록되어 자신의 행위에 대한 '정통성과 법칙을 보증받을 수 있다.'는 의미와, 역사에 기록된 훌륭한 행동은 후세에 추앙의 대상이 된다는 것이다. "호랑이는 죽어서 가죽을 남기고 사람은 죽어서 이름을 남긴다(『오대사(五代史)』)."는 말처럼, 중국인은 시비를 분명히 가리는 '춘추필법'으로 기록되는 정사에 이름을 남기는 것을 최대의 바람으로 삼았다.

송(宋, 960~1279)나라 때의 일이다. 송은 초기에 개봉(開封)을 수도로 했지만, 1127년에 금(金)의 침략을 받자 남방으로 밀려나 항주를 수도로 정했다. 이 시대를 남송(南宋)이라 부른다. 남송은 문약해서 북방의 요(遼)와 금 두 이민족 세력으로부터 심한 압박을 받았다. 금에게 거액의 조공을 바치고 신하의 예를 취하면서 남송은 겨우 명맥을 유지하고 있었다. 그러나 원(元)이 일어나 요와 금을 무너뜨리자 남송의 멸망은 시간문제가 되었다. 나라의 운명이 벼랑 끝에 몰렸으나 원과 싸우겠다고 나서는 사람은 아무도 없었다.

유일하게 나선 사람이 문천상(文天祥)이라는 인물이었다. 그러나 그마저 참패당해 포로로 잡혔다. 유목민족인 원(元)은 현실적이었고, 인재 등용에 차별이 없었다. 광대한 점령 지역을 잘 치리(治理)할 수 있는 인물이면 누구나 등용했다. 원 황제 쿠빌라이는 문천상의 사람 됨됨이에 강한 인상을 받아 정승 자리를 주겠다고 제안했다. 그러나 그는 끝까지 항복하지 않았다. 사형을 앞두고 그는 자신의 심경을 이렇게 시로 읊었다.

> 인간은 누구나 죽는다.
> 죽을 바엔 충신이 되어
> 역사에 모범이 되겠다.

지금 죽으나 나중에 죽으나 죽음은 매한가지인데 이왕이면 이름을 남기고 죽겠다는 결단이었다. 중국인은 역사에 이름을 남기고 죽는 것을 순교나 다름없이 여긴 반면 권력의 눈치를 본 기록은 수치로 여겼다. 때문에 목숨을 걸고 소신에 따라 역사를 기록한 사관(史官)도 적지 않게 배출했다. 역사를 기록하는 사관은 신관이나 사제처럼 존경을 받았다.

중국인이 신화와 귀신을 멀리하고 인간중심적 사고를 존중하고, 신학 대신 인간학 그리고 종교 대신 역사에 집중한 것은 현실주의에서 나왔다. 알아야 할 지식은 인간문제이고, 역사는 인간에 관한 모든 지식과 덕목(仁義禮信)을 담고 있다고 믿었다. 현실주의와 보수주의는 일체화되어 있다.

한국(단대사)과 일본(통사)의 역사관 차이 한국은 조선시대까지 중국의 정통 역사관을 받아들여 춘추사관의 형식에 따라 방대한 정사를 편찬했다. 춘추사관의 전통은 대의명분과 법도를 중시하며 왕의 일거수일투족을 사관(史官)이 빠짐없이 기록해 이를 사초로 삼는 것이었다. 조선 건국 초기에 사육신 등의 옥사가 많았던 것도 유교적 대의명분을 고수하고 정사에 이름을 남기는 것을 중요하게 여겼기 때문이다. 유교적 대의명분이 지배적인 가치관이 된 사회는 카오스를 야기할 만큼의 사회적 요동을 발생시키기 어렵다. 만일 외세의 개입이 없었다면 원리주의적 사고로 일관했던 조선 왕조는 500년의 존속기록을 계속 경신해 나갔을 것이다.

진정한 역사의식이란 인간 기억의 한계를 인정하면서 과거를 재해석하는 것이다. 하나의 역사적 사실에 관한 해석은 시대마다 다를 수 있다. 그러나 한국의 역사 해석 방식은 융통성이 있는 중국과 달리 주자학적 원칙만을 내세운 원리주의적 관점이었다.

일본은 한국과 대조적으로 정사가 없다. 대신 가나(假名) 문학이 주류를 이루었는데 가나 문학은 '승자가 정의(勝てば官軍)'라는 사고로 일관했다. 정복을 미화했고 명분이나 정의의 관념은 희박했다. 일본 근세 『국학(國學)』의 창시자 모토오리 노리나가(本居宣長)는 "신도로 다스릴 수 있을 때는 신도로, 불교가 효과적일 때는 불교로, 일본에는 일정한 사상이 없고 상황에 적합한 것을 채택해간다."고 일본의 사상을 설명했다. 현실을 긍정하고, 오직 힘과 형편에 따르라는 대세사관이다. 긴 미래를 구상하기보다는 눈에 보이는 단기 목적을 우선시한다. 한·일 간 마찰의 원인도 바로 이런 정반대의 역사관에서 기인한다.

일본의 자연은 수많은 좁은 분지로 분할되어 있다. 좁은 분지에서는 가까이에 원수를 두고 살아가기 어렵다. 그래서 원수든 뭐든 '과거는 물에 흘려보낸다(水に流す).'는 생각이 일반화되었다. 물에 흘려보낸다는 것은 쉽게 잊는다는 것이고, 역사를 경시한다는 것이다. 정통성에 둔감하다는 것이다. 일본이 역사 연구를 시작한 것은 18세기에 이르러서이다. 720년에 기록된 『니혼쇼키』 이후 역사는 정사가 아니라 가문사 정도의 기록에 그쳤다. 그나마 무사정권 시대를 겪으며, 천황에게 실권이 없으니 역사 기록의 의미도 사라져버렸다. 18세기에 들어서면서 일본은 비로소 역사 연구의 필요성을 인식하게 된다. 최초의 연애소설인 『겐지모노가타리(源氏物語)』가 11세기(1008년)에 쓰여진

것에 비하면 역사 연구는 700년 후에야 싹튼 것이다.

일본인의 대세사관은 역사흐름을 거스르지 않는 것이다. 전쟁이든 평화든 어떤 상황에서도 동조하고 적응하는 것이다. 따라서 사회변화가 적어 카오스의 진폭도 적다. 중세 전국시대에는 100년간이나 일본 각지에서 크고 작은 전쟁이 잇달아 일어났지만, 전쟁이 수습되면서 바로 근세 270년간의 평화 시대로 들어갔다. 마찬가지로 엄청난 희생을 치른 제2차 세계대전 후에도 일본인들은 순순히 패전의 현실을 받아들였으며, 스스로 전쟁책임자를 색출하는 일도 없었다.

역사의식에 관한 재미있는 에피소드가 있다. 코벨(R. Koebel) 박사는 철학, 문예, 음악에 폭넓은 교양을 지닌 독일 출신의 학자로 일본 문물에 큰 관심을 가지고 있었다. 그는 근대화 직후 도쿄(東京)대학의 초청을 받아 강의를 맡게 되었다. 강의 도중 문득 호기심이 생긴 그는 한 학생을 지목해 일본 역사에 대해 물었다. 그 학생이 아무 대답도 못하고 쓴웃음만 짓고 있자 그는 재차 질문을 던졌다. 돌아온 대답은 "일본에는 역사가 없습니다. 이제 우리가 그것을 만들 것입니다."였다. 그 답변에 큰 충격을 받았다고 그는 전했다.

중국이 역사 민족이라면 일본은 역사무시 민족이다. 근대화 이후 서양에서 근대 역사학을 도입하면서 일본은 비로소 민족사의 입장에서 천황 중심의 역사관을 수립했다.

역사관의 차이는 시간관의 차이에서 나온다. 그리스어로 시간은 크로노스와 카이로스 두 가지 형태가 있다. 크로노스는 태초신(太初神)의 하나로 그의 시간은 연속적으로 흐른다. 시간의 흐름에 따라 발생한 사건을 기록하는 크로노스(Chronos)의 역사를 연대기(chronology)라 부른다. 또 하나는 기회의 시간인 카이로스(Kairos)이다. 카이로스는 원래 주신(主神) 제우스의 아들이었다. 카이로스는 머리카락이 앞에만 있고 뒤는 대머리다. 기회를 잡기 위해서는 앞에서 달려오는 카이로스의 앞 머리카락을 잘 잡아야 한다. 일단 지나가 버리면 뒤는 대머리이기에 카이로스, 즉 기회를 잡을 수가 없다. 카이로스의 시간은 흐르는 시간이 아니라 가로지르는 시간이다. 전쟁의 전과 후처럼 완전히 달라진 역사 양상의 시간과도 같고 천지개벽의 시간과도 같다.

▌페테르 파울 루벤스의 작품 속 크로노스의 모습

▌프란체스코 살비아티의 작품 속 카이로스의 모습

카이로스의 시간은 복잡계와 맞닿아 있어 카오스와 자기조직화를 창발한다. 민족사에도 카이로스의 시간이 있다. 복잡계인 카이로스의 역사에 영향을 받으면 국가원리도 새롭게 방향을 전환한다.

일본 역사는 근대화 즉 국민국가 수립을 위한 것으로 천손강림 이후 계속 이어진 크로노스의 시간을 따랐다. 그 역사관을 역사의 나라인 중국의 계몽주의 역사가(량치차오)가 충격을 받으면서 수용했다는 것은 매우 흥미롭다. 역사 민족이 비역사 민족에게 크로노스의 시간관에 기반을 둔 통사 서술법에 영향을 받은 아이러니한 일이었다. 이 문제는 오늘날 중국 소수민족 문제와 관계가 깊다(7부 중국의 국가원리 참조). 우리는 식민지사관에 대해서는 매우 신경질적으로 반응하면서도 역사관의 실체가 중국처럼 카이로스의 시간관에 따른 단대사(斷代史)란 사실은 묵과하고 있다. 단대사는 하나의 민족사가 아니다.

불가역성에 관한 삼국의 인식 차이 역사는 과거에 대한 해석이다. 따라서 지난 시간에 대한 관념과 철학은 갈릴 수 있다. 민족마다 다른 시간관은 과거뿐만 아니라 미래를 보는 눈에도 영향을 준다. 최근 한·중·일 삼국의 역사인식 문제에 관한 외교 분쟁도 시간관의 차이에서 발생한 것이다. 결국 한일 외교문서에 '흐른 시간은 되돌릴 수 없다.'는 '불가역(不可逆)'이란 수식어를 붙여 한국과 일본은 외교협정을 마무리했다. 한국인의 원시반본(原始反本)적인 시간관을 이해하지 못하겠다는 일본이다. 시간은 누구에게나 공평하지만 역사관의 차이는 시간관의 차이를 반영해 외교 분쟁까지 야기한다.

한국인은 중국 철학의 영향으로 60간지를 받아들였다. 60간지는 60년을 주기로 되풀이되는 시간관이다. 시간관처럼 역사도 되풀이되어, 다시 원점으로 회귀하는 것으로 우리는 인식한다. 죽음 또한 돌아가는 것이다. 원시반본의 개념이다. 종종 회자되는 '역사 바로 세우기' 또한 '원점회귀'의 개념이다. 예를 들어 새 대통령이 취임하면 여러 대학들은 앞 다투어 박사학위를 수여했다가, 그가 탄핵을 당하면 학위를 취소하라는 운동이 벌어진다. 식민지 시대의 상징인 조선총독부 건물도 철거했고, 한때 인천에 있는 맥아더 동상의 철거도 거론되었다.

원시반본의 시간관은 지난 일도 현재의 가치로 평가할 수 있다고 생각하는 것이다. 그래서 사건 후에 법을 만들어 벌을 주는 사후법(事後法)도 정의의 이름으로 마련되곤 한다. 그런데 이런 시간관을 한국인은 이해하지만 국제사회를 납득시킬 수 있을까?

외교협정은 일단 당사국들이 서명하면 종결되는 것이다. 후에 다시 협정 사실을 뒤집으며 재논의하자는 것은 국제법의 상식이 아니다. 2015년 12월 28일에 한국과 일본은 위안부 문제를 재협상하며 외교상 이례적인 '불가역'이란 꼬리를 붙였지만, 서로의 시간관을 이해하지 못하면 앞으로 또 '불불가역'이라는 말이 다시 거론될 수도 있다. 한국인의 원리주의적 시간관에서 정의는 반드시 구현되어야 하기에, 정의를 구현하려면 그때로 다시 돌아가야 한다. 돌아가는 시간관에서는 수시로 원점회귀와 역사 바로 세우기가 불거진다.

한국어와 일본어는 한자어와 고유어로 된 이중 언어이며 일본 고

유어는 한국어와 같은 어족(語族)이다. 하지만 양국민의 사고방식의 차이는 같은 말에 다른 의미를 갖게 했다. 죽음을 일본어로는 '사루(去)'라고 한다. '사루'는 한국어로 '화살'의 '살'이다. '사라지다, 지나다'는 뜻이다. 일본인에게 지나간 것은 묵어버린 것이고 현실과 아무 관련이 없다는 말이다. 한국어로 '케케묵은' 일이라는 뜻의 묵(mouk, muka–mukasi(むかし))은 일본어(むか, muka)와 같다. 죽음도 역사도 지나가버린 것은 무의미하다. 실제 일본인들은 '역사인식' 자체가 무의미하다고 받아들인다.

일본인의 역사관은 물이 흘러가는 것과 같은 것(川の流れ史觀)이며, 처세도 시류를 따르는(時の流れ) 것이라고 자연스럽게 받아들인다. '대세(大勢)'와 '시류(時流)'의 역사관은 "승자는 정의이다(勝てば官軍)." "큰 나무에 기대라(寄らば大樹の陰)." 같은 속담이 무의식에 깊이 스며들게 했다. 일본인은 죽은 사람을 호토케(佛), 즉 부처로 표현한다. 아무리 큰 죄인도 죽으면 호토케(佛)가 되어버렸으니 생전의 허물은 다 사라진다는 인식구조를 가진 민족이다.

한·중·일의 역사와 시간

	역사관	시간관	시간의 주인
한국	원점회귀	돌아간다	감정, 정권
중국	역성혁명	왕조 교체와 평행한다	황제
일본	대세사관	물 흐름과 같다	없음

서양의 역사관

진보사관 "현인(賢人)은 역사에서 배우고 어리석은 자는 경험에서 배운다."는 비스마르크(Bismarck)의 시각은 중국의 역사관과도 유사하다. 동양이든 서양이든 대부분의 역사학자들은 '역사는 거울'임에 공감했다. 그러나 역사철학에는 관심이 없었다. 서양도 프랑스의 계몽가 볼테르(Voltaire, 1694~1778, 프랑스의 철학자, 계몽주의 운동의 선구자)가 처음으로 '역사철학'이란 말을 쓰긴 했지만, 그 후 약 250년 동안 아무도 그 말의 의미를 설명하려 드는 사람은 없었다. 역사란 철학적인 의미를 묻기보다 '사건을 충실하게 기술하는 것'으로만 묵시적으로 이해해온 것이다.

동서양의 역사학자들이 모두 역사를 거울로 여겼다면 '역사가 되풀이되는 현상에 대한 철학적 해석'도 요구했어야 할 것이다. '왜 역사는 되풀이되고 있는가?'라는 질문에 대한 설명이 필요하다는 의미이다.

마르크스는 나폴레옹 3세의 쿠데타에 이르는 계급투쟁을 다룬『루이 보나파르트의 브뤼메르 18일』의 서두에서 헤겔의 "처음 실수는 비극일 수 있으나 같은 이유에서 저지르는 두 번째 실수는 역사의 교훈을 배우지 못한 어리석음이 빚은 희극"이란 말을 인용해 자신의 역사관을 피력했다. 이 둘은 역사는 시간에 따라 직선으로 흐른다는 진보사관을 신봉했다.

그런데 토인비는 제1차 세계대전 중에 아테네에서 투키디데스의『펠로폰네소스 전쟁』을 연구하던 중 놀라운 역사의 되풀이 현상을 발견했다. 해군 강국이던 아테네가 지상군 강국인 스파르타에 도전한 양상이, 마치 제1차 세계대전에서 영국에 도전한 독일과 같은 구도임을 통찰해낸 것이다. 이 현상을 그는 2400년의 시간차를 넘는 '역사의 철학적 동시성'이라는 말로 어마어마하게 표현했다.

그리스 이래 유럽의 사상은 로고스(이성) 중심의 합리주의 정신이었다. 면면히 흐르는 이 합리주의 정신 위에 근대과학이 꽃피웠다. 이에 반해 중국인들은 천문(天文) 즉 하늘(天)의 뜻이 현실로 나타나 기록된 것이 역사라고 인식했다. 때문에 역사는 가장 큰 관심사가 될 수밖에 없었다. 천문(天文)은 달력(曆)이기도 해 계절과 역사의 변화는 곧 하늘의 뜻의 변화이자 역(易)이고 천명이라고 받아들였다.

유럽은 과학혁명이 산업혁명으로 이어지면서 급속한 경제발전을 이뤘다. 동시에 '인간의 이성만이 세계를 발전시키는 원동력'이라고 믿는 이성 일원론적 세계관이 유행했다. 헤겔의 역사철학도 여기에 기독교 사상을 곁들인 "역사는 신의 의도를 나타내는 것"이라는 신의론(神義論)적 해석이었다. 기독교의 신을 정당화시키는 호교론(護敎論)의 입장에서, 신의 뜻이 구체적으로 나타난 것이 '세계정신'이라는 철학적인 말로 표현했다. 그는 역사는 진보해가는 것으로 믿었다.

마르크스

헤겔

19세기에 대량생산시대가 열리자 자본주의의 모순이 속속 표출되었다. 이를 설명하라는 철학의 요청이 있자, 당시의 합리주의 풍조에 따라 하나의 원인으로 귀결시키려는 일원적 진보사관이 대두되었다. 마르크스는 헤겔의 '세계정신'을 '경제력'으로 대체시켜 인류사가 '원시 공산사회에서 공산 유토피아까지 직선적으로 발전할 것'이라고 예측했다. 역사의 중심을 '신'에서 '경제력'으로 바꾸었을 뿐, 헤겔이나 마르크스는 일원론적 사고를 갖고 있었다.

마르크스의 유물사관은 구조적으로 유대교 사상과 맥을 같이한다. 시간은 천지창조에서 최후의 심판까지 일직선으로 흘러간다고 보았다. 신과의 새로운 계약은 계급 혁명과 같다고 해석했다. 마르크스는 유대 민족의 원형을 지니고 있어 사유방법도 유대교적 시간관에 근거했다. 일반적으로 위대한 학자나 영웅의 철학적 사유방법은 정치, 군사, 사상 등 어느 분야에서든 위대할수록 민족 원형에 충실하다.

일신교와 마르크스주의 비교

유대교 · 기독교	에덴동산	예언자	계약 갱신	그리스도 부활(천국)
	↕	↕	↕	↕
마르크스주의	원시 공산사회	혁명가	혁명	공산 유토피아

실존주의적 역사관

역사가는 스스로 의식하지 않더라도 자신의 원형을 기반으로 역사관을 정립한다. 마르크스가 유대교의 결정론적 사고에 근거해 유물사관을 주장했다면, 헤겔은 파우스트

(Faust) 전설을 계승한 독일의 무한한 지적 추구의 원형을 지녔다. 탐구와 진보에 긍정적이고 '정반합(正反合)'의 개혁의지를 가진 원형이다.

화가 고갱(P. Gauguin)이 던진 실존주의적 질문을 음미해볼 필요가 있다. "우리는 어디서 왔고, 누구이며, 어디로 가는가?(Where do we come from? Who are we? Where are we going?)"

역사의식을 묻는 질문이다. 이 물음에 대해 헤겔은 개혁과 발전, 진보라고 답했다. "고대에는 전제군주만이 자유를 가졌으나, 지중해 문명권인 그리스 로마 시대에는 소수의 귀족 시민이 자유를 즐겼고, 근세에는 그 범위가 모든 시민에게 확대되었다."며 역사발전을 '자유를 향락하는 사람의 범위확장'으로 보았다. 물론 역사발전의 정상에는 자국인 절대주의 국가 프로이센이 있다고 단정했다. 마르크스는 헤겔의 역사관에 유대적 특성을 가미했고, 『역사의 종언』을 쓴 또 하나의 헤겔주의자인 후쿠야마는 모국 미국의 생활양식, 즉 자유롭고 전자제품을 소유한 중류사회 수준에서 역사는 끝난다고 보았다. 모두 시대흐름에 따라 역사를 관찰한 직선적 시간관, 즉 크로노스의 시간관을 가졌던 학자들이다.

니체는 헤겔과 달리 역사는 필연적으로 발전해가는 것이 아니라 역사 속에 창조가 있음을 인식했다. 옛것을 버리고 새로운 것으로 채우는 신진대사와 생명활동을 중시했다. 문화사에 관해서도 니체는 플라톤의 이데아적인 관점에서 관념론적으로 바라보지 않고, 문화가 만들어내는 형태를 중시했다. 니체는 『이탈리아의 르네상스 문명』의 저자인 부르크하르트(J. C. Burckhardt, 1818~1897, 스위스의 역사가)에 동조하면서도, 비록 '신, 운명, 영웅일지라도 남이 정한 역사적 흐름에 따르는 것은 허약한 인격'이라며 그것에서 벗어나게 해줄 초인을 기대했다(『반시대적 고찰』).

역사의 전환점은 카오스의 끝이고, 자기조직화가 되는 시점이다. 니체는 그 시점에서 초인이 나타나 스스로 나비효과를 발생시킬 것이라고 외쳤다.

사르트르는 "실존은 본질에 앞선다."며 "과거(역사)로부터 자유로울 것"을 외쳤다. 반 나치운동에 적극 참여했던 그는 역사도 "자신이 스스로 만들어가는 것 외에는 아무것도 아니다."라며 무거운 역사의 책임을 스스로에게 가했다.

사르트르는 카오스의 폭풍을 자기 의지 하나로 뚫고 나가려는 나그네였다. 사르트르에게 인간은 본질에 앞서 실존(현실적 존재)하는 존재이다. 정해진 설계도에 따라 나온 것이 아니기에 순간순간의 선택도 스스로가 한다. 역사도 스스로의 책임 아래 그 방향을 결정하는

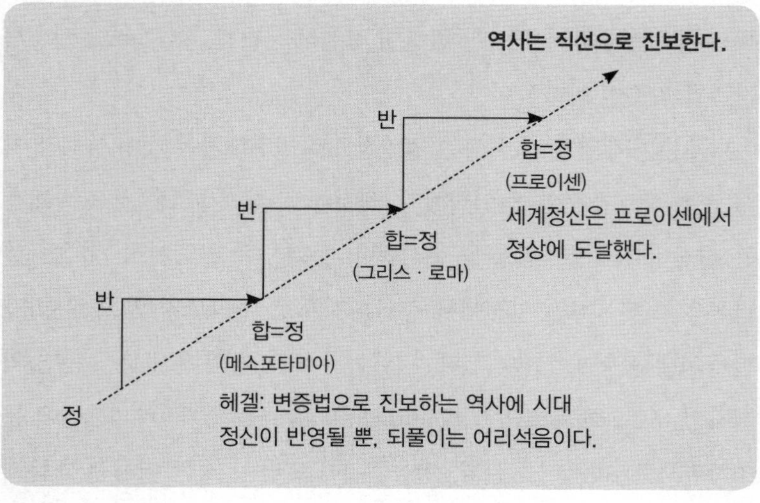

것이었다. 니체에게는 죽어야 할 신이 있었지만, 사르트르에게는 그것조차 없어 인간 존재의 의미를 스스로 결정해야 했다. 제2차 세계대전의 와중에 사르트르가 저항운동(resistance)을 한 것도 우연이 아니다. 니체가 19세기 말 독일에서만 등장할 수 있는 전형적인 인물이었다면, 사르트르는 20세기 프랑스에서만 태어날 수 있었던 인물이다. 이들 두 실존주의자는 독일과 프랑스 두 나라의 시대원형을 반영하면서 미래를 의식했다.

부르크하르트는 카오스적 역사에 과거로부터 이어진 신비로운 실과 같은 원형이 존재하고 있음을 감지했고, 니체는 원형을 초월하고 싶었고, 사르트르는 원형에서 벗어나려 했다. 이들의 역사관은 대조적이었지만 한결같이 역사의 복잡성을 두려워하며 카오스의 신비를 응시하고 있었다.

실존은 현실존재, 지금(今)을 생각하는 것이다. 원형론은 실존주의적이지만 위의 철학과는 해석이 다르다. 원형론은 역사와 실존철학을 같은 선상에 두고 바라본다. 적극적으로 현실을 받아들이고 그 기반 위에 미래를 책임지는 역사 해석이다.

3 역사철학

패러다임의 자기조직화　　뉴턴은 운동체에 관한 방정식에 초기조건을 대입하여 그 궤적을 결정하는 방법론을 확립함으로써 그동안 신비스럽게만 여겨온 수많은 천체운동에 관한 문제, 가령 혜성의 운동이나 바다의 간만 차이, 달의 운동관계 등과 같은 문제들을 해결했다. 한 명의 천재가 방법론을 확립하면 많은 사람들이 그의 방식으로 유사한 패턴의 문제를 해결할 수 있게 된다. 마치 최초의 모험가가 미지의 등산로나 항로를 발견하면 후세는 그 길을 따르는 것과 같다. 새로운 패러다임(Paradigm)을 여는 것이다.

패러다임이란 말은『과학혁명의 구조(The Structure of Science Revolution)』의 저자 쿤(Thomas Kuhn, 1922~1996, 미국의 과학자이자 철학자)에서 비롯되었다. 1962년에 그가 이 책을 출간했을 때만 해도 학계는 20세기의 기념비적인 업적이라며 높이 평가했으나, 지금은 내용은 거의 다 잊혀지고 패러다임이라는 말만 남아 널리 쓰이고 있다.

패러다임이란 전국시대에 여러 소영웅들이 할거해 싸우는 상황에서 대영웅이 등장해 천하통일을 이루는 것과도 같다. 역사의 예를 들면 왕건이 후삼국을 평정해 고려시대(고려 패러다임)를 열었고, 고려가 다시 한계에 도달하자 조선시대라는 새 패러다임을 연 것과 같다. 과학도 마찬가지로 이전의 미해결 문제들을 뉴턴 패러다임이 해결하고 또 그가 해결 못했던 문제들은 아인슈타인의 상대성 원리나 보어의 양자역학 등의 새로운 패러다임이 해결했다. 과학사와 일반 역사는 패러다임의 전환으로 설명되는 부분이 많다. 역사의 시대 구분을 과학사의 패러다임 이름으로 바꾸어도 통할 것이다.

원형사관의 패러다임은 초기 조건을 중시하고, 역사의 핵심에 원형을 둔다. 전개 양식은 '미동 → 카오스 → 카오스의 끝 → 자기조직화의 창발'이다. 카오스 이론에서의 '창발'은 다음 시대의 초기 조건이 된다. 자기조직화의 창발은 여러 가능성을 가진 확률이며 우연의 결과라 해도, 일단 질서가 수립되면 결정론적으로 진행한다. 다음 단계에서 다시 모순이 발생하면 카오스에서 자기조직화의 과정이 되풀이되고 그 끝에 일률적으로 정할 수 없는 확률 현상이 등장한다. 특히 창발의 발생에 관해서는 미리 정해져 있다는 결정론과 자유의지론이 대립되어 신학과 철학으로 이어져왔다.

창발이란 정치적인 의미로는 혁명이고 과학에서는 새 패러다임이 등장하는 시점으로 '과학혁명'이라고도 부른다. 카오스의 끝에는 이전에 없던 새 양상이 창발되어 새로운 시대를 등장시킨다. 역사에 있어서의 패러다임은 시대정신이다. 과학사에서 패러다임론은 기존의 방법으로는 해결하지 못한 국면의 타계를 단순계의 논리로 설명하지만, 원형사관은 모든 혁명적 상황을 복잡계의 구조로 설명한다.

초기조건에 민감한 역사

변증법이란 하나의 명제 '정(正)'에 대립되는 '반(反)'이 나와 하나의 '합(合)'으로 귀결되는 것으로 단순계의 세계이다. 병 속과 같은 좁은 이성의 세계에만 관심을 가진 이론이다. 역사적인 요인이 상호작용하며 카오스를 일으키는 역동적인 요소를 변증법은 경시했다. 개방계에서는 카오스와 나비효과가 수시로 발생해 확률론 사이를 넘나든다.

역사는 초기조건에 민감하고 그 결과는 이후 발생하는 일에 중대한 영향을 준다. 건국 신화를 비롯한 상징적인 민족사의 초기조건(고대의 사회적 조건)은 수천 년 후의 사회적 성격에까지 영향을 미친다. 융(Jung)이 신화를 중요시했던 이유도 여기에 있다. 그는 신화에 투영된 무의식 속의 과거를 현재의 의식에 연결했다. 정신분석에서 유아기의 사소한 충격이 평생 영향을 미치는 사실을 중시하듯이, 인류 또한 유아기에 해당되는 태고의 신화가 준 충격이 역사를 관통하기 때문이다. 앞서 설명한 강의 형태와 이에 대응한 치수방법이 사회조직의 성격을 결정하고 그 민족의 역사와 종교, 윤리 등에 반영되어 다음 세대에까지 큰 영향을 미치는 것도 이와 같은 이유에서다.

역사는 마치 '개미구멍이 둑을 무너뜨릴 수 있는 것'과도 같다. 과거의 사소한 사건이 수천 년 후에 큰 결과를 만들어 나비효과를 발생시키는 것이다. 문화적으로는 마을마다 다른 사소한 성격 차이가 공동체 특유의 문화패턴을 형성해 후손에게 계승되어지기도 한다. "어느 구름(요인)이 비를 내릴지 모른다."는 말처럼 수많은 요인으로 구성된 복잡계의 역사에는 눈에 보이지 않는 요인이 잠재해 있다가 사소한 계기로 역사적 대사건을 일으키고, 자기조직화 과정에 개입되어 중요한 역할을 하기도 한다.

세상은 많은 요인(변수)이 상호작용하는 카오스 공간이다. 쇄국시대를 병 속에 비유한다면, 세계화와 정보화가 동시에 진행되는 오늘은 사소한 일이 순간적으로 전 세계로 파급되는 열린계(開放系)로 복잡계의 역사관이 요청되는 시대이다.

역사관과 되풀이 해석 서구는 대항해시대를 겪으면서 시야가 넓어지고 기술도 발달해 17세기에 과학혁명을 경험한다. 이와 함께 이성을 중시하는 계몽주의 시대를 연다. 서구사회 이외의 세계는 야만시했고, 이는 일반적인 풍조가 되었다. 유럽의 대도시에는 대학이 설립되었고, 독일에는 칸트, 헤겔 등 관념철학이 꽃을 피웠다.

그러나 제1차 세계대전을 겪은 후 유럽의 지성들은 스스로 오만했고 착시(錯視) 환상에 빠져 있었음을 비로소 깨우친다. 슈펭글러는 『서구의 몰락』에서 유럽의 정신적 위기를 경고하며, 문명이 유럽에만 있는 것으로 본 오만을 질타하고 지구상에는 수많은 문명이 식물처럼 태어나 자라고 사멸하며 순환한다고 강조했다. 그는 8개의 문명권이 있었다고 보았다.

그의 제자격인 토인비는 슈펭글러의 '식물사관'을 발전시켜 '발생-성장-몰락'의 관점에서 여러 문명권을 분석했다. 그는 모든 문명은 나름의 의미와 가치가 있으며 특별히 우수한 문명도 열등한 문명도 없다고 인식했다. 다만 전쟁과 환경변화, 경제문제 등의 변화를 겪으며 '도전에 대한 응전'에 성공하면 문명은 유지되고 그렇지 않으면 실패해 몰락하는 것으로 설명했다. 특히 한국과 일본 문명에 대해서는 중국으로부터 막대한 영향을 받으면서도 고유한 특성을 지켜낸 '소문명권'으로 인정했다. 내 기억으로는 토인비가 조선을 독립적인 고유

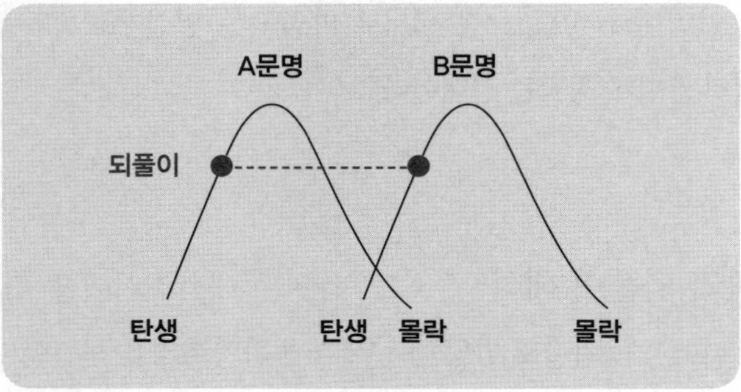

▌토인비의 되풀이는 '역사의 철학적 동시성'이다. 문명은 탄생에서 사멸까지 닮은 과정을 되풀이하며 같은 과정을 밟는다. A, B 두 문명은 시대는 다르지만 역사 과정에서의 구조는 같다.

문화로 분류한 유일한 인물이다. 그는 23개의 문명권 가운데 18개가 소멸하거나 합병되었고 5개만 계승된 것으로 여겼다.

토인비 사관의 독특함은 '역사의 철학적 동시성' 개념이다. '서로 다른 A문명과 B문명이 성장과 사멸을 겪을 때 같은 단계에서 A에 나타났던 역사적 현상이 B에도 나타날 수 있다.'며 'B는 A가 겪는 일을 되풀이해서 겪는다.'고 토인비는 믿었다. 그러나 그런 방식으로는 한반도에서 되풀이해서 발생한 분단과 침략의 역사구조를 설명하지 못한다.

헤겔은 역사란 합리적으로 그리고 직선적으로 계속 발전해가야 하는데 그렇지 못한 것은 인간이 이성적이 아니고 어리석기 때문이라고 여겼다. 얼마나 단순한 논리인가! 이는 토인비의 '역사의 철학적 동시성'보다 훨씬 더 엉뚱하다.

인간은 헤겔의 기대처럼 이성으로만 발전하는 세계정신과는 무관하게 두 번, 세 번 … 되풀이해서 실수를 한다. 되풀이의 현실적 해석은 역사적으로 같은 업(業, 원인)에서 같은 과(果, 결과)가 나온다는 업인업과(業因業果) 현상이다. 인(因)은 원형이며 역사적 결과는 과(果)이다. 유사한 시대적 상황과 지정학적 조건에 얽히면, 원형이 변함없기에 같은 반응을 일으켜 되풀이되는 것이다. 역사는 철학이 아니라 과학이다.

원형사관은, 역사 속의 되풀이 현상을 변치 않는 원형과 지정학적 구도가 유사한 역사적 상황을 만나면 본질적으로 동일한 반응을 한다고 본다. 과거와 같은 반응을 일으키는 구조를 역사 되풀이로 해석한다. 삼국시대와 후삼국시대 그리고 오늘날의 분단은 어떠한 역사철학으로도 설명되지 않고 한반도의 지정학과 한민족의 원형으로만 규명되어질 수 있다.

남북한의 대립도 겉으로는 동족 간의 통일 전쟁으로 보이지만, 거

▌연속적인 되먹임의 구조를 보여주는 로렌츠의 끌개

시적 관점에서는 대륙과 해양 세력 간의 세계사적인 패권 다툼의 일환이다. 역사의 공시성(共時性)을 실감시키는 숙명적 구도로서 한민족의 역사 되풀이는 마치 로렌츠(E. Lorenz)의 끌개와도 같다. 되먹임의 연속으로 보이는 것이다.

원형과 지정학이 변치 않는 한 로렌츠의 끌개와 같은 되풀이 구조는 계속될 것이다. 되풀이한 역사 경험은 원형에 되먹임하여 흔적을 남긴다.

역사관	역사의 원동력	현실의 의미	되풀이 이유
헤겔사관	세계정신	시대정신	어리석음
토인비사관	도전과 응전	탄생–성장–몰락 순환의 단면	역사의 철학적 동시성
원형사관	원형	시대원형	원형과 시대 상황의 관계

헤겔의 변증법과 시대정신 일반적으로 모순은 양립할 수 없다. 그러나 헤겔은 변증법에서 "모든 것은 자기 부정성을 내포하고 있다."고 보았다. 가장 확실한 보기가 인간의 생(生)이다. 사람은 죽는 존재이며, 생(生)은 죽음(死)을 향하고 있다. 죽음을 향하고 있기에 생은 더 역동적으로 움직인다. 헤겔이 말한 '세계를 움직이는 것'은 생(生)과 사(死)와도 같은 모순이다.

자동차 엔진을 생각해보자. 엔진 내부에서 가솔린이 폭발한다. 그 폭발력을 견디기 위해서는 단단한 금속과 벽이 필요하다. 폭발을 '정'

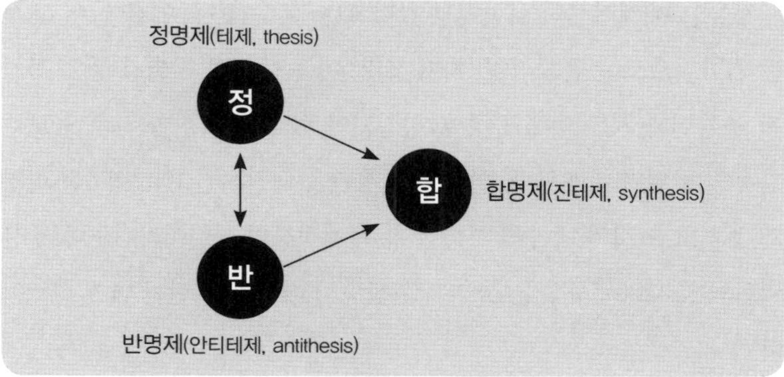

▌정과 반의 모순과 갈등을 통해 사회는 진보한다는 헤겔의 변증법

으로, 벽을 '반'으로 할 때, 폭발한 힘이 벽에 부딪쳐 움직이는 힘으로 전환될 때 피스톤이 움직인다. 엔진은 이들의 통합체이다. 이런 식으로 사물을 보는 것이 모순이 진보가 되는 변증법이다.

헤겔은 평생토록 사색을 통해 세계사의 철학적 체계를 집대성하고, '세계사란 세계정신의 자기실현 과정'이며, '세계정신(신의 의도)의 자기실현은 국가의 자유의식의 진보를 나타낸다.'고 보았다. 어려운 이야기 같지만 각 시대의 자유 상태가 곧 '시대정신'이라는 의미이다. 요컨대 정치 사회의 틀 속에서 인간의 자유가 국가 질서에 의해 어느 정도 제한되는가에 따라 세계정신이 결정되고 이 세계정신이 역사를 만들어간다는 것이다.

헤겔의 권위에 도전할 뜻은 없지만, 서구 중심주의 편견이 대철학자에게 얼마나 황당한 학설을 주장할 수 있게 했는지 새삼 느끼고 있다. 이런 식으로 신의 의도이기도 한 세계정신이 특정한 지역에만 나타난다면 매우 편협한 신일 것이다.

자유는 세계정신의 실현에서 왔다고는 볼 수 없다. 예를 들어 도시는 일반적으로 농촌보다 더 자유롭다. 이는 상인과 기술자 등의 자치적 조합이나 사조직이 곳곳에 형성되어 있어서 보통 도시화 규모는 자유의 범위와 비례한다. 한국 군사정권을 퇴진시킨 1987년 6월 혁명의 주체도 도시의 넥타이 부대였다. 세계정신의 실현이라기보다는 산업화와 도시화에서 오는 물리적 현상으로 설명하는 편이 더 현실적이다.

원형사관은 헤겔의 세계정신 대신 원형으로 역사를 바라본다. 민족 구성원은 전 세대로부터 계승해온 집단 무의식이 마치 개인의 '세 살 적 버릇'처럼 문화 전반의 중심에 새겨져 원형의 초기조건이 된다. 전 세대에 겪은 역사적 체험을 반영한 오늘의 원형이 시대정신(Zeitgeist)에 대응하는 시대원형이 되는 것이다. 어제의 원형과 문화, 역사 체험이 얽힌 복합체가 오늘의 원형이며 넓은 뜻에서의 오늘의 시대정신이다.

앞서 소개한 역사학자 부르크하르트도 헤겔주의자들과는 반대 입장에서 "시대마다 나타나는 역사적 현상 속에는 고유의 특성이 있다. 그 특성은 신비스러운 실로 이어진 정신이며 시대와는 상관없이 인간사에 끊기지 않고 계속 나타나는 특성"이라고 표현했다.

'신비스러운 실과 같이 이어진 시대정신의 의지'는 역사를 이끌어온 원형의 궤적이며 원형사관의 시적 표현이기도 하다. 신묘하게도 부르크하르트와 나는 150년의 간격으로 시와 수학의 눈으로 역사의 창에서 마주쳤다. "민족역사에는 민족 고유의 성격(원형)이 흐르며 면면히 이어진다."는 그의 말은 나의 '민족사를 관통하는 원형', '세 살 때의 문화 버릇'과 표현만 다를 뿐 같은 내용이다. 그는 헤겔과는 달리 크로노스의 관점으로 역사의 흐름과 민족사의 특성을 관찰했고, 원형사관과 맥을 같이하는 역사철학자이다.

시대원형 현존하는 각 민족의 역사는 직선적인 성장이 아니라 카오스적인 변동과 자기조직을 되풀이해왔다. 원형사관은 역사적 사건을 원형으로 조명하고 카오스의 눈으로 실증적 분석을 한다. 지금까지 역사교과서가 주로 각 나라의 좁은 시각에서 보는 역사를 다뤄왔다면, 원형사관은 문화 전반을 원형의 시각으로 보고 현실을 원형과 시대적 조건의 얽힘으로 해석하는 것이다.

원형은 민족의 초기조건이다. 복잡계가 초기조건에 민감한 것과 같이 민족이 형성될 때의 상황은 그 후의 역사 전반에 영향을 미친다. 한국은 끊임없이 중국, 일본 등과 접촉해왔고 그때마다 원형 충돌이 발생했고 카오스를 발생시켰다. 원형사관은 서로의 원형이 얽히는 과정에서 발생하는 문화·사회적 변화를 관찰하고 판단한다. 이데올로기나 종교적 신념에서보다는 대상이 받은 충격과 파장의 실체를 밝힘으로써 진실에 접근할 수 있다고 본다.

격심한 변화를 겪고 있는 현대사회는 그만큼 시대원형이 빨리 변한다. 이는 헤겔의 '세계정신'으로도 토인비의 '역사의 철학적 동시성'으로도 설명할 수 없는 것이다.

원형사관은 문화의 변화를 원형과 시대상황의 긴장관계에서 조명한다. 민족 원형은 초기조건을 간직하면서 각 시대의 역사 경험을 반영해 축적해간다. 시대상황에 따라 겉옷을 바꾸어 입는 것과 같다. 조선시대의 한국인은 한복을 입었지만 오늘날은 양복을 입는 것과 같다. 옷만 바뀌었을 뿐 몸은 크게 달라지지 않은 것이다. 다시 말해 한국인의 원형은 조선시대의 '평천하·예의지국'의 영향을 받고, 군사정권의 '잘살아 보세'의 정신도 발휘해왔다. 전 세대의 원형에 오늘의

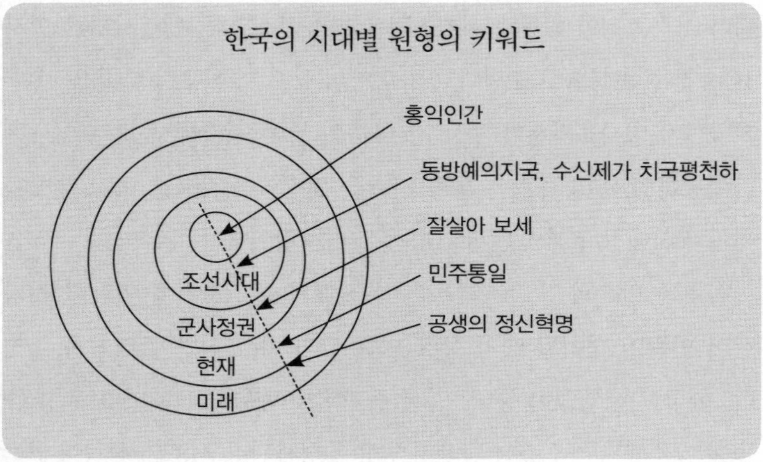

▌시대마다 색깔은 달라지지만 한민족 고유의 성격은 남아, 과거로부터의 역사의 결과가 무의식의 층을 이루고 있다.

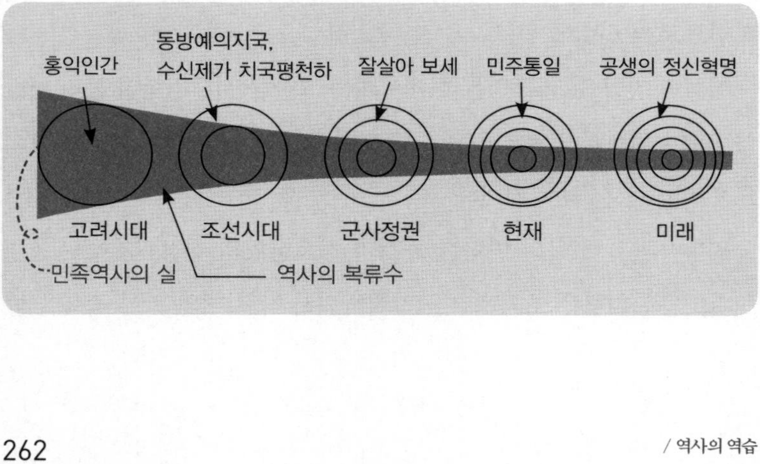

역사 체험과 충격이 개입되면서 내일의 원형으로 이어져간다. 초기 원형은 시대가 변화해가면 비록 영향력은 미미해지지만 사라지지 않고 계속 남아 이어가는 것이다.

이 원형을 복류수(伏流水)에 비유하면 이해하기 쉬울 것 같다. 하천 바닥이나 주변 자갈층에 흐르는 물을 복류수라고 하는데 어느 시대든 어느 민족이든 표면에 나타난 문화의 근원에는 복류수처럼 집단 무의식이 흐르고 있다. 곧 원형이다. 근원적 역사이다.

20세기 후기 구조주의 사상의 흐름을 주도한 푸코(M. Foucault, 1924~1984, 프랑스의 철학자)는 전통적인 철학의 경계를 넘어 폭넓은 관점에서 존재의 본질을 탐색했다. 그 과정에서 각 시대의 앎의 기저에는 무의식적 문화의 체계가 있다는 사상에 도달했다(『푸코』, J.G. 메르키오르). 푸코가 말하는 앎의 본질이 원형에 대응하는 것이다. 그 앎이 문화라 해도 성립한다.

또한 세르토(M. de Certeau, 1925~1986, 프랑스의 사회이론가)는 푸코의 『언어의 검은 태양』을 논하면서 "다양한 제도, 동시대적 체험과 견해에 뚜렷하게 나타나는 것은 아니라 해도, 하나의 문화를 구성하는 조건이나 원리가 있다."고 했다(『역사와 정신분석』). 세르토가 말하는 문화를 꽃피게 하는 조건이나 원리는 시대조건과 원형이 결합된 것이라고 본다.

4 무의식과 문화

나는 구조주의 수학을 전공했고 평생 그것을 강의했으면서도 인문학과의 관계를 의식한 적이 별로 없었다. 구조주의 수학은 새로운 공리군을 설정하고, 그 기반에서 하나의 수학 체계를 구상하는 것이다. 정신분석, 수학, 인류학, 언어학 등에도 구조주의가 있다.

구조주의는 하나의 사상이 이어지는 체계적인 철학은 아니다. 그러나 복잡계의 상황을 규명할 수 있는 가장 적절하고 유용한 방식이다. 이를테면 인체를 한마디로 설명하라면 쉽지 않지만, 뼈대 즉 골격을 보여주면서 인체의 구조를 설명하면 쉽게 다가오고 이해되는 것과 같다. 원형도 구조(공리)이다. 문화는 그 위에 핀 꽃이다. 따라서 구조주의는 문화론이기도 하다. 종교와 예술, 수학까지도 구조 즉 원형의 성격을 반영한다. 원형론은 구조주의 문화론이며, 원형사관이 곧 구조주의 역사관이다.

원형사관과 소쉬르의 언어학 소쉬르(F. Saussure, 1857~1913, 스위스의 언어학자)는 언어를 랑그(langue)와 파롤(parole) 두 부분으로 나누었다. 랑그는 문법, 단어, 용법이며 파롤은 구체적인 음성언어이고 문장이다. 우리는 낱말과 문법을 배워서 말하고 글을 쓸 수 있게 된다. 그러나 시대와 문화상황에 따라 우리 무의식이 변하기 때문에 의

미 또한 달라진다. 예를 들어 삼국시대에는 '우두머리'가 대왕을 의미했으나 요즘은 조직 폭력배의 간부를 연상케 한다. '각시'는 권력자의 부인이나 귀부인을 뜻하는 말이었지만, 이제는 보통 사람의 부인 심지어 접대부를 의미하는 말이 되었다.

요컨대 파롤이 랑그의 규제에서 벗어난 것이다. 파롤이 랑그를 무시하고 변해가는 것은 파롤의 본질이 변하기 때문이다. 다시 말해 언어가 끊임없이 변화하는 것은 시대마다 집단 무의식이 변화하기 때문이다. 따라서 그 시대의 언어 분석은 곧 사회 분석과 같은 의미가 될 수 있다.

플라톤 이후 언어학은 철학을 포함해서 모든 학문의 본질을 표현할 수 있는 도구라고 믿어왔으나, 소쉬르는 언어를 사회적 의미 체계로 인식했다. 언어가 원형(집단 무의식)을 결정한다는 내 견해와도 같다.

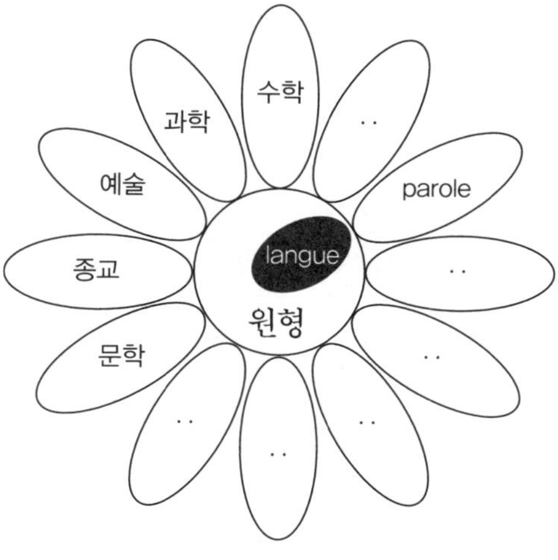

▌이 그림은 원형에서 모든 문화가 파생된다는 사실을 나타내고 있지만, 원형은 분할되지 않으며 어느 특정한 부분이 그에 대응하는 문화를 형성하는 것도 아니다. 그러나 어느 문화든지 깊이 파고들어 가면 빈틈없이 상호작용하는 무의식의 요소가 있다.

소쉬르의 무의식의 언어 랑그는 '집단 무의식인 원형'의 일부이며 결과적으로 원형사관은 소쉬르의 구조주의 언어학을 일반화했다고 볼 수 있다. 소쉬르의 언어처럼 인간은 원형에 '문화에 관한 의욕' 즉 랑그에 해당하는 부분을 갖고 있다.

무의식과 문화의 관계는 플라톤의 진선미(眞善美)에 대한 동경이 하나의 계기에서 의식화되는 구조이다. 무의식은 플라톤이 생각한 진선미보다 더 많은 가능성을 가진 영역이다. 특히 선으로 향하는 무의식의 지향성은 종교의식으로 나타나고, 고등종교로 구체화된다.

레비 스트로스의 인류학 레비 스트로스는 남미 아마존의 어느 원시 부족이 딸을 모계 사촌에게 시집 보냄으로써, 교차결혼 방식을 통해 근친결혼을 피해온 사실을 밝혀냈다. 저명한 프랑스의 수학자 베유(A. Weil, 19906~1998)는 이 결혼 방식의 구조가 현대 수학의 비가환군(非可換群, non-commutative group)과 같은 구조임을 확인했다.

비가환군이란 A부족이 B부족과 혼인관계를 맺을 경우, A부족이 딸을 B부족에 시집보낸다면 B부족에서 며느리는 데려올 수 없는 구조를 말한다. 원시 부족의 결혼 방법이 여러 차례 카오스를 겪으며 자기조직화되어 전혀 뜻하지 않았던 현재의 구조로 된 것이다. 이들 원시 부족이 현대 수학을 이해할 리는 만무하고, 초기에는 잡혼(雜婚) 즉 카오스의 상태였을 것이나 오랜 세월 동안 자기조직화를 거치며 절묘한 수학법칙으로 창발되어 비가환군 방식으로 확립되었다고 본다.

현대 수학자를 놀라게 한 것은 무작위적 '카오스에서 자기조직화'까지의 과정에서 부족의 생존을 위한 질서를 이루어냈다는 점이다. 원시 부족의 집단 무의식의 지혜가 결혼 방식에 반영되어 절묘한 수학적 구조로 나타난 것은, 소쉬르의 무의식의 언어 랑그가 의식화되어 파롤로 나타난 것보다 더 신기한 일이다.

고대신화는 모두 남매혼(男妹婚)이었고, 클레오파트라의 시대에는 남매혼이 왕의 특권이었다. 왕은 정치를 하고 여동생은 사제 역할을 하며 제정분리를 이루는 구조였다. 그러나 근친혼이 터부시된 이후부터는 그 터부가 초기조건이 되어 현대에까지 이어져왔다. 이외에도 아직도 우리가 밝혀내지 못한 무의식과 문화현상의 관계는 많을 것이다.

근대정신이 무의식과 의식 세계의 관계를 밝힌 것은 수학에 무한의 개념을 도입한 것 이상으로 의미가 크다. 소쉬르의 언어학, 레비 스트로스의 인류학, 원형사관은 모두 무의식을 의식 세계의 표면으로 끌어올리는 작업이다.

빅 데이터와 무의식 사회현상 분석에 활용되는 빅 데이터(Big Data)의 기본 원리는 확률론의 대수(大數)법칙을 확장한 것과 같다. 가령 고속도로에서 사고가 자주 발생하는 지점은 인간의 관찰로는 우연으로만 보일 수 있다. 그러나 빅 데이터로 분석하면 수리적 이유가 밝혀진다. 역사적 되풀이도 길고 짧은 주기의 차이만 있을 뿐,

동일한 패턴이 등장하는 것은 요인들이 같은 패턴으로 상호작용하여 귀착되기 때문이다.

이제는 수학적 사고로 역사에 접근하는 시대가 되었다. 한반도 역사는 거대 자료를 사용할 필요도 없다. 짧은 주기의 빈번한 되풀이만으로도 지정학과 원형 그리고 시대적 상황의 삼각관계를 쉽게 감지해낼 수 있다. 영국의 물리학자 스노(C. P. Snow, 1905~1980)가 우려했던 인문사회와 자연과학의 골도 이제 빅 데이터를 이용함으로써 두 분야를 하나의 대상으로 만들어갈 수 있다. 과학의 주류는 결정론(인과론)으로 단순계이지만, 인문·사회학은 복잡계이다.

푸앵카레는 "과학은 진리가 아니라 편리한 가설이다(『과학과 가설』)." 라고 주장했다. E. H. 카는 푸앵카레의 말을 인용해 "역사적 진리 또한 가설에 불과하며, 역사학 또한 과학이다."라고 규정했다. 과학의 진리는 일정한 조건에서 얻어낸 가설의 결과이다. 조건이 달라지면 그 결과도 명백히 달라진다. 역사적 판단 또한 사료와 조건(상황)을 근거로 하는 것이므로 사료에 따라 역사적인 사건의 의미가 달라질 수 있다.

푸앵카레의 주장은 자연과학과 인문학을 하나의 영역으로 보는 관점을 제공했다. 시대원형에 따라 기하학의 의미도 절대 진리인 "삼각형의 내각의 합은 180도이다."에서 "삼각형의 내각의 합은 180도보다 크기도 하고 작기도 하다."로 바뀌었다. 삼각형의 내각의 합은 180도이지만, 구면에서는 그보다 크다. 이들은 모두 가설이지만 해석이 다르다.

지금 우리가 직면한 대카오스도 인류 역사상 최대의 의미를 가질

'공생(共生)의 정신혁명'으로 향할 것이다. 문명의 성격 또한 정신혁명을 크게 반영할 것으로 기대한다. 원형사관은 E. H. 카의 '역사는 과학'이라는 뜻과는 다른, '인과론적 의미로서 역사의 되풀이성을 해명할 수 있다.'는 점에서 과학이다.

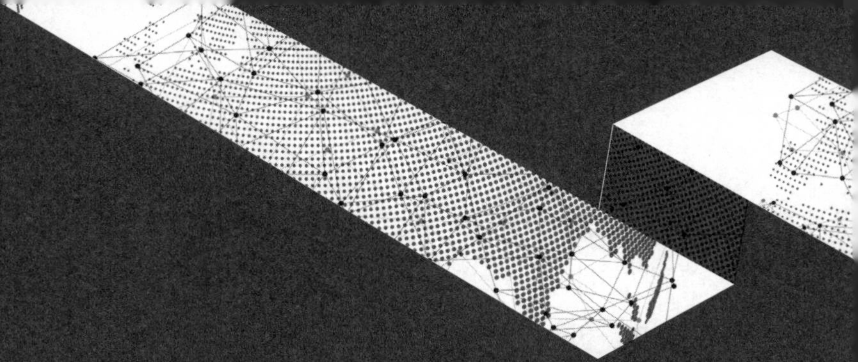

6

원형과 지정학

역사가 처음 등장했을 때
아무도 귀를 기울이지 않았기에
역사는 그것을 되풀이하려 한다.

발언자 미상

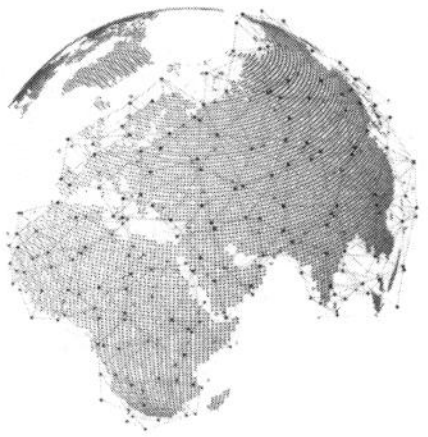

1 한반도의 지정학과 백강전투

한·중·일 관계의 초기조건

외교와 전쟁 개인의 생애도 많은 부분이 스스로가 아닌 다른 힘에 의해 결정되는 것처럼, 민족(국가)의 역사 또한 지정학이 연출하는 운명을 등에 지고 진행된다. 복잡계인 민족사의 중요한 변수는 지정학이다. 역사란 원인은 과거에 있지만 '현재는 과거와의 대화(E. H. 카)'로 규명될 수 있다. 한국사도 시간의 축에 따라 변화해온 듯하지만, 백강전투 이래 되풀이된 상황은 단 한 번도 바뀐 적이 없다.

백강전투를 알지 못하고는 현재의 한·중·일 삼국 구도를 결코 이해하지 못 한다. 백강전투는 중국 대륙과 한반도 그리고 일본열도의 지정학을 결정한 숙명적 국제 전쟁이었기 때문이다. 백강전투는 삼국관계의 초기조건이자 국가원리까지도 크게 바꾼 사건이었다. 미래로 나아가려면 지정학의 구도를 바꾸는 일이 그 첫걸음이 될 것이다. 하지만 안타깝게도 한국 역사교과서는 백강전투를 다루지 않고 있으며 지식인들조차 '백강전투'에 관심이 없다. 겨우 백마강에서 벌어진 백제와 나당 연합군의 전투 정도로만 상상할 뿐이다.

지금이라도 역사학계는 대한민국 역사 해석의 중심이 되는 이 전투를 왜 무시해왔는지 진지하게 고민해봐야 할 것이다. 건국 이래 역대 정권 또한 국민국가 형성에 가장 중요한 역할을 한 백강전투를 외면해왔다. 사실 역사의 연구 방향은 대통령이 간섭할 사안은 아니다. 박근혜 전 대통령이 '신라 중심'의 사관, 문재인 대통령은 '가야사'의 복구를 강조한 것은 옳지 않다.

백강전투는 서양사에서 118년간 로마와 페르시아가 지중해의 패권을 다툰 포에니전쟁(Punic Wars, B.C. 284~146)에 필적하는 대사건이었다. 598년에서 668년까지 70년간 이어진 동이족과 한(漢)족 사이의 동한(東漢) 전쟁은 동아시아의 최대 고비였고 그 절정이 백강전투였다.

한·중·일 삼국이 백강전투를 보는 시각은 각기 다르다. 중국사는 백강전투를 중화사상의 실현을 위한 국토 확장(普天之下 莫非王土)전쟁으로 보았고, 『삼국사기』는 "天國(唐)에 대한 백제의 비도(非道)로 벌을 받았다."고 기록했다. 또 왜로 건너간 백제사학자가 중심이 되어 편찬한 『니혼쇼키(日本書紀)』는 백제의 한을 기록하면서도 왜가 패전한 사실은 축소했다.

백제 부흥전쟁

A.D. 660년, 백제 사비성(부여)에서는 치열한 공방전이 벌어졌다. 백제군은 남과 북 양면에서 공격해 들어오는

나당 연합군을 당해낼 힘이 없었다. 나당 연합군의 일방적인 승리였다. 그러나 백제의 귀실복신(鬼室福信) 장군은 남은 군사를 이끌고 주류성(周留城)에 웅거해 군사를 추스르며 완강히 저항한다. 주류성은 다행히 나당 연합군의 공격을 피한 성이었다. 귀실복신은 한때 나당군이 점령하고 있던 부여성을 포위해 공격하기도 했다. 의자왕과 태자는 이미 당으로 끌려간 상황이고 새로운 정신적 지주가 필요했던 귀실복신은 왜왕에게 의자왕의 동생 여풍장(余豊璋, 교기)의 귀국과 원병을 청한다. 여풍장은 왜로 건너가 20년간 머물고 있었다.

당시의 왜는 백제의 식민지였다. 왜왕은 즉각 지원군 파견을 선포한다. 이듬해인 661년에 여풍장은 백제왕 겸 왜국 최고위 대직관(大織冠) 자격으로 5,000명의 왜병을 이끌고 출병한다. 왜의 사이메이(齊明) 여왕도 직접 수군을 이끌고 나선다. 그러나 사이메이 여왕은 북규슈 본영에서 병사하고, 나카(中) 태자(626~672)가 지휘권을 물려받는다. 나카 태자는 후일 덴지(天智)천황(668~670?)에 오른 인물이다. 나카 태자는 663년에 27,000명의 대군을 3군으로 나누어 이끌고 여풍장의 뒤를 따른다. 왜의 수군은 북규슈에서 한반도의 해안을 따라 올라와 변산반도를 돌았다. 동진강 하구에 있던 백제 부흥군의 본거지 주류성에 합류할 계획이었다. 그러나 당군은 이미 그 기미를 알고 잠복해 기다리고 있었다.

8월 27일, 왜와 당의 수군은 백강(동진강) 하구에서 격돌한다. 왜의 수군은 훈련받은 군사가 아니라 각지에서 모아온 편성부대였다. 한반도 서해안의 격심한 간만(干滿)의 차에 대해서도 알지 못했다. 그저 적진에 불나비처럼 뛰어들기만 할 뿐, 조직적으로 전투를 벌일 능력이 없었다. 당의 수군은 불화살을 퍼부어 불과 4번의 격돌에서 완승을 거둔다. 왜의 수군은 전멸했다. 왜 수군의 시신들이 불과 연기에 휩싸여 바닷물을 붉게 물들였다고 기록되어 있다. 백제의 기병은 강의 좌우에 포진해 신라군의 배후를 공격하며 왜의 수군을 엄호하려 했으나, 신라 기마대의 선제공격에 무너지고 말았다.

백제 부흥군을 이끌던 귀실복신은 주류성을 본거지로 나당 연합군과 대치했다. 주류성은 현재 부안의 동진강 하구에 있는 우금 산성이다. 백제·왜 연합군은 당군의 포위를 뚫고 주류성의 부흥군과 합류하려 했으나 뜻대로 되지 않았다. 여풍장은 명목상의 백제왕일 뿐 20여 년간 왜에 있었으므로 백제 사정에 어두웠다. 반면에 부흥운동을 주도해온 귀실복신은 사비성 함락 후 계속해서 남은 세력을 이끌어왔다는 자부심이 있었다. 두 사람의 미묘한 마찰이 서로를 못 믿게 만들었다. 결국 귀실복신 장군은 여풍장의 손에 죽고, 부흥군은 나당 연합군의 공격에 와해되고 만다.

▌왜와 당의 수군이 격돌했던 동진강 하구

주류성 주류성의 위치에 대해서는 여러 설이 있다. 『삼국사기』「백제기」에는 의자왕 20년 초에 백강을 '일백기벌포(一白伎伐浦)'라 불렀다고 기록되어 있다. 기벌포(伎伐浦)는 지금의 계화도로 갯벌과 포구를 뜻한다. 동진강 하구에는 갯벌이 많다. 안정복(安鼎福)의 『동사강목(東史綱目)』에는 백강(白江) 즉 기벌포를 백마강(白馬江)으로 보았다. 그 후 대부분의 연구자는 '백강'을 백마강과 혼동해 부여 부근으로 추측해왔다. 이병두, 이홍식, 이기백 교수 등은 주류성을 한산촌(韓山村) 부근으로, 백강은 막연히 금강 하류로 추정해왔다. 그러나 안재홍(安在鴻) 씨는 주류성을 우금 산성(禹金 山城)으로 보면서도 백강은 금강 하류로 생각했다. 『동사강목』의 영향인 것 같다.

▌산 정상에 거대한 흰 바위가 선명히 보이는 주류성 (현 우금 산성)

금강(錦江), 금산(錦山)의 금(錦)은 곰이 변해서 된 말이다. 웅진(熊津)은 곰을 뜻한다. 백마강 전설에서 당나라 장군 소정방(蘇定方)과 얽힌 이름은 부여 부근의 금강일 것이다. 부여성 함락 후 3년간의 저항운동을 염두에 두고, 부여성(사비성)과 주류성 사이에 있었던 피성(避城, 현재의 김제)의 위치를 감안하고, 또 우금 산성과 동진강의 위치를 감안하면 백강은 백마강이 아닌 동진강임을 확신할 수 있다. 백강을 동진강이라고 최초로 주장했던 일본인 이마니시류(今西龍) 또한 현지답사 후 지리적 조건을 감안하면 우금 산성이 주류성이고, 백강은 동진강이라고 확인했다.

백강전투의 전개과정을 보면 백강은 다음과 같은 지리적 조건을 갖춘 곳으로 추정된다.

첫째, 부여성이 함락된 후 3년간이나 나당 연합군과 대적할 수 있었다는 사실에서 방어하기에 유리한 지형이었을 것이다. 백제 부흥군은 부여성 탈환이 목적이었으므로 주류성은 부여를 기습할 수 있는 거리에 있어야 한다. 부여와 주류성 사이의 거리는 120km로 완충 지대를 두고 공격과 방어를 할 수 있는 적당한 거리이다. 특히 우금암의 산세는 성의 기능까지 갖추고 있었다. 만일 백강이 금강의 하류라면 군선을 이용하여 상류에서 내려오는 나당 연합군의 공격을 당하기 쉬운 위치이므로 전략상 매우 불리하다.

둘째, 서해안은 간만의 차이가 심하고 갯벌이 넓기로 유명하다. 역사의 기록을 찬찬히 살펴보면 전투는 백마강 근처에서 벌어진 것이 아니라 동진강 하구에서 벌어진 것이 분명하다. 『삼국사기』「별전 김유신」을 보면 "일대가 갯벌이어서 발빠짐으로 해안을 따라갈 수 없으므로 기벌포에 들어갈 수 없다."고 기록하고 있다. 『니혼쇼키』는 663년 8월 28일의 기록을 이렇게 남겼다.

> "일본의 선발대는 기상(氣象)을 살피지 않고 '우리가 먼저 공격하면 적은 퇴각할 것이다'라고만 믿고 앞다투어 나갔다. 당(唐) 수군의 협공을 받아 단시간에 역습당하고 퇴각하는데 뱃머리를 돌릴 수가 없어 혼란에 빠져 많은 희생자를 냈다."

서해안의 간만의 차는 유명하지만 일본군은 서해안의 조수 특징을 잘 몰랐다. 그날은 음력 8월 28일로 일 년 중 간만의 차가 가장 큰 날이었다. '기상을 살피지 않고'라고 기록한 것은 조수가 빠져 수로가 급격히 좁아진 동진강의 상태를 묘사한 것이 분명하다. 넓은 금강 하구에서 일어날 수 있는 일이 아니다.

▌주류성과 백강의 위치

백강의 유래 일본인의 집단 무의식 속 백강전투의 기억(恨)은 그들의 언어에서도 짐작할 수 있다. 백마강을 가까이에 두고 혼란스럽게 왜 백강이라고 했을까? 『니혼쇼키』는 백강전투의 장소를 '백촌(白村)'으로 기록했다. 백촌은 현재 일본어로 '시라스키(しらすき)'이다. 스키(村)는 '성(城)'을 뜻한다. 그러나 기록상 일본어 '시로(しろ)'가 처음으로 성(城)의 뜻으로도 등장한 것은 백강전투 이후 8세기경이다. しろ(しら)는 '희다'와 '성' 두 가지 의미가 있다. '白'과 '城'은 둘 다 'しろ(시로)'를 뜻하므로 동의반복(同意反復)적 표현이다.

白村=しらすき= 白城

이와 달리 『삼국사기』에는 주류성으로 기록되어 있다. 우금 산성의 정상에는 거대한 흰 바위가 있고 산 전체에 10여 개의 자연 동굴이 있어 유격전의 본거지로 쓰기에 아주 적절해 보였다. 흰 성(白城)을 뜻하는 백촌과 주류성은 같은 곳을 일본식, 신라식으로 다르게 쓴 것이다.

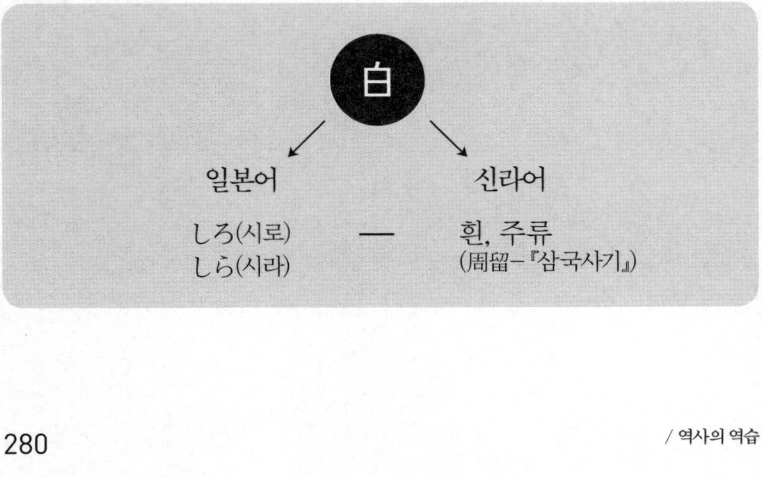

주류성이 함락된 후 백제 부흥군은 잔존 병력을 결집해 다른 거점으로 이동했다. 임존성(任存城)이었다. 여기서 흑치상지(黑齒常之) 장군이 2개월 이상 저항한다. 그러나 그는 결국 663년 11월에 항복한다. 그 후 백제 땅은 신라 귀족의 장원으로 변했고, 백제의 농민은 농노로, 기술자는 경주로 끌려가 기술자 노예 신세가 되었다. 불국사 무영탑의 석공 아사달과 그의 아내 아사녀의 슬픈 설화는 가족을 떠나 신라로 끌려간 백제 유민(遺民)의 처지를 상징했다.

한국 역사교과서는 사비성이 함락된 660년을 백제 멸망의 해로 기록하고 있다. 이는 백강전투를 도외시한 역사관을 따르기 때문이다. 660년 이후에도 3년 가까이 백제 부흥전쟁은 계속되었으며 그동안 일본에 사신까지 왕래했다. 따라서 실질적으로는 부흥전쟁이 끝난 663년 11월을 백제가 멸망한 때로 봐야 옳다. 백강전투는 백제와 왜에게 신라에 대한 원한을 남긴 전쟁이었다. 그 한은 신라와 왜는 물론 지금의 한·중·일 관계에까지 영향을 미치고 있음을 주시해야 할 것이다. 요컨대 백강전투는 한·중·일 관계의 초기조건이다.

백제 유민의 망명길 『니혼쇼키(일본의 역사서)』는 백강전투가 끝난 지 근 60년이 지난 시점인 720년에 기록되었다. 『백제기』와 『백제본기』, 『백제신찬』 등 백제삼서를 참고로 백제계의 학자에 의해 편찬되었다. 왜 왕조의 사관업무는 왕인(王仁)박사와 아직기(阿直岐)의 자손들이 대대로 세습적으로 맡았다. 백강전투 이후에는 주류성의 명장 귀실복신의 아들 또는 동생으로 추측되는 귀실집사(鬼室集斯)를 비롯한 망명 백제학자들이 일본의 문교와 역사의 편집을 떠맡았다.

『니혼쇼키』는 663년 9월 초, 주류성이 함락되었을 때 백제 유민의 처참한 상황을 이렇게 기록하고 있다.

> "백제의 이름은 오늘로서 끝났다. 곰나루(공주)에 있는 조상의 무덤을 언제 다시 찾을꼬."
>
> "대례성(弖礼城)에서 일본 군장들과 만나 다시 백제를 일으킬 것을 의논하고, 처자(妻子)들에게 백제를 떠나야 할 결심(去國之心)을 알리게 한다. … 대례성을 출발하여 일본으로 간다."

이 글에서는 백제인을 국인(國人) 또는 국민(國民)으로 호칭했다. 일본의 군장(軍將)이나 선사(船師)와 구별하여 기록한 것이다. 비통한 심정을 절절히 토로한 것을 보면 백제인이 쓴 게 분명하다.

『니혼쇼키』에는 왜를 일본으로, 왜왕을 천황(天皇)이라고 규정했다. 왜는 신라와 당과는 전혀 다른 '신의 나라'라며 일본신국론을 기록으로 남겼다. 『니혼쇼키』가 완성된 이후부터 일본 조정은 수백 년간 정기적으로 일본신국론을 암송하며 국민을 세뇌시켜 왔다. 동시에 신라와 당에 대한 원한과 백제에 대한 그리움도 함께 되새겼다.

『니혼쇼키』에 기록된 망명 항구였던 '대례(弖礼)라는 지명이 매우 흥미롭다. '대(弖)('호, 대' 두 가지로 읽을 수 있지만, 일본어는 '대'로만 읽는다)'는 백제어로 '호'로 읽는다. 汗을 한국에서는 [han], 일본에서는 [kan]으로 발음하는 한·일어 사이의 음운변화로 미루어볼 때, '弖[ho]'가 '弓[ku]'로 읽혔을 가능성이 크다(김용운 『풍수화』 227쪽). 대례(弖礼)는 현재의 전라남도 구례(求禮)일 것이다. 『니혼쇼키』의 오진기(應神紀)에는 이와 관련해 다음과 같은 글이 실려 있다.

"구레파, 구레시라는 이름을 가진 고구려인이 구레(吳)에 가서 바느질하는 여인(縫女)을 구해 왜로 데려와 입조(入朝)했다."

일본학계는 '吳'를 중국 양쯔강 남쪽의 오(吳)나라로 지목한다. 하지만 굳이 먼 중국 오나라까지 가서 바느질하는 여인을 구하려 했다는 것은 비현실적이다. 당시 왜는 백제에서 베틀, 토목, 야금기술자를 구했고, 백제식 의복이 보급되었던 점을 감안하면 두 사람을 구례 사람이라고 이해하는 것이 자연스럽다. 두 고구려인의 이름에 다 '구레'가 붙은 것도 이상하다. 『니혼쇼키』는 일본의 독립성을 과시하기 위해 되도록 일본과 한반도의 관계를 은폐 또는 애매하게 사용하려 든다. 구례(求禮)도 오(吳)로 바꾸어 쓰면서 음만은 같은 구레로 읽었다. 지금도 일본어는 이 전통에 따라 오복(吳服, 일본의 옷감)을 화복(和服, 기모노)으로 인식한다.

망명 백제인은 백제의 구례(求禮)에서 섬진강을 따라 내려가 바다를 건너 히로시마(廣島)에 가까운 일본 해군의 본영 구레(吳)시를 경유했을 것이다. 실제 백제와 일본을 왕래할 때는 서해로 우회하는 것보다 섬진강을 따라 남하하는 것이 더 안전한 방법이었다. 따라서 오(吳)는 중국이 아닌 한반도의 '求禮'였을 것이다(弖礼 → 弓礼 → 求禮 → 吳). 일반적으로 민족이 이동하거나 망명하면 이주지의 이름을 고향의 이름으로 부르는 경향이 있다.

다시 주류성의 역사로 돌아가 보자. 전영래(全榮來) 교수는 663년

9월 7일 주류성이 함락된 날부터 9월 13일까지의 날수와 예상되는 경로와 거리를 자세히 계산한 바 있다. 그는 백제 유민들의 망명 경로였던 섬진강의 항구 대례(弖礼)는 고흥 반도의 뿌리 부분으로, 현재의 낙안 부근인 것으로 추측하고 있다(『百濟後抗爭史 硏究』).

전영래 교수의 문헌조사와 현지답사가 세밀하여 사족을 달 여지가

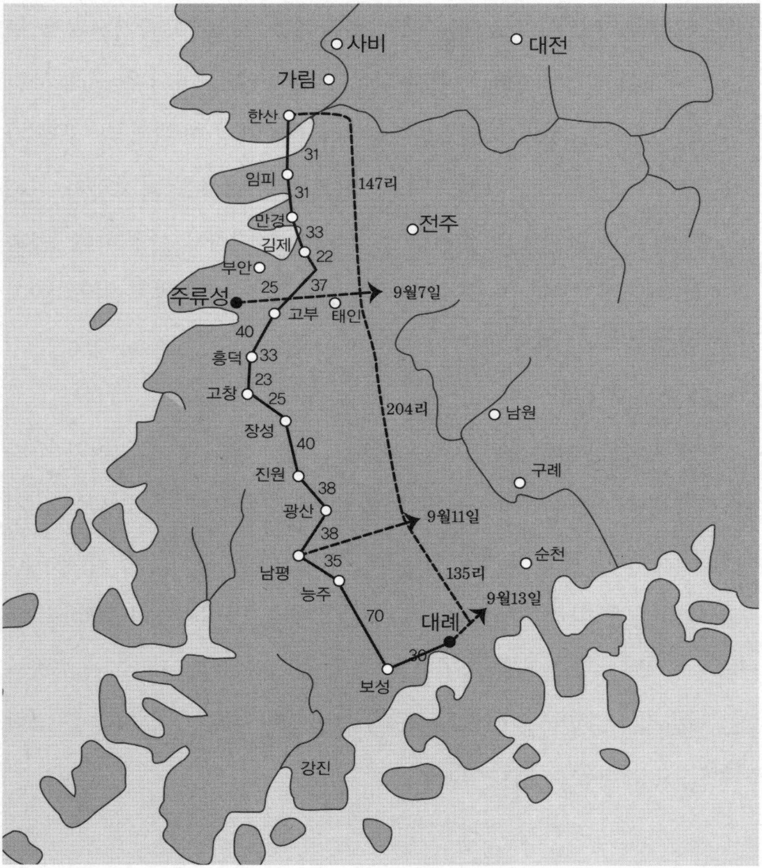

▌주류성 백제유민 망명로(州柔城百濟民亡命路要圖, 全榮來 原圖, 里數는 한국의 里)

없다. 단 한 가지, 위에서 언급한 지명인 '대례(弖礼)와 구례(求禮)'의 관계를 보면 다른 가능성도 있지 않을까? 백제인의 망명 경로는 현재의 곡성과 구례를 잇는 수로였던 것으로 추정된다. 이 지역이 이미 신라군의 영향권 안에 있었던 것은 사실이지만, 신라군은 당군, 고구려군과 다시 싸워야 하는 긴박한 상황에 처해 있었다. 섬진강 연안 일대를 경계할 군사적 여유도 없었고 또 그럴 필요도 없었을 것이다. 그러나 백제인에게 그 루트는 익숙한 길이자 절박한 길이었다.

이춘구 박사의 한시 「백강전투」 한 편을 소개한다.

力蓋江兮氣鎮賊
人不睦而時不利
救援船於泥潰滅
英雄之夢飄飄飛

草藏津兮歷史失
後未覺而來亦悲
必勿忘百濟光榮
聽潮汐歌復興始

힘은 바다 같은 백강을 덮을 만하고
기개는 적을 누를 만한데
상하인이 화목하지 아니하고
때가 이롭지 못한 것을 어찌할까

백강을 뒤덮은 구원선단이 물때를 몰라
갯벌 속에서 궤멸되고 마니
대륙과 해양을 호령하던 백제 영웅의 꿈이
회오리바람 결에 날아가는구나!

동진강 나루에 서니 잡초에 묻혀 있고
7백 년 왕국의 역사 사라져가건만
후인들은 비원의 역사를 깨닫지 못하고
장차 다가올 미래 또한 어찌할까
동북아의 중심 백제 영웅들의 빛나는
발자취를 부디 잊지 말며
동진강을 오르내리는 밀물 썰물의 노래를 들으며
진정한 백제 역사를 일으켜 세워보세!

멸망 민족의 기백 - 누만티아 역사는 정의와는 관계없는 승자의 기록이다. 그러나 작은 나라, 약한 세력이 대제국과 과감히 싸워 패한 사실은 인상적이다. 감상에 젖게 한다.

서양고대사에서 가장 감동적인 역사는 누만티아(Numantia) 민족사이다. B.C. 2세기에 로마는 마케도니아와 셀레우코스 두 제국을 무너뜨리고 지중해 연안을 지배하며 대제국을 이루었다. 로마는 자긍심에 도취해 있던 그리스의 도시국가들도 모두 정복하고 숙적 카르타고도 초토화시켰다.

이런 대제국 로마에 비해 누만티아는 이베리아 반도 북부에 위치한 고대 켈트족의 소국이었다. 그들이 가진 것이라고는 험준한 지형과 자유를 사랑하는 정신 그리고 강한 독립심뿐이었다. 현실적으로는 산중의 보잘것없는 작은 나라에 불과했다. 이 누만티아가 로마의 지배에서 벗어나려고 B.C. 153년에 대제국 로마와 전쟁을 벌인다. 지형지세를 이용한 효과적인 전투로 누만티아는 기적처럼 로마군을 물리쳐 항복을 받고 포로로 잡는다.

그러나 그로부터 20년 후인 B.C. 133년에 로마 원로원은 누만티아를 더 이상 두고 볼 수 없다며 본격적인 공격을 결의한다. 카르타고를 멸망시킨 로마 최고의 명장 스키피오 아이밀리아누스(Scipio Aemilianus, B.C. 185~B.C. 129)에게 2만의 대군을 주고 누만티아를 괴멸하라는 임무를 내린다. 그는 누만티아 주변에 9km에 달하는 울타리를 세우고 포위한다. 감시탑을 세우고, 주위에는 해자를 팠다. 13개월 동안 누만티아를 포위해 공격을 계속 퍼부었다. 견디다 못한 누만티아는 전체 주민이 로마의 노예로 사느니 차라리 죽음을 선택하겠다고 결의한다. 누만티아인들은 스스로 도시를 불태우고 장렬하게 사후의 자유를 선택했다.

누만티아는 스페인 독립과 용감성의 상징이다. 『돈키호테』를 쓴 국민 작가 세르반테스(M. Cervantes, 1547~1616)도 『누만시아(El cerco de Numancia)』를 썼고, 수많은 시인들이 누만티아의 정신을 기리는 시를 썼다. 화가들은 전투장면을 그림으로 남겼다. 1882년에 누만티아 유적은 스페인 역사유물로 지정되어 애국적 순례지가 되었다.

한국의 정치가들은 걸핏하면 전직 대통령의 묘를 참배하는데 우리에게는 스스로의 기백(thymos)을 불러 일으킬만한 사적이 그토록 없는 것인가? 백제에는 계백 장군의 정신이 있었고, 나당 연합군 대군과 맞서 싸운 낙화암은 결코 누만티아에 뒤지지 않는다. 특히 우금 산성(주류성)에서의 3년간의 항전 역사는 우리 민족의 용기를 상징하며 스페인 사람이 누만티아를 찾는 것보다 더 큰 의미가 있는 곳이다.

대한민국은 국민국가이며 신라의 후예든 백제의 후예든 당과 끝까지 싸운 역사는 함께 소중히 간직해야 한다.

백제의 한 『니혼쇼키』에서 백제인은 "오늘로서 백제의 이름은 끝났다. 고향 산에 있는 조상의 묘를 언제 찾아갈 수 있을까"라고 한(恨)을 풀어냈는데 과연 그 한은 해결되었을까?

『삼국사기』는 「백제본기」의 말미에 이렇게 쓰고 있다.

> "백제는 무도하고 천리를 무시하는 등 당(唐) 고종에게 적대적인 마음을 품고 대국(大國)에 죄를 지었으므로 멸망한 것이 타당했다."

당에 반항한 백제의 멸망이 당연했다는 관점이다. 이런 관점을 보며 나는 자문하게 된다. 왜 전주의 모악산과 공주의 계룡산, 그리고 정읍 일대에서 동학을 비롯한 신흥종교를 많이 배출했는가? 이들은 천년왕국과 미륵사상, 구세주의 천지개벽을 바라고 권력의 횡포에 저항했다. 일제강점기 때도 광주에서 항일학생운동이 일어났고 5·18의거도 광주에서 일어났다. 백제 주민의 집단 무의식이 서려 있는 곳이다.

백제인과 신라인의 피가 다르지 않다. 1,400년 전의 구원(仇怨)이 지금 있을 수 없고, 백제든 신라든 다 같은 한국인이다. 통일전쟁이었던 백강전투를 굳이 축소하거나 외면해서는 안 된다.

박정희 대통령 시절 이야기다. 어느 작가가 "신라 통일은 겨우 한반도 반쪽만의 치욕적인 통일이며, 신라가 당의 힘을 빌려 고구려와 백제를 멸망시켰다."는 내용의 글을 썼다가 중앙정보부에 끌려가 봉변을 당했다. 5·16 군사정권은 경주에 '화랑수련원'을 세워 신라 통일의 정신으로 국가를 다스리겠다는 군국주의적인 마음을 먹었던 것 같다. 군 출신 대통령다운 발상이었다. 이후락 당시 중앙정보부장은 일부러 경상도와 전라도 지역을 차별하도록 조종하며 박정희 정권의 장기집권에 기여했다. 다시 2012년 그 정권을 재창출한 것도 신라 통일의 주 세력을 의식(우리가 남이가!)한 선거전술 때문이라고 봐도 틀리지 않다.

정치가의 의도적 지역차별이 존재하는 것은 아직도 백제의 한이 안 풀렸음을 시사한다. 타국에 역사인식을 요구하면서 자국의 역사도 제대로 인식하지 못하는 것은 매우 비이성적인 사고다. 신라 통일을 찬양하는 것은 『삼국사기』 사관이다.

일본은 우리와 대조적으로 백제의 한(恨)을 일본 천황주의로 변질시켰다. 오히려 반 신라, 반 한반도로 전환했다. 『니혼쇼키』의 '임나일본부설'은 물론이고 일본 설화 가운데서도 조선 정벌에 관한 것은 유독 인기를 모았다. 임진왜란을 우리 관점에서만 볼 것이 아니라, 이런 일본인의 집단 무의식의 관점에서 보고 해석할 필요가 있다.

개인도 마찬가지지만 국가와 민족도 정신분석의 대상이다. 백강전투에 관한 인식은 우리의 역사 해석에 중요한 역할을 할 것이다. 앞으로 동북아 평화를 위한 삼국의 관계 확립을 위해서도 백강전투에 대한 재조명은 꼭 필요하다.

백강전투가 한·일 원형에 준 영향

백강전투는 단순히 백제인의 한으로만 남은 것이 아니다. 그 후 한반도인은 이 전투의 결과로 발생된 지정학적 비극에 갇히게 된다. 이후 1,250년간 중국에 사대하며 영토 회복의 꿈을 꾸지 못했고, 일본인의 원형에는 한반도와 중국에 대한 적개심을 심었다.

신생 일본국

왜는 패전으로 큰 타격을 받았으나 전쟁에서 결집된 에너지를 이용해 열도 내의 호족 세력을 해체한다. 그리고 신생 일본국을 수립한다. 특히 독립적이었고 막강했던 규슈의 호족 세력이 백강전투에서 결정적인 타격을 입어 야마토 정권에 완전히 흡수되었다.

여풍장 밑에서 부사령관을 지낸 아베(阿部比羅夫)는 패전 후 북규슈(北 九州)의 본거지를 해체하고, 나가노 호타카(長野穂高)로 옮겼다. 그로부터 지금까지 호타카 신사(穗高神社)에서는 해마다 백강전투 기념행사를 해오고 있다.

▌아베(阿部比羅夫)의 동상

▌호타카 신사(穗高神社)

귀실복신 장군의 아들 또는 동생으로 추정되는 기시츠 슈시(鬼室集斯, 귀실집사)는 왜로 망명해, 학직두(學職頭, 현재의 문교 장관 겸 대학 총장)의 직책을 맡아 신생 일본국 확립에 크게 공헌했다. 그를 기리는 기시츠 신사(鬼室神社)가 지금도 오오미(近江)에 있다. 오오미 일대에 망명 백제인들이 집단으로 거주하면서 신사가 세워졌고, 사찰인 백제사(百濟寺)도 들어섰다. 백제는 더 이상 '구다라'라고 호칭하지 않고, 일본식 한자음으로 햐쿠사이(hyakusai)로 읽혔다. 백강전투 이후 망명 백제인에게 백제는 더 이상 '큰 나라(구다라)'가 아니었기 때문이다.

일본의 구심력(求心力), 신라의 원심력(遠心力) 일본에 간 백제 유민들은 나라 잃은 아픔을 안고 일본 정권의 중심에 서서 교육과 사법, 군사제도를 개혁했다. 그들은 천문, 역사, 야금(冶金), 건축 등 각 분야에서 크게 활약했다.

『니혼쇼키』에는 다음과 같은 시가 실려 있다.

꽃은 저마다
다른 가지에서 피지만
그 뿌리는 하나다.
우리,
보배를 만들기 위해
하나로 뭉치자.

시의 뜻은 '백제인과 왜인은 한반도와 일본열도 서로 다른 지역에서 살아왔지만 원래의 뿌리는 같으므로 신생국 일본을 발전시키기 위해 하나로 돌아가자.' 즉 '모두 하나로 뭉치자.'고 구심력을 외치는 시이다. 이것이 야마토(大和) 정신이다.

백제가 완전히 멸망하자 왜는 나당 연합군의 추격이 두려워 전국에 방어망을 구축했다. 그 과정에서 망명 백제인과 일본의 지방 호족을 비롯한 분산된 세력이 하나로 뭉치게 된다. 757년에 국명도 야마토로 바꾸었다. 이 경험이 일본의 원형에 반영되어 단결, 곧 크게 뭉치는 야마토 정신으로 자리 잡았다.

안타깝게도 사대국이 된 신라는 일본의 구심력과는 반대로 당을 중심으로 한 원심력(遠心力)이 작용되었다. 신라는 백제와 고구려의 옛 지역민을 품지 않고 차별했다. 신라의 사대는 그 후 1,250년간 한반도의 국시가 되어 원심분리기처럼 작동했고 해방 후에는 남북분단과 지역감정으로까지 이어졌다. 매우 안타깝지만 신라의 원심력이 일본의 야마토 정신의 구심력에 눌려 식민지가 된 것은 천추의 한(恨)이다.

정한론(征韓論)의 뿌리, 요시다 정신 7세기 중엽의 일본 인구는 550만~600만 정도로 추정된다. 백제 구원군으로 동원되었다가 거의 전멸한 3만 2,000명의 군대는 현 일본 인구 1억 2,000만 명과 인구비율로 단순계산하면 60만 대군에 해당한다. 그만큼 패전은 쓰라렸고 일본인의 원형에 씻을 수 없는 상처를 남겼다.

같은 역사적 사건에 대해 가해자와 피해자의 무의식에 새겨진 기억은 결코 같을 수 없다. 백강전투 후 한국인은 백제인을 열도로 몰아낸 사실을 거의 잊었으나, 『니혼쇼키』는 비통한 '백제의 한'을 기록하며, 한반도 정벌의 꿈을 키웠다.

조국을 잃어버린 백제인의 망명길은 험난했다. 바닷길은 열려 있었으나 제대로 된 선박조차 없었다. 일부는 가까운 대마도로 건너가 쓰쓰(豆酸) 마을에 자리를 잡았다. 거기서 백제 귀족의 자존심을 꺾지 않으려고 대대로 같은 일족끼리 혼인하며 혈통을 지켰다. 용모는 대마도 내의 다른 지역 사람과 확연히 구별되었다. 특히 그들 후손의 여성은 미인이 많았다. 언어도 그들끼리만 통하는 고대 백제어를 사용했으며 왜구에 가담해 한반도 침략의 선봉이 되었다.

나는 대마도 산 위에 올라 거친 바다를 앞에 둔 쓰쓰 마을을 내려다보면서 그들의 조상이 도착했을 때의 광경을 상상해보았다. 항해 도중 죽은 사람도 많았을 것이다. 차마 고향 땅에 남지 못해 떠나왔으나 기회만 있으며 곰나루(熊津)의 조상 묘에 가고 싶었을 것이다.

이들과 같은 시점에 출발한 무리 중 일부는 운이 좋아 한반도와 가까운 열도의 맨 서쪽, 지금의 야마구치현(山口県) 하기(萩)에 당도했다. 그들은 하기 일대를 통치하며, 조슈(長州)의 번주(藩主)가 되었다.

▌조슈 번의 역대 번주들의 초상화; 오우지씨(大内氏)는 맨 처음 야마구치 지역을 통치하면서 백제 성림왕자의 후손임을 자랑했으며 그 후 같은 백제계의 모리(毛利)에 계승되었다. 역사서에는 성림왕자의 이름이 없지만 백제계인 것만은 사실이다.

번주의 사당에는 백제 왕자의 후손인 역대 번주들의 초상화가 걸려 있다. 야마구치 일대의 지배계층이 된 이들은 스스로 백제계임을 자랑하고 당당하게 백제식 묘를 만들었다. 잃어버린 곰나루(공주) 땅을 그리워하며 신라와 당에 대한 증오심을 키웠다. 바다 건너가 바로 신라 땅이었으므로 기회가 있을 때마다 한반도 각지를 습격했다. 실제 세토나이카이(瀨戸內海) 일대 해적은 백제계 무라카미 수군(村上水軍)으로 한반도 침입의 앞잡이였다.

현 일본 총리 아베 신조(安倍晋三)가 가장 존경한다는 요시다 쇼인(吉田松陰)은 조슈 번의 군사학(兵法) 가문 출신이다. 요시다 쇼인은 늘 "조선과 중국(신라와 당) 땅을 뺏어야 한다."며 제자들에게 "잠자리에서도 발을 신라 쪽으로 두어야 한다."고 가르쳤다. 그의 제자들은 모두 정한론(征韓論)을 신봉했다. 조선 식민지화의 선봉에 섰던 이토 히로부미(伊藤博文)를 비롯해 명성황후 시해를 지휘한 미우라 고로(三浦梧樓), 조선 초대 총독 데라우치 마사타케(寺內正毅) 등이 모두 요시다의 직·간접적인 제자들이다. 아베 총리 또한 이들과 같은 계열의 인물이다. 그는 중대한 정치적 결단을 할 때마다 요시다를 신주로 삼은 쇼인 신사(松陰神社)에 참배한다.

정한론은 중국, 한국 등 아시아 나라들과 손을 끊고 서구와 손을 잡자는 탈아론과도 실질적으로 같은 노선이다. 현재의 한·중·일 대립 구도도 반신라, 반당(唐)이었던 요시다 정신의 연장이다.

이처럼 한·일 간의 원한의 씨앗은 백강전투에서 출발하고 있다. 일본 근대 역사학의 창시자 중 한 사람인 교토대학교 나이토 코난(內藤湖南) 교수는 "1467년 전국시대를 연 오닌의 난(應仁の亂)을 계기로 일본이 한반도의 영향에서 벗어나 일본 고유의 문화를 형성한 것으로 보고 그 후의 역사만 알면 현 일본을

▌요시다 쇼인(吉田松陰)

충분히 이해할 수 있다."고 주장했다. 그러나 이는 일본의 역사와 문화와 정신이 『니혼쇼키』의 영향을 크게 받은 사실을 무시한 관점이다. 일본의 기본 노선인 '팔굉일우' 정신은 침략 전쟁의 사상적 배경이자 국가원리가 되어 일본을 이끌어왔다. 나이토 교수는 표면의 문화적 흐름만 보았지 그 밑바닥에 있는 일본의 초기조건을 무시했다.

백강전투의 역사적 교훈

백강전투가 남긴 것 신라 통일은 고구려 영토 대부분을 포기하고 백제 옛 영토만을 간신히 손에 넣는 것으로 마무리되었다. 신라의 영토는 넓어졌으나 수도는 여전히 경주에 두었다. 신라인과 백제인의 관계는 점령자와 피정복민의 상하구조로 변했다.

백제에 대한 차별의식은 훗날 신라 왕통의 정통 계승자로 자처한 고려 태조의 『훈요십조』에도 그대로 반영되어 구 백제 땅은 반역의 땅으로 지목되었다. 백제인의 반항 정신은 조선시대 정여립(鄭汝立)의 난과 동학농민혁명, 그리고 5·18민주화운동으로 이어져왔다. 차별에 대한 반항은 물리학의 작용과 반작용과 같아 면면이 원형에 새겨진다. 후백제의 백제 부흥운동의 중심지도 동학농민혁명의 발상지와 가깝고, 금산사 미륵 신앙과 증산교 등은 한결같이 백제 부흥운동에 뿌리를 두고 있다.

고구려 유민도 차별의 대상이 된 것은 마찬가지였다. 정주(定州)는 전국에서 두 번째로 과거시험 합격자를 많이 배출한 고을이었지만 조선 500년 역사 동안 평안도인은 문관, 무관을 막론하고 거의 중용되지 않았다. '홍경래(洪景來)의 난'이 평안도에서 일어났던 것도 이런 맥락에서 이해될 수 있다. 차별은 평안도 사람들에게 깊은 상처를 남겨 반(反)남한 감정을 형성했다. 8·15 직후 한반도가 정치 혼란에 휩싸인 것도 과거의 차별의식과 무관하지 않다. 공산국가가 돼서도 마지막까지 김일성은 남한 공산주의자를 대부분 숙청했다. 통일을 위해서는 먼저 과거의 병적인 차별의식부터 청산해야 할 것이다.

백강전투가 한·중·일 삼국에 미친 영향과 결과는 이렇게 정리될 수 있다.

	백강전투에 대한 해석	국가원리
삼국사기	당에 대한 백제의 비도(非道)로 대국에 거역해서 벌 받아 멸망했다.	사대
니혼쇼키	백제의 한(설화, 전설에 남아 있음)	천황, 일본 중심 (八紘一宇)
唐書	하늘 아래 황제의 땅이 아닌 곳은 없다.(普天之下 莫非王土) 즉, 한반도는 당나라 영토다.	중화사상

지역국가는 통합국가로 향하는 것이 역사의 흐름이다. 삼국시대의 갈등은 한반도 통일을 위해 불가피한 것이었다. 그러나 통일국가와 국민국가로 가려면 민족이 일체화되어야 한다. 백강전투로부터 1350년이 지난 지금 한국인은 모두 하나의 언어를 사용하는 단일민

족이다. 그러나 한반도 주류 세력은 민족통합에 대한 관심이 미흡했다. 일본이 야마토 정신으로 뭉치고, 중국이 중화사상으로 영토를 지속적으로 키워왔으나, 우리는 이에 대응할 만한 대통합 사상이 없었다. 남북이 대립해 있는 가운데서도 남한에는 수십 년간 지역차별이 존재해 왔고 지금도 여전하다.

국민국가는 각 지역의 역사에 동등한 의미를 두고 공유해야 한다. 백강전투의 역사적 사실은 정부 차원의 적극적 평가를 통해 역사 교과서에 반영되어야 할 것이다. 백제 멸망은 660년이 아니라 부흥운동이 좌절된 663년이며, 왜군 3만 2,000명이 전멸한 사실을 인식하는 것, 백제와 일본 왕통이 한 뿌리라는 사실도 상호관계의 이해에 도움이 될 것이다. 미국의 남북전쟁, 일본의 유신전쟁, 스페인의 누만티아 등은 패자의 역사를 분명히 기록하고 패자의 용기를 찬양함으로써 한(恨)을 극복케 했다. 오직 한국 역사 교과서만이 신라 중심의 『삼국사기』 역사관으로 일관하며 패자의 역사를 무시하고 있다.

역사를 무시함으로써 망각으로 유도할 수는 있어도 집단 무의식에는 한(恨)으로 남는다. 정신분석학은 기억에 전혀 없는 유아기의 갈등이 성인이 되어도 그대로 남아 정신병의 원인이 될 수 있음을 증명했다. 한민족의 유아기 갈등 또한 집단 무의식에 남아 한국병의 원인이 되어 있다. 한민족은 하나이며 삼국시대의 신라, 백제, 고구려 후손의 DNA는 융합되어 있기에, 남북통일에 앞서 남한인의 확고한 일체감이 먼저 요청된다. 더욱이 국민국가로 가려면 적극적으로 하나의 민족인식을 가져야 하는 것이다.

미완(未完)의 국민국가 박정희 전 대통령은 '조국 근대화'라는 정치구호를 외쳤지만, 근대화는 구호로 되는 것이 아니다. 국민국가로부터 출발해야 하는 것이다. 영국은 청교도 혁명을 계기로 절대 군주제에서 의회에 의존하는 군주제도로 바뀌었고, 프랑스는 혁명을 통해 봉건제를 타도하고 공화제로 나아갔다. 그러나 박정희의 군사쿠데타는 반대로 의회주의를 무너뜨리고 독재유신체제를 만들었다. 유신체제가 본보기로 삼은 것은 일본의 메이지유신이었다. 그러나 메이지유신은 봉건제에서 입헌군주제로 이행하며 국민국가를 만들어낸 혁명이었지, 독재정권의 영속화를 시도한 것이 아니었다.

대부분의 근대화 혁명은 절대 군주제와 봉건제를 무너뜨리고 자본주의와 국민이 일체화되는 국민국가를 성립시켰다. 국민을 하나로 뭉치게 해 국내에서 생산한 상품을 외국시장에 팔고 국민에게 그 이익을 보상하는 것이었다. 그 점에서는 박정희 정권의 수출제일주의 노선도 일치하긴 하지만, 국민을 차별 없이 일체화하는 데는 실패했다. 일체화는커녕 차별을 오히려 조장했다. 백강전투 이래 지역차별은 계속 확대·재생산되었다.

전두환, 노태우는 광주시민의 반발을 조작해 학살과 은폐를 했고, 김영삼 정권은 "우리가 남이가!"를 외치며 박정희의 선거 전략을 답습했다. 일제강점기에 3·1운동 다음으로 규모가 컸던 광주학생운동에 단 한 사람의 사망자가 없었던 것과 5·18민주화운동에 수백 명이 희생된 것은 매우 대조적이다.

중국은 백강전투 이후 1,250년간 한반도로부터 사대를 받아왔다. 시진핑 주석이 트럼프 미국 대통령에게 한반도는 원래 중국의 일부라

한 것은 결코 우발적으로 나온 말이 아니었다. 중국 지도부에 깊이 새겨진 역사인식에서 나온 말이다. 신라를 이용해 백제와 고구려를 멸망시킨 당(唐)의 전략은 이이제이(以夷制夷, 오랑캐로 오랑캐를 치게 한다)로 중국의 전형적인 외교 전략이다. 중국 지도부는 한국의 극심한 차별의식을 고소하게 생각하고, 오히려 그것을 부추기기 위한 내정간섭도 서슴없이 해왔다. 차별과 분열은 중국의 이이제이 술책에 힘을 실어주는 것이다.

사대와 민족 정체성 사대 자체는 민족자주 정신만 바로 유지한다면 부끄러운 일이 아니다. 오히려 국제역학을 이용하는 전략이 될 수도 있다. 모진 역사에도 민족 고유의 동질성을 유지해온 것은 오히려 자랑이 될 수 있다. 그러나 자원(自願)사대, 그리고 조선의 적극적 사대를 미화해 '동방예의지국' 사상이라는 지나친 원리주의적 사고에 빠져 있다면 이는 부끄러운 일이다.

한반도와 베트남의 사대를 비교해보면 민족 정체성의 향방을 물을 수 있을 것이다. 베트남은 우리와 사뭇 다른 대응방식으로 역사를 전개해왔다. 한(漢)은 B.C. 203년에 한반도에는 위만조선을, 그리고 베트남 북부에는 남월국(南越國)을 건국한다. 『삼국지』에는 제갈공명이 월남의 왕을 7번이나 잡았으나 7번 다 풀어주었다는 칠종칠금(七縱七擒) 이야기가 나온다.

월남인은 칠종칠금이 상징하는 것처럼 기회만 있으면 종주국 중국에 반기를 들었다. A.D. 40~43년에는 베트남 여성 지도자였던 쯩 작과 쯩 니 자매가 종주국인 한(漢)에 반기를 들고 군사를 일으켜 격렬한 투쟁을 벌였다. 이 이야기는 지금까지도 베트남인이 자랑하는 독립영웅담이다. 베트남인은 그 후에도 지속적으로 번번이 대륙 세력에 맞섰다. 중국에 사대하면서도 원리주의에 빠지지 않았고 자립정신도 잃지 않았다.

원(元)이 남송을 멸망시키고 그 여세를 몰아 베트남에 침공했을 때도 이에 과감히 맞서 반격을 가했다. 제1차, 제2차, 제3차 공격을 물리치고 마지막 전투에서는 바닷물의 간만의 차를 이용한 절묘한 전법으로 원군을 전멸시켰다. 한(漢) 민족 마지막 왕조인 명과 그 뒤를 이은 청 왕조에도 대항해 맞섬으로써 베트남은 끝내 독립을 유지했다.

19세기에 로마 가톨릭 신부가 살해당한 것을 구실로 나폴레옹 3세가 베트남을 침공해 식민지로 만들었으나 베트남인들은 다시 치열하게 독립운동을 벌였다. 제2차 세계대전 후에 프랑스군을 디엔비엔푸에서 항복시켰고, 이어 세계 최강인 미국 군대와도 싸워 승리했다. 베트남은 미국과의 전쟁 당시 중국으로부터 많은 군사원조를 제공받았으면서도 중국이 국경문제를 일으키자 한 치의 양보도 없이 맞서 싸웠다. 최근 남중국해의 섬 영유권에 대해서도 자국의 이익을 양보하지 않고 있다. 베트남의 경제 규모는 한국의 15%밖에 되지 않고 중국에 인접한 소국이지만 분열하지도 않고, 먼저 굴복하는 일도 없다.

소중화를 자랑하고 사대의 '예(禮)'을 고수한 한국인과는 매우 대조적이다. 사대의 방법은 다양하다. 약소국이기에 복종해야 하는 것은 아니다. 신라가 책봉을 자원한 것과는 전혀 다르게 베트남은 사대를 슬기롭게 이용했다. 신라는 왜 그토록 철저하게 사대의 예만 한 것일까? 안타까운 생각마저 든다. 이 사실은 현재의 한반도의 국제 관계에서 중국에 대한 외교 자세에 반영될까 우려된다.

백강전투는 죽은 역사가 아니다

테오도시우스(Theodosius) 황제는 392년에 기독교를 로마 국교로 삼는다고 선포했다. 이로써 대로마제국은 기독교에 의해 완전히 정복되었다. 기번(E. Gibbon, 1737~1794, 영국의 역사철학자)은 이를 '로마정신의 죽음'이었다고 선언했다. '인내와 순종과 겁쟁이의 교리'가 승리함으로써 "사회의 적극적 미덕이 억압되고 상무(尙武)기질은 승원에 묻히고 말았다(『로마제국 쇠망사』)."고 한탄했다. 니체는 기독교의 "'오른쪽 뺨을 맞으면 왼쪽 뺨을 대라.'는 것은 노예의 윤리이며, 로마가 유대인의 종교인 기독교를 국교화한 것을 '노예의 복수'를 당한 것"이라고 표현했다.

기번과 니체의 말을 빌린다면 백강전투는 '동이족의 상무정신의 죽음이었고, 고구려의 무사 계층이었던 조의선인(皁衣仙人)과 백제의 싸울아비, 신라의 화랑도정신이 불행히도 사대의 노예정신으로 변질된 것'이다. 그것은 한민족 사상 최대의 변화, 아니 타락이었다. 중요한 것은 백강전투는 죽은 과거의 역사가 아니란 사실이다. 오늘날에도 같은 구도를 되풀이하며 우리를 괴롭히고 있다. 백강전투의 결과는 오늘의 한국을 지배하는 거대한 마이너스의 유산을 남겼다. 그 중요한 항목은 이러하다.

지정학적인 결정: 백강전투 이후 한반도는 해양 세력과 대륙 세력

의 충돌 장소가 되었다. 몽골의 점령, 임진왜란, 조선 식민지화, 38선 분단, 6·25전쟁, 그리고 휴전 이후의 민족분단 등은 모두 한반도가 대륙과 해양 세력에 낀 반도라는 지정학의 결과이다.

백강전투 후 동북아에는 대륙과 반도, 열도에 각각 다른 국가가 수립되었다. 대륙과 반도는 압록강, 두만강을 경계로 갈라졌고 반도와 열도는 바다로 갈라졌다. 큰 산도 큰 들판도 없는 한반도는 사람들의 왕래를 막을 고산이나 큰 강이 없다. 평탄한 땅이 부산에서 신의주까지 이어져 있어 지형적 방해를 받지 않고도 남북을 관통할 수 있다. 한반도가 대륙과 열도를 잇는 육교의 위치가 된 것이다. 침략받기 쉬운 조건이었다.

반면에 일본열도는 험한 지형이 많다. 제2차 세계대전 말기에는 현대적 이동수단을 갖춘 미군의 공격에도 게릴라식 저항이 가능했을 정도였다. 맥아더 장군은 군사의 희생을 우려해 천황을 구명하는 조건으로 빠른 항복을 유도했다.

정치적 영향: 신라의 사대정책의 틀이 조선시대 그리고 분단으로 이어져, 오늘날까지 미·중·일 가운데서 고민하는 신세가 되었다. 그동안 한반도인이 스스로 위상을 수립할 의욕을 갖지 못했던 탓이다.

원형의 변화: 사대는 독립심보다 대국에 의존하는 심성을 기른다. 한반도인은 좁은 공간에 갇혀 국제사회에서 고립됨으로써 내향화(內向化)되었다.

지도자상: 사대는 권력 기반을 자국민보다 중국 왕에게 구했기 때문에 노블리스 오블리제(책무정신)가 없는 지도자들이 배출되었다.

외교 노력: 백강전투 이후 한반도는 독자적인 외교역량을 쌓을 기

회를 얻지 못했다. 경험 부족으로 외교에서도 이성보다 감정을 앞세웠고, 중국 세력의 한반도 개입을 당연시해 왔다. 동학농민혁명에는 청에 진압군 파견을 요청함으로써 청일전쟁을 유발시켰고 식민지화의 계기를 만들었다. 6·25전쟁은 소련의 지시로 시작했으며, 중공군의 개입으로 통일의 기회를 놓쳤다.

2 지정학

지정학적 조건은 변함이 없다. 그렇다고 지정학이 단순한 결정론적 운명도 아니다. 그러나 유사한 국제적인 환경에 처해질 때마다 계속 비슷한 반응만 되풀이한다면 그 민족의 역사는 처절한 운명이 되고 만다. 나폴레옹은 이를 두고 "지정학은 운명이다."라고 규정했다. 그러나 역사는 민족의 의지와 지도자의 창의력에 따라 수시로 뜻밖의 나비효과를 발생시킨다. 다시 말해 기회는 생긴다. 이것이 복잡계인 역사의 특성이다. 백강전투 이후 고구려인은 대륙으로 진출해 발해를 건국했고 백제인은 일본열도에 분국을 만들었다. 이처럼 주인공에 따라 지정학은 정반대로 움직여갈 수 있다.

지정학의 개념을 처음 소개한 매킨더(H. J. Mackinder, 1861~1947, 영국의 지리학자)는 세계사의 회전축(回轉軸)을 유라시아 대륙의 중심부로 보았다. 이는 자유무역과 강력한 해군력으로 세계사를 좌지우지하던 모국 영국에 대한 경고이기도 했다. 그의 이론은 19세기에서 20세기로 넘어가는 시기에 설득력 있게 받아들여졌고, 제1차 세계대전에서 실증되었다. 제1차 세계대전의 승리는 레마르크(E. M. Remarque, 1898~1970, 독일의 소설가)의 소설 『서부전선 이상 없다』처럼 동부전선, 즉 유라시아 대륙의 중심부에서의 승리로 결정되었다.

마칸(A. T. Machan)은 미국의 해군 장교 출신답게 제해권(制海權)이 세계를 지배한다는 이론으로 해군력 증강의 필요성을 역설하며 태평양을 중시할 것을 강조했다. 그는 저서『민주주의와 현실』에서 "미국은 민주주의를 통해 안전한 세계를 건설할 것이며 어느 나라도 이를 대신할 수 없다."고 주장했고 이는 현재까지도 유효하다. 1918년에 펼친 그의 주장은 제2차 세계대전에서 현실로 나타났고, 그 후 미국은 세계화와 자유무역으로 세계의 중심축 역할을 해왔다.

이처럼 대부분의 지정학은 자국의 외교정책을 염두에 두고 생각하는 것이어서, 보편적인 법칙성 같은 것은 없다.

반도국의 숙명

반도국은 지정학적으로 뒷면에 험준한 산맥이 있고 앞과 옆 삼면이 바다로 열려 있을 때 대제국이 될 가능성을 갖는다. 험준한 산이 외적의 침입을 막아주고, 열린 바다가 활발한 해상활동을 가능케 하기 때문이다. 세계 역사에서 카르타고의 한니발(Hannibal, B.C. 247~B.C. 183)이 로마 진격을 위해 알프스를 넘은 예외가 있긴 하지만, 일반적으로는 그러하다. 이러한 조건을 두루 갖춘 반도국 이탈리아에 로마제국이 건설되었고, 그리스는 지중해 연안 일대에 식민지를 건설, 서구 문명의 모태가 되었다. 이베리아 반도에 있는 스페인과 포르투갈도 대항해 시대의 발상지 역할을 했다.

그러나 한반도와 같이 배후에 험한 병풍 같은 산맥이 없는 반도일 경우에는 오히려 그 반대의 현상이 나타난다. 해양 세력이 대륙으로 진출하는 교두보 역할을 하게 되거나, 역으로 대륙 세력이 항구를 찾아 남하하는 길목으로 변한다. 백두산(白頭山)은 동녘 일부 지대만을 막을 뿐 국경선 두만강은 걸어서 건너갈 수도 있다. 어느 쪽이든 불행한 역사를 안게 된다. 발칸반도가 그랬다. 소국으로 분할되다 못해 세계의 화약고로 변해 대륙으로부터 남하하는 세력의 통로가 되어버렸다. 민족 이동의 중계지 신세를 면할 수 없었던 것이다. 중국에서 뻗어 나온 산둥반도와 랴오둥반도도 제1차 세계대전 직전에 독일과 러시아가 장악했다. 일본과 러시아가 다투어 한반도를 노린 것도 지정학의 숙명이었다.

크리미아반도와 한반도

열강의 각축장이 되어온 숙명의 땅인 크리미아반도는 황금 예술을 꽃피운 스키타이(Scythai) 문명의 발상지이자, 인류 역사상 최초로 유목민이 등장한 곳이다. 그런데 불행히도 반도의 뒷면에 산맥이 없어 비잔틴 문화가 러시아 평원으로 들어가는 길목이 되어버렸다. 그 결과 크리미아는 여러 차례 전쟁을 경험했다. 러시아와 오스만 튀르크와의 전쟁이 있었고 이어 영국, 프랑스, 오스트리아의 각축장으로 변했다.

크리미아반도는 한반도와 지정학적으로 기묘하게 닮았다. 흑해에 돌출해 있어 러시아에게는 그리스 문명을 받아들이는 젖줄이 되었고, 군사적으로는 서방 진출을 위한 교두보 역할을 했다. 특히 부동항인 세바스토폴은 러시아에게는 생명줄과도 같은 곳이다.

우리에게는 나이팅게일의 활약으로 더 잘 알려져 있는 크리미아전쟁(1853~1856)은 반도가 갖는 전형적인 지정학적 조건 때문에 발생한 것이다. 러시아의 남하 정책을 경계한 영국과 프랑스, 오스만 튀르크가 연합해서 싸운 것이 크리미아전쟁이다. 러시아는 연합국에 대패하자 방향을 틀어 시베리아철도를 부설하며 동방의 부동항을 노렸다.

결국 크리미아전쟁은 러일전쟁으로 이어졌고, 일제의 조선 식민지화 정책에도 큰 영향을 주었다.

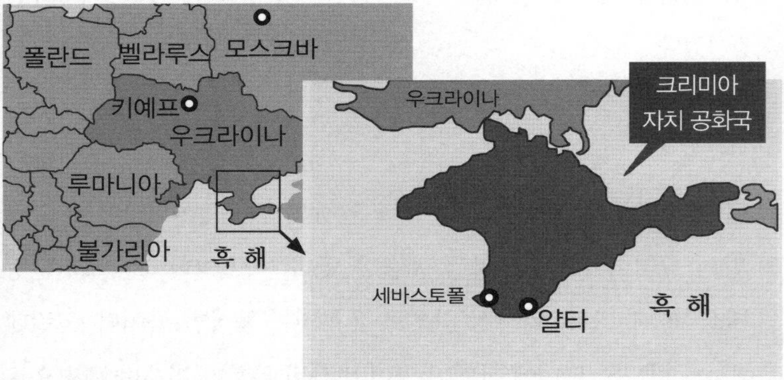

▌크리미아반도

조선에 맨 처음 크리미아전쟁을 알린 것은 청(淸)의 외교관 황준헌(黃遵憲)이었다. 그는 중국에서 외교관으로보다 시인으로 더 많이 알려진 인물이다. 중·일 문화 비교론인 『일본국지(日本國志)』를 저술했다. 특히 그의 『조선책략』은 크리미아전쟁에 실패한 러시아가 조선에 끼칠 영향과 외교적 전략에 관해 논한 것이다. 이 책의 주요 골자는 '영국과 프랑스 등 유럽 세력에게 패하고 크리미아반도 탈취에 실패한 러시아는 부동항을 얻을 목적으로 한반도로 진출할 것이 분명하다. 따라서 조선은 결(結) 미국, 친(親) 일본 정책으로 러시아의 남하를 막아야 한다.'는 것이었다. 그의 논조는 청(淸)의 입장과도 일치했고, 근대화를 재촉하며 양무(洋務)운동을 펼친 이홍장(李鴻章)의 의도를 반영하고 있었다. 당시 중국은 일본보다 육지로 이어진 러시아를 더 경계했다. 소 반도국은 주변국 중 어느 하나를 택해야 하는데 가장 침략적 야욕이 없는 나라를 택하라는 것이었다.

황준헌의 외교 전략은 그랜트(U. Grant) 미국 대통령에게서 많은 영향을 받은 것이다. 그랜트는 임기(1869~1877) 후 세계일주 여행 도중 청(淸)과 일본을 방문, 두 나라의 실력자인 이홍장과 이토 히로부미(伊藤博文)를 만났다. 미국은 남북전쟁의 후유증을 치유하기 위해 평화 노선을 추구하고 있을 때였다. 그랜트는 서양 열강이 동양 진출을 노리고 있음을 한탄했다. 특히 오키나와의 일본 귀속 문제를 두고 청일전쟁이 발생할 경우 프랑스와 독일, 러시아에게 아시아 침략의 빌미를 주게 될 것을 우려했다.

청·일의 양 지도자는 그랜트의 솔직한 충언에 큰 감명을 받았다. 이홍장이 황준헌에게 그 뜻을 전달한 게 분명했고 『조선책략』은 그의 뜻을 충분히 반영하고 있었다.

사대로 일관해온 조선은 스스로 외교 전략을 세워본 일도 없고 국제 관계에 관한 지식이 거의 전무한 상태였기 때문에, 당연히 황의 의견을 귀담아들어야 할 가치가 있는 것으로 생각했다. 김홍집(金弘集)이 일본에서 『조선책략』을 가지고 돌아오자, 조선의 중요 인사가 이 책을 읽고 서둘러 조미수호통상조약(1882년)을 맺게 된다. 청(淸)의 이홍장은 조선을 미국과 조약을 맺게 함으로써 러시아의 남진과 일본의 북진을 막고자 했다. 이어 조선은 영국과 독일 등과도 조약을 맺으면서, 구미 제국주의 국가들과 러·일·청의 틈바구니에서 더 이상 은자(隱者)의 나라가 아닌 세계에서 가장 어지러운 땅이 되고 말았다.

비록 유목과 농경의 차이는 있었지만, 크리미아반도는 한반도와 유사한 운명을 겪어왔다. 문명의 통로였던 크리미아는 고대 한반도가 일본열도에 공헌한 것과 같은 역할을 했다. 근세 이후에도 한반도와 같은 지정학적 조건으로 크리미아는 번번이 전쟁터가 되었다. 한반도에 38선을 그린 회의가 크리미아반도 해안에 있는 얄타에서 열린 것도 운명의 장난처럼 느껴진다.

현대사에서도 부동항(不凍港)을 갖지 못한 러시아에게 있어서 흑해(黑海)함대의 기점인 세바스토폴은 절대로 확보해야 할 곳이었다. 이미 프랑스와 독일로부터 가혹한 침략을 당한 경험이 있는 러시아는 유럽의 침략으로부터 방어해줄 동유럽의 완충지대가 절실히 필요했다. 따라서 러시아와 맞댄 우크라이나에 반러시아정권이 수립되는 것은 기필코 막아야 하는 일이었다. 크리미아반도는 구미 세력과 러시아 사이에 150년의 시차를 두고 같은 이유, 같은 구도로 전쟁과 대립의 지난한 역사를 되풀이하고 있다. 2014년 3월에 러시아는 크리미아를 병합함으로써 또 한 번 지정학의 중요성을 실감시켰다.

아무도 포기할 수 없는 한반도의 지정학 19세기 말, 일본 육군의 아버지로 추앙받은 독일 출신의 메켈(K. W. J. Meckel) 장군이 일본 육군대학에서 강의를 했다. "한반도를 일본의 심장을 향하는 비수로 봐라. 중국과 러시아가 한반도를 점령하면 금방 일본 침략을 시도할 것이고, 반대로 일본이 한반도를 갖게 되면 그 자원을 이용할 수 있어 대륙 진출의 기지로 삼을 수 있다." 전통적인 정한론과는 다른 지정학적인 관점이었다. 조선 식민지화 이전에도 한반도 지정학의 중요성은 일본의 고급장교들 사이에서는 이미 상식이 되어 있었다.

이런 구도는 현재 미국과 중국의 입장과도 같다. 중국은 인도와는 거대한 히말라야 산맥이 가로막아 방어벽 역할을 해주고, 러시아의 주된 관심은 동유럽과 중동이므로 중국에 침입할 걱정은 없다. 내륙으로부터 침략당할 걱정이 없는 중국이 가장 신경 쓰는 지역이 한반도이다. 미국의 지원을 받는 한반도 세력과 국경에서 대치하는 것은 중국에게는 악몽이다.

한국이 압록강과 두만강에서 중국군과 대치하는 상황은 백강전투 이전의 고구려가 요동반도를 노린 지정학적 구도와도 같기 때문이다. 중국에게는 악몽이 되살아나는 일이며 피하고 싶은 상황이다.

▌외국 기자가 본 조선 말기의 한반도 정세. 고기를 낚으려는 일본과 청을 러시아가 지켜보고 있다. 이 구도는 그대로 현재까지 이어져, 21세기에는 일본의 자리에 미국이 대신 앉고 일본은 그 어깨너머에서 물고기를 보는 구도로 변해 있다.

6·25전쟁 당시 중국이 충분한 무기도 없이 맨손에 가까운 상태로 북진하는 UN군을 인해전술로 막은 데는 그럴만한 이유가 있었다.

반대로 미국의 입장에서는 한반도가 적화통일 되는 것은 허용할 수 없는 일이다. 미국이 한반도에서 철수하려면 두 가지 부담을 고려해야 한다. 첫째는 미국과 군사동맹을 맺은 여러 나라로부터 신뢰를 잃을 것이고, 둘째는 메켈이 말한 대로 '한반도는 대륙국가가 일본을 겨누는 비수'이므로 일본 포기로 이어질 수 있다. 일본마저 포기하면 미국은 더 이상 태평양국가가 아니다. 아무리 미국의 패권이 몰락해도 그것만은 포기할 수 없는 일이다. 따라서 미국은 도저히 한반도를 포기할 수 없다. 한반도 주변의 두 대국이 한민족을 위해 더 이상 자국민을 희생시키려 하지는 않겠지만 기존의 영향권도 포기하지 않을 것이다.

북한은 건국 이래 백두혈통의 김씨 왕조 왕권신수설(王權神授說)을 만들어 세뇌시켜온 국가이다. 그 체제를 바꿀 수는 없다. 정권교체가 곧 죽음이자 멸망이기 때문이다. 만약 적화통일이 되어 자유민주주의에 적응된 남한 사람들에게 김씨 왕조의 왕권신수설을 믿으라고 한다면 믿어질까? 아마 정치보위부에 의해 강제수용소에 갇힌다 해도 결코 믿지 않을 것이다.

결국 한민족의 생존을 위한 다른 대안이 없다면 남은 길은 단 하나, 남북한이 군비 축소를 하면서 북한의 왕조체제가 무너질 때까지 서로 적대시하지 않고 현실적인 중립체제로 지내는 길이다.

3 한반도인의 내향적인 지리관

국가는 지정학에 따라 역사를 전개하고 국제역학의 벡터(vector)를 결정한다. 한반도는 지정학적으로 동아시아 역사에서 매우 중요한 위치에 있었음에도 이상하리만큼 지정학에는 무심했다. 자주적 외교 의지가 없으면 지정학에 관심이 없는 것이 당연하다. 우리의 지리에 대한 관심은 한국적인 자연주의, 즉 풍토와 인간의 상관관계를 유추하는 풍수지리설이 고작이었다. 국제 정치와는 하등 관련이 없는 것이었다.

이는 조선 지식인의 시야가 소수의 실학파를 제외하고는 거의 한반도 안에 머물러 있었기 때문이다. 이중환의 『택리지(擇里誌)』를 비롯한 지리지는 한반도 여러 지역의 지형, 주거 조건, 인심, 역사의 관계를 논했을 뿐이었다. 국경을 맞댄 중국과 일본과의 관계나 외교에는 전혀 관심이 없는 내향적인 지리관이었다. 왜 내향화되었을까?

적극적 사대와 내향화(內向化) 한반도 바로 앞에는 일본열도가 가로놓여 있다. 지정학적으로 한국인의 해외 진출을 막는 구도다. 북에 위치한 대륙 세력 중국은 항상 한반도가 강성해질까 봐 경계했고, 신라는 백강전투 이후에도 도성을 여전히 경주에 두었다. 북으로 진출할 생각이 없었다. 대국을 섬기며 군비를 축소하고 적극적인 해외 진출을 피했다. 이런 경향은 고려와 조선에 들어와 더욱 심화되었다. 간간이 관념론적인 북벌론은 있었지만 현실성은 전혀 없었다. 한국인은 중국의 의도에 순치되어 적극적 사대의 강도만큼 내향화(內向化)로 나타났다.

한반도와 대조적으로 일본열도는 힘이 결집되면 바로 그 에너지를 바깥세계로 방출하는 외향성(外向性)을 갖고 있다. 일본은 한반도인에 의해 개척되었기에 모든 문물이나 보물은 다 바다 건너에서 온다는 에비스(惠比壽) 사상이 초기조건이 되어 있다. 그들이 모시는 신의 대부분도 한국계이며 특히 대마도의 신사는 모두 한반도에서 건너온 사람을 신주로 모시고 있다. 일본은 대국 미국에 전쟁을 걸었다가 참패당하기는 했으나, 침입당하는 불행을 겪은 적은 없다. 오히려 고려와 조선을 침략했고 명(明)을 멸망으로까지 몰아갈 만큼 끊임없이 무력으로 무장했다.

왜 한국과 일본은 해외 진출 태도에 있어서 정반대인가? 그 답을 찾으려면 다시 백강전투로 돌아가야 한다. 유럽에서 해외 진출에 가장 적극적이었던 부족이 바이킹(viking)이었던 것처럼 동북아의 바이킹은 백제였다. 떼 지어 바다로 나간다는 의미의 백가제해(百家濟海)로 상징될 정도로 백제는 활발하게 해상무역을 펼쳤다. 그 후손이 백강전투 이후 일본의 주류 세력을 이루었다.

한국에만 있고 일본에는 없는 속담 중에 "고래 싸움에 새우 등 터진다."가 있다. 이 말은 백강전투 이후 한반도의 지정학적 상황을 대변하는 것이다. 미국의 국제 정치학자 모겐소(H. J. Morgenthau, 1904~1980)는 6·25 당시의 한반도를 '자치기 놀이'에 비유했다. '한반도는 강대국이 치는 막대같이 강대국들의 의지에 따라 이리저리 날려가는 가엾은 처지'라고 했다. 분한 일이지만 사실이었다. "지리학을 보면 그 나라의 외교정책을 파악할 수 있다."고 나폴레옹이 피력했듯이, 강대국들이 부국강병을 지상목표로 삼고 국민국가를 향해 나아가던 시기에 스스로 외교 전략을 구상할 수 없었던 근대 한반도는 지정학이란 가혹한 멍에에 갇혀 견뎌야 했다.

방어 일변도가 된 한국인 그러나 한국인은 외부로부터의 침략에는 강한 민족이다. 방어 능력 또한 독특하다. 고구려의 을지문덕 장군과 강감찬 장군은 한반도의 풍토 특성을 잘 이용해 전투를 승리로 이끈 명장들이었다. 특히 강감찬 장군은 소가죽을 꿰어 강을 막았다가 일시에 터트려 거란을 몰살시켰고, 이순신 장군은 조류를 이용한 해전을 성공시켜 풍전등화의 조선을 구했다. 모두 한반도의 풍토 특성을 이용한 독특한 전략이다. 소가죽으로 보(洑)를 만들어 강물을 막을 수 있으려면 강바닥이 얕고 평평해야 한다. 한반도의 강들이 그랬다. 전통적 치수시설도 대부분 작은 규모의 보였다.

한민족의 대외 전략 특성은 바깥세계로는 적극적으로 진출하지 않지만 외부로부터의 침략에는 철저하게 저항하는 것이다. 마치 조선의 여인이 평소에는 조용히 있지만 부당한 폭력에는 은장도를 빼들고 끝까지 맞서는 것과도 같은 맥락이다.

『삼국사기』를 보면 신라 초기에는 거의 연중행사처럼 왜의 침략을 받았다. 고려는 실질적으로 왜구로 인해 멸망하다시피 했다. 조선 초기에도 왜구를 막는 대책은 중요한 국가정책이 되었다. 조선통신사가 일본에 왕래한 약 270년 동안만 평온했다. 한반도 세력이 왜에 공격을 가한 기록은 세종 1년(1419년) 대마도 공격 때 딱 한 번뿐이다. 그 외에는 왜에게 곡식과 관위(官位)를 주면서 달래왔다.

고구려는 한때 광개토대왕이 신라 땅까지 내려왔으나 백강전투 후에는 당(唐)군에 밀려 압록강 이북으로 넘어갔다. 6·25전쟁 중에도 북한군이 남녘 끝까지 내려왔지만 다시 위로 밀려 올라가 결국은 휴전선에서 머물렀다. 통일신라의 국토나 6·25 이후 현재 대한민국의 국토나 큰 차이가 없다.

왜 한반도는 주변국과 밀고 밀리는 전쟁을 되풀이하면서 고통의 역사를 살아왔을까! 근본적인 이유는 오직 심술궂은 지정학 때문이다. 고구려를 계승한 발해가 한국 국토였다면, 랴오둥반도에서 연해주까지 한국인의 거주지가 될 수 있었고, 러시아의 남하 야욕도 시베리아 남단에서 막을 수 있었을 것이다. 그러나 역사에서 '만약에'라는 가정은 무의미하다. 다만 그런 가정을 해보며, 어떻게 현재 상황에서 지혜롭게 적용할 것인가에 대한 답은 찾아볼 수 있다.

한반도의 허리 지대 한반도와 대륙의 관계를 흔히 치순지간(齒脣之間), 즉 이와 입술의 관계라고 한다. 중국은 우리 국토의 허리에 해당하는 38~39도선 부근을 자기 입술로 생각해왔다. 한반도는 이와 깊이 관련되어 분단의 역사를 되풀이해왔다. 38선은 1945년 8·15해방으로 정해진 것이지만, 백강전투 이후 외세가 생각해온 분단선도 평양 원산 근처를 통과하는 한반도의 가장 좁은 부분인 39도 선이었다. 당(唐)도 신라의 영토를 그 이남으로 한정했다. 자연히 대동강 부근은 신라와 당과 발해(渤海)의 경계선이 되었다.

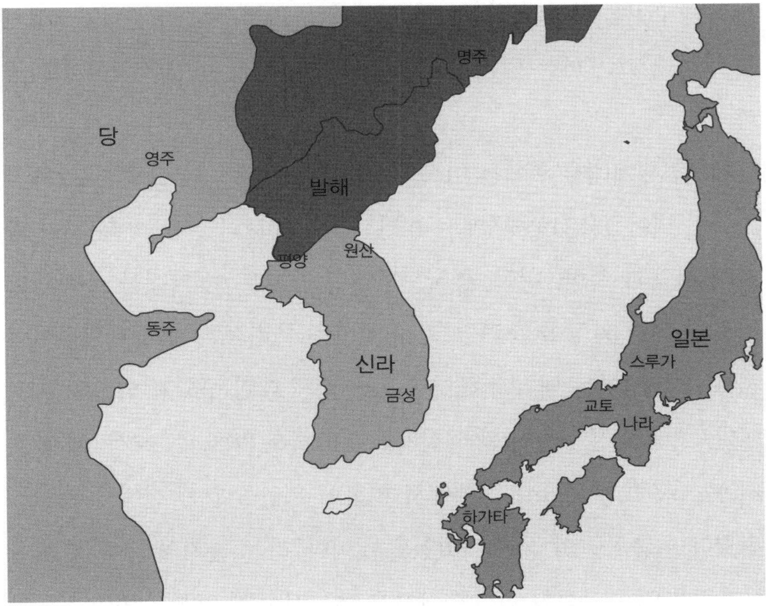

▌8세기의 발해와 신라, 일본. 평양 원산을 잇는 39도선을 중국은 자기 입술로 생각해왔다.

임진왜란이 발생했을 때도 마찬가지였다. 다급해진 조선이 명(明)에게 원조를 청했지만, 그들은 즉각 출병하지 않고 주저했다. 사태를 관망하며 조선의 태도를 주시했던 것이다. 명은 유구(琉球, 현 오키나와)에 머물던 조공사를 통해 이미 왜군이 조선을 침략할 것이라는 정보를 입수해 알고 있었다. 다만 조선이 왜와 합세해 대륙을 침략할 것인지 아닌지를 의심하며 저울질하고 있었을 뿐이다. 그러나 왜군이 평양을 넘어서자 명은 위기의식을 느껴 즉각 군대를 파병했다. 그 후 명과 왜가 조선을 장외에 두고 비밀리에 한반도 분단을 협상할 때도 반도의 동서거리가 가장 짧은 39도선 부근이 기준이었다.

조선 왕조 말기에 러시아가 일본에 제안한 분단선도 마찬가지로 39도선이었다. 임진란에서는 왜군과 명이, 19세기 말에는 청일전쟁이 불붙었고, 그 뒤에는 일본과 러시아의 협상 대상이 된 지역이기도 했다.

제2차 세계대전 후에는 미국과 소련이 38선을 그음으로써 6·25의 비극이 벌어졌고, 1953년에는 휴전선으로 대체되었다. 그 후 70년 가까이 한국과 북한, 미국, 중국, 러시아, 일본은 이 지대를 중심으로 서로의 세력 확장을 노려왔다. 휴전선은 물리적인 군사 대립선이면서도 그 배경에는 대륙과 해양 민족 원형의 대립 구도가 엄존해온 곳이다. 미국의 전 국무장관 키신저(H. Kissinger, 1923~)도 저서 『세계 질서(World order)』에 "6·25전쟁에서 미국이 평양—원산 선에서 북진을 멈췄다면 중공군의 참전은 없었을 것이다."라는 논지의 글을 실었다. 8·15해방의 분단선이 39선에 가까운 38도선이 된 것은 우연이 아니었다.

블랙홀의 지정학 이렇듯 한반도 중간 허리 부분인 한강과 대동강 사이 일대는 민족 에너지를 빨아들이는 숙명적 블랙홀과도 같은 자리다. 오늘날 한국이 북한, 중국, 일본과 대립하며 갈등의 불꽃을 일시에 터트리는 양상도 이미 백강전투로 결정된 대륙과 해양 세력 간 충돌의 한 단면에 불과하다.

프랑스의 판사 토크빌의 명저 『미국의 민주주의』를 읽으며 한국인으로서 가장 인상 깊었던 부분은 아래의 구절이었다.

“기독교적 사명감을 가진 두 세력이 있다. 하나는 미국 동부에서 애팔래치아 산맥을 넘어 서진한 무리이고, 또 다른 하나는 러시아 서부에서 출발해 시베리아 평원으로 동진하는 무리이다. 이들 두 세력이 태평양 어딘가에서 충돌하는 것은 시간문제다.”

170년 전에 이미 한국 역사가 세계사와 끊임없이 연동할 것을 통찰했던 것이다. 토크빌은 1831년에서 1832년까지 1년간 미국의 형무소 제도를 돌아본 후 정치학에 더 큰 관심을 두고 연구해 역사학계에 많은 영향을 끼친 인물이다. 토크빌이 예언한 충돌의 시간과 위치는 바로 1945년 8월 15일이었고 한반도의 38선이었다. 한반도 허리 부근에서 대륙 세력과 해양 세력이 격돌하는 구조를 우리는 663년 백강전투 때 경험했다. 그 후 지금까지 38선은 쉼 없이 충돌을 거듭하고 있는 곳이다. 충돌이 되풀이될수록 규모도 커져가는 양상이다.

로마의 시인 베르길리우스(Vergilius)가 트로이 전쟁을 다룬 장편 서사시 「아이네아스(Aeneas)」에서 ‘시대의 위대한 순환’, 즉 시대의 변화와 진보를 노래했는데, 한반도의 시인은 어떤 시를 읊어야 했을까? 아마도 시대마다 겪은 분단의 고통과 기다림과 한(恨)을 읊었을 것이다.

정권이 바뀔 때마다 교과서는 새로운 관점에서 수정되는데 진정 밝혀야 할 것은 백강전투의 실상과 그 영향 그리고 한반도의 지정학이다.

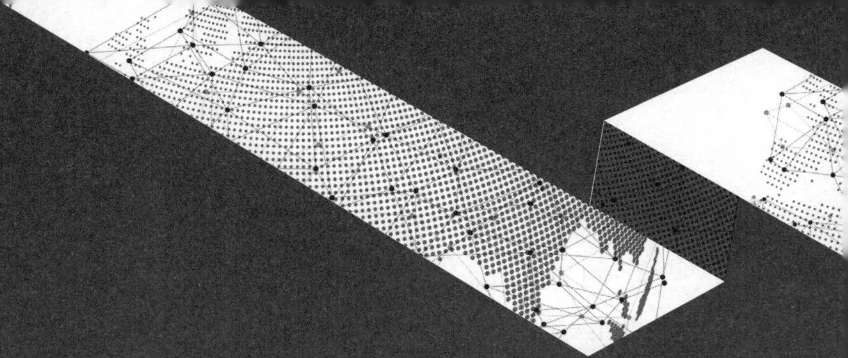

7

6자 회담 국가들의 원형과 국가원리

민족은 같은 조상, 역사, 문화를 가지며 특정 영역에 얽혀 내부적 연대감을 지닌 인간 집단이다. '역사'는 사료에 근거를 둔 객관성을 지닐 필요가 없다. 사람의 감정에 호소하는 시적, 도덕적 공동체에 기여하는 이야기면 된다.

D. 스미스, 『국민과 국가』

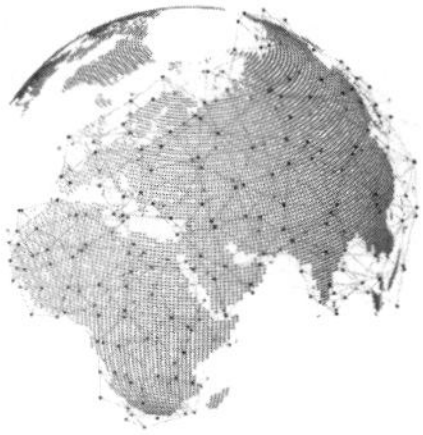

1 미국의 원형과 국가원리

역사는 오늘에 이른 경로를 설명하고, 국제환경에 대응하는 지혜를 그 속에서 찾을 수 있어야 한다. 그러나 한국의 역사 교과서는 연대와 고유명사만 나열할 뿐 민족행로에 결정적 영향을 준 국가원리에 대해서는 거의 관심이 없다. 과연 우리는 주변국들을 얼마나 알고 있는지 곰곰이 생각해볼 필요가 있다. 중국과 일본, 러시아, 미국의 국가원리는 무엇인지, 어떤 사고방식과 구조로 군사적, 외교적 판단을 내리는지, 그들의 한반도에 대한 속마음은 어떠한지에 관한 문제는 우리에게는 발등의 불과 같은 다급한 사안이다.

국가는 한국처럼 민족과 국가가 일체화되는 자연국가가 있고, 미국이나 호주처럼 이민자 중심의 인위적인 인공국가가 있다. 대부분의 자연국가는 크로노스적 시간으로 공동체를 확장해왔고, 고유의 신화와 언어를 갖는다. 인공국가는 뚜렷한 수립조건 곧 초기조건(initial condition)을 기반으로 형성된 나라이기 때문에 국가원리가 기본노선이 된다. 중국은 역사 이래 다민족이 공존해온 자연국가이며, 일본도 한반도인의 정복으로 시작한 자연국가이다.

인공국가의 초기조건 미국 원주민인 아메리칸 인디언의 조상은 약 1만 5,000년 전에 베링해협을 건너 아시아에서 아메리카 대륙으로 이동한 것으로 알려져 있다. 아마도 빙하 형성에 의한 해수면 저하로 유라시아 대륙과 아메리카 대륙을 잇는 육지가 존재했고, 이 육교를 따라 사냥감을 쫓아 이동한 것으로 추정된다. 우리는 미국 원주민을 그저 하나의 이름인 아메리칸 인디언이라고 호칭하지만 이들은 실로 다양한 민족으로 구성되어 있다. 한국인과 같은 몽골계로 엉덩이에 몽고반점을 갖고 있지만, 신체조건은 지역에 따라 상당히 차이가 있다. 유라시아 각 지역에서 여러 차례에 걸쳐 건너간 것으로 보인다. 남미 대륙 끝자락에 도달한 시기는 약 1만 년 전으로 추정된다.

중미의 멕시코 고원에서 대제국을 건설하고 문화를 꽃피웠던 아즈텍족이나 페루 안데스산맥의 고원지대를 따라 대제국을 이룬 잉카족은 고도로 발달된 문명을 가지고 있었다. 천문, 철학은 물론이고 B.C. 7,000~5,000년 전에 이미 세 자매 작물이라 불리는 옥수수와 호박, 콩을 심어 농업을 발달시켰다. 북미 대륙은 광활한 넓이에 비해 인구는 적었다.

크리스토퍼 콜럼버스(C. Columbus, 1451~1506)가 아메리카 대륙을 처음 발견했을 때 그는 그곳을 인도로 착각했다. 그 후 지리에 밝은 이탈리아 상인 아메리고 베스푸치(Amerigo Vespucci, 1454~1512)가 독립된 대륙임을 밝힘으로써 그의 이름을 따 신대륙의 이름은 아메리카로 불리게 되었다. 그로부터 약 120년 후인 1620년에, 영국 청교도들이 메이플라워(Mayflower)호를 타고 미국 동부해안인 매사추세츠만(灣)에 상륙한다. 프랑스 노르망디의 윌리엄 공이 영국을 침공해 노르만 정복(1066년)을 한 지 약 600년 후의 일이다. 1776년 7월 4일, 영국의 식민지였던 13개 주의 지도자들이 필라델피아의 인디펜던스 홀에 모여 통합과 민주주의를 외치며 '메이플라워 서약'에 따라 청교도정신과 자유경쟁을 보장하는 독립을 선언한다.

정복자는 법을 기반으로 토착민 위에 군림한다. 정복국가의 공식이다. 정복자들은 귀족화되어 WASP(White Anglo-Saxon Protestant, 백인 앵글로색슨계 개신교)를 형성했다. 폴란드인과 아일랜드인은 백인이지만 여기에 포함되지 않았는데 그 후 이탈리아와 슬라브민족 이민이 이어지면서 폴란드인과 아일랜드인의 격이 높아졌다.

백인의 사명과 학살 이주민 상륙은 필연적으로 토착민과의 충돌을 불러일으켰다. 동부해안에 정착한 청교도들은 서부로 진출해 나갔다. 미국의 서부 개척사는 한마디로 인디언 학살사이다. 미국의 작가 브라운(D. Brown)은 저서 『나를 운디드니에 묻어주오(Bury My Heart at Wounded Knee)』에서 "1492년 10월 12일 콜럼버스가 산살바도르섬 해안에 상륙한 후 채 10년도 못 되어 수십만 명의 부족민이 몰살

당했다."고 적었다.

콜럼버스 당시 아메리카 대륙의 인디언 인구는 약 6,000만 명이었다고도 하고 일부 학자들은 420만 명 정도라고 추정한다. 6,000만과 420만은 차이가 너무 커서 둘 다 과대 혹은 과소 추측임이 틀림없는데, 대략 2,000만~3,000만 인구설이 일반적이다. 그 후 100년 사이에 그들 중 80%가 죽었다. 유럽인들에게 묻어온 전염병에 감염되어 죽기도 하고 학살도 당했다. 인류 역사상 최대의 비극이었다.

개척자들은 전진하는 길 앞에 놓인 인디언 촌락을 모두 불태우거나 도살하다시피 했다. 개척자들의 대부분은 기독교도들이었으나 백인들은 인디언을 자신과 동등하게 창조되지 않은 개체로 보았던 듯하다.

영국의 제국주의를 찬양한 시인 키플링(R. Kipling, 1865~1936, 「정글북」의 작가이자 시인)의 「백인의 책무」를 보면 식민지 개척시대에 백인들이 어떤 사고방식으로 이민족 학살을 정당화했는지 알 수 있다.

"백인의 책무를 다하라
너의 세대 중 선택된 자를 멀리 보내라
너의 아들들을 유배지로 던져버려라
너의 포로들의 필요를 충족시키기 위해
잘 무장한 채로,
야만적이고 유랑하는 민족들을 감시하기 위해
방금 정복한 너의 백성들은
반은 악마, 반은 어린애"

백인의 눈에 비친 이민족이나 아프리카 흑인들은 반은 악마이고 반은 어린애였다. 이 악마들을 기독교 신앙으로 잘 다스리고 교육시켜야 하는 책임을 그들은 하늘로부터 부여받았다고 믿었다.

「미국독립선언서」는 '모든 인간은 평등하게 창조되었다.'고 선언했지만 그 인간의 범주에 아메리카 원주민과 흑인(Negro)은 포함되지 않았다. 미국의 문필가인 존 오설리번(John O'Sullivan, 1813~1895, 뉴욕의 잡지편집자)은 19세기 중엽에 키플링의 정신을 북미 대륙에서 발휘하자고 외치며 'Manifest Destiny(명백한 운명)'를 천명한다.

"미국인은 신으로부터 선택받았다. 미 대륙에 거주한 열등한 민족을 교화하는 것이 신으로부터 부여받은 미국인의 사명이다."

신으로부터 가나안 땅을 약속받은 유대인이 그 땅에 살던 원주민을 학살할 사명을 받은 것과 같은 맥락이다. 이런 선민(選民, 신으로부터 선택받은 거룩한 백성)사상은 트럼프 대통령의 백인이 중심이 되어 번영해야 한다는 사상과도 동일하고, 오늘날 세계 규모의 카오스 원인의 하나인 억압당한 원념(怨念)과도 관련되어 있다.

학살은 남북전쟁을 전후해 철도를 부설하면서 더욱 조직적으로 이뤄졌다. 철도 회사는 군대와 손잡고 원주민의 땅을 뺏고 가차 없이 학살해갔다. 철도 회사와 원주민과의 전투는 너무도 일방적이어서 더욱 처참했고, 이는 미국의 원죄를 가중시켰다. 당시의 철도 자본가가 현재 미국 귀족격인 대재벌이 된 것은 잘 알려진 사실이다. 원주민 살육은 서부 영화의 단골메뉴가 되기도 했다. 영화 속 인디언 원주민들은 모두 잔인한 야만인들이거나 생각이 부족한 인간으로 묘사되어 있었다. 케빈 코스트너가 주연한 〈늑대와 함께 춤을〉 이전까지 영화들은 모두 유사한 고정관념으로 원주민들을 그렸다.

미국 원주민들은 강력하게 저항하고 용감하게 싸웠으나 총을 가진 백인을 당해낼 수는 없었다. 1860년대에는 원주민 인구가 4만 정도로 급감했다. 10년 뒤인 1870년에는 다시 2만 5,000명으로 격감한다. 겨우 남은 생존자는 열악한 인디언 보호지역(Indian Reservation)에 수용되었다.

대부분의 원주민들은 하급 노동자나 관광객 상대로 볼거리를 제공하는 정도의 일에 종사했다. 그나마 고향 근처 산속이나 들판에서 전통을 지키며 사는 원주민들도 자녀들은 정부의 분리정책에 따라 도시의 기숙학교로 떠나보내야 했다. 분리정책에 의해 원주민의 언어와 문화는 거의 다 사라지고 잊혀졌다. 백인의 원주민 대량살육과 압박, 문화말살은 미국의 원죄로 기억되고 있다.

카우보이와 프런티어로 상징되는 서부개척은 유라시아 대륙의 기마민족의 학살 전통을 이은 것이다. '살인'이야말로 동물 사냥과 도살이 전업인 그들의 중요한 특성이다. 소수의 침략자는 인구가 많은 피지배민족의 바닷속에서 살면 늘 불안하다. 그것을 극복하는 방법이 대량학살이다. 건국 이래 피를 두려워하지 않는 전통은 문명국 미국의 어두운 일면이다. 미국이 필리핀을 식민지화했을 때도 필리핀 인구의 1/6 이상을 죽였다는 설이 있고, 중국 이민자들까지도 죽였다는 기록이 있다. 인도주의와 정의를 내세우는 미국의 국시와는 전혀 다른 일면이자 치부이다.

원래 인도주의란 인간과 인간 사이의 기본도덕이다. 따라서 상대방을 자신들과는 다른 범주의 족속으로 간주하면, 유목민의 원형에서는 얼마든지 죽일 수 있다. 마치 가축을 아무 거리낌 없이 취급하는 것과 같다. 독일인의 유대인 학살도 마찬가지 심리에서 저지른 야만적인 행위였다. 나치 독일은 유대인을 페스트를 옮기는 쥐에 비유했던 것이다.

아프리카에 기원을 둔 인류가 유라시아 대륙에서 동서로 갈라져 이동한 길고 긴 역사로 보면, 태평양과 대서양의 폭 차이는 별 의미가 없다. 유럽은 목축에 적합한 풍토였고 아메리카 대륙 또한 그러했다. 유라시아의 유목민들은 미국 동부해안에서 애팔래치아 산맥을 넘어 서쪽으로 횡단해가는 과정에서, 유목민적인 원형에 유럽 근대합리주의가 결합되어 기마민족의 기질은 한층 더 날카로워졌다.

그들은 기마민족의 기질인 단순한 척도로 다양한 이민 집단을 통합해 미국적 합리주의를 이끌어냈다. 미국적 합리주의란 근세 유럽을 휩쓴 합리주의 사상과 기독교 정신을 현실에 접목시켜 계약 사상과 자본주의적 가치로 균질화한 것이다. 프런티어 정신도 여기에 바탕을 두었다. 미국 동부의 지명엔 뉴욕(New York), 뉴 헤이븐(New Haven), 뉴 암스테르담(New Amsterdam) 등과 같이 유럽의 도시이름에 '뉴(New)'를 붙인 이름들이 유독 많다. 이는 미국인의 유럽문화에 대한 가치부여와 기독교적 열정을 보여주는 것이다.

이전의 공동체의식은 급속히 해체되었으나, '사회계약설'에 따른 정치철학을 수립했다. 좋고 싫고를 떠나 질서를 유지하는 것이 계약이다. 이를 통해 감정을 개입시키지 않는 보편적 인간관계를 추구했다. 이러한 정치철학으로 미국 원주민들에게 전통적인 문화와 언어를 포기하거나 아니면 거류지(Reservation)에 들어갈 것을 강요했다. 평화와 정의를 맹신하지만 질서를 위해서라면 무기 사용도 주저하지 않았다. 이민자들은 유럽의 어느 민족이든 고국의 습관과 언어를 잊고 표준어화 된 영어로 말하고 계약을 따르도록 했다. 이런 방식으로 누구나 용이하게 수용할 수 있는 균질적 미국 문화를 수렴했던 것이다.

동서남북으로 나눠진 미국인의 기질 광활한 영토에서 토착민의 토지를 수탈하고 개척해온 경험은 미국인의 원형에 현실주의적이고 실용적인 사고를 정착시켰다. 국민 시인으로 존경받는 롱펠로(H. W. Longfellow, 1807~1882)의 장편시 「에반젤린(Evangeline)」을 보면 북미 대륙의 원시의 자연에서 살아가기 위해 얼마나 큰 투쟁과 고통이 요구되었는지 잘 묘사되어 있다. 이 시는 결혼식 날 영국군에 의해 추방당한 프랑스계 젊은 남녀의 비극을 노래한다. 영국과 프랑스 사이의 식민지 전쟁으로 인해 약혼자 가브리엘이 추방되자 에반젤린은 그를 찾아 나선다.

> 아카디아의 마이나스 만 기슭,
> 멀리, 외로이 떨어진 계곡 사이에
> 조그마한 그랑 프레 마을이 있었네.
> 광활한 초원은 동쪽 멀리까지 뻗쳐 있고,
> 그것은 이 마을 이름의 유래가 되어
> 수많은 양 떼들이 풀을 뜯는 목장이 되었다네.
> 농부들의 흐르는 땀으로 세워 올린 저 제방들은

바다의 거센 파도를 막아주고
철 따라 열리는 수문을 통해
바닷물이 들어와 초원을 적셔주었네.
서쪽과 남쪽으로는
아마밭과 과수원, 그리고 옥수수 밭이 끝없이 펼쳐지고
북쪽으로는 블로미돈 산이 높이 솟아올라 원시림을 이루었네.
대서양에서 피어오른 바다 안개가 산꼭대기를 뒤덮어
평화스런 이 골짜기를 내려다보고 있었으며
그 초원 한가운데에
아카디아 마을이 자리 잡고 있었네.

시에 표현되어 있듯이 아메리카 대륙은 초원과 아마밭, 원시림이 펼쳐진, 유럽인들이 살기에 녹록치 않은 땅이었다. 게다가 원주민도 몰아내야 하고 프랑스와의 마찰, 후에는 스페인과의 전쟁도 치러야 했다. 또한 다양한 인종과 민족들이 모인 까닭에 내부적인 갈등도 들끓었다. 이렇듯 인공국가로서의 초기조건과 다민족 국가로서의 원형이 역사에 뚜렷이 반영되어 있는 나라가 미국이다. 원형사관의 법칙이 전형적으로 잘 구현되어 있어 나에게는 무척 흥미로운 나라이기도 하다.

개신교는 미국의 국교적 성격을 지닌다. 모국 영국의 종교정책에 반기를 든 청교도들이 종교적 신천지를 찾아 수립한 국가이기 때문이다. 가톨릭은 소수파로 18세기 전만 해도 전인구의 1% 정도에 불과했다. 그만큼 개신교의 압박이 컸다. 19세기 들어 아일랜드와 라틴계 이민자들이 대량으로 쏟아져 들어오면서 가톨릭의 교세가 커졌지만, 그럼에도 1960년대에 가톨릭신자인 J. F. 케네디가 대통령에 당선된 것은 대단한 이변이었다. 지금은 전인구의 23.9% 정도가 가톨릭이다. 유대교도 신구 기독교와 교세를 나란히 하는 대종교 집단이어서 미국의 친이스라엘 정책에 막대한 영향력을 행사해왔다.

개척시대에는 종교와 인종, 문화별로 거주 지역이 자연스럽게 구분되어, 독립적인 주(state)를 형성했다. 대외적으로는 하나의 나라지만 대내적으로는 합중(合衆)이라기보다 주들이 모인 합주(合州)의 성격이 짙다. 뉴욕과 같은 큰 주는 인구가 2,000만이나 되지만 와이오밍 같은 작은 주는 겨우 몇 십만에 불과하다. 따라서 미국은 주(州)보다는 크게 동, 서, 남, 북으로 범주화해야 고유의 성격이 드러나 보인다.

동부는 청교도들이 정착한 땅이므로 종교적으로나 정치적으로 보수성을 띤다. 서부는 대조적으로 카우보이가 상징하듯 이동성향이 강하고 진보적이다. 일확천금의 꿈을 꾸게 했던 19세기 중후반의 'Gold Rush', 금광을 찾아 떠나는 개척과 모험이 서부의 초기조건이 되었다. 남부는 대규모 플랜테이션 농업과 노예제도로 막대한 부를 이룬 지역이기 때문에 사회구조나 사고방식이 보수적이다. 그리고 북부는 공업지대가 갖는 특성상 자본주의적이고 합리성을 중시했다. 지역에 따라 서로 다른 문화와 다른 기질을 형성했던 것이다. 이런 기질 차이가 남북전쟁을 일으킨 중요 요소 중 하나로 작용했다.

미국 초대 대통령 G. 워싱턴(G. Washington, 1732~1799)은 미국이 나아갈 길을 다음과 같이 규정하고 동시에 분리의 위험을 경고했다. "분리주의적인 감정이 커지면 돌이킬 수 없는 화근이 된다. 남과 북은 생산품의 교역으로 서로 번영할 수 있고, 그 혜택은 동부와 서부까지 미칠 것이다. 하나의 공동 정부가 이런 행복한 결과를 가져오는 것이다. 지리적 차이는 오히려 합중국에게 번영을 가져올 것으로 확신한다."

혜안이 아닐 수 없다.

미국의 원형

미국의 초기조건은 첫째, 광대하고 독립적인 국토였다. 무한한 지하자원이 있고, 지정학적으로 유럽과는 대서양으로 아시아와는 태평양으로 갈라져 있어 외세의 영향권에서 완전히 벗어나 있는 땅이었다. 둘째는 메이플라워 서약으로 기독교 정신이 근간을 이룬 나라였다. 셋째는 원주민 학살이고 넷째는 개척이었다. 미국의 유아체험은 동부 식민지 개척에서 시작해 계속된 프런티어의 확장이었다. 이 4가지 조건이 얽혀 수시로 카오스가 발생했고, 새 질서의 자기조직화가 효율적으로 실현되면서 아래의 제도를 가지게 되었다.

선거제도 　　능력 있는 자를 4년마다 국가 원수로 선출하는 발상은 그들에게는 극히 자연스러웠다. 흉노족은 유목 생활이 일단락되면 매년 일정한 장소에 모여 봄, 가을에 국가적 행사를 열었다. 『위지』「동이전」에 기록된 고대 한민족의 동맹(東盟)이나 무천(舞天) 등과 같은 맥락이다. 옛날 유라시아 대륙에서 경험한 것과 같은 상황에서 미국인들은 무의식 속에 잠재해 있던 조상의 지혜를 되살린 것이다. 유목민들이 왕을 추대하면서 공동체에 대한 충성심을 다짐했듯이 미국인들은 대통령선거라는 축제를 통해 애국심을 고취해왔다. 대통령제는 상대에 대한 극단적 비판과 과장된 인신공격, 무엇보다도 대중동원 등 불안해 보이는 제도이긴 해도 선거 과정을 통해 국민적 공감대를 확고히 다질 수 있다는 장점이 있다. 때문에 국가 정책도 강력히 추진할 수 있다.

프래그머티즘 변화가 잦은 이동 사회에서는 제도에 의존할 수만은 없다. 돌발 사태가 수시로 발생하기 때문이다. 그런 때 요구되는 것이 모두의 합의, 즉 민주제도이다. 민주제는 수많은 인종과 가치가 뒤섞인 복잡한 구조에서는 가장 합리적이고 현실적인 대응방식이다. 민주제의 인식구조는 노인의 경험보다 청년의 과감한 행동력을 더 높이 평가한다. 실용주의 즉 프래그머티즘(pragmatism)이 미국의 철학이 된 것도 충분한 이유가 있다.

아랍이나 몽골 같은 기마 유목민 사회는 능력 본위로 인물을 등용했다. 칭기즈칸도 거란인(契丹人)이었던 야율초재(耶律楚材)를 등용했다. 그는 금(金)나라의 관리였으나 금이 멸망하자 포로로 잡혔고, 다른 유신들이 망국의 왕을 험담하는 것과 달리 야율초재만은 긍정적으로 평가하는 것이 마음에 들어 총리로 발탁했다. 칭기즈칸은 그의 능력을 충분히 발휘케 하여 원(元)의 기초를 확고히 했다. 편견 없는 인재 등용은 실용주의적인 기마민족 사회의 특징이다.

유대인 출신의 키신저가 미국 국무장관에 임명된 것도 같은 맥락이다. 미국 헌법에 따르면 대통령은 상징적으로 미국 태생이어야 하지만 그 외의 요직은 누구에게나 취임의 기회가 주어진다. 고급 두뇌의 유치가 중요한 국책이기 때문이다. 불법 입국자라도 7~8년 동안만 적발되지 않으면 정식 이민으로 인정해준다. 숨어 살게 하는 것보다 오히려 따뜻하게 시민으로 받아주어 적극적으로 일하게 만드는 것이 유리하다는 현실적 판단 때문이다. 트럼프 정권은 이에 합하지 않지만, 건국 이래 수많은 이민을 받아들인 결과 얻게 된 미국의 지혜였다. 특히 아인슈타인과 폰노이만(John von Neumann, 1903~1957, 헝가리 태생의 미국수학자로 양자물리학과 논리학, 경제학 등에 큰 영향을 미쳤다) 등 제2차 세계대전 전에 이주한 해외 대석학들은 전쟁을 미국의 승리로 이끌어 국익에 큰 도움을 준 이민자들이었다.

한 손엔 총, 다른 손엔 성경 기독교는 세속화 과정에서 현실과의 갈등을 수용하고, 때로는 논리적인 정당성을 갖기 위한 갈등의 과정을 거치며 미국인의 정신적 바탕이 되었다. 기독교는 동양의 종교처럼 심산유곡에 몸을 숨겨 수행하는 방식이 아니다. 현실적인 위험에 대항해 "뱀같이 지혜롭고 비둘기같이 순결하게(「마태복음」 10장 16절)" 맞서고 헤쳐 나가는 가치관을 가진 종교이다.

민주당과 공화당 의원들이 아무리 격하게 서로 대립각을 세워 논쟁을 벌여도, 일요일이면 다 같이 교회에서 만나 같은 하나님을 모시는 경건한 신도로 변한다. 종교성의 강조가 결코 제정일치(祭政一致)를 의미하지는 않지만, 세속화 과정에서 균형감각을 키웠던 것이다. 마치 미국 기업에 청교도적인 사상과 서부 개척자의 발상이 공존하는 것과도 같다.

미국 역사학자들이 입을 모아 격찬하는 서부개척사의 영웅 스미스(J. Smith, 1798~1831)는 프런티어 자질을 갖춘 최고의 개척자였고 독실한 기독교인이었다. 그의 본업은 모피상이자 사냥꾼이었기에 한 손에는 총을 들었지만 다른 손에는 성경을 들었다. 돈만이 목적이던 거친 개척시대에서 그의 존재와 행적은 마치 건국신화와 같았다. 그는 로키 산맥을 넘어 캘리포니아로의 길을 개척했고, 그의 두터운 신앙심은 원형의 심층을 흔들었다. 강한 힘과 두터운 신앙심이 결합되어 미국적 정책과 인도주의의 실현 가능성을 믿게 해준 것이다.

이런 자세는 미국의 기업가와 정치가는 물론 CIA, FBI의 스파이에게도 요구되는 중요한 자질이다. 스미스가 남긴 가치는 미국적 억지가 되어, 하나님의 이름으로 자기 생각을 일방적으로 강요하는 미국식 보편주의에 대한 자부심으로 자리매김되었다.

진화론도 1950년대에 들어 비로소 미국의 공립학교에서 가르칠 수 있게 되었다. 요즘도 가끔 진화론 교육은 헌법 위반이라는 주장이 나오고 있을 정도이다. 『성경』은 모든 생명체는 하나님의 말씀으로 창조되었고 인간은 처음부터 완전한 형태로 창조되었다는 창조론을 따르기 때문에, 최초의 생명의 씨앗에서 진화를 거듭하여 오늘날의 인간이 되었다는 진화론과는 상반된다. 최첨단 과학기술을 자랑하는 미국이 『성경』을 내보이며 진화론과 정면 대립하는 것은 희극적이지만, 이런 모순 또한 미국의 실상이다.

무기 숭상도 서부개척과 같은 맥락에서 조망되는 미국의 특질이다. 링컨(A. Lincoln) 대통령 암살, 케네디 형제의 암살, 킹(M. L. King) 목사의 암살, 레이건(R. Reagan) 대통령에 대한 암살 기도, 이라크와 아프간 정책 등 총과 힘으로 밀어붙이는 외교와 군사정책, 특히 CIA의 도청과 이슬람 포로학대 등은 쾌활하고 솔직한 미국인의 이미지와는 많이 다른 악랄한 면이다. 공정하고 밝은 시민 생활과 억척스러운 외교정책은 모두 미국식 흑백논리가 행동화된 것이다.

단순한 사고 미국과 소련이 결정한 38선 분할은 돌아서면 금방 후회할 유치한 발상이었다. 그 결과 수많은 청년들이 무의미하게 죽었고, 지금까지도 한반도뿐만 아니라 세계를 전쟁의 위기로 몰아넣고 있다. 미국은 외교정책에서 실패해도 그다지 후회하지 않고, 지난 일은 간단히 잊는다. 제2차 세계대전에서도 미국은 소련을 지원하고 원조했지만, 보상은 전혀 받지 못했다. 베트남전쟁 또한 비참하게 끝났지만 '그때는 그랬다.'로 마무리 지었다. 이에 대한 비판은 없다.

일본에 강요한 인류 역사상 전례가 없는 '평화헌법'도 미국적인 사고에서 나온 것이다. 아무리 불리해도 항복하지 않고 끝까지 싸우려 덤비는 일본의 옥쇄(玉碎) 전법에 고생한 미국은 단순히 '일본을 다시는 전쟁을 일으키지 못하도록 만들자.'는 생각에만 몰두해 '평화헌법'을 내밀었다. 일본은 수용적 원형이 있어 이를 순순히 받아들였다. 그 결과 일본은 군비에 돈 한 푼 쓰지 않아도 되었고 이를 이용해 경제대국을 이루었다.

그러나 미국은 소련과 냉전체제에 돌입하면서 일본의 군비 확장이 필요했고, 지금은 중국의 부상으로 더더욱 일본의 군사력이 절실한 상황이다. 북한 핵문제에 대해서도 미국은 휴전 이후 계속 단순계의 사고방식으로만 대응해왔다. 단순계의 사고로는 북한의 게릴라식 사고에 제대로 대처할 수 없다.

이와 같이 정책결정을 하는 심리의 밑바닥에는 현실을 중시하는 유목민 특유의 시간관이 있다. 이미 지난 일은 역사적 과거이며 직선으로 흘러가는 시간의 띠에 찍힌 한 점으로만 남을 뿐이다. 미국인이 즐겨 쓰는 말 중에 "그것으로 모두 끝이다(That's It? O.K.?)."라는 것이 있다. 아무리 큰 실수를 해도 어깨 한번 움츠리고 손바닥을 내보이면 끝이다. 베트남전쟁과 이라크전쟁은 대표적인 실패사례지만 이미 끝난 일이기에 더 이상 거론하지 않는다.

미국인에게 가장 어려운 상대는 한국인일 것이다. 한국인은 시간을 돌다가도 다시 원점으로 되돌리려 한다. 박근혜 전 대통령이 미 의회에서 일본의 역사문제를 비난하는 연설을 할 때 나는 몇몇 의원의 당혹해하는 표정을 감지할 수 있었다. 미국은 인권문제를 거론할 때 현재의 문제들을 대상으로 한다. 그동안 미국이 저지른 인디언 학살과 노예제도 등이 일본인의 역사문제 이상의 치부이기 때문이다.

양키 기질

미국은 다양하지만 미국적 가치 하나 때문에 분열되지도 않고, 해체될 가능성은 더더욱 없다. 민족적 다양성이 오히려 합리적인 융합을 유도해 양키 기질(미국 원형)과 강한 국가의식을 형성했기 때문이다. 다양한 민족이 모여 표준적 미국인을 만들어내는 것은 기적과도 같은 카오스의 자기조직화이다. 같은 다양성이지만 오랜 역사를 지닌 중국과는 확연히 다른 방향이다.

양키 기질이란 이런 요소들의 결정체이다.

1. 경쟁의식이 강하다. 수동적이 아니라 능동적이다.
2. 정신세계보다는 현실에 관심이 많고 사상가보다 발명가를 존경한다.
3. 계획적이며 새로움에 대한 적응성이 강하다.
4. 과거에 구애받지 않고 현실적 선택을 중요시한다. 구대륙(유럽)에서 익힌 습관과 관습에는 관심이 없고 미국적 표준을 만든다.
5. 질서와 힘을 중요시한다. 타 종교에 관용적이다.
6. 위아래의 관계보다 평등한 관계를 중요시한다.
7. 집단 윤리보다 개인의 인격을 우선시한다.
8. 개인적 성향, 개성이 강하다.
9. 명백한 운명(Manifest Destiny) 의식으로 선교활동을 활발하게 펼치며, 후진국에 대한 교육과 의료지원을 아끼지 않는다. 평화봉사단과 선교사 파송에도 큰 가치를 부여한다.
10. 약자에 대해서는 관대하지만 적대세력이나 경쟁 상대는 악마시하는 경향이 있다.

국가원리

Manifest Destiny(명백한 운명) 미국의 초기조건은 보스턴 만에 상륙한 120명의 청교도에 의해 결정되었다. 메이플라워호를 타고 온 가족대표 41명은 상륙에 앞서 시민정치제도를 만들어 '평등한 법률을 제정하고 질서와 안정을 도모할 것'을 골자로 하는 서약서에 합의했다. 인공국가 미국의 초기조건은 메이플라워호에서 발생된 것이다.

미국인은 스스로 국가원리를 하나님의 명백한 운명(Manifest Destiny)으로 인식했다. 이 사명감으로 개척자들은 애팔래치아 산맥을 넘어 서부로 개척해갔고 스페인과의 전쟁도 승리로 이끌었으며, 태평양으로의 진출과 우주개발까지 이루었다. 선교사 같은 카우보이 원형은 미국인의 무의식에 깊이 각인되어 있다. '정의'라는 뚜렷한 명분이 있는 일에 대해서는 분명한 실행의지를 가진다. 노예제도 폐지나 금주법 같은 것도 선교사적 사명으로 실천에 옮겼다.

국가 수립 시의 초기조건인 국가원리는 외교 전략에도 결정적인 영향을 미친다. 제1차 세계대전 후, 윌슨 대통령이 제안한 민족자결주의는 제국주의적 식민주의 사고에 젖어 있던 유럽 제국들의 입맛에 맞지도 않았고 시기적으로도 일렀지만, 그 후의 세계를 주도하는 중요한 방향타 역할을 했다.

제2차 세계대전에 참전한 직접적인 이유는 물론 일본의 진주만 공격이었지만, 그 물밑에는 국가원리가 작용했다. 미국이 주요 군수물자에 내린 금수 조치는 일본의 목을 조이는 일이었다. 일본지도부는 마지막까지 전쟁을 피할 길을 모색했으나 미국은 국가원리에 따라 완강하게 원칙을 고수했다. 당시 미 국무장관이었던 헐(C. Hull)의 각서에는 이같은 사항이 명기되어 있다.

1. 모든 국가의 영토보존 및 주권 불가침의 원칙
2. 외국의 국내 문제 불간섭 원칙
3. 통상에 관한 기회 균등과 평등의 원칙
4. 분쟁방지 및 평화적 해결, 평화적 방법과 수단에 의한 국제 협력, 국제 문제 조정의 원칙

현재의 관점에서 보면 위의 4원칙은 상식적인 조항들이다. 그러나 제국주의 질서 아래 약육강식이 상식이던 1941년에는 매우 참신하고 이상적인 내용이었다. 서구 강국들이 여러 지역에 식민지를 경영하며 무자비한 지배체제를 강화하고 있던 시기였기 때문이다. 이 원칙대로라면 서구 중심의 국제질서는 무너져야 했다. 미국은 헐의 각서 조항 ⑴과 ⑵에 의거해 일본에게 중국으로부터 철수할 것을 요구했고, 주요 군수물자의 금수와 미국 내 일본자금을 동결했다. 이런 압박에 일본 정부는 진주만 기습을 택했다.

제2차 세계대전 후 강대국들은 헐 각서의 정신에 따라 식민지 경영을 포기했다. 그 후에도 메이플라워 서약과 청교도적인 정책은 국제질서의 주류를 이뤄, 헐 국무장관은 노벨평화상을 받았다. 흥미로운 것은 현재 대북정책도 제2차 세계대전 직전의 대일본 정책이었던 '중국 대륙을 점령한 일본군의 전면철수를 조건으로 미국 내의 일본 자

산 동결과 석유, 고철 등 군수물자의 수출금지'와 같은 구조이다. 미국 외교의 기본 패턴에는 변화가 없다는 이야기다.

제2차 세계대전은 루스벨트 대통령의 갑작스러운 사망으로 대통령직을 승계 받은 트루먼(H. Truman)에 의해 마무리되었다. 트루먼 대통령이 후일 어느 정치학도로부터 다음과 같은 질문을 받는다. "대통령 재임 시 느낀 가장 큰 자부심은 무엇이었나?"라고 묻자 그는 "전쟁에서 적을 완전히 패배시키고 전후에 그들을 도와 국제사회로 복귀시킨 것이다. 이것은 전 세계에서 오직 미국만 할 수 있는 일"이라고 답했다. 그 질문을 했던 젊은 정치학도가 훗날 미국 국무장관이 된 키신저였다(H. 키신저 『세계질서(World Order)』).

전후 미국은 마셜 플랜(Marshall Plan)을 비롯한 다양한 원조로 폐허가 된 유럽을 재건시켰다. 패전국 독일과 일본을 잿더미에서 다시 일으켜 경제대국의 기반을 마련토록 했다. '군사력의 링'을 '경제의 링'으로 옮긴 것이다. 일단 패한 상대를 다시 한 번 다른 방식으로 링에 올려주는 패자부활전(return match)은 미국의 국가원리에 따른 정책이다. 사실상 세계 제일의 강국이 되었으나 패권국가로서 행세할 생각보다는 '메이플라워 서약'에 따라 패전국도 자유경쟁에 참여시키는 정책을 택한 것은 미국의 국가원리에 따른 것이다. 19세기 제국주의나 서구 열강과는 다른 길이다.

먼로주의 미국의 세계 전략은 '먼로(Monroe)주의'와 '명백한 운명'을 번갈아 채택한다. 대립적인 국가원리지만, 원형은 복잡계여서 그 성격이 다양하게 표출된다. 먼로주의는 '미국은 아메리카 대륙에만 관심을 가질 테니까, 다른 나라들도 아메리카에 간섭하지 말라.'는 선언이다. 다시 말해 '너희 유럽인은 너희들끼리 마음껏 싸워라. 우리와는 관계없다.'는 입장이다. 유럽의 종교전쟁이 초래한 고난과 절망을 안고 미국으로 건너온 이민자들의 나라였기에, 유럽의 일에 관여하고 싶지 않았다.

제1차 세계대전 후 윌슨 대통령이 민족자결을 근간으로 한 국제연맹을 창설하긴 했지만, 미 국회는 국제 문제에 대한 적극적인 참여를 반대하며 회원국 가입을 거부했다.

이와 대조적으로 '명백한 운명'은 세계의 자유와 민주주의를 확장하는 사명이 미국에 있음을 천명한 것이다. 제2차 세계대전 이후 미국은 세계의 경찰국가로서 자유와 민주주의를 위해 6·25전쟁과 베트남전쟁에 참전했다. 민주주의의 실현에 적극적이었으나 국제외교에서는 실패를 거듭했다. 선교사적 이상주의를 선택했던 카터 정권은 인권문제에 충실한 나머지 중요한 외교문제에는 번번이 실패했다.

이처럼 미국의 외교는 시계의 추처럼 '명백한 운명'과 '먼로주의' 사이를 오갔으나, 이제는 현실적으로 많은 제약을 받고 있다. 오바마 대통령이 '미국은 더 이상 세계의 경찰관이 아니다.'라고 선언, '미 대륙만을 고수하면 충분하다.'는 입장을 표명했고, 북한 핵에 대한 대응도 '트럼프식 먼로주의(America first)'로 돌아갈 가능성이 있다. 국제 관계에서 흔히 나타나는 되풀이 현상이다.

트럼프식의 먼로주의는 중국의 큰 목표 가운데 하나인 '아시아로부터 미국 몰아내기'의 일차적 성공이다. 중국은 아시아 전체를 조공국으로 삼아왔다. 시진핑이 트럼프에게 "한반도는 원래 중국의 속국이었다."고 말한 것도 미국은 아시아에서 나가라는 요구로 해석된다.

그러나 가쓰라-태프트 조약과 애치슨 선언을 감안하면, 미국은 일본과의 유대를 절대 포기하지 않을 것이다. 한반도에 대한 집착은 일본에 대한 것보다는 훨씬 적다.

앞서 설명한 헐 국무장관의 정신은 계속 유지하며 중국의 영토 확장을 쉽게 허용하지는 않겠지만 미국의 국력이 상대적으로 크게 떨어져가는 것이 문제다.

현실적인 미·중 T. 루스벨트 대통령이 이런 말을 한 적이 있다. "외교회담에는 몽둥이를 들고 가라. 되도록 큰 몽둥이가 좋다." 파나마 운하 건설 과정에서 미국이 사용한 것이 '몽둥이 외교'였다. 원래 파나마 일대는 콜롬비아의 영토였으나, 그 전략적 중요성에 눈독을 들인 미국이 혁명파를 지원해 파나마 공화국을 수립했다. 그리고 파나마 신 정부로부터 운하 건설권과 조차권(租借權)을 얻어 1990년까지 관리했다. T. 루스벨트 대통령은 그 후 노일전쟁 강화조약 중재에 성공해 노벨평화상을 받았다.

그의 몽둥이 외교와 노벨평화상은 미국의 대외정책을 상징하는 것이다. 『국화와 칼』에서 R. 베네딕트(R. Benedict, 1887~1948)는 일본이 국화로 상징되는 평화적인 민족인 한편 칼로도 상징될 수 있는 강한 호전성이 있다고 지적했듯이, 미국의 대외정책에도 평화와 전쟁이라는 상반되는 요소가 작용하고 있다.

미국은 평화를 이상으로 삼지만 현실타개를 위해서는 전쟁도 감행한다. 영국과의 독립전쟁을 시작으로 스페인과의 식민지 전쟁, 제2차 세계대전 등의 열전과, 소련과 대치한 냉전 상황에서 6·25전쟁과 베트남전쟁, 이라크전쟁까지 치렀다. 현재 북한과는 전쟁도 냉전도 아닌 온전을 벌이고 있다. 많은 미국인들은 전쟁의 승리는 정의의 결과라고 생각한다. 옳은 행위가 성공하는 것은 신이 보이지 않는 곳에서 움직이고 있기 때문으로 여긴다. 이 단순한 논리에 따라 서부 활극에서는 정의의 보안관이 항상 승리한다.

미국과 중국은 현실적이라는 면에서는 같지만, 미국은 개신교 사상에 기반을 둔 반면 중국은 인간중심주의라는 점에서 크게 다르다. 중국인은 "천도(天道)는 옳으냐? 그르냐(是非)?", "신은 있는가, 그렇지 않은가?"라는 질문에 "인간은 자신의 몫만 다하고 천명을 기다릴 뿐이다(盡人事待天命)."라는 신념으로 대응한다. 중국인의 무신론적 사고는 인간중심적인 현실주의이다. 반면에 미국의 실용주의는 행동의 결과와 실제적 효용가치를 우선시한다. 사상이나 개념도 실용성으로 따지고 "나무는 그 열매로 판단한다."는 성경말씀을 전제로 상황을 판단한다. 예수의 가르침이다(『신약』 마태복음 7장 20절).

미·중 간에 북한 핵과 남사군도라는 긴박한 문제를 두고도 서로의 국가원리인 '명백한 운명'과 '중화사상'이 대립했지만 양자의 현실적, 실용적 사고가 전쟁 결행에 브레이크 역할을 했다. 미국과 중국의 수교는 '대만과 중국 본토는 하나라는 중국의 원칙'을 인정한 결과 이루어진 것이다. 트럼프 대통령이 대만과 교류하며 중국 대륙과 대만의 분리에 적극적인 자세를 취했으나 금방 현실적이 아님을 알아차렸다.

결국 대만은 홍콩처럼 과거 중국의 영토였지만 현실적으로는 독립된 체제로 둘 것이다.

미군의 한반도 주둔 또한 국가원리인 민주주의 수호라는 명분 아래 실행해왔으나, 국제적인 카오스로 인해 미국의 패권은 쇠퇴해갈 것이고, 그럴 경우 미국은 현실주의적 판단을 할 것이고 한·미 간도 새로운 국면을 맞을 것이다. 워싱턴 정가 일부에서는 상황에 따라 한반도로부터 철수까지도 생각할 것이고, 한국도 독자노선을 택할 시점이 올 것이다.

2 러시아의 원형과 국가원리

러시아인의 원형

유라시아 대륙의 넓은 초원지대에 자리 잡은 러시아는 여러 민족이 이동하는 십자로였다. 고트족과 훈족, 몽고족, 카자흐족 등이 번갈아 파도처럼 밀고 들어와 토착민을 습격, 약탈을 일삼았고 러시아인은 그 고통에 신음해야 했다. 유목민의 습격을 피해 러시아인은 초원을 떠나 산림지대에 숨어 근거지를 마련했다.

슬라브족은 2세기경부터 유럽 중부 도나우강 중·하류 연안의 원시림에 거주하던 북유럽계의 인종이다. 붉은 머리에 키가 큰 백인인 이

▌9C에 스웨덴의 바이킹이 키에프지방을 점령하고, 국가를 세웠다.

들은 7세기경에 우크라이나 지역에 진출해 러시아인의 조상이 된다. 러시아의 국가 형성은 15, 16세기경이지만, 9세기에 이미 해적 집단인 스웨덴의 바이킹이 키예프에 들어와 정복국가를 건설했다.

바이킹은 북쪽 바다로부터 강을 거슬러 내륙으로 들어와 원주민인 슬라브 농민을 지배하고 비잔틴(Byzantine, 동로마) 문화를 들여왔다. 슬라브인은 그들을 '러수'라고 불렀다. 그 호칭에서 '러시'가 파생해 '러시아'로 변했다.

이민족 지배와 일체감 특이한 사실은 슬라브인은 용맹스러운 지배자를 환영했다는 점이다. 끝없이 펼쳐진 황량한 환경에서 침입자의 습격과 약탈에 시달려온 원주민으로서는 강력한 지도자가 오히려 반가웠다. 이로써 이민족에 의한 지배가 슬라브 민족 원형의 초기조건이 되고, 지배자와 피지배민족 간에 발생한 일체감으로 사회질서가 형성되었다. 그래서 러시아인은 사회가 혼란할수록 강력한 지도자를 원한다. 오늘의 푸틴을 보면 스탈린이나 제정시대 황제의 권위까지 다 갖고 있는 것 같다.

러시아는 문자도 비잔틴 문화를 통해 유입된 그리스 계통의 것이다. 서유럽이 로마 가톨릭교회와 밀접했던 것과 달리, 비잔틴의 정통교회(그리스 정교, 러시아 정교)는 독립적이고, 서방 문화의 영향을 적게 받았다. 비잔틴제국(동로마제국)은 콘스탄티노플(이스탄불)을 수도로 우크라이나 평원 남쪽까지 세력을 확장했다.

흔히 유럽의 지식인들은 "러시아인은 껍질 한 장만 벗기면 타타르

(몽고)인이다."는 말을 상투적으로 한다. 겉보기는 백인이지만 속은 몽고적 야만을 간직하고 있다는 뜻이다. 몽골족의 침입으로 슬라브족은 15세기까지 근 250년간의 긴 세월을 몽골계 킵차크한국(汗國)의 강압적 지배를 당했다. 그러나 이반 3세(Ivan Ⅲ, 1462~1505년 재위)의 집요한 항쟁으로 러시아는 킵차크한국의 지배에서 벗어난다. 이반 3세는 러시아의 북동지역을 통합하여 모스크바를 중심으로 나라를 세워 스스로 동로마제국의 후계자임을 자처했다. 이어 왕위에 오른 이반 4세(Ivan Ⅳ, Vasilievich, 1547~1584년 재위)는 처음으로 황제의 칭호를 쓰며 영토 확장에 힘썼다.

러시아는 대국이면서 국경선이 일정하지 않은 애매한 나라다. 국경선은 확대되었다가 축소되고, 다시 확대되는 등 고무풍선처럼 변해왔다. 100여 년 전까지만 해도 블라디보스토크와 하바롭스크는 러시아 영토가 아니었고, 300년 전의 광대한 시베리아는 러시아 땅이 아니었다. 다른 나라들은 제2차 세계대전 이후 대부분 식민지를 독립시켰으나 러시아만은 계속 방대한 인접지역을 끌어안고 있다. 특히 일본 북방 영토에 관해서는 국제법이 뭐라 해도, 한 번 잡은 먹이를 놓치지 않는 곰처럼 꿈쩍도 하지 않는다.

표트르 대제(1672~1725) 이후 1989년까지 300년간 서쪽으로 계속 확장하여 사실상 오데르-나이세 선(독일과 폴란드의 국경선)까지 세력을 자랑했지만 1991년에 소련연방이 붕괴하면서 다시 벨라루스와 우크라이나로 흐르는 드네프르(Dnieper)강으로 국경선이 후퇴했다. 300년간의 서진이 불과 2년 만에 물거품이 되었다.

가혹한 풍토가 준 공간관 러시아는 유라시아 대륙의 북방에 넓게 자리 잡은, 아시아도 유럽도 아닌 독특한 성격의 유라시아적인 나라이다. 국토는 광활하지만 지형이나 기후는 어디를 가든 러시아적인 균질성을 보인다. 단조롭다. 특히 시베리아는 항공기에서 내려다보면 얼음과 눈으로 뒤덮여 황량하기 그지없는 땅이다. 첼라빈스크에서 블라디보스토크로 가는 시베리아 철도 또한 단조롭고 지루해서 두 번 다시 타고 싶지 않을 정도이다.

아기자기한 한국 땅에 익숙한 우리에게 러시아는 도저히 살 수 없을 것 같은 숨 막힐 정도로 단조로운 곳이다. 이런 땅에서 혹한의 겨울을 견디기 위한 생존조건은 강한 인내심이다. 원시 슬라브인들에게 가장 두려운 것은 천둥과 비와 하늘의 신인 페르쿠나스(Perkūnas)였다. 봄가을은 짧고 여름은 기온이 높아 곳에 따라서는 백야(白夜) 현상도 나타난다. 투르게네프(Ivan Turgenev, 1818~1883)는 백야를 "새파란 밤이요, 밤인가 낮인가, 주변은 모든 것이 분명히 보이면서도 모두가 슬픈 표정으로 잠자고 있다."고 그 우울함을 묘사했다. 그렇게 여름은 환상적이면서 엉뚱하고 변덕도 많이 부린다.

서부 러시아는 곡창지대지만 일기가 불순해 가뭄이 흔하다. 가뭄이 심할 때는 백만 명에 가까운 아사자가 나온 적도 있다. '러시아인처럼 풍토적인 성격이 강한 민족은 없다.'는 말이 있을 정도로 인심은 거칠면서 온화하고, 냉혹하면서 친절하다. 이중적이다. 개인으로 만나면 정도 많고 친절하지만, 관리들의 공적인 태도는 완고하고 엄하다.

러시아의 농민들은 넓은 땅과 자유를 찾아 계속 동쪽으로 이주해왔다. 볼가강 근처에 도달했으나 다시 몽골계 침략자로부터 동쪽 이동을 강요당해 산림지대에서 초원지대로 이동해야 했다. 보호막이 없는 대평원에 살기 위해서는 안전을 지켜줄 완충지대가 필요했다. 그래서 그들은 광대한 광야에 울타리를 친다. 아이러니하지만 너무나 광대하기에 오히려 자신의 존재를 제한할 울타리가 필요했다. 러시아어로 '도시, 읍'을 뜻하는 '고로도'란 말은 본래 '울(울타리)'을 의미한다. 모스크바의 '크렘린'도 '안전한 곳'이란 뜻으로 큰 숲과 돌, 호수 등으로 둘러싸여 외부와 차단된 지역이다. 러시아의 도시는 모두 크렘린을 중심으로 건설되었다.

이렇듯 러시아인은 마을을 만들고 방어벽(울타리)을 치는 것이 아니라, 우선 방어벽부터 만든 후에 생활을 시작했다. 넓은 광야에서 자연과 더불어 살아온 미국 인디언들과 대조적으로 러시아인은 끝없는 광야 한가운데 벽을 짓고 생활공간을 구축했다. 따라서 이들의 원형에는 이런 공간관이 반영되어 있다.

무한히 뻗은 강의 나라

러시아는 국토의 절반 이상이 평원이다. 유럽과 아시아를 가르는 우랄산맥도 최고점이 겨우 해발 1,200m에 불과하다. 대평원은 시베리아 서쪽까지 이어진다. 유라시아 중심의 일부 지역만 빼고 해발 100m 이상 되는 고지가 없다. 대신 강이 많아 세계 최대의 하천 국가로 꼽힌다. 크고 작은 하천이 많아 철도 부설 전에는 하천을 이용한 교통이 발달했다. 겨울이면 여러 마리의 말이 끄는 썰매로 얼어붙은 하천을 왕래했다.

특히 볼가강은 민족의 어머니로 불린다. 국민 작가 고골(N. Gogol,

호르는지 멈춰 있는지도 구분할 수 없이 무한히 뻗어 가는 볼가강

1809~1852)은 볼가강을 "흐르는지 멈춰 있는지도 구분할 수 없는 강이 무한으로 뻗어 넓어져 갈 뿐이다."라고 묘사했다. 강을 끼고 펼쳐진 평원도 끝없이 넓어 지루하게 보일 정도이다. 이런 풍토조건 때문인지 러시아 문학에 나오는 주인공들은 대부분 슬라브 민족 특유의 정신세계인 지구력과 집념을 갖고 있다.

민족 원형에는 풍토와 역사 체험이 반영된다. 러시아의 역사학자인 클류체프스키(V. O. Klyuchevskii, 1841~1911)는 러시아인의 성격을 다음과 같이 묘사했다.

"러시아인은 고립된 마을에서 생활해왔고 서로 교류가 적었으므로 큰 공동체 특히 잘 조직된 집단에서 일하는 데는 익숙하지 않았다. 사람이 드문 산림에서 혼자서 자연과 살아와 대체로 내향적이며 신중하고 겁이 많다. 언제나 속으로만 생각하고 남들과 잘 어울리지 않고 혼자 있기를 좋아한다."

투르게네프의 『엽인일기(獵人日記)』나 톨스토이(A. Tolstoy, 1828~1910)의 여러 작품에도 이런 유형의 인간상이 잘 묘사되어 있다. 묵묵히 원시림을 개척하며 살아오는 동안 길러진 심성이다. 음악 또한 도저히 저항할 수 없는 길고 혹독한 겨울과 역사 탓인지 멜로디에 고독과 애수가 묻어난다. 차이코프스키 교향곡 6번 '비창'을 비롯하여 대부분의 민요에도 어두운 애수의 그림자가 드리운다. 특히 〈볼가강의 뱃노래〉는 "밧줄을 더 세게 당기세! 볼가, 볼가강은 우리의 어머니. 아이다다아이다…."로 가사가 이어지면서 멜로디가 단조롭게 반복된다. 고통스러운 일상을 살아가는 러시아 서민의 인내심과 슬픔이 묻어나는 곡이다.

러시아 정교와 신성한 사명(Holy Mission) 러시아 하면 맨 먼저 떠오르는 것이 양파처럼 생긴 지붕의 사원, 곧 러시아 정교(正敎)이다. 교회 건물도 아름답고 예배의식도 장엄하다.

▍성 바실리아 성당

러시아는 동로마제국으로부터 기독교를 계승했으나, 종교와 세속을 통합시킨 교황 황제주의를 택했다. 강력한 지도자를 바라는 마음에서였다. 황제는 교황이므로 신성시되었다. 거대한 영토와 가혹한 풍토에서 살아오면서 느낀 무력감이 절대자에게 의존하는 마음을 갖게 했고, 같은 이유로 강력한 종교, 강력한 정치 지도자를 요구하게 된 것이다.

그리스 정교가 러시아에 수용된 것은 989년의 일이다. 블라디미르 키예프 대공(Vladimir the Great, 956~1015)이 고대 그리스 식민 도시인 케르소네소스에서 세례를 받으면서 기독교를 공식적으로 수용하게 되었다. 블라디미르 대공은 자신이 세웠던 토착 신의 우상들을 부수고 불태운 바로 다음 날 모든 시민을 강가에 모아 집단 세례를 받게 함으로써 기독교와 더불어 발달된 유럽 문화를 들여왔다. 농민들의 유일한 위안은 신에 대한 의존과 구원이었다. 우상숭배를 했던 토착 종교는 러시아인의 무의식에 남아, 지금도 그 흔적이 동방정교의 교리와 의식에서 엿보인다. 기독교는 러시아 정교 형태로 뿌리내려 통일에도 지대한 영향을 미쳤다.

러시아 정교는 '종교'를 아편으로 여긴 공산 사회를 겪고도 살아남는다. 공산주의 붕괴 후 맨 먼저 등장한 것이 교회였을 정도다. 러시아는 서방의 로마 가톨릭에 맞서, 로마제국의 멸망 후 마지막까지 동방정교의 전통을 지켜온 것에 대한 자부심이 크다. 모스크바가 곧 '동방의 로마'라는 자부심이다. 이는 구세주 사상(메시아주의)과도 연결된다. 이 구세주 사상으로 러시아는 시베리아 개척에 나섰고, 이는 동방의 이교도들로부터 기독교 서방세계를 수호한다는 나름의 사명감(Holy Mission)으로 작용했다. 특히 공산 혁명에 성공하자, 러시아는 세계 혁명세력의 총 본산임을 자부했다.

족쇄의 역사와 베어 허그(Bear Hug) 족쇄의 역사는 칭기즈칸(1155~1227)의 침략으로 시작된다. 몽골인은 러시아에 킵차크 한국을 수립하고 '타타르인의 족쇄'(韃靼人, 몽골계 타타르인에 의한 착취)라 불리는 혹독한 압제를 가했다. 바이칼호 주변의 유목민족이었던 타타르족은 250년간 러시아인을 억압하며 중세적 상황에 머물게 했다. 그 사이 유럽은 눈부신 번영으로 근대화를 이루었다.

러시아가 '타타르의 족쇄'로부터 해방된 것은 1480년, 이반 3세가 우그라 강변 전투에서 승리하면서부터이다. 칭기즈칸 이래 화살만을 주 무기로 싸워온 유목국가 킵차크한국을 총포로 무장한 이반 3세의 군대가 멸망시킨 것이다. 그러나 '고로도(요새)'나 '크렘린' 등 방어를 뜻하는 말이 시사하듯 두터운 벽의 존재는 사라지지 않았다. 사회구조적인 족쇄는 타타르인의 것 못지않았다.

15세기 이후 '농노제'가 강화되었다. 농노들은 법적 권리도 이동과 여행의 자유도 박탈당했다. 17세기경에 모스크바를 중심으로 로마노프왕조가 설립되지만, 여전히 농노제에 기반을 둔 왕조여서 본질상 킵차크 왕국의 통치와 크게 다르지 않았다. 무자비한 방법으로 이민족의 토지를 강탈했다. 18세기에 서구는 근대화의 길을 부지런히 걷고 있는 동안, 러시아는 통제를 오히려 더욱 강화해 국내 여행에도 여권이 필요했을 정도였다. 통제는 러시아 혁명 이후 잠시 완화되었지만, 소련연방이 결성되면서 다시 강화되어 공산 체제가 무너질 때까지 절대 독재국가의 제도적 족쇄가 되었다.

'Bear Hug(곰 끌어안기)'라는 말이 있다. '한 번 적을 끌어안으면 절대 놓아주는 법이 없다.'는 러시아인의 전술이나 모략적인 성향을 두고 이르는 말이다. 러시아는 국가가 성립된 후 계속 서방으로부터의 침략에 시달려왔다. 폴란드와 프랑스, 그리고 제2차 세계대전 때는 나치 독일이 침공했다. 러시아인은 신중하게 인내심을 갖고 상대의 틈을 엿보다가 기회만 생기면 여지없이 반격을 가하는 성격이 몸에 배어 있다.

러시아 민족주의 오페라의 효시가 된 〈이반 수사닌(Ivan Susanin, A Life for the Tsar)〉에도 이런 러시아인의 특성이 고스란히 녹아 있다. 농부 이반 수사닌은 러시아에 침입한 폴란드 군에게 길잡이를 강요당한다. 그는 러시아의 겨울 추위를 이용해 일부러 폴란드 군을 깊은 산림 속으로 유인해 길을 잃게 만들고, 사살당한다. 러시아에 침입해온 나폴레옹 군대와 나치 독일의 대군도 모두 이런 식으로 패배시켰다. 혹독한 추위와 러시아 군대의 강한 인내력 앞에 유럽의 어떤 강력한 군대도 굴복하지 않을 수 없었다.

1709년, 스웨덴과 러시아의 폴타바 전투 모습(루이스 카라바크 작품)

야만으로 오염된 원형 19세기 초, 제정러시아의 계몽주의 역사가이자 작가인 카람진(N. Karamzin, 1766~1826)은 『러시아 국사(國史)』에 다음과 같은 글을 남겼다.

"야만인(타타르인)의 그림자가 러시아의 지평을 어둡게 하고, 러시아는 유럽으로부터 멀리 감춰져버렸다. 유럽에는 높은 학문과 지식과 관습이 보급되어 가는데, … 우리는 긍지를 잃고 약자들 사이에서 힘 대신 온몸에 교활한 습성을 붙였다. 우리는 타타르인을 속이고 또 서로를 속이며 지냈다. 돈을 주고 야만인의 폭력을 피하는 사이에 우리는 탐욕스러워졌고, 이민족 폭군에게 염치없는 태도를 보이며 굴욕과 치욕에 둔해졌다. … 우리 조국은 국가라기보다 대낮에도 컴컴한 숲속 같아졌다. 가능한 한 도적질을 했다. 남의 것뿐만 아니라 내 것도 도적질했다. 집조차 안전한 곳이 아니었다. … 러시아인은 천한 노예의 교활성을 몸에 익혔다. … 오늘날 러시아인의 성격은 몽골인의 야만 때문에 오염되어 있다. …"

카람진은 타타르의 족쇄로 더럽혀진 러시아인의 원형에 대해 탄식했다. 가혹한 외침이 집단의 무의식에 가혹한 상흔을 남긴 것이다.

20세기에 들어와서도 러시아의 가혹한 역사는 되풀이되었다. 스탈린에 의해 숙청된 사람의 수는 2,000만에서 4,000만 명에 달했고, 시베리아에 유형(流刑)을 당한 자도 그와 맞먹을 정도의 수였다. 하지만 아무도 그 정확한 숫자나 내용은 밝히지 못했다. 그 비참한 상황은 솔제니친(A. Solzhenitsyn, 1918~2008)의 『수용소 군도』에 생생히 묘사되어 있을 뿐이다.

스탈린의 철권통치는 이반 4세의 통치 양식을 따랐던 것이데, 이는 우연이 아니라 러시아 원형의 탓이다. 특유의 풍토와 가혹한 타타르의 지배, 그리고 많은 민족들이 참여한 시베리아 개척 등의 카오스에서 자기조직화한 러시아 원형은 그 요인만큼 다양하고 혹독한 면모를 보인다.

러시아의 국가원리

러시아 정치의 전통은 먼저 공포 분위기를 조성하는 것이다. 이반 4세도 공포정치를 펼쳤다. '벼락(雷帝)'이라는 별명이 상징하듯, 무서운 철권통치로 일관했다. 휘하의 귀족이 조금이라도 반란 조짐을 보이면, 그 귀족의 봉토 안에 사는 주민들까지 모조리 학살했다. 그는 서방과의 교역을 활성화해 모피를 수출하고 무기를 적극 수입함으로써 군사적인 성공을 이루고 대제국의 기초를 마련했다. 그러나 러시아 농민에게는 이반 4세의 통치나 킵차크한국(汗國)의 압제나 인종만 달라졌을 뿐 별반 다를 바 없었다.

이반 4세는 즉위식 연설에서 "로마제국은 멸망했고, 이제 모스크바를 제3의 로마로 만들 것이다. 앞으로 제4의 로마란 없다."고 장담했다. 제2의 로마는 비잔틴의 콘스탄티노플을 뜻했다. 그의 사상은 스탈린으로, 그리고 지금의 푸틴으로 이어지고 있다.

이반 4세의 대러시아주의는 메시아주의와 결합해, 러시아는 유라시아의 중심 국가이며 미국도 영국도 러시아의 주변 국가에 불과하다고 규정했다. 실제 냉전시대의 소련은 이 지정학을 믿고 대륙군대로 세계의 패권을 잡아 해군력에 의존하는 미국과 영국을 앞지를 구상을 했다.

시(詩)와 pogrom 지적 거인, 토인비조차 러시아를 '거대한 수수께끼'라고 정의했을 정도로 러시아는 알 수 없는 나라로 비쳐왔다. 우리는 주로 근대 러시아 문학을 통해 러시아인 고유의 원형과 다양한 성격을 접할 수 있었다. 대부분의 한국인은 일본을 거쳐 들어온 러시아 문학작품 특히 톨스토이와 도스토옙스키, 투르게네프 등의 작품을 읽으며 근대문학에 눈을 떴다. 나 또한 러시아 문학에 심취해 이들 대문호들이 노벨문학상을 수상하지 못한 데 대해 불만을 품은 적도 있었다.

러시아인은 시의 민족이다. 마치 한국인이 유행가를 합창하듯 러시아인은 전쟁터에서도 시를 읊었다. 누군가 시를 읊기 시작하면 다른 병사까지도 따라 읊었다고 한다. 러시아인에게 "엄마 제가 시인이 되었습니다."는 말은 한국인에게는 "엄마 나 고시 합격했습니다."라는 말 이상으로 긍지를 준다고 한다. 고르바초프(M. Gorbachew, 1931~)가 대학시절에 읽은 독서목록을 봐도 철학교수 수준을 뛰어넘을 정도여

▌도스토옙스키

▌솔제니친

서 무척 인상적이었다.

소련 붕괴 이후 나는 한양대학교 '소련 연구소'에서 러시아 외교관을 여럿 만난 적이 있다. 그리스 이성주의 전통에서 탄생한 공산주의의 엘리트답게 그들은 마르크스주의와 관련된 철학사에 매우 밝았다. 또한 러시아 음악과 문학에 대한 자부심도 컸다. 깊은 인상을 준 그 외교관들로 인해 나는 러시아인에 대한 선입견을 버렸다.

권력의 가혹성과 야만을 다룬 러시아 문학은 그 고유한 영역을 확보할 정도로 깊이가 있다. 도스토옙스키의 『죽음의 집의 기록』에서부터 시베리아 유형(流刑)을 다룬 솔제니친의 『수용소군도』 등은 하나의 문학 장르를 이룬다.

문학이 그럴진대 역사 속 현실은 어떠했을까? 'pogrom'이란 단어는 유대인 집단학살을 뜻하는 러시아어이다. 이 단어가 세계인에게 잘 알려진 것은 그만큼 이민족 집단학살이 러시아에서 빈번하게 발생했기 때문이다.

제2차 세계대전이 끝나갈 무렵 점령군 러시아 군대가 벌인 만행은 중세의 몽골군을 방불케 할 정도로 야만적이었다. 한 번도 손목시계를 가져본 적이 없던 병사들은 "다와이(내라)." 하며 강탈한 여러 개의 손목시계를 휘감고 다녔다. 여자는 나이에 상관없이 성폭행의 대상이었다. 문화 예술국의 명성에 어울리지 않는 병사들의 야만성은 어디에서 기인된 것인지 알 수 없었다. 전해진 바로는 중형(重刑)을 선고받은 자로만 편성된 수인(囚人) 부대가 최전선에 배치되었기 때문에 점령지는 그들의 몫이었다는 설도 있다.

나는 '부녀자 폭행을 중지해 달라.'고 호소하는 비점령 지구의 주민 대표들을 향해 스탈린이 되레 '전쟁이라는 것을 모르는 어리석은 자' 라고 호통 치는 장면을 담은 기록영화를 보고 큰 충격을 받은 적이 있다. 마치 로마의 역사가 타키투스(P. Tacitus, 55?~117?)가 『게르마니아』에서 "피로 얻을 수 있는 것을 땀 흘려 손에 넣는 것은 비겁하고 게으른 일"이라고 호언했던 것을 연상시켰다. 고대의 전쟁은 강간, 약탈과 동의어였다. 그 말을 스탈린이 반복한 것처럼 들렸다. 이렇듯 러시아인의 원형에는 문명과 야만이란 상충되는 두 요소가 있다. 높은 수준의 문화와 가혹한 탄압, 잔인한 군대는 카오스적인 복잡한 요인들을 그 원형에 얽히게 만든다.

표트르 대제 이반 4세와 전혀 다른 방향에서 강권정치를 펼친 황제는 표트르 1세(Pyotr I, Alekseevich, 1672~1725)이다. 그에 대해서는 지금도 역사적 평가가 엇갈린다. 표트르의 개혁을 인정하는 서구파가 있는가 하면, 러시아파는 부정적인 시각이다. 시인 푸시킨은 표트르 대제에 대한 자신의 입장을 대서사시 「청동의 기사(騎士)」에서 이렇게 읊었다.

몸에 숨은 무서운 힘
그 말에 넘치는 엄청난 용기
오만한 말이여 너는 어디를 향해 날아가는가
어디에 말굽을 멈추려는가.

오오, 운명의 위력을 지닌 지배자요
그대 러시아를 그 말처럼
깊은 심연(深淵)의 가장자리에서 재갈을 물고
뒷발로 서게 하려는 것인가

표트르 대제

시는 강력한 힘의 상징인 표트르 대제가 아니면 광대한 러시아를 통치할 이가 없다는 내용을 담고 있다. 표트르의 동상은 상트페테르부르크에 흐르는 네바강가에 세워져 있다.

표트르는 어려서부터 과학과 기술, 수학에 비상한 흥미를 갖고 러시아에 체류 중인 외국인으로부터 과학적 지식들을 배웠다. 러시아 군주로서는 처음으로 독일, 네덜란드, 영국, 오스트리아 등 서유럽을 여행하면서 가명으로 조선소와 기계공장에서 견습공으로 일해보기도 했다.

러시아의 숙원인 발트해(海) 진출을 위해 그는 발트해안에 페테르부르크를 건설하고, '유럽의 창'이라고 불리는 이 화려한 도시를 수도로 삼았다. 유럽을 따라잡기 위해 문자개혁을 하고, 정치와 문화 모든 면에서 빠르고 치밀하게 서구화를 추진했다. 심지어 상류층 여성에게 유럽풍의 옷을 입혀 댄스파티를 열기도 했다. 남성에게는 그들의 자랑인 수염을 깎게 하고 불응하면 세금까지 물렸다. 그의 개혁은

▌네바강을 응시하고 있는 표트르 대제의 기마상

혁명이었다. 볼셰비키 혁명에 버금갈 정도였다.

표트르가 없었다면 러시아는 오랫동안 어두운 농업국가로 남아 있었을 것이다. 그러나 그의 강권정치에 염증을 느낀 사람도 많았다. 개혁의 혜택을 받은 사람은 일부 계급이었을 뿐, 농노제, 과세, 병역제 강화 등으로 시달린 사람이 더 많았기 때문이다.

그러나 푸시킨은 표트르를 극찬한다.

> 나는 사랑한다, 표트르가 만든 것을
> 나는 사랑한다, 그대의 근엄한 모습을
> 힘에 넘치는 네바의 흐름을
> 그 강가의 화강석을

볼셰비키 혁명 후 러시아는 농업국가에서 곧바로 공산주의 국가로 전환했다. 자본주의 단계를 거쳐 공산주의 사회가 올 것이라는 마르크스의 이론을 뒤집은 셈이다. 코민테른과 국제공산주의가 결성되었고, 러시아는 국제공산주의의 모국으로서 세계를 이끌겠다고 호언장담했다. 기독교(동방 정교회)와 공산주의는 이념적으로는 정반대의 극단에 있지만, 러시아가 주도국이 된다는 대러시아주의라는 관점에서는 서로 일치했다.

영토관 러시아는 폴란드와 프랑스, 나치 독일 등으로부터 빈번하게 침략을 당한 역사가 있어, 본능적으로 국경선은 되도록 멀리 두려 한다. 경계심을 갖고 완충지대를 가능한 넓게 두려는 것이다. 이런 경계심이 영토 확장 의욕과 합해지면 인접국과 복잡한 영토문제를 일으킨다.

제2차 세계대전 중에는 핀란드와 두 차례나 전쟁을 벌여, 핀란드 국토의 일부를 강탈했다. 그러나 핀란드는 지금까지 항의조차 변변히

제정러시아 시대	동방교회 중심, 기독교 수호의식
공산주의 시대	전 세계 공산주의의 총 본산
소련 붕괴 이후	대러시아주의

하지 못하고 있다. 일본과도 북방 4도 문제가 있지만 제2차 세계대전 이후 계속 계류 상태로 둘 뿐 돌려줄 의사가 전혀 없다. 미국이 오키나와를 간단하게 일본에 반환한 것과는 매우 대조적이다. 크리미아 반도를 귀속시키려고 벌인 우크라이나와의 영토분쟁 또한 러시아 원형의 소치이다. 소련의 붕괴로 폴란드와 체코, 루마니아 등 여러 완충지대를 잃은 러시아는 영토에 관한 불안감이 더욱 고조되어 있는 상태이다.

미국과 러시아의 공통점은 첫째, 광대한 땅을 단숨에 영토화했다는 점과 둘째, 기독교적 선민의식과 사명감이 강하다는 것, 그리고 셋째, 러시아는 백인 중심의 정치론을 갖고, 황화론(黃禍論)을 내세워 황색인종을 몰아내려 하는 것이다. 미국의 트럼프가 친러 노선을 고수하며 반이민정책을 펼치고 있는 것과 유사점이 많다.

러시아는 여러 차례 국가원리를 바꾸어왔지만, 자국 중심의 국가의식에서 벗어나지 않았다.

3 중국의 국가관과 국가원리

황제의 상징성

왕도와 패권 인류 탄생 이래 전쟁이 없던 날은 단 하루도 없었기에 그만큼 평화를 바라는 마음도 간절하다. 특히 넓은 대륙에 여러 민족이 섞여 사는 중국으로서는 춘추전국시대 이래의 주된 관심사가 평화였다.

맹자는 평화를 위해 덕에 의한 정치를 표방, 왕도(王道)와 패권(霸權)을 구분하는 철학을 구상했다. '예(禮)가 무력보다 더 효과적으로 국제질서를 유지한다.'는 신념으로 맹자는 '이소사대(以小事大)'를 내세웠다. 소국은 대국의 국력을 인정해 존경과 예로 대하고, 대국은 소국을 예로써 답하는 것이 왕도라 했다. 반대로 대국이 무력으로 소국을 위협하는 것은 패권이라 했다. 알기 쉬운 말로 대국은 '깡패같이 힘 자랑 말고 어른스럽게 행동하고, 소국은 건방지게 굴지 말라.'는 뜻이다. 요즈음 말로 바꾸면 왕도는 인권과 문화의 국제질서이고, 패권은 제국주의이다. 칸트의 『영구 평화론』보다 2,000년이나 앞선 사상이었다.

그러나 중국 역사에서 전설적인 요순(堯舜)시대를 제외하면 역대 왕조창시자는 모두 무력으로 왕조를 수립했다. 예(禮)를 통한 평화와 질서 추구를 외쳤으나, 그들이 내세우는 왕도와 평화사상의 실체는 군사력에 예(禮)의 옷을 입힌 패권이었다.

중국인의 체면의식, 즉 멘쯔(面子) 사상도 '예'에서 나왔다. 『삼국지』의 조조, 유비, 손권 등도 실질적으로는 황제였지만 여론이 허용할 때까지는 그 칭호를 쓰지 않았던 것도 이런 맥락이다. 멘쯔는 유교의 명분의식과 계급 내의 평등의식이 얽힌 중국인의 규범이다. 오랜 세월 동안 중국을 지배해온 이 규범은 로마 가톨릭의 교리나 미국 헌법보다 더 강력하다. 오늘날에도 멘쯔를 모르고 중국을 안다고 할 수 없다.

끝까지 예를 지킨 의인 백이숙제(伯夷叔齊)의 미담을 새기면서도 한편으로는 현실감각이 강한 노회(老獪)함도 가진 나라가 중국이다. 예를 들어 아무리 황제의 군사력이 막강해도 드넓은 대륙에 흩어진 소국들을 일일이 토벌하지는 못하니까, 일단 대세가 결정되면 소국은 스스로 상대를 대국으로 인정하고 황제는 되도록 관대하게 소국을 대했다. 예(禮)는 무력보다 더 효과적으로 정치에 작용했다.

진시황제는 대륙을 통일한 후 '중국은 문명의 중심이고 주변국은 야만국'이라는 중화사상을 정착시켰다. 주변의 소국들에게 중국에 대한 사대를 요구하며 대국 중심의 질서를 형성했다. 고대 한반도와 일본열도의 작은 나라들이 자진해서 중국의 중화질서(Pax Cinica, 중국이 주도하는 세계 평화) 체제에 편입했다. 규슈의 소부족 국가들도 앞 다투어 중국에 조공사를 보냈다. 일본 후쿠오카(福岡) 근처의 섬에서 발견된 옥새(玉璽)엔 후한의 황제 광무제가 A.D. 57년에 왜노(倭奴)국의 우두머리를 왕으로 인정한다는 의미의 글이 새겨져 있다. 후한(後漢)의 광무제(光武帝)는 바다 멀리 왜국에서 온 조공에 기뻐하며 왜왕에게 후한 선물과 높은 벼슬까지 내렸다. A.D. 239년에는 야마토 여왕

히미코(卑彌呼)가 위(魏)에 여러 차례 조공사를 보냈다는 기록이 있다. 그에 관한 자세한 내용은 『위지(魏志)』「동이전(東夷傳)」에 기록되어 있다.

중국인의 국제관은 『삼국지』에 잘 나타나 있다. 위(魏), 오(吳), 촉(蜀) 삼국은 저마다 겉으로는 망한 한(漢)을 이어받은 것으로 정통성을 내세우며, 내부적으로도 항복한 적군을 받아들이는 등 민심 얻기에 힘을 썼다. 민심 얻기가 왕도(王道)의 실천이라 여겼다.

마오쩌둥의 공산군이 국민당 장제스 정부를 내몰고 승리하게 된 최대 요인도 민심을 얻은 데 있었다. 국민당이 대만으로 도망가자, 마오쩌둥은 전쟁을 그치고 왕도적 모양새를 취했다. 이민족이 한(漢)민족과 왕조를 교체할 때도 의례히 명분을 세워 인접 민족을 흡수했다. 이런 중국의 본질은 오늘날 미국이 인권과 인류의 보편성, 민주주의

▌광무제가 왜 노국왕에게 하사한 옥새

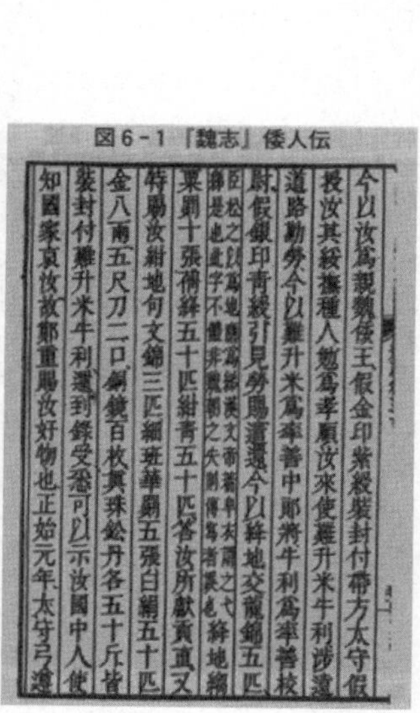

図6-1 「魏志」 倭人伝

今以汝爲親魏倭王假金印紫綬裝封付帶方太守假
授汝其綏撫種人勉爲孝順汝來使難升米牛利涉遠
道路勤勞今以難升米爲率善中郎將牛利爲率善校
尉假銀印青綬引見勞賜遣還今以絳地交龍錦五匹
臣松之以爲地應爲綈漢文帝著皁衣謂之弋綈是也此字不體非魏朝之失則傳寫者誤也絳地縐
粟罽十張蒨絳五十匹紺青五十匹答汝所獻貢直又
特賜汝紺地句文錦三匹細班華罽五張白絹五十匹
金八兩五尺刀二口銅鏡百枚眞珠鉛丹各五十斤皆
裝封付難升米牛利還到錄受悉可以示汝國中人使
知國家哀汝故鄭重賜汝好物也正始元年太守弓遵

▌『위지(魏志)』「동이전(東夷傳)」

를 내세우는 것과 크게 다르지 않다. 대의명분은 예나 지금이나 다름없이 국내, 국제정치의 최대공약수이다.

보천지하 막비왕토 천하통일을 이룬 중국 역대의 황제, 곧 천자는 중원에 본거지를 두고 화이질서(華夷秩序)의 확립을 사명으로 여겼다. 화이질서란 주변의 네 오랑캐(四夷)인 동이(東夷)와 서융(西戎), 남만(南蠻), 북적(北狄)을 책봉체제 또는 기미정책(羈縻政策)으로 다스린다는 것이다. 기미정책이란 '말에 굴레를 씌우고 소에 고삐를 매는 것'처럼, 주변의 유력자나 이민족 국가들에게 벼슬을 하사한 후 그의 영토와 세력권을 간접 통치하는 것을 뜻한다. 대륙 국가는 관대함을 내세워 간접 통치로 질서를 유지하는 데 능숙하다.

진시황은 통일을 완수하자 최초로 황제의 칭호를 사용한다. 나라 안을 두루 살피며 돌아다녔고, 산등성 낭야대(瑯耶台)에 황제의 위엄을 칭송하는 기념비를 세웠다. 기념비에는 '普天之下 莫非王土(보천지하 막비왕토, 하늘 아래 임금의 땅이 아닌 것이 없다)'는 글을 새겼다. 이것이 역대 중국 왕조의 국가원리가 되었다.

전한(前漢)이 수립되자, 초대 황제인 유방(劉邦)은 위씨(衛氏)조선과 남월(南越, 지금의 광동, 광서와 북베트남 지방)을 황제의 이름으로 책봉한다. 책봉은 봉건시대였던 주(周)왕조의 주왕이 제후(諸侯)를 임명하는 제도에서 시작되었다. 임명받은 제후들은 봉록(俸祿)과 작위(爵位)를 받고 신하의 의무와 충성을 맹세했다. 한(漢)은 막강한 무력으로 천하통일을 이룬 후 주변국들을 흡수해 중화질서(Pax Cinica)를 확립했다.

왕조는 황제의 권위가 화이질서의 유지에서 나온다고 믿었다. 특히 '보천지하 막비왕토' 사상으로 인해 황제는 자신의 영향력이 미치는 범위와 넓이를 권위의 상징으로 여겼다. 멀리 있는 작은 나라의 조공은 현실적으로 별 의미가 없었지만 권위를 높이는 데는 기여했다. 대국의 황제는 소국의 보잘것없는 조공을 받고 그 몇 배의 답례를 해주며 실질적인 소국의 이익을 보장했다.

진시황제 이래 중국의 황제들은 중화의 질서 확립을 위해 영토 확장을 해야 한다는 강박관념에 사로잡혔다. 아무리 작은 땅이라도 황제의 권위와 직접 관련되면 양보란 없었다. 중화의 질서 확립, 황제의 권위, 영토보전은 삼위일체와 같다. 어느 한 부분의 손상은 권위의 실추로 받아들인다. 트럼프 대통령이 두 개의 중국론을 내세워 대만을 중국 영토로 인정하지 않는다는 선언은 중국에게 매우 충격적이었을 것이다. 지금의 신중국은 공산당이 지배하는 자본주의 국가라는 근본적인 모순을 안고 있지만, 공산당 당수는 실질적인 황제나 다름없다. 실제로 중국인은 작은 소리로 역대 당 주석 모택동과 시진평 등을 당(黨) 황제라고 부른다. 그들의 영토 확장의 꿈은 역대 중국 황제들과 다르지 않다.

중국이 남사군도(南沙群島, Spratly Islands)라는 작은 섬에 시멘트를 쏟아부어 활주로를 만들면서 전 세계의 빈축을 산 것은 결코 대국다운 행위가 아니다. 그러나 이는 당(黨) 황제의 권위와 직결되는 중대사항이다. 때문에 남사군도 영유권에 관한 국제재판소의 판결문조차 무시하고, 남중국해의 영토화에 착수했다. 200여 개의 암초와 산호초로 이뤄진 남사군도는 중국과 베트남, 필리핀 등 6개국이 52곳을 나누어 소유하고 있으나, 중국이 일방적으로 자국화를 선언했다. 당연히 베트남과 필리핀은 물론 미국도 가만히 있지 않는다. 국제재판소는 중국의 주장을 '역사적인 근거가 없는 것'이라며 부정했다. 그러나 중국은 판결문에도 아랑곳하지 않고 일방적으로 암초에 시멘트를 들이부어 군사기지화를 서두르고 있다.

국제재판소는 필리핀이 제기한 15개 항목 중 14개는 필리핀의 주장에 손을 들어주었다. 남사군도에는 중국이 주장하는 섬은 하나도 없다는 판결이었다. 썰물 때에만 바위가 바다 위로 떠오르는 것은 암초에 불과하고, 국제법상 영해 12마일 밖은 어느 나라의 영토로도 인정할 수 없기 때문이다. 중국이 이런 국제재판소의 판결을 무시하는 것

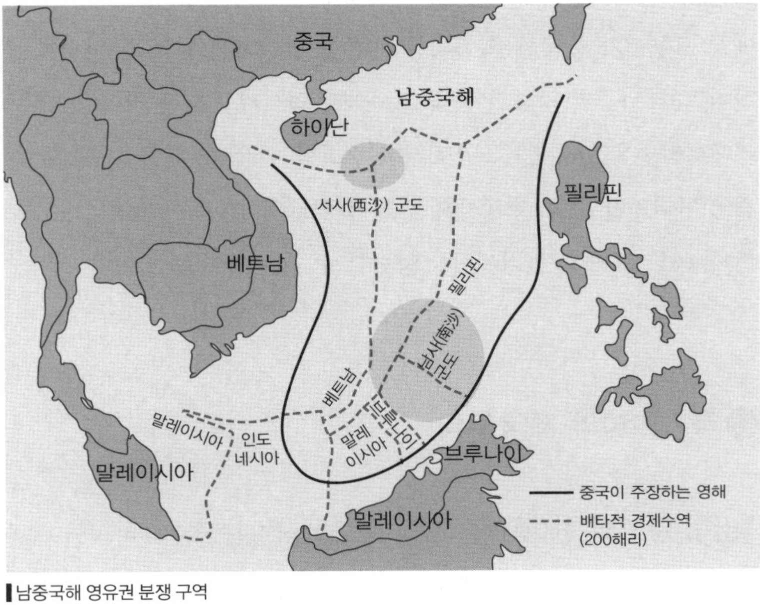

▌남중국해 영유권 분쟁 구역

은 국가적 망신이다. 전통적 왕도와 크게 어긋나는 패권주의적 발상이다.

한국 또한 이런 중국의 패권주의에서 비껴가지 못하고 있다. 고구려 광개토대왕비가 만주에 있는 것은 사실이다. 하지만 고구려는 한반도의 평양 중심 일대에서 세력을 자랑했고, 백제도 그 줄기에서 갈라져 나왔다. 이는 역사적인 사실이다. 그럼에도 고구려 역사를 중국 역사에 편입시키는 이른바 '동북공정(東北工程, 현재 중국 영토 안에 있는 역사를 중국 역사로 만드는 프로젝트)'을 강행하고 있다.

사실 동북공정은 한 학자의 애매한 주장에서 시작되었다. 오족협화(五族協和, 중화민국의 초기 정치 슬로건으로 한(漢), 만주, 몽골, 티베트, 위구르의 협력을 강조) 명목으로 주변의 소수민족을 중국 역사에 편입시키려고 날뛰고 있을 때, 어느 학자가 「고구려 귀속문제 연구」라는 논문에서 고구려가 중국에 속한다는 기록을 발견하게 되었고, 이것이 구실이 되어 고구려 역사를 중국 역사에 편입시키고 있는 것이다. 그 논리대로라면 북한도 '중국 영토'라고 주장할 수 있다. 대국다운 행위는 결코 아니지만 중국 당 황제의 위신이 '영토의 넓이와 비례한다.'는 '보천지하(普天之下)'의 관점에서는 양보할 수 없는 일이 될 것이다.

국가원리와 제국주의

청(淸) 왕조와 한(漢)족 중국의 국가관을 이해하려면 대륙의 마지막 왕조인 청 왕조와 한족 간의 관계를 들여다볼 필요가 있다.

여진(만주)족 왕조인 청은 자신을 오랑캐로 무시해온 한(漢)민족 앞에서 더욱 위신을 세울 필요가 있었다. 청 왕조의 삼대 명군인 4, 5, 6대 황제 강희(康熙), 옹정(雍正), 건륭(乾隆)은 영토 확장과 더불어 대사전과 대문집을 발간하는 등 중화문화 진흥에 이바지했다. 4대 황제 강희(康熙)는 1690년, 1696년, 1697년 3번에 걸쳐 친정(親征)으로 서북의 몽골세력을 무너뜨렸다. 몽골이 티베트에 침입하자 청은 곧바로 군대를 파견해 달라이라마 6세를 지원해 지배구조를 유지시킨다. 청(淸)은 이민족 지역인 위구르와 티베트, 내외몽고를 번부(藩部)로 지정, 직접 지배하지는 않았지만 토착세력에게 통치권을 주는 간접 지배체제를 유지했다.

또한 강희 황제는 의식적으로 화이의 구별(華夷之辯)을 배격, 그 차이는 인종이 아닌 문화에 있음을 강조하고 민족적, 문화적 대일통(大一統)을 모순 없이 양립시키려고 했다.

6대 황제 건륭(乾隆)은 서역의 천산남로(天山南路)의 일부를 점령하고 신강성(新疆省)을 설치하여 중국 내지(內地)로 삼는다. 미얀마와 네팔까지 출병해 이들을 조공국으로 삼으면서 역사상 최대의 영토를 확보한다. 여진족, 즉 이(夷) 출신인 청(淸)에게 있어서 화이의 구별은 자기부정이 되기에 있을 수 없는 일이다. 건륭은 오히려 기존의 모든 서적들을 수집·정리하는 대사업을 추진하여 사고전서(四庫全書)를 편집한다. '동이(東夷)'와 같은 변방민족의 문자는 멸시하여 못 쓰게 했다. 이는 화이의 구별이 인종에 있는 게 아니라 문명에 있음을 강조한 정책이었다.

청대에 문물은 발달했지만, 피지배민족인 한(漢)족과의 원초적인 갈등의 불씨는 여전히 존재했다. 소수민족이 절대 다수의 인구로 구성된 타민족을 정복하고 지배하면, 몽골의 잔인한 대량학살 같은 일이 발생할 수 있다.

청(淸)의 인구는 한족의 수천 분의 일에 지나지 않았다. 명(明) 왕조를 무너뜨린 청은 피지배민족인 한족의 반란을 막기 위해 공포통치를 시작한다. 청(淸)군은 수도 북경을 습격해 반항하는 사람은 노인, 유아 가리지 않고 무자비하게 살육하는 방식으로 중원을 파괴했다. 특히 강남의 양주(楊洲)에서는 10일 동안 80만 명을 학살했다. 상해(上海)에 가까운 가정(嘉定)을 비롯해 전국 곳곳에서 수백만의 한족이 학살되었다. 그들은 한족에게 만주족의 복장과 의관을 착용할 것을 강요했다. 한족 지식인들 가운데 자신의 전통문화에 대한 자존심을 지키기 위해 만주식 댕기머리(辮髮)를 거부해 죽임을 당한 자도 수만에 이르렀다.

중국인에게는 '9대에 걸쳐 조상의 원수 갚는 것을 잊지 않는다.'는 뜻의 '구세지수(九世之讐)'라는 말이 있다. 청을 무너뜨린 신해혁명에서 유래한 말로 만주족에 대한 한족의 매서운 복수심을 표현하고 있다. 신해혁명의 아버지로 불린 손문도 "한족은 만주족과는 엄연히 다르다."고 선을 그었다. 손문은 혁명 후 수립될 한족 국가를 초기에는 청의 영토와 구별, 한족의 원래 거주 지역인 18성(省)만을 중국으로 여겼을 정도다.

3대에 걸친 청 황제의 선치(善治)에도 불구하고 피정복민인 한족의 청에 대한 복수심은 희석되지 않았다. 신중국의 중심은 한(漢)족이지만 청대의 영토관은 그대로 유지하고 있다.

치욕의 아편전쟁과 의화단 운동 중국은 서구 세력에 대한 한(恨)을 갖고 있다. 영국 역사상 가장 수치스러운 사건은 제국주의의 전형인 악랄한 아편전쟁이다. 영국을 비롯한 유럽제국들은 '중국인 한 명이 영국산 손수건 한 장씩만 사도 영국의 방직산업이 크게 번성할 것'으로 여겨, 중국과의 무역에서 큰 이익을 얻을 것으로 내다봤다. 그러나 자국의 전통적 직물에 만족한 중국인들은 영국제품을 거들떠보지도 않았다. 게다가 이용 가능한 항구는 광주(廣州) 하나뿐이었다. 중국에 아무것도 팔지 못한 채, 되레 그들의 차와 도자기를 대량 수입함으로써 막대한 무역적자에 시달리던 영국은 고민 끝에 아편을 중국에 밀수출했다. 청 왕조는 영국과의 분쟁을 되도록 피하고 싶어 그 사실을 알고도 문제 삼지 않았다.

그러나 밀수량이 차츰 늘면서 국민 상당수가 아편에 중독되자, 문제의 심각성을 깨달은 청 왕조는 대책을 강구한다. 아편을 엄격하게 금지하려고 린쩌쉬(林則徐)를 남중국 호광(湖廣) 총독으로 임명했다. 그는 강력하게 아편 밀수를 단속했다. 아편 상자를 모두 압수해 소각했다. 아편이 몰수되자 1840년에 청과 영국은 전쟁에 돌입한다. 하지만 근대 무기로 무장한 영국군에 맞선 청군은 마치 어른 앞의 아이처럼 철저하게 유린당하고 만다. 청은 1842년에 남경(南京)조약을 맺으며 엄청난 배상금을 지불해야 했다. 상해(上海)를 포함, 5개 항구를 개방하고 홍콩까지도 영국에 내놓으며 참담하게 전쟁을 종결했다.

아편전쟁에서 대단한 재미를 본 영국은 중국과 또 다른 전쟁을 일으킬 명분을 찾고 있던 차에, 영국 선박 애로호(Arrow號)의 승객이 중국 관헌에 구속되는 일이 발생한다. 이를 구실로 영국은 전쟁의 막을 올렸다. 중국은 천진조약과 북경조약을 맺으며 11개의 항구를 개항했다. 잠자는 사자가 아닌 잠자는 돼지가 되어버린 것이다.

이런 중국을 유럽 열강들은 앞 다투어 사냥했다. 중요 도시인 상해(上海)와 천진(天津), 한구(漢口)에는 유럽 열강들이 각각 자국민 거류지인 조계(租界)를 설치하고 행정권과 사법권까지 확보했다. 그 조계지 입구에는 '개와 중국인 출입금지'라는 치욕적인 현판까지 내걸렸다. 중국인의 굴욕감은 극에 달했다. 무능한 청 왕조에 대한 원망이 쌓여 1911년에 신해혁명을 일으켰고 신중국을 수립하게 된다.

의화단(義和團) 운동은 외세 배척 운동이며 '의화단의 난,' '권비의 난,' '단비의 난' 등으로 불리기도 한다. 청나라 말엽에 발생한 '의화단

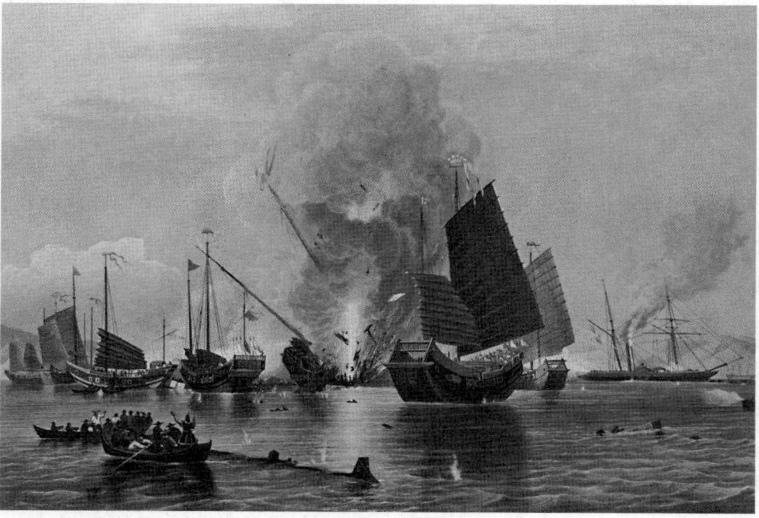

영국 군함으로부터 공격을 당하는 청나라 선박(에드워드 덩컨의 작품)

의 난'은 유럽 열강에 대한 분노에서 비롯되었다. 만주족인 청 왕조도 원망스러웠으나 서구 열강은 더 미웠다. 의화단 운동은 '부청멸양(扶淸滅洋, 청을 돕고 서양을 물리친다)'을 구호로 가톨릭교회 선교활동이 왕성했던 독일인 주거지였던 산둥성(山東省)에서 시작되었다. 극단적인 국수주의자인 이들은 철도와 교회, 전기 등 모든 외래적인 것을 파괴하고 기독교도를 학살했다.

1900년 1월 청나라의 보수파와 수구파는 의화단의 양이(洋夷, 서양을 오랑캐로 얕잡아 봄)운동을 이용해 정권 강화를 시도했다. 6월에 의화단은 베이징에 있던 외국 공관을 공격한다. 서태후는 그들을 의민(義民)으로 규정하고, 열강들에게 선전포고를 한다. 이에 러시아와 일본, 독일, 영국, 미국, 이탈리아, 오스트리아, 프랑스 8개국은 군대를 파병해 베이징을 비롯해 양쯔강 이북의 지역 대부분을 점령한다. 8개국은 중국을 분할하지 않고 보존하기로 결정하는 대신 청나라 왕조와는 협상을 거쳐 1901년 9월 7일에 강화조약(베이징 의정서)을 체결한다. 의정서 내용은 청나라가 제국주의 열강들에게 거액의 배상금을 지불하고, 열강들의 중국 내 군대 주둔권을 인정한다는 것이었다. 이 사건은 중국의 반식민지 상태를 더욱 심화시켰다.

오래전 일이지만 유학시절에 의화단 운동을 다룬 찰톤 헤스톤 주연의 〈북경의 55일〉이라는 할리우드 영화를 본 적이 있다. 중국 서민의 고통과 의기양양했던 열강의 군대가 북경을 점령하는 장면이 사실적으로 묘사되었던 것이 기억난다. 중국인은 아편전쟁과 의화단 운동 그리고 일본의 21개 조항의 부당한 요구 등 제국주의자들에게 당한 굴욕을 잊지 못한다. 일본과의 15년 전쟁을 겪은 후 중국은 그 치욕을 신중국 건설의 든든한 지렛대로 삼았다.

토인비는 유럽 열강이 앞 다투어 중국을 잠식한 100년 동안의 치욕을 이해하면서, "중국이 그동안 당한 수모에 대한 원한을 청산할 수만 있다면, 충분히 세계 일등국으로 복구될 수 있다."고 예언했다. 과거에 얽매이지 말고 미래를 보라는 충고였다.

그러나 2004년에 중국 정부는 평화적인 국력 증강 방법이라며 '화평굴기(和平崛起, 평화롭게 우뚝 서는 군사대국)'를 내세웠다. 굴기는 '군국주의 패권이어서 평화를 위협한다.'는 중국 위험론이 제기됐다. 실력이 충분해질 때까지는 평화를 내세웠지만, 이제는 노골적으로 군사

'돼지는 쏘고 양은 잘라라', 서양세력을 몰아내자는 의화단의 격문에 그려진 사저참양도(射猪斬羊圖). 십자가에 매달려 화살투성이가 된 돼지는 예수를, 목이 베인 양은 서양세력을 상징했다.

력을 과시하고 있는 중국이다. 제2차 세계대전 후 온갖 만행을 저질렀던 일본군을 향해 "원수를 은혜로 갚아라." 하며 일본 군인들과 시민들을 무사히 돌려보낸 아량은 완전히 사라졌다.

특히 외교적 태도는 오만하기 짝이 없다. 중국엔 군자표변(君子豹變, 『주역』)이라는 말이 있다. 원래는 "악을 선으로 빨리 바꾼다."는 뜻이지만, 상황이 달라지면 태도를 바꾸라는 것이다.

역사관과 소수민족 문제 중국에는 56개의 소수민족이 있다. 그 가운데 자율성을 갖고 독립을 요구할 정도의 규모를 가진 자치구는 위구르와 티베트, 몽골이다. 중국 정부가 열을 올리는 일대일로(一帶一路) 정책은 위구르 중심부를 관통해 중앙아시아에 이르는 철도 건설이다. 티베트에서 네팔의 수도 카트만두까지 가는 철도 부설도 계획하고 있으나 이에 대해 인도가 심한 경계심을 내보이고 있다. 중국 정부의 표면상의 목적은 경제발전과 교육이지만 소수민족의 한화(漢化)에 더 큰 의미를 두고 있기 때문이다.

만주족 출신인 청(淸) 왕조는 이민족인 몽골과 위구르, 티베트를 정복한 후 중국 내륙과는 다른 체제인 번부(藩部)에 편입시켰다. 외국으로 여긴 것이다. 청(淸) 황제가 티베트 불교를 믿고 있었으므로 같은 종교를 가진 몽고인과 티베트인들을 후하게 대하고 위구르의 이슬람교도까지도 관대하게 대했다. 그러나 그들은 꿈에도 자신을 중화문화를 받아들인 중국인으로는 생각하지 않았고, 번부에 편입된 외국인이란 입장에서 청 황제와 주종(主從)관계를 유지했다.

원래 중국인은 격양가(擊壤歌) 정신이 상징하듯 '나는 나, 너는 너, 황제는 남이다.'는 생각을 갖고 살아온 사람들이다. 한(漢)족조차 국민이라는 의식이 희박한데, 하물며 한자어도 쓰지 않고 유교에도 관심이 없는 티베트와 위구르, 몽골족들은 더 말할 필요도 없을 것이다. 민족의 원형은 고유의 언어처럼 쉽사리 변하지 않는다.

그러나 청 말(淸末)에 손문(孫文)을 비롯한 한족 출신의 계몽가들은 근대화를 진행하면서 '하나의 중국론'을 내세워, 만주와 위구르, 몽고, 티베트를 중국사에 포함시켰다. 이민족 역사를 중국 역사의 일부로 보고, 이들의 왕조사를 중국사에 편입시킨 역사관을 주장했다. 고구려사를 중국사의 일부로 편입한 동북공정도 같은 맥락이다.

동양 문화권에서 왕조 단위의 역사관을 민족통사(通史) 즉 국민사의 관점에서 보기 시작한 나라는 일본이었다. 메이지유신 직후 국민국가 형성과정에서 정사(正史)의 개념이 없던 일본인은 통사(通史)를 통해 천황가가 만세일계(萬世一系, 천황 가문은 바뀌지 않고, 하나의 혈통으로 계승한다)로 다스려왔다고 꾸미기 시작했다.

중국의 계몽가 량치차오(梁啓超)는 일본인이 그런 식으로 중국사를 저술한 것에 충격을 받고, 통사적인 『중국사서론(中國史敍論)』을 저술했다. 중국의 역사가 단대사(斷代史)였음은 5부에서 설명했다. 그러나 아편전쟁과 의화단 운동에서 처참하게 패한 중국은 국민국가 수립이 절실했고 통사의 필요성 또한 통감했다.

중국은 여러 이민족이 번갈아 나라를 세웠다가 멸망했기 때문에 왕조가 멸망하면 그 역사도 끝난 것으로 여겨 후대의 왕조가 전 왕조의 역사를 편찬했다. 후 왕조가 전 왕조의 역사를 편찬한 의도는 객관성을 갖고 정확한 역사를 서술할 수 있어서였다. 그러나 전 왕조에 대한 애정이 없는 후 왕조의 역사 개입은 일관된 민족사가 되기에는 부족한 면이 많았다. 새로운 왕조는 이민족 왕조를 자기 역사로 생각하지 않았기 때문이다.

한반도의 경우도 마찬가지이다. 신라와 고구려, 백제의 역사는 고려시대에 『삼국사기』로 편찬되었고, 『고려사』는 조선시대에 편찬되었다. 그런데 아이러니컬하게도 우리 민족은 식민지의 불행을 겪으면서 그제서야 우리가 한 민족임을 자각했다.

신해혁명의 출발

아편전쟁으로 시작된 서구열강의 침략에 청(淸) 왕조는 완전히 무능했고, 이에 대한 불만이 1911년 10월 10일 신해혁명으로 폭발했다. 신해혁명은 정치체제의 개혁이 아니라 만주족 지배에 대한 반발로 시작되었다. 단순한 역성혁명(易姓革命)이 아니었다. 이 혁명으로 인해 역사 이래 수천 년간 지속된 황제 중심의 제도가 무너지고 공화제가 수립되었다. 이민족인 여진(만주)족을 몰아내려는 혁명 구호도 내걸렸다. 달로구축(韃虜驅逐), 배만흥한(排滿興漢)이란 슬로건이었다. 달로(韃虜)는 북방의 소수민족인 만주족을 뜻하고, 배만(排滿)은 도저히 하나 될 수 없는 만주족을 배척하고 한족을 일으키자는 주장이었다.

신해혁명 당시와 오늘의 중국을 비교해보면 중요한 사실 하나가 드러난다. 중국은 지금 '의제(擬制)'라는 말로 전통적인 대가족관계를 강조하고 있다. 이는 한(漢)과 만(滿)이 한 가족임을 내세우는 것이다. 신해혁명 당시와는 정반대의 개념이다. 이들의 영토를 편입하기 위함이다. 중국이 국민국가를 이루려면 원수의 감정을 가족의 정으로 바꾸어야 한다는 정치적 선전(propaganda)이기도 하다. 신중국의 소수민족 정책은 네 편, 내 편 가리지 않고 한족화하겠다는 것이다. 마치 홍수로 한꺼번에 지류를 쓸어버리는 거대한 황하의 성격과도 같다.

원형사관은 초기조건(원형, 국가원리)과 시대 상황의 관계를 관찰하고 그것이 쉽게 변할 수 없음을 강조해왔다. 복잡계인 역사는 초기조건에 민감하다. 신중국 지도자들은 무의식중에 중국의 국가원리인 '중화사상'과 '보천지하(普天之下)'의 확장사상을 드러내며, 이민족과 그 영토를 포섭하고 있다. 황제에 의한 천하통일, 즉 대통일(大一統) 사상이 '당 주석에 의한 오족협화(五族協和)'로 바뀌었을 뿐, 황하의 성격이 빚어낸 정권의 본질은 역대왕조의 통치이념과 다르지 않다.

중화의 판도

제국의 붕괴는 소수민족의 해방과 독립으로 이어지는 것이 정석이다. 제1차 세계대전 후 오스만 튀르크와 합스부르크의 붕괴로 제국 내의 소수민족들이 대부분 민족자결의 원칙에 따라 독립을 이뤘다. 제2차 세계대전 후에도 대부분의 식민지가 해방을 맞았다. 소련 제국의 붕괴도 예외 없이 소수민족 15개국의 독립으로 이어졌다. 유독 중국만 유산으로 이어받은 청(淸)의 제국주의를 고스란히 확보하고 확장을 시도하고 있다. 세계사에는 분명히 민족자결과 자기 원형의 확인이라는 조류가 흐르는데, 청의 붕괴가 소수민족 독립으로 이어지지 않았던 이유는 중국적 국가원리 때문이다.

신해혁명으로 청 제국을 멸망시킨 후 중국에게는 3가지 선택지가 있었다. 첫째, 청 제국의 민족구성을 그대로 안고 한족 중심의 국가로 재편할 것인가. 둘째, 민족별로 독립을 시킬 것인가. 셋째, 다수의 민족으로 이뤄진 국가 연방제를 구성할 것인가. 그러나 막상 혁명에 성공하자 "국가권위는 국토의 넓이와 일치한다."는 국가원리가 발동되어 첫째 노선을 택했다.

몽골과 티베트가 혁명의 와중에서 숙원이었던 독립을 시도한 것은 자연스러운 일이었다. 유목민족에게는 처음부터 중화, 중원, 대동의 개념이 없었다. 단지 청의 강희황제에게 정복당한 부분만 복구시키려 했다. 청이 임명한 한족의 총독을 추방하고 몽골의 종교지도자를 생불(生佛)로 국가 원수에 추대했다. 그러나 혁명 후 중화민국 임시대통령이 된 손문은 오족공화, 즉 만(滿), 몽(蒙), 회(回), 장(藏)족도 한(漢)족과 동일하게 중국을 구성하는 민족(漢滿回藏蒙)이라며, 몽골의 독립을 인정하지 않았다. 그러자 몽골은 소련의 지원을 받아 위성국으로 독립을 획득한다.

독립의욕이 왕성했던 티베트도 주재해 있던 청군을 추방했다. 그러나 미얀마를 지배하고 있던 영국의 간섭으로 티베트는 영국과 한족 세력 사이에서 흔들리다가, 결국 중국에 귀속되고 말았다. 그러나 티베트의 독립운동은 지금도 계속되고 있다.

공식적으로는 위구르 자치구로 불리는 신강(新疆)은 청(淸)의 건륭(乾隆)황제가 정복하여 청에 편입시켰다. 그곳에 살던 터키계 이슬람 주민들은 호인(胡人)이라고 불린다. 호인이란 만주족을 뜻하기도 하고 미개한 사람들을 지칭할 때 쓰인다.

유목민의 거주지였던 초원에 한족이 들어오면서 '새로운 개척지'라는 의미의 '신강'이 되었다. 한족은 농사를 짓는 민족이고 위구르 주민들은 유목민이었다. 유목지가 계속 농토로 바뀌며 유목민의 생계를 위협하자 마찰은 당연한 수순이 되었다. 1995년부터 2010년까지 15년간 위구르 주민들의 데모와 테러가 약 200건이나 발생했다. 최근에는 더욱 증가하는 추세이다. 중국 정부가 소수민족 해방을 허용했다면서도 노골적으로 탄압하는 것은, 이미 냉전 붕괴 이전부터 공산국가들이 써온 상투적인 방식이다.

세계 곳곳에서 발생하는 카오스도 바로 이들 소수민족의 문제 때

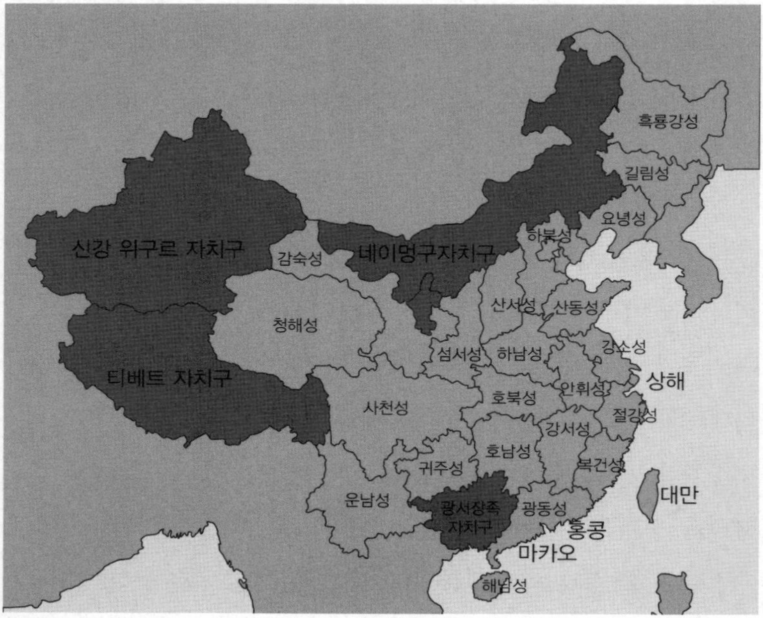

▌분쟁이 확대되고 있는 소수민족자치구

문이다. 소수민족들은 스스로 자신의 원형을 자각하면서 명확하게 자기주장을 펼치기 시작했고, 그 결과 분쟁도 확장되는 추세이다. 중국도 중앙정부의 통제와 탄압만으로는 안정을 유지할 수 없을 것이다. 소수민족에 대한 공식입장은 "다민족 연방제는 제국주의자들에게 이용당하기 쉬우므로 어쩔 수 없이 당분간 소수민족지역을 자치구로 하고, 그들의 분열책동이 완전히 없어질 때 연방제가 가능하다."이다.

그러나 오랜 기간 독립을 바라온 위구르와 몽골, 티베트는 고유의 문화(원형)와 언어를 고수하며 한족에 대한 적개심을 강하게 드러내고 있다. 중국 역사에서 역대 왕조의 교체는 늘 변방의 농민반란에서 시작되었다. 압박받은 농민이 부패한 관리를 공격하며 반란을 일으킨 사이에 새로운 왕조가 수립되는 패턴이었다.

중화사상의 복귀 고대 중국인의 지리적 관념은 대륙과 주변국이 곧 세계였고 그 중심인 중원에서 황제가 통치하는 구도였다. 소국이 대국을 예로 섬기는 사대지례(事大之禮)와, 민족 간의 차이 없이 크게 뭉치자는 대동사상(大同思想)이 결합해 중화사상이 되었다. 중국의 국가원리는 황제의 권위와 중화사상, 그리고 제국주의가 결합해 완성되었다. 지금 당 주석도 황제의 권위를 갖고 있다. 만약 모택동(毛澤東)의 아들이 한국전에서 전사하지 않았더라면 문화혁명 대신 모택동 왕조가 수립되었을 것이다.

중국은 한국과 일본 등 주변국이 동경할 만큼 거대한 영토와 압도적인 인구, 높은 수준의 문화를 가졌으면서도, 중원을 노리는 주변세력에 늘 불안을 느껴왔다. 직할지와 조공국을 늘려야 안심하는 나라이다. 이제는 패권야욕에도 노골적이다. 패권주의적인 군사 대국화 노선을 공언하며 항공모함과 신종 무기들을 증강하고 군비확장에 스스럼이 없다.

1974년에 남베트남 서사군도(西沙群島, 파라셀 제도)를 군사력으로 제압했고, 1988년에는 남사군도(南沙群島, 스프래틀리 군도)에서 베트남 수송선을 격침했으며 일부 도서에 비행장을 건설했다. 남사군도에서 중국은 계속 동진할 것이다. 주변의 소수민족들은 거의 모두가 중국과 갈등을 경험해왔다. 시진핑 주석이 바라는 중국의 꿈(中國夢)은 청 왕조가 이룬 중국질서의 회복이다. 그 회복 구상에 아직 오키나와와 대만, 한국이 뜻대로 되지 않았지만 시진핑은 내심 작심하고 있을 것이다.

또한 부패도 계속될 것이다. 개인의 물욕을 도덕적으로 수용한 자본주의를 부정하면서 출발한 공산주의인데, 중국 공산당 체제는 이제 오히려 자본주의를 운영하고 있다. 공산당이 자본주의와 제국주의를 운영하는 것은 분명 모순이다. 그런데 이 모순이 언제까지 계속될지, 시진핑은 부패척결을 외치고 있지만, 기대대로 되지는 않을 것이다. 수많은 거대 재벌을 탄생시킨 경제구조이기에 필연적으로 권력형 부패는 계속될 것이다.

현재의 카오스가 어디로 튈지 아무도 모른다. 소수의 공산 엘리트가 수많은 소수민족을 이끄는 데는 분명 한계가 있다. 손문은 단결력 없는 중국 국민성을 모래에 비유해 경계했는데, 단결을 위한 상투적 수단은 외부에 적을 만들어 내부의 결속을 다지는 것이다. 중국이 일본과 베트남, 필리핀 등과 벌이는 영토분쟁은 미국과의 패권다툼으로 이어질 것이지만, 한계에 부딪치게 될 것이다.

중국에 대한 실망

제국주의에 대한 반발로 시작된 중국의 꿈이 또 하나의 제국주의로 변질됐다. 아편전쟁을 겪으며 외부 제국주의와의 투쟁에서 뭉쳐진 에너지가 스스로 제국주의화 되는 모순에 빠진 것이다.

중국적 왕도는 중화의 자부심과 대동의 논리, 그리고 패권 의욕이기 때문에 아무리 선의로 한다 해도 주변국들은 의심의 눈초리로 보지 않을 수 없다. 중국이 동북아의 중심이 된다는 것은 과거의 중화제국을 승인하는 결과가 될 뿐이다. 동북아 공동체는 중화가 아니라 주변국과의 협조와 국가 간의 평등을 통해 이뤄져야 한다.

1950년 스리랑카에서 '비동맹국회의'가 열렸다. 중국과 인도가 중심이 되어 대국의 패권주의에 맞서자는 제3세력의 결집이었다. 이 역사적인 국제회의의 톱스타는 인민복을 입은 중국 수상 저우언라이(周恩来)였다. 그동안 당한 열강의 내정간섭과 치욕적인 역사를 보기 좋게 반전시킨 회의였다. 저우언라이는 당당하고 자신감에 넘쳐 있었다. 당시에 나는 대부분의 참가국들이 식민지 또는 반식민지를 겪은 나라인 것을 보고 약소민족의 저력에 눈물이 나올 정도로 감동을 받았다.

그랬던 중국이 사드(THAAD) 설치에 대해 보인 태도에는 대국의 도량이라고는 없다. 중국인의 한국관광을 억제하고, 한류 금지에 심지어 화장품 수입까지 금지하는 등 온갖 시시한 규제도 서슴지 않았다. 중국 외교부 부국장은 한국의 반대를 무시하고 서울에서 야당정치가들을 만났고, 일부 한국 정치가는 중국 왕이 외교부장의 훈수를 받으러 북경까지 갔다. 이는 중국이 비동맹국회의에서 보인 '내정불간섭의 대의'에 크게 어긋나는 일이다. 개인도 그렇지만 국가 또한 초심을 잃지 않기를 바란다.

오늘의 중국은 과거와 분명 다르다. 동양 문명, 특히 유교를 비롯해 고전에서 인본주의와 평화론 등의 철학을 언급하던 과거의 모습은 사라졌다. 전통적으로 중국은 주변 국가에게 군비축소를 요구해왔다. 주변국의 군비확대가 호랑이 새끼를 기르다 화를 입는 양호유환(養虎遺患) 격이 되기 때문이다. 그러나 현 중국 지도부는 주한미군을 한반도서 내보낼 요량으로 북한의 핵에 눈감았다. 북한의 대량 살상무기 제작도 실질적으로 묵인해왔다. 스스로 북한 핵에 위협당할 수 있음에도, 오랑캐로 오랑캐를 치겠다는 이이제이(以夷制夷) 전략을 쓴 것이다. 그러나 중국 역사는 역대 왕조의 주된 몰락 이유가 이이제이 정책의 실패에 기인했음을 지적하고 있다.

또한 중국은 대륙국가로서 해양진출에 관심이 적어 해군이 상대적으로 약했다. 그런데 2006년 10월, 미국이 항공모함과 구축함을 몰고 일본과 대만 사이의 동중국해를 항해하고 있던 중, 갑자기 중국 잠수함이 나타났다. 중국 마당을 마치 미국의 뒷마당인 양 안하무인 격으로 항해하는데 갑자기 주인이 나타난 격이었다. 화를 낸 쪽은 오히려 미국이었다. 중국에 대한 화가 아니라, 중국의 해군력이 그 정도로 빠르게 성장한 사실을 몰랐다는 사실에 화가 났다.

중국은 러시아의 고철시장에서 항공모함을 구입해 몇 년 동안 훈련을 거듭해왔다. 2021년까지 자국산 항공모함 3척을 가질 예정이라고 한다. 놀라운 속도로 해군력을 성장시킨 배경에는 싼 노동력이 있었다. 15억 인구 덕분이다. 인해(人海)전술인 셈이다. 세계에서 가장 싼 물품을 대량생산해 전 세계에 팔아 경제성장을 이루었다.

그러나 언제까지 싼 노동력에 의존한 경제성장을 지속시킬 수 있을까? 세계의 공장임을 자랑하는 중국의 생산시설은 주로 미국 시장 때문에 활발히 가동시킬 수 있었다. 중국이 미국과 적대관계가 되면 그 많은 노동자는 실업자가 되고, 이는 국내불안으로 이어져, 권력 또한 흔들릴 것이다. '불황–인심동요–폭동–혁명'은 중국사가 보여준 일관된 역성혁명의 패턴이다. 15억 인구로 급성장한 중국은 같은 이유로 몰락할 수도 있다.

4 일본의 국가원리

국가원리

일본 신국론 국가를 수립하는 능력은 그저 얻어지는 것이 아니다. 러시아의 토착 농민도 그 방법을 몰라 스웨덴의 바이킹이라는 타민족에게 키예프공화국을 수립하게 했다. 일본 원주민 또한 마찬가지였다. 일본의 건국신화는 천손강림(天孫降臨), 즉 천신의 손자가 인간세상으로 내려와 나라를 건국했다는 이야기다.

현 일본 역사학계의 정설에 따르면 최초의 왜국왕은 백제계의 진구황후(神功皇后)의 아들 오진(應神)이다. "진구는 남편 주아이(仲哀) 왕이 죽자, 임신한 몸으로 규슈(九州)에서 한반도로 출정해 신라를 쳐서 항복시키고 또 백제와 고구려로부터 조공을 받았다(삼한정벌, 三韓征伐). 그녀는 왕자가 한반도에서 태어나지 않도록 배를 돌로 누르고 규슈로 돌아와 왕자를 낳았다."는 허무맹랑한 이야기를 꾸몄다. 그가 백제 태생이라는 것을 감추고 얼버무려 오진이 규슈에서 탄생한 'Prince of Kyushu'(『니혼쇼키』「神功紀」)로 위장했다. 마치 영국의 왕이 웨일스 태생, 즉 Prince of Wales여

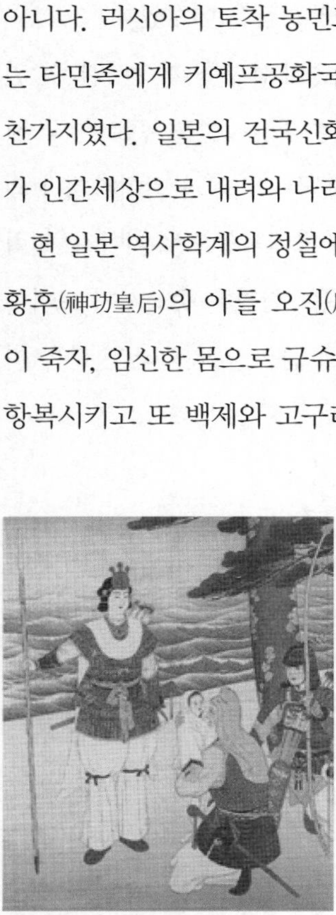

Prince of KyuShu(九州) 오진의 탄생

야 하는 것처럼 말이다.

오진에 관한 행적은 진무(神武) 신화에 투영되어 있다. 진무는 천신의 손자로 규슈에 강림한다. 규슈에서 동진을 계속하다가 중심부인 나라(奈良)에 도착하자 진무는 토착세력을 정복하고 왜국을 수립한다. 건국정신은 '팔굉일우(八紘一宇, 천황의 권위를 팔방에 펼치다)'였다.

'팔굉일우'는 메이지유신 후 근대화된 일본의 국가원리이자 부국강병(富國强兵)의 국시가 되었다. 『니혼쇼키』는 그를 일본의 초대 천황으로 기록했고, 천손강림 신화는 '일본 신국론'의 중심사상이 되었다. 이는 히틀러의 아리안 민족 우수론과 유사하다.

한국과 일본 두 민족은 천손강림 신화를 공유하고 있다. 한민족에는 '단군신화,' 일본에는 천황가의 조상이라는 '아마테라스(天照)신화'가 있다. 이 신화들은 외지에서 온 무리에 의해 정복왕조가 수립되었음을 나타낸다. 나는 다카치호산에 강림했다는 일본 신화와 만나기 위해 현장을 찾았다가 눈에 익은 동상들과 마주치게 되었다. 강림

천손이 내려왔다는 다카치호산

한 신을 맞이하는 토착민들의 모습이었는데, 엎드린 자세로 철저한 복종을 표하고 있었다. 단군신화가 시사하는 한국의 정복왕조는 공생적인 반면, 일본의 신화는 위압적이다. 수리 공사를 통해 날카로워진 계급성에 그 뿌리가 있기 때문이다. 그런데 흥미로운 것은 그들이 입은 옷이었다. 한복 바지, 저고리였다. 일본 고대신도 한복을 입었고 토착세력의 우두머리 또한 한복 차림이었다. 왜가 한반도 도래인(渡來人)에 의한 정복 국가였음을 시사하는 것이었다.

백강전투 이후 왜는 망명한 백제유민들의 도움을 받아 신생국 일본을 수립하게 된다. 그리고 천황의 이름으로 동부로 진격해 동경까지 정복해간다. 메이지유신 이전에 동경은 '에도(江戸)'로 불렸다. 에도는 옛사람(에비시)의 터(거주지)라는 뜻이다. 당시 에도는 황무지나 다름없었다. 그로부터 400년 후, 도쿠가와 막부(江戸幕府)가 개설되면서

한복을 입은 토착세력이 엎드려서 천손을 맞이하고 있다.

동경으로 바뀌었고, 메이지유신 후 북해도까지 정복을 완수한다.

천황 중심의 팔굉일우 정신에는 사상적 요소가 전혀 없다. 오로지 국토확장을 미화하는 게 목적이었다. 개척과 정복을 미화하는 것은 제국주의로 이어지는 발상이다. 군국주의적이고 몰가치하다. 백강전투 이후 한·일 간에 이뤄진 유일한 선린외교(善隣外交)가 조선통신사 외교였지만, 『니혼쇼키』 사관이 전면에 등장하자 이마저도 단절되었다. 일본의 초기조건이 정복인데 조선이 정복의 대상이라는 관점을 갖게 되자, 우호적인 선린외교 따위는 더 이상 의미가 없어졌다.

일본은 또한 천재지변이 많기 때문에 수리사업 등을 통한 일치단결의 정신(大和정신)이 필요했고 조직적으로 목적달성을 하는 것이 최고의 미덕이었다. 가치 따위는 큰 의미가 없었다. 그 결과 일본인의 원형의 중심에는 '단결, 조직우선, 몰가치'가 자리 잡게 되었다. 다른 국가들이 종교적인 윤리를 원형으로 가진 것과는 많이 다르다. 미국의 초기조건은 명백한 운명(Manifest Destiny), 러시아는 신성한 사명(Holy Mission)으로 기독교적 윤리가 중심이고, 중국은 중화질서로 유교적 윤리가 중심이 되어 있다. 모두 국토 확장을 겨냥하고 있지만 동시에 종교적인 또는 철학적인 요소도 바탕이 되어 있다.

그러나 일본의 원형은 '오직 모든 국민이 일치단결하여 당면한 사업을 이뤄내자.'며 목적만을 향해 매진하는 것이다. 일단 목적을 이루면, 보편적 이념이 없기에 쉽게 무너진다.

저명한 일본의 역사작가인 사카구치 안고(坂口安吾)는 일본 고대사는 백제와 신라와의 전쟁사였다고 분석했다. 일본 무사단은 평씨(平氏)와 원씨(源氏)로 나누어졌는데 평씨는 백제계의 후손으로 중앙에서 서쪽 지역을 관장했고, 원씨는 신라계의 후손으로 동경의 관동 이북(北)을 관할했다. 백제 멸망 후 백제계 후손이 서부지역 일대에서 권력을 잡자, 신라계인 원씨는 동쪽으로 쫓겨가 에도에 터를 잡았다. 당시 에도는 농지가 없는 황무지로 원주민들만 살고 있었다.

평씨는 천황을 중심으로 세력을 떨쳤으나, 무사단 사이에 전쟁이 벌어지면서 천황가가 약화되자 도요토미(豊臣秀吉)가 나서서 이를 평정했다. 천하통일을 이룬 것이다. 그러나 평화가 지속되면 무사단들이 다시 반란을 일으킬까 우려한 도요토미는 그 에너지를 외부로 돌리기 위해 조선을 침략했다. 임진왜란을 일으켰다. 그 후 원씨인 도쿠가와(德川)와 교체되었으나 메이지유신을 계기로 평씨계인 현 천황가가 다시 복구된다. 그 후 부국강병으로 목표를 정한 일본은 군사대국화에 줄곧 열중해왔다.

『니혼쇼키』의 정복 사상

중국 정사인 『한서(漢書)』에는 A.D. 1세기에 규슈 북부에 소부족 국가들이 산재해 있었다고 기록되어 있다. 『위지』「동이전」에 따르면 3세기 초 특히 히미코 여왕이 다스리던 야마토(邪馬台)국은 계급이 엄격한 군사 국가였다고 한다.

『정한론』을 비롯한 일본 침략주의의 뿌리는 오진왕자의 어머니 진구황후(神功皇后)의 삼한정벌 신화에서 시작된다. 삼한정벌 신화는 왜가 가야지역에 총독부를 설치하고 남한을 통치했다는 '임나일본부(任那日本府)설'을 꾸며낸다. 이 설화는 백제계 세력이 일본으로 건너가 먼저 와 있던 가야 세력을 타도하고 새 왕국을 수립한 사실을 뒤집어

▌히미코로 생각되는 진구황후의 삼한 정벌설을 묘사한 그림

서 꾸민 것이다. 실제 초대 천황 진무(神武)로 지목된 인물은 오진(應神)으로 진구황후의 아들이다. 그런데 『니혼쇼키』는 연대를 120년 부풀리고 가공의 이름을 나열해 오진과 진무를 별개의 인물로 기록하고 있다. 진무가 오진보다 120년 전에 천신의 손자로 규슈에 강림해 천황이 되었다는 것이다. 그러나 진무는 가공의 인물이었고, 120년

▌야마토의 여왕 히미코의 성

도 60갑자를 두 번 돌린 것이었다. 결국 일본 역사가 한반도의 역사보다 더 뿌리가 깊다는 것을 강조하기 위해 가공의 천황을 꾸며냈던 것이다. '팔굉일우'를 기본정책으로 삼았던 오진의 무덤은 정복왕답게 대 고분으로 조성되어 있다.

오진은 백제의 전통인 담로제도를 본받은 듯하다. 동국(東國), 도쿄(東京) 지역과 규슈의 고분에서 출토된 검에 새겨진 글을 보면 그 소유자가 중앙(백제계)에서 파견된 담로(擔魯)의 우두머리 장군이었던 것 같다. 담로장의 고분이 있는 지명은 다마나(玉名), 다마(多摩), 사이다마(埼玉) 등인데, 다마(tama)는 담로(tamno)와 관련이 있는 말이다.

천손강림 신화는 엄격한 계급의식과 정복사업을 나타내는 것으

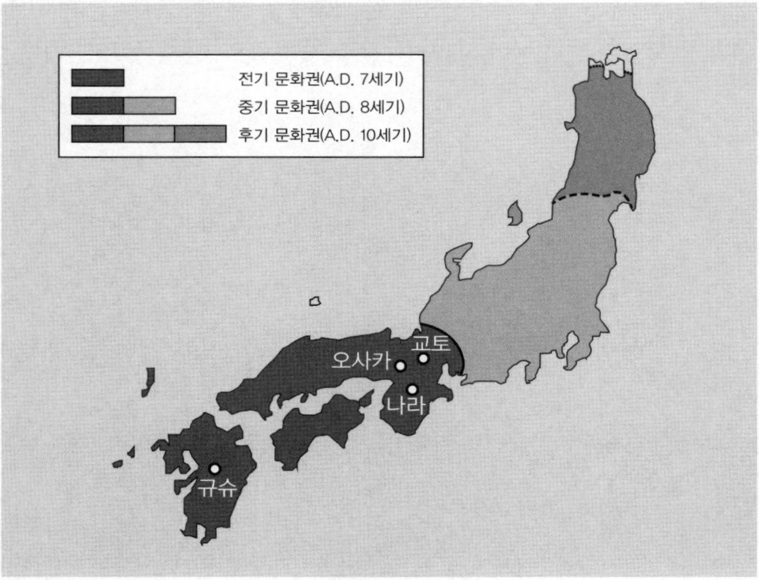

▌정복과 개척은 한반도→규슈→나라·교토 순으로 진행되었다.

로, 단군신화에서는 볼 수 없는 일본의 군사적 특징이다. 건국 이후 일본은 줄곧 정복으로 일관했다. 1868년, 근대화 혁명을 이루자 오키나와 왕국을 편입시켰고, 홋카이도 왕국(夷千島王)을 정복한 후 조선 식민지화(1910)로 이어갔다. 일련의 정복 전쟁은 일본이 초기조건(국가원리)인 팔굉일우 정신에 얼마나 투철했는가를 보여주는 것들이다.

도요토미(豊臣秀吉)는 누구보다 국가원리에 충실한 인물이었다. 열도의 천하통일을 완수하자 조선을 새로운 정복대상으로 삼았고, 명(明)과 인도를 포함한 전 대륙이 그의 정복 목표였다. 제2차 세계대전 당시 등장한 '대동아공영권'도 도요토미의 구상과 같은 것이다. 북으로는 시베리아를 비롯해 만주, 몽골, 중국 북부를, 남으로는 오스트레일리아와 뉴질랜드, 동으로는 하와이, 알래스카, 서인도까지 정복하겠다는 돈키호테적 구상이었다. 진구(神功)의 '삼한정벌' 신화와 오진의 팔굉일우 정신을 계승한 것이다

반한(反韓), 반(反)중국 사상의 뿌리 한반도의 지정학은 멸망세력에게 대륙이나 열도 양방향으로 도망갈 길을 터주고 재기의 기회도 얻게 해주는 위치에 있다. 백제는 나당 연합군에 패한 후 일본 열도로 건너가 통일국가를 수립했고, 고구려는 패망 후 압록강을 건너 발해를 세웠다. 외부에서 온 세력(당)에 토착 세력의 일부(신라)가 순종하고, 일부는 도망간 역사가 곰(신라)과 호랑이(고구려, 백제)로 단군신화에 반영되었다. 신라는 반도의 주류 세력으로 곰족의 정통성을 지니며 그 정치적 유전자는 역대 왕조에 계승되었다.

한국사에는 타 지역에 대한 정복의 역사가 없다. 겨우 백제의 탐라 정벌이 유일했고, 신라의 이사부가 울릉도와 독도 주변 도서를 탐사한 정도였다. 정복과 관련된 역사는 거의 없었고, '홍익인간'과 '공생사상'을 우선시했다. 일본을 욕하면서도 한국에는 일본의 탈아론(脫亜論, 아시아를 벗어나 서구사회를 지향함)이나 정한론(征韓論)에 대응할만한 일본 정벌론이 전혀 없었다. 한국과 일본이 이토록 대조적인 것은 백강전투 이후 국가원리가 달라졌기 때문이다.

일본은 당에 견당사(遣唐使, 사신)를 보내면서도 사대는 거부했다. 오히려 백강전투 패배에 대한 열등감과 증오심으로 당을 얕보며 '카라(加羅)'라고 부르기도 했다. 카라는 한반도에서 가장 먼저 일본에 진출한 가야를 일컫는다. 가야는 백제계의 오진세력에게 멸망했다. 백제계가 당을 카라로 부른 것은 얕본다는 의미이다. 그러나 백제는 큰나라(구다라)로 호칭하며 우월하게 여겼다. 이에 대한 반동이 반신라 노선이었고 반조선으로 이어졌다.

그 영향을 받아 『니혼쇼키』는 일본이 인종에서나 언어, 역사 등에

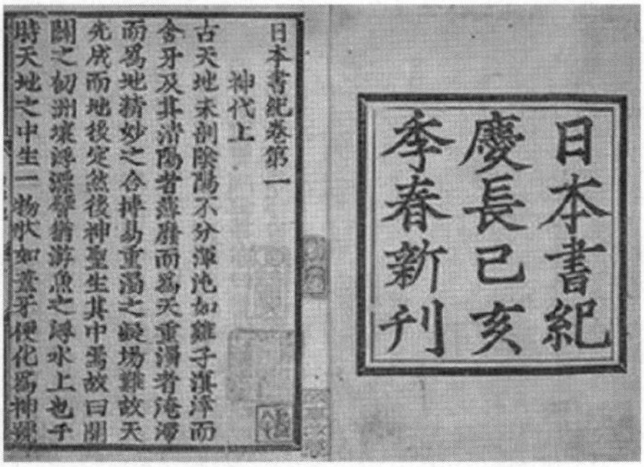
日本書紀
慶長己亥
季春新刊

日本書紀巻第一
神代上
古天地未剖陰陽不分渾沌如鷄子溟涬而
含牙及其清陽者薄靡而爲天重濁者淹滯
而爲地精妙之合摶易重濁之凝場難故天
先成而地後定然後神聖生其中焉故曰開
闢之初洲壤浮漂譬猶游魚之浮水上也于
時天地之中生一物狀如葦牙便化爲神號

▌『니혼쇼키』, 720년에 편찬된 일본에서 가장 오래된 역사서

서 한반도와는 아무 관계가 없는 천손(天孫)족임을 자처했다. 중국이 주변국을 야만시한 번이(蕃夷)사관을 가졌듯이 일본도 신라와 당을 얕보고 있었다.

근대 일본의 국책, 침략주의

독도문제의 시작 일본은 왜 그토록 끊임없이 침략하고 개척해왔을까? 일본의 원형은 우두머리에 대해 '두려워하고(可畏)=슬기롭게 모시고(賢)=무서워하는 것(恐)'이었다. 이 셋의 일체화된 것이 일본인의 원형이다. 윗사람을 무서워하며 복종하는 것이 최고의 지혜였다. '팔굉일우(八紘一宇)'를 내세워 우두머리를 중심으로 국가정책에 순종하게 하고, '부국강병(富國强兵)'을 목표로 국민들이 뭉치도록 했다. 순종하고 뭉치고 참아낸 에너지는 전쟁으로 폭발시켰다. 그래서 청일전쟁, 노일전쟁, 그리고 진주만 폭격으로 시작된 미일전쟁에서, 일본은 늘 선전포고 없이 기습전을 감행할 수 있었다.

근대화가 시작되자 일본은 단숨에 13개 섬을 자국 영토로 귀속시켰다. 1873년에는 청(淸)이 서구 제국주의에 시달리는 틈을 이용해, 청의 조공국인 류큐(琉球) 왕국을 재빨리 일본에 편입시켰다. 이름도 오키나와(沖繩)현으로 바꿔버렸다. 일본 근해의 오가사와라(1878) 섬과 치시마(1875), 센카쿠 열도(尖閣列島, 1895), 독도(1905), 오키노시마(沖の島, 1936) 등도 자국 영토로 가져갔다. 특히 오가사와라(小笠原) 섬은 미국도 넘보고 있었으나 일본이 한발 앞서 편입시켜버렸다.

일본은 미국의 군함 외교로 개국한 후발주자였지만, 제국주의적 행위에 있어서는 오히려 미국보다 한발 더 빨랐다. 상징적인 의미가 있는 역사이다. 그 틈에 우리는 독도를 도둑맞았다. 우리의 국가원리인 홍익인간이 팔굉일우 앞에 얼마나 무력했는지를 보여주는 사건이다.

일본은 심지어 하와이제도까지 목표로 삼고 있었다. 천황가(家)는 하와이 왕가와 혼인을 맺으며 하와이를 차지하려 했다. 그러나 미국도 그리 호락호락하지 않았다. 결국, 1905년에 일본과 미국은 서로가 원하는 것을 충족시키는 '가쓰라(桂)–태프트(Taft)' 밀약을 맺어 미국은 필리핀을 갖고, 일본은 하와이를 포기하는 대신 조선을 식민지화했다. 해적약정과도 같은 것이었다. 당시 미국의 시야엔 조선이 없었다. 메이지유신(明治維新, 1868) 이후 불과 37년 만의 일이다.

조선을 차지하면서 대륙공략의 발판을 얻은 일본은 1910년대에 '만주와 몽골은 일본의 생명선'이라는 강령을 내세워 만주와 몽골 등 아시아 각지를 침략했다. 중국 본토의 지배권까지 노리는 바람에 결국 미국, 영국과의 전쟁은 피할 수 없었다.

1915년, 제1차 세계대전의 와중에서 서구 열강들이 일시적으로 중국에서 후퇴한 틈을 타 일본은 재빨리 중국으로 진출한다. 산둥반도와 만주, 내몽골의 특수 권익을 요구하고, 군대와 경찰 등에 일본인 고문관을 배치하라는 등 21개 항목에 달하는 황당한 요구를 한다. 일본의 강요는 중국인들의 분노를 폭발시켜 반일운동이 격화되었고, 이는 반봉건 반제국주의를 외친 5·4운동의 계기가 되었다.

맥아더의 일본관 조선에 대해서도 일본은 명성황후 시해를 비롯해 온갖 만행을 일삼았다. 국민은 침략전쟁을 적극적으로 지지했고, 피정복민이 반항할 때에는 수단 방법을 가리지 않고 무자비하게 죽이는 것을 영광스럽게 생각했다. 일본의 특수한 원형이다. 일본의 영토 확장 야욕은 분명 중국의 '보천지하(普天之下)'나 미국의 'Manifest Destiny(명백한 운명)'와는 다르다.

1930년부터 1931년 사이에 대만에서 발생한 무사(霧社)의 반란을 진압할 때 일본은 독가스까지 사용해 현지인 1,000명 이상을 학살했다. 싱가포르를 점령했을 때는 화교의 저항을 진압한다는 구실로 4만 명을 학살했다. 1923년 도쿄 대지진 때에도 그 혼란의 책임을 조선인에게 전가해 6,661명이나 학살했다. 3·1운동의 희생자(사망 7,509명)에 대해서도 아무런 사과의 말도 하지 않았다.

일본은 힘이 약할 때는 겸손한 외교로 대응하며 꼬박꼬박 국제법을 준수하지만, 자신이 유리한 입지에 있다고 판단되면 고압적인 자세로 돌변한다. 마치 노선이 정해지면 도중 정차를 못 하는 기관차와도 같다. 이는 '결과만 좋으면 된다.' '승리는 곧 정의'라는 사고방식에서 나온 것이다.

1933년의 일이다. 일본이 국제연맹에 괴뢰 만주국을 승인해줄 것을 요청했지만 총회가 이를 부결시켰다. 그러자 일본 대표는 "국제연맹의 일원이 될 수 없다."고 선언하며 사절단을 이끌고 회의장을 박차고 나가버렸다. 국민과 언론은 일본 전통에 따른 일도양단(一刀兩斷, 단칼에 둘로 나누는 것)의 무사적 외교라며 박수를 보냈다. 그 후 일본은 독일, 이탈리아와 손잡고 제2차 세계대전을 일으켰다.

맥아더 장군은 일본과의 전쟁을 경험한 후 일본 원형을 "강자에게는 비굴하고 약자에게는 오만하다."고 날카롭게 꿰뚫어보았다. 우두머리(권력)에게는 순종하며 비굴하게 어리광부리지만, 강해지면 오만하고 기습을 강행하는 습성을 두고 이른 것이다.

"일본의 대외 공작은 공갈, 뇌물, 음모 외에는 아무것도 없다."는 중국의 지일(知日)파 장백리(蔣白里)의 말은 조금도 과장이 아니다. 일본의 주특기이다. 일본군이 싱가포르를 점령했을 때도 야마시타 토모유키(山下奉文) 일본군 사령관은 영국군 사령관인 퍼시벌(A. E. Percival)과의 항복회담에서 "Yes냐, No냐. 빨리 답하라."고 다그쳤고, 그 장면을 찍은 사진이 일본 국민을 열광시킨 적이 있다.

▌항복 협상에서 영국군 사령관 퍼시벌을 다그치는 야마시타 토모유키

군사회담은 항복한 측에게도 조건을 제시할 기회를 주는 것이 관례이다. 하지만 야마시타는 위압적으로 "항복이냐, 전쟁이냐?"며 일방적으로 상대의 말문을 막았다.

이 사진을 본 서구 여러 나라들은 놀라움을 감추지 못했다. 어느 나라든 패자에 대해서는 아량을 베푼다. 이는 군인 정신이자 미덕이다. 그런데 일본은 최소한의 배려조차 보이지 않았다. 약자에게 오만한 일본을 보여준 좋은 예였다. 이를 지켜본 맥아더 장군은 일본 정부로부터 항복문서를 받을 때 일부러 퍼시벌 장군을 초대했다. 포로생활로 몸이 야윈 퍼시벌 장군을 동경만의 미주리함대로 초대해 그의 입회하에 일본 정부로부터 항복문서를 받았다.

일본의 전쟁관은 패자는 완전히 엎드려 승자의 처리에 자신을 맡기는 것이다. 일본어로 '지다'는 '마개(負)–맡기'이고, 승리는 '가쓰(勝)–갖다'이다. 한국어 '맡기다'가 일본어 '마개(지다, 負)'로, 한국어 '가지다'가 일본어 '가쓰(이기다, 勝)'로 된 것이다. 지면 상대의 처리에 자신을 맡기고 이기면 모든 것을 갖는다는 의미로도 해석된다. 그저 결과만 좋으면 만사가 옳다는 사고방식이다.

5 한국의 국가원리

주변 국가의 국가원리는 한반도를 노린다.

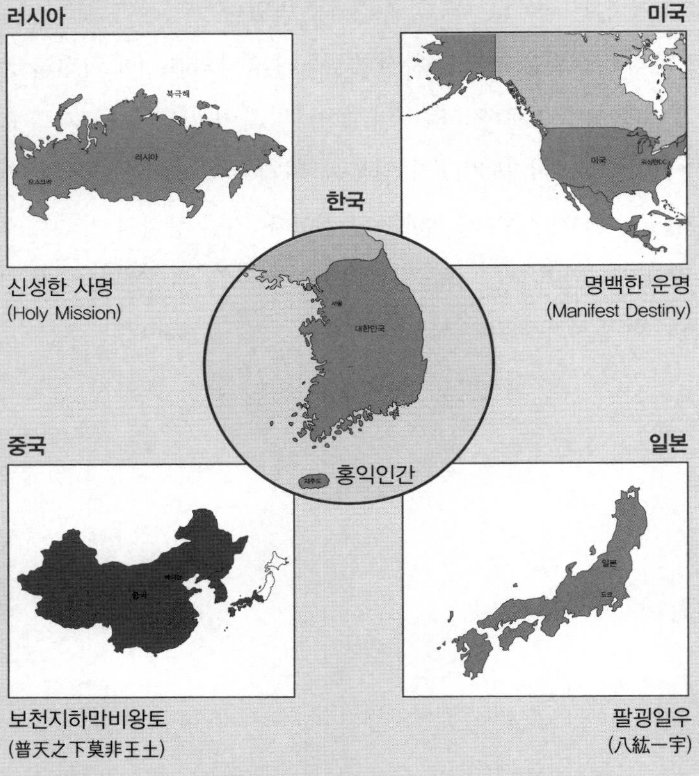

[한반도와 일본의 절반까지 중국 영토로 표기한 이 지도는 2011년 중국 외교부 홈페이지에 올린 것. (大田典也박사 제공)]

분단 이전의 한반도는 제국주의적 국가원리를 가진 국가들에 둘러싸여 있었다. 이 구도는 지금도 크게 달라지지 않아, 주변국가들의 국가원리는 여전히 한반도를 노리고 있다.

중국의 한반도 개입은 불행한 결과만 몰고 온다 한반도의 국가원리는 주로 중국과의 관계에서 설정되었다. 2015년 8월 파주 비무장지대에서 북한이 매립해둔 지뢰 폭발로 한국군 병사 두 명이 중상을 입었다. 남한 정부는 보복을 위해 확성기 2대를 가동했고 남북 간의 긴장은 높아졌다. 그러나 남북 대표는 판문점에서 만나 별 알맹이 없는 공동성명을 발표하는 것으로 간단하게 수습했다. 이를 시진핑이 주선한 결과로 여긴 박근혜 전 대통령은 중국의 노력에 감사를 표했다. 조선시대에 대국의 황제에게 "성은이 망극하옵니다." 식으로 인사했듯이 한 것이다. 마치 골목 왕초가 말썽꾸러기를 타일러 조용히 수습한 격이 되었다. '통일대박'을 내건 외교의 알맹이는 겨우 그 정도였다. 과연 중국이 진짜 북한에 압력을 행사한 것인가? 언제부터 중국이 한반도 긴장 완화에 적극적 의도를 가졌으며, 북한은 또 언제부터 중국에 고분고분한 태도를 보였던가? 의문이 꼬리를 물면서 석연치 않았다. 마치 한국이 사대시대로 되돌아간 것 같은 기분이었다.

박근혜 정권은 시진핑 주석이 북한보다 남한을 먼저 방문한 것에 감격해 역사문제에도 보조를 맞추었다. 중국으로 크게 기울어 일본을 공격했다. 그 결과 한국 외교는 중국엔 어리광, 일본에는 생떼노선이 되었다. 한국이 중국과 밀착하는 것이 못내 껄끄러웠던 미국의 바이런 전 부통령은 '어느 쪽에 기댈 것인지 분명히 하라.'고 대놓고 한국 정부에 쏘아붙였다. 국제상식에 어긋나는 노골적인 위협이었고 이는 매우 심각한 의미를 지닌다.

중국의 한반도 개입은 언제나 한민족에게는 불행한 결과만 몰고 왔다. 백강전투로 인해 중국의 조공국이 되었고, 청의 진압군이 동학

운동에 개입하면서 조선은 식민지가 되었다. 또 6·25전쟁에 중공군이 개입하면서 한반도 분단은 고착화되었다. 중국 입장에서는 '임진왜란 때 명(明)군이 와서 도와주지 않았던가?' 하고 반문할 수도 있겠지만, 이 또한 왜군이 평양성을 함락시키고 대륙 침공 가능성을 나타낸 후의 일이다. 6·25전쟁 때도 미군이 38선을 넘어 평양에 접근하자 비로소 중공군이 압록강을 건넜다.

사대국은 항상 강대국으로부터 감시와 경계를 받는다. 임진왜란 당시에 명이 '조선이 혹 왜와 협력해 중국을 침입할까' 의심했듯이 한국도 중국과 미국 양 대국으로부터 심상치 않은 감시를 당해왔다. 중국의 한국에 대한 삼불정책(사드 추가배치 불가, 미국의 MD에 참여불가, 한·미·일 동맹의 불가)은 노골적인 경계의 표시이다. 일부 한국인은 미국이 주도하는 북한 압박에 중국이 적극적으로 동조하리라는 희망적인 생각을 하지만, 중국의 국가원리를 잊었는가? 그들은 일단 부속국으로 삼은 나라는 절대로 포기하지 않는다. 전통적인 근공원교(近攻遠交, 가까운 나라를 공격하고 먼 나라와 교류한다) 정책으로 남·북한을 긴장시키는 데 이용할 뿐이다. 우리가 주목해야 할 것은 중국의 입이 아니라 그들의 외교 정책의 원칙, 곧 국가원리이다.

대한민국과 조선 인민공화국의 국가원리 한민족은 원형과 국가원리의 관계가 선명하다. 역사의 마디마다 나타난 국가원리는 다음과 같다.

남과 북은 근원적으로는 조선시대의 국가원리인 '동방예의지국'과

한반도의 국가원리

삼국시대, 현재	······	통일
신라	······	사대
고려	······	홍익인간
조선	······	소중화(小中華)

'수신제가치국평천하'의 가치관을 공유했지만, 1945년 8월 15일 이후 외세에 의해 인위적으로 갈라지면서 별개의 국가원리를 가진 두 나라가 되었다.

한쪽은 소련군 다른 쪽은 미군의 군정을 짧게 겪은 후, 남한은 민주주의, 북한은 공산주의를 택한다. 후원국의 엘리트들이었던 초대 지도자는 각각 미국 박사인 이승만과 소련군 소령 김일성이 된다. 초대 지도자의 정치관과 성향은 각각 남과 북의 초기조건이 되어 오늘까지 영향을 미치고 있다. 이들은 모두 조선왕조 정치에 익숙했으며 무의식중에 그것을 정치모델로 생각했다.

남은 반공, 반일이었고 북은 공산주의와 적화통일, 게릴라식 사고에 길들여졌다. 서로 대립되지만, 둘 다 제왕적 성격의 정치 제일주의와 원리주의적 성향을 가졌다. 북한에 비해 남한의 반일감정이 더 심한 것은 초기조건의 차이 때문이다. 김일성의 반일투쟁은 규모가 적은 게릴라식 전투였으나, 그 결과가 명백해 항일투쟁에 대한 자부심이 있었다. 반면에 이승만의 반일운동은 주로 말과 글로 하는 외교적 활동으로 관념적이었다. 관념적인 것은 분명한 승리감을 주지 않아 이승만은 항일투쟁을 강조하기 위해서도 해방 이후 계속 일본에 적대적이었다.

이승만은 스스로 조선 왕조의 계승자로 자처하면서 같은 문중인 이기붕을 정치적 승계자로 선택하고 그의 아들 이강석을 양자로 삼았다. 그러나 그의 계획은 4·19혁명으로 좌절되어 망명으로 끝난다. 반면에 김일성은 공산왕조 수립에 성공해, 2대 김정일을 거쳐 현재 3대 김정은으로 이어져 사실상 김씨 왕조의 시조가 되었다.

이승만과 김일성은 민주주의와 공산주의라는 이념 차이로 독재의 강도가 달랐을 뿐 각기 왕조 수립을 목적으로 한 것은 같았다. 그러나 남한은 미국식 민주주의가 한국원형에 여과되어 유연해졌고, '인내천'을 실현한 시민데모로 대통령을 탄핵할 만큼 민주화를 이뤘다. 북한은 지금도 스탈린식 공산독재가 그대로 살아 있어, 암살과 처형, 강제 수용소가 일반화되어 있다. 북한의 숙청은 김일성 이래 계속해온 정권유지의 기본방법이며 천박한 시샘과 원리주의에 바탕을 둔 프롤레타리아 독재의 전형이다.

김일성은 소련의 사주를 받아 6·25남침을 감행했다가 중공군의 개입으로 겨우 살아남은 인물이다. 일제 강점기에 많은 한국인들은 김일성을 축지법(縮地法) 같은 초인적 전술을 구사하는 전설적 영웅으로 여겼다. 물론 그 신화의 주인공은 스탈린의 후원을 받은 젊은 소련군 장교가 아니라 진짜 독립운동을 펼친 김일성 장군이었다. 그러나 오늘의 북한 주민들은 거짓말도 백번 들으면 믿듯이 김일성의 독재논리에 세뇌되어 사실로 여기고 있다.

김일성은 6·25전쟁에 패배하자 그 책임을 정적인 남로당 출신 박헌영 등에 전가해 미국 스파이로 몰아 숙청했다. 해방 직후에는 북한에도 여러 계파들이 있었다. 그러나 김일성파를 제외하고는 소련파든 중공 출신의 연안파(延安派)든 남로당 출신이든 북한의 현지 공산당이든 모두 반동의 이름으로 숙청했다. 근래에도 고모부 장성택과 이복형 김정남을 비롯해 고위급 장성과 간부, 수백 명이 계속 처형당하고 있다.

북한은 마치 주자학 교리에 반대하는 사람이면 모조리 역적으로 몰았던 조선시대의 사문난적(斯文亂賊)의 정신을 확대 재생산하고 있는 것 같다. 김일성 왕조의 영속화를 꾀하기 위해 중국 주자학을 조선식 주자학으로 바꾸고, 마르크스주의도 조선 공산주의로 수정했다. 김정일과 김정은도 신의 자리에 올리는 데 성공했다. 일본 천황주의의 조선화다. 천황주의든 군국주의 사상이든 단군신화든 다 끌어모아 김씨 왕조의 정당성 수립에 사용한 것으로 정치와 종교의 일체화를 이루었다.

북한 백두 혈통 신화 독재자는 자기 혈통의 정권 계승이 중요한 정치적인 목적이다. 북한의 국가 원리인 김씨 왕조 신성불가침은 일본 천황가의 만세일계 신화를 본으로 삼았다. 조선 왕조는 전주 이씨로 이승만이 그것을 계승하는 데 무리가 없었다. 그러나 역사적으로 왕권과 전혀 관계가 없던 김일성은 엉뚱하게 스스로 단군의 직계 후손임을 자처한다. 단군의 직계손이 한반도를 다스린다는 것이다. 정치역학에서는 허구의 규모가 클수록 잘 먹힌다.

나는 2003년에 북한을 방문하던 중 최근 발굴되었다는 단군 묘에 안내받은 적이 있다. 유라시아 대륙의 알타이계 신화는 일본까지 포함해 대부분이 천손강림 신화이다. 그런데 수천 년 전의 단군 묘 유적을 확인했다는 주장부터가 날조로 느껴졌다. 무덤칸 바닥에는 유골이 든 유리관들이 있었는데 하나는 5,000여 년 전의 단군의 유골이고 다른 하나는 단군의 아내 유골이라고 했다. 단군 묘를 보며 나는 김씨 왕조가 정권계승에 자신이 없구나, 하고 직감했다.

요즘은 단군에 관한 논의는 사그라들고 백두(김일성) 혈통만 내세우고 있다. 그러나 언제든지 '김씨 왕조+단군 신화' 즉 만세일계설은 다시 나올 것이다. 정치적으로 필요하면, 조작된 천손강림 신화가 표면화될 것이다. 엄청난 규모의 단군 묘역은 김일성 왕조 만세일계 허구의 신앙화가 목적이기 때문이다. 일본이 천황가의 영속화를 위해서라면 국민 모두가 죽을 수 있다는 순교적 신념으로 마지막에는 자살 공격대까지 동원한 것에 비추어보면, 김일성 왕조와 단군의 일체화는 강신적 종교로 변할 것이 분명하다. 일본의 경우는 히로시마, 나가사키 원폭 투하도 치명적이었지만, 워낙 집요한 천황 신앙으로 인해 더 많은 희생이 나올까 두려워한 쪽은 오히려 미국이었다. 미국은 항복 조건도 '무조건 항복'에서 '천황 존속은 일본 국민의 의사대로 결정한다.'

평양시 강동군 문흥리에 있는 단군묘

묘역의 중앙로

는 조건을 수용하면서까지 항복을 종결지었다.

김일성 왕조도 단군 신화와 합해지면 그 신앙 때문에 수많은 사람들의 희생을 강요받게 될 것이다. 그 신화를 이용해 김정은을 신성화할 것이고, 신성화 작업은 곧 백두혈통 존속과 체제 보장을 해줄 것으로 믿고 있는 게 분명하다. 왕조 유지와 핵 보존 중 하나만 택하라면 북한은 왕조 유지를 선택할 것이다. 김씨 왕조의 체제 보장이 북·미 간의 갈등의 최종 걸림돌이 될 것이고 왕조가 붕괴될 때까지 핵은 절대 포기하지 않을 것이다.

스티븐스 저격사건

애국자와 정치가는 다르다. 애국자는 정권에 관심을 두지 않고 순수한 열정으로 나라를 위해 희생도 감내하는 인물이다. 안중근, 김구 같은 분들이다. 자신의 신념에 충실했던 분들이 한국에는 많았다. 하지만 조선시대의 정치제일주의에서 나온 평천하(平天下) 신념은 오로지 정권장악만을 궁극적 목적으로 삼는다. 한국적 평천하 사고는 성공한 운동가를 애국자와 동일시한다. 국립묘지에는 실패한 대통령은 묻힐 수 있어도 정권에 관심이 없던 애국자는 들어가지 못한다. 정권을 목적으로 한 애국(또는 저항)운동은 대가를 전제로 하는 것이므로 노동자가 임금을 기대하는 것과 본질적으로 다르지 않다.

1950년대 말 미국 유학생이던 나는 이승만 신화에 세뇌되어 있었다. 그런데 재미교포들 사이에는 그에 대한 지지도가 국내보다 훨씬 낮고 오히려 반대파가 더 많아 충격을 받았다. 재미교포 본거지는 LA

의 북쪽 리트리였다. 노벨상 작가 스타인백(J. E. Steinbeck, 1902~1968)의 『분노의 포도(The Grapes of Wrath)』의 배경이 된 지역이다. 그곳 농장에서 시간제로 일하면서 나는 교포들 사이의 반이승만 정서를 알게 되어 어느 교포에게 이유를 들어보았다. 그는 스티븐스 사건부터 설명해주었다.

전명운(田明雲)과 장인환(張仁煥) 두 의사는 미국의 안중근으로 알려진 독립투사들이었다. 그들은 당시 대한제국의 외교고문이던 스티븐스(D. W. Stevens)가 휴가차 미국에 돌아온다는 정보를 입수한다. 스티븐스는 미국 외교관 출신이지만 일본 정부의 추천으로 대한제국의 외교고문이 된 일본의 앞잡이였다. 한양에서는 일본을 위해 조선 식민지화에 협조하고, 미국에 돌아오면 기자회견과 강연을 통해 한일합병이 동양평화를 위해 꼭 필요한 일이었다고 선전하고 다녔다. 이 사실을 알게 된 두 의사는 스티븐스를 사살하기로 작정한다. 전명운 의사가 먼저 현장에 도착해 권총 세 발을 쏘았으나 불발되었다. 달리 대안이 없던 그는 맨몸으로 공격했지만 체격상 스티븐스에게 밀렸다. 마침 그때 장인환 의사가 도착해 스티븐스를 향해 세 발을 쏘아 두 발을 명중시킨다. 그런데 한 발이 잘못되어 전명운 의사가 맞는다. 스티븐스는 이틀 뒤에 병원에서 죽었다.

두 의사는 살인죄로 체포되어 재판에 회부되었다. 재미교포 사회는 그들의 애국심에 감동해 대대적인 후원운동을 펼쳤고, 그들의 행위가 단순한 살인이 아니라 애국적 의거임을 밝히고자 애썼다. 그러나 법정에서 증언해줄 사람이 없었다. 대부분의 교포들은 영어에 서툴렀고 언변도 없었다. 교포들은 영어가 능숙한 이승만 박사에게 변론을 맡아줄 것을 청한다. 그러나 그는 "기독교도로서 살인사건에 관여하고 싶지 않다."는 이유를 들어 거절했다.

재미동포들은 돈을 모아 미국인 변호사 네이던 코플란(Nathan Coughlan)을 선임하고 유학생 신흥두가 서툰 영어로 통역을 맡았다. 코플란은 독일 철학자 쇼펜하우어(A. Schopenhauer)의 '애국적 정신병(patriotic insanity) 이론'을 내세워 두 사람을 변호했다. 전명운 의사는 무죄, 장인환은 25년형을 선고받고 10년 후 석방되었다. 전명운은 러시아로 이주해 계속 독립운동을, 장인환은 미국으로 귀화했다. 두 의사는 같은 평안도 출신의 이민자였으나 같은 뜻을 품고 따로 행동한 것이다. 이 이야기를 들려준 연로한 그 교포의 말을 잊을 수가 없다. "이승만은 정치가이지 애국자는 아니야. 자신의 정치목적을 위해 김구와 같은 사람도 암살하지 않는가!"

남·북의 판이한 국가원리 남과 북 모두 조선시대의 원형을 계승했지만 국가원리는 판이하게 달라졌다. 해방 직후의 상황이 초기조건이 되었기 때문이다. 상반된 초기조건이 국가원리가 되어 지금의 대카오스의 원인이 되었다. 그러나 이 상황도 계속되지는 않을 것이 분명하다.

다음 표에서 같은 원형을 가졌던 하나의 민족이 해방이 야기한 카오스의 끝에서 전혀 다른 결과로 자기조직화를 실현한 것을 볼 수 있다. 카오스 이론은 결정론과 확률론이 뒤섞여 있다.

한민족은 필연적으로 하나가 될 것이지만 현재 진행 중인 카오스

끝에는 수많은 가능성이 열려 있다.

	조선 왕조	김일성 왕조	대한민국
사상	조선 주자학	조선 공산주의	민주주의
정권계승	세습	세습(김씨 왕조)	선거
단군신화		백두혈통 신화	
중심세력	양반	당원	시민
탄압 명목	사문난적	반동 숙청	
국가원리	소중화(小中華)	적화통일	평화통일

근친상증 남·북한은 대외적으로는 완전히 독립된 국가지만 같은 언어와 역사와 원형을 공유한 한 민족이면서 근친상증(近親相憎)의 관계이다. 가혹한 6·25전쟁의 체험과 판이한 정치 체제 그리고 서로 다른 국가원리로 인해 '우리는 동족'이라는 단순한 논리만으로는 이제 더 이상 하나가 될 수 없는 현실이 되어버렸다.

현재 남한의 인구는 북한의 2배, 경제 규모는 40배이다. 북한의 군인 수는 100만으로 총인구 2,500만의 4%이고, 남한의 1.3% 보다 3배 이상 많다. 복무기간도 약 5배 정도 더 길다. 북한 주민의 병역 부담은 남한의 20배 정도나 된다.

북한은 공격을 당하면 아무도 도와주지 않을 것이라고 생각하고 있다. 김정은이 이복형을 암살할 수밖에 없었던 것도 자신에 관한 암살설이 계속 나돌았고, 중국마저 김정남으로의 교체에 관심을 두었기 때문으로 보인다. 특히 리비아의 카다피나 이라크의 후세인 같은 독재자가 죽임을 당한 것이 핵무기가 없었기 때문이라 믿고 있다. 무리한 국방비 지출과 선군정치 그리고 UN의 경제 압박으로 민심이 흔들렸고, 100만이 아사할 상황에서 공산주의 경제이론은 아무런 소용이 없다. 기댈 것은 핵과 미사일뿐이다.

뿐만 아니라 아무리 막으려 애써도 인터넷과 휴대폰, TV 등으로 전해지는 외부 정보는 차단할 수 없다. 남한의 정보는 이미 상당 수준 퍼져 있다. 상호 감시와 숙청, 수용소 감금 등의 방식으로 공포정치를 펼치며 필사적으로 언론 통제를 강화하고 있지만, 한계가 있어 장기적으로는 무너질 것이 분명하다. 핵무기 개발로 인해 경제 압박은 더욱더 심해질 것이고, 긴장 상태도 이대로 계속 가져갈 수는 없다.

이런 북한과 대화는 필수적이지만 그들의 사고방법을 먼저 이해하는 일이 중요하다. 남한이 민주주의를 포기할 수 없듯이 북한도 체제를 바꿀 생각이 전혀 없다. 유일한 선택은 당분간 서로의 체제를 그대로 둔 평화공존이다. 통일은 한국 민족이 생존하는 한 언젠가는 가능하다. 국제적 카오스의 파고가 높을수록 사소한 일이 나비효과를 일으켜 의외의 국면이 전개될 수 있다. 나비효과를 야기할 요소는 곳곳에 깔려 있다.

원형사관은 결정론이 아니다. 시대원형의 성격에 따라 개성이 다른 시대문화를 가질 수 있고, 민족은 융합할 수도 분기할 수도 있다. 같은 종의 토끼일지라도 천적(天敵)이 있는 곳에 사는 토끼와 없는 곳에 사는 토끼는 전혀 다른 종처럼 변한다. 남북도 언젠가 통일이 되겠지만 그동안 서로 달라진 점을 의식해야 할 것이다.

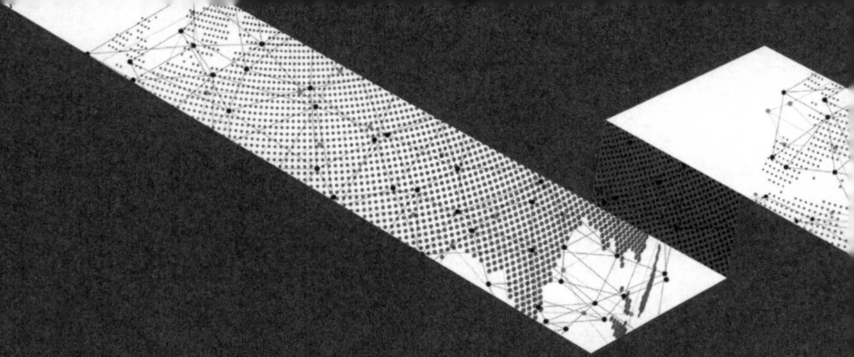

8

집단 이성

인간은 사회적 동물이다.
인간은 신보다는 짐승에 가깝다.
대부분은 태어날 때부터 바보스럽고
게으름뱅이다.

아리스토텔레스

1 사죄와 국격

바이츠제커의 연설 야스퍼스의 아내는 유대인이었다. 부부는 히틀러 치하에서 언제 체포되어 가스실로 보내질지 모르는 공포 속에서 살았다. 그때를 대비해 자살용 청산가리까지 품고 사는 나날이었다. 전쟁의 소용돌이에서 참담한 공포를 체험한 그는 1946년에 저서 『전쟁의 죄를 묻는다』에서 전쟁이 저지른 죄를 4가지로 범주화했다.

1. 형법상의 죄 – 심판자는 재판관
2. 정치적인 죄 – 심판자는 전승국의 권력과 의지
3. 도덕상의 죄 – 심판자는 자기 양심
4. 형이상학적 죄 – 심판자는 신(神)

이 가운데 독일 국민이 할 수 있었던 심판은 3과 4였고, 1과 2는 전

승국들에 의해 집행되었다.

한·일 관계에서 전쟁 책임론은 어떠한가? 1, 2에 대한 책임은 국교 정상화 협정으로 이미 끝나버린 상황이어서 일본을 상대로 우리는 그 정당성의 유무를 물을 자격이 없다. 그렇다면 3, 4에 대한 책임은 물을 수 있는가? 종교개혁의 전통이 있는 독일은 죄의식을 갖고 절대자 앞에서의 심판이 자신을 기다리고 있음을 믿는다. 또한 그리스 철학에서 계승한 분석 철학의 의식이 강해, 양심에 대해 깊은 성찰을 해온 민족이다. 양심은 자기 내면의 문제이기에 타인이나 타국의 양심에 간섭하지 못한다.

반면에 일본은 무종교와 무철학의 나라이다. 이승에서 어떻게 살았든 죽으면 부처가 된다고 해석하는 사람들이다. 그 사람들에게 어떻게 죄의식을 물을 수 있을까? '죄의식이 없는 자에게 죄를 묻는다.'는 것이 과연 의미가 있을까? 우리가 일본에게 묻는 죄에 대해 그들은 어떤 생각을 할까? 보상금 때문에 죄를 묻는 것으로 생각하지는 않을까? 우리 스스로에게 던져볼 질문이다.

바이츠제커(R. Weizsäcker, 1920~2015) 서독 대통령은 나치 독일 항복 40년, 제2차 세계대전 종결 40년을 기념해 1985년 5월 8일에 국회에서 연설을 했다. 깊은 철학이 담긴 그의 참회의 연설은 독일인뿐만 아니라 전 세계인에게 큰 감명을 주었고 그 내용을 저서 『광야의 40년』에 담았다. 그는 항복의 날을 독일이 나치로부터 해방된 날로 규정하고, 나치에 의한 유태인 희생자에 대한 추도와 반성을 강조했다. 그러나 독일인 전체의 책임은 단호히 거절했다.

그즈음 나카소네(中曽根内閣) 일본 수상은 야스쿠니 신사에 참배를 했고, 조직 내의 역할(책임)만 강조할 뿐 인간과 인류, 양심의 문제에 대해서는 언급조차 하지 않았다. 매우 대조적인 두 사람이고 두 나라다.

한국인은 일본과 독일, 특히 바이츠제커의 태도에 비추어 비교하기를 좋아한다. 하지만 우리도 자신을 한번 들여다봐야 한다고 생각한다. 철학적인 차원이 아닌 한(恨)풀이에 그치고 마는 말만 되풀이하고 있는 우리는 아닌가? 원리주의와 한풀이는 '자기만 절대적으로 옳고 타협을 거부'한다는 점에서 전체주의와 맥을 같이한다. 한국 인권 외교의 한계는 바로 양심과 철학적 성찰의 결여에 있다.

전체주의와 한나 아렌트 600만 동포를 학살한 나치 독일은 유대인에게는 살인마와 다름없다. 그런데 『전체주의의 기원』으로 잘 알려진 유대인 여성 철학자이자 정치학자인 한나 아렌트(Hannah Arendt, 1906~1975, 독일 태생의 유대인 철학사상가로 나치를 피해 미국으로 이주)는 "가해국의 국민은 무조건 악마인가?"라는 철학적 성찰에서 "No!"라고 답했다.

그녀는 아우슈비츠 수용소의 책임자로 인간 백정이라 불린 아이히만(A. Eichman, 1906~1962)의 재판을 방청하면서 놀라운 사실을 발견했다. 악마 같은 인간도살자로 알려진 그도 개인적으로 보니 그저 사무능력이 뛰어난 너무도 평범한 성격의 소유자였다는 사실이다. 이 사실을 확인한 순간 그녀는 충격에 휩싸였고, 아이히만의 삶을 추적해 『예루살렘의 아이히만』을 출간했다.

아이히만은 단지 유대인을 능률적으로 찾아내어 아우슈비츠에 수용하고 죽이는 일을 합리적으로 처리했을 뿐, 그 과정에서 전혀 윤리적인 갈등을 겪지 않았다는 것이다. 마치 유능한 축산업자가 가축을 모으고 분류해 신속히 도살장에 보내는 것과 다름없이 능률적으로 일처리를 한 것에 불과했다.

▌한나 아렌트

▌아이히만

재판관이 "왜 너는 수백만의 유대인을 죽였는가?"라고 묻자 그는 "오직 명령에 따라 열심히 일했을 뿐입니다."라고 대답했다. 유대인 사회는 극악무도한 악마를 평범한 인물로 부각한 아렌트를 민족 반역자라고 맹공격했다. 그러나 그녀는 비난여론에도 전혀 굴하지 않고 냉철한 지성의 시각에서 아이히만을 관찰했다. 오히려 평범한 인간이 나치에 입당해 어떻게 고급장교로 출세하고 악마가 될 수 있었는지, 그 심리적 배경을 밝힘으로써 그녀는 인간의 약점에 경종을 울렸다.

아렌트는 "어떻게 평범한 인간이 심각한 윤리적 악행을 저지를 수 있게 되는가?"란 질문을 독자와 공유하려 했다. 아이히만은 "전혀 양심의 가책 없이 칸트의 정언명법(定言命法), 즉 조건 없이 도덕적 명령에 따라 행동했다."고 토로했다. 칸트가 말한 본연의 의미가 아니라 아이히만이 멋대로 해석한 것이었다. 칸트의 도덕명령은 맹목적인 복종이 아니었다. 어느 한 나라의 기준이 아닌 전 인류의 보편적인 법과 기준에 따라 판단할 것을 칸트는 요구했다. 아렌트는 아이히만이라는 평범한 인간이 저지른 악마적 행위, 즉 '악의 평범성'을 개념화해 전 세계의 철학자, 윤리학자, 정치학자들에게 충격을 주었다.

그녀는 나치의 범죄를 전체주의 사상이 아닌 사회현상으로 파악했다. 전체주의 사회는 합리적 이론체계에 의해서가 아니라, 단순한 질투와 차별, 명예욕, 비열한 생각 또는 적당한 논리만 있으면 성립될 수 있다고 보았다. 아이히만 같은 평범한 독일 시민이 유대인 차별주의자가 된 동기도 유대인 배척이 자신의 출세 기회가 되었기 때문이었다. 유대인 상사가 추방당하면 자신에게 올 승진 기회를 기대했고, 후일 어떤 대가를 치르게 될지에는 전혀 관심이 없었다는 것이다.

전체주의에 관한 사전적 해석은 '개(個)에 대한 전체의 우위를 철저하게 추구하는 것'이다. 일본의 군국주의나 독일의 나치즘, 북한의 김일성주의도 같은 사상이다. '김일성 장군 만세' 한마디에 모두 일제히 동참해야 하고, 반대하면 증오와 압박의 대상이 된다. 한국 군사정권도 정도의 차이는 있었지만 예외는 아니었다. 마치 G. 오웰의 소설 『1984』처럼 사고정지(思考停止)의 상태가 되는 것이다. 6·25공산 치하에서 "당성이 좋다."라는 말은 종교조직에서 "믿음이 좋다."와 같은 찬사였다. 북한 주민들이 수령에 대해 보이는 광신적 태도, 특히 김일성, 김정일의 장례식에서 보인 통곡 장면은 한국인이 얼마나 전체주의적 분위기에 지배되기 쉬운 집단 무의식을 가졌는지를 여실히 보여준 사례였다. 북한 사람만 그러는 게 아니다. 남한 사람도 같은 분위기에 휩싸이면 같은 반응을 보일 것이다. 전체주의 치하에서는 엉터리 이론이라도 적당한 말만 나열하고 감정만 부추겨주면 쉽게 진리로 둔갑한다.

아렌트는 건전한 사고능력을 갖춘 사람이 히틀러에게 넘어간 것에 대해 충격을 받고, 『전체주의의 기원』에서 인간의 조건을 묻기 시작했다. 그녀가 찾은 답은 '인간성의 결여'와 '상상력의 결여'였다. 전자는 자기가 하는 행위가 무엇인지 전혀 이해하지 못하는 것이고, 후자는 자신의 행위를 타인이 어떻게 생각하는지 전혀 상상하지 못하는 것이다. 아렌트의 냉정한 판단은 사대에 순치된 전체주의적 원형을 지닌 우리에게 철학적 성찰의 중요성을 알려주고 있다.

전체주의와 원리주의의 결합 6·25전쟁 동안 인민군 점령하의 '인민재판'을 목격했던 나는 솔직히 '한국은 인심 좋은 나라'라지만 다른 어느 민족 못지않게 잔인해질 수 있음을 인정하지 않을 수 없다. 인민재판에서 주동자가 큰소리를 치면 추종자들은 더 열을 올렸다. 추종자들은 자신이 무엇을 하는지, 희생자의 처지가 어떤지 전혀 생각하지 않은 채 그저 다수파에 소속되어야 유리하다고만 생각했다.

한국 사회는 옳든 그르든 다수파의 주장에 동조하는 전체주의적 분위기가 되기 쉬운 사회이다. 손으로 집은 음식을 남의 입에 넣는 것은 예삿일이다. 정이 많고 동정심이 강해 이성적으로 생각하기보다는 감정에 즉각 호소한다. 정치 또한 '노사모', '박사모'와 같이 감정 중심으로 모이고, 정치적·종교적 카리스마에 비교적 쉽게 복종한다. 군중심리에 쉽게 동조하게 되는 것이다. 흔히 '내가 하면 로맨스고 남이 하면 불륜'이라는 '내로남불'이 단순한 농담이 아니다. 전체주의의 기본 심리인 것이다. 이 분위기에서 진리의 기준은 패거리의 숫자이다.

몇 년 전에 이명박 전 대통령이 독도를 방문했을 때 '한국의 지성'을 자랑하는 대표적 어느 일간지는 사설에서 "일국의 대통령으로서는 적절치 못한 행위지만 국가정책 때문이니 국민으로서 동조할 수밖에 없다."는 논지의 글을 게재했다. 보편적 이성을 무시하고 국가정책에 맹종을 앞세운 반이성적인 내용이었다.

증명이나 증거를 가지고 이성적으로 토론하기보다 대중과 함께 소리를 높이는 데 더 쾌감을 느낀다면, 그 사회는 파시즘적인 논리에 휘말리게 된다. 일본 비난에 동조하면 무조건 옳다고 믿는다거나, 일단 옳다고 믿으면 과학, 종교, 정치 등 대상을 가리지 않고 반대를 허용하지 않는 것이 전체주의적 사고방식이다. 광우병 파동은 전체주의 사고가 이성적 판단을 억누른 대표적인 사례이다.

나의 현역 시절은 학생운동의 전성기였다. 이 세대가 열어갈 세상에 대해 우려하며 일본인 방문 교수와 자주 한·일의 다음 세대에 관한 이야기를 나누었다. 한때 일본의 학생운동도 격렬해서 심한 자기비판으로 자살하는 학생도 있었고 심지어 집단살인 사건까지 발생했다.

그런데 흥미로운 사실은 일본 학생들은 졸업하면 대부분 평범한 회사원으로 돌아가 시민 생활을 즐긴다는 것이다. 오히려 입사시험 담당자들은 '운동권 학생은 적극적이고, 조직 활동을 한 경험이 있어 직장생활에 맞다.'는 이유로 환영한다는 것이었다.

반면에 한국의 운동권 학생들은 변절이 적다. 한국인은 한번 옳다고 믿으면 비판을 허용하지 않고 그 교리를 절대시한다. 심지어 같은 조직 내에서도 이단시비가 많다. 원리주의적 성향이 일본인보다 훨씬 강하다. 여기에 "송죽(松竹) 같은 곧은 마음 철석같이 변치 마소(『춘향전』)."의 미학까지 곁들여지면 요지부동이 된다. 자기가 속한 당은 정의파이고 상대는 부패한 당이라는 편 가름이 졸업 후 사회생활로까지 이어진다.

황우석의 줄기세포 사건에서 흥미롭던 것은 과학자라는 사람들의 비이성적인 태도였다. 그의 업적이 옳다고 믿으면 정통파가 되었고 반대파는 이단 취급을 받았다. 마치 일치단결하면 노벨상이 굴러올 것 같은 분위기였다. 요직에 있는 중요 인사들이 황우석 연구실에 모여 박정희 시대 금지곡이었던 〈아침이슬〉을 합창하며 일치단결을 과시하기도 했다. 열심히 같이 행동하면 된다는 운동권의 논리로 황우석 미신을 만들어냈고 노벨상을 운운해 세계인의 웃음거리가 되었다.

반이성은 전체주의적 사고이며 결국 나라를 그릇된 길로 몰아간다. 지성은 군중의 외침에 있지 않다. 북한 정권이 오래 지속되는 배경에는 주자학적 원리에 순치된 정서와 전체주의적 사고가 바탕이 되어 있듯이, 남한 또한 황우석 미신을 만들어낸 전체주의적 사고가 있음을 인식해야 할 것이다.

인내천과 전체주의 인내천 사상은 성선설(性善說)과 같은 맥락으로 '인간의 착한 마음'에 기반을 둔 철학이다. 타인에 대한 배려를 중시한다. 민심은 악을 용납하지 않고, 약한 사람의 마음속 깊은 곳에 있는 작은 소리가 모이면 아무리 큰 권력도 무너뜨릴 수 있다고 믿는다. 양심은 숫자로 결정되는 것이 아니다. "스스로 돌아보고 잘못이 없다면 천만 명이 막는다 해도 나 홀로라도 한다(自反而縮 雖千萬人吾往矣, 『맹자』)."는 마음이 진정한 인내천이다.

일반적으로 지도자의 책임의식이 희박한 사회일수록 서민의 양심의 소리가 강해진다. '이가 없으면 잇몸으로' 살듯이 권력을 못 믿으면 서민이 나서는 것이다. '인내천'은 '인심이 곧 천심'을 믿은 동학에서 나왔다. 그러나 민심이 많이 모인 곳이 정의로 착각되면 수의 문제는 전체주의로 변질된다. 인내천은 누구든 하늘을 대하듯이 해야 한다는 인본주의적 보편사상이다. 다수 의견이 진리는 아니며 소수 의견도 무시하지 않는다.

한국인의 원리주의적 성향은 자칫 다수를 정의로 오판하기 쉬워 안타깝다. 다수가 정의가 된 사회에서는 많은 위선자들을 만들어낸다. 조선이 근대화로 가지 못하고 망국의 길로 떨어진 것도 전체주의적인 생각과 방식으로 펼친 양이(攘夷)운동에 원인이 있었다. 6·25전쟁을 전후해 실시된 반공교육 또한 양심의 성찰이 없는 일방통행식 선전이었고 부화뇌동(附和雷同)이었다. 반공교육에서 보인 전체주의적 색깔을 뒤집어 바꾸면 인민재판이 된다. 인민재판은 불행히도 하루아침에 잔인해진 사람들과 상황 탓에 필요 이상의 많은 희생자를 낸 사건들이었다. 원래 '인심천심(人心天心)'은 권력의 억압을 받으면서도 옳은 말을 하는 순박한 서민의 선(善)의식에서 나온 것이다. 그러나 지성에 여과되지 않은 군중심리는 쉽게 무너질 수 있다. '인심천심'은 군중심리를 이용하려는 선동가에게 유리하게 작용해, 양심과 이성을 가릴 수 있기 때문이다.

평생 수학교수로 지내면서 수학 공식과 같이 "…은 …라야 된다."는 사고가 얼마나 많은 오류를 일으키는지 실감할 때가 많았다. 한국이 노벨과학상 수준의 과학자를 배출하지 못한 것도 그런 식의 교육 탓이기도 하다.

전체주의적인 사고는 '무엇은 무엇이라야 된다.'는 논리 형식을 지닌다. 조선시대 지식인은 『논어(論語)』의 어법을 선호해 '군자는 … 라야 된다.'는 식의 어법을 즐겼다. 이 주장에 어긋나면 질타를 당하거나 소수파가 된다. 이 어법은 정치뿐 아니라 종교, 사상, 습관 등 거의 모든 분야에 망라되어 왔다. 마치 조선시대의 국시였던 '동방예의지국' 사상에 어긋나면 수많은 유생들이 규탄하며 인간 이하의 취급을 했던 것과 같다.

서구인이 'I think ….'로 말을 시작하는 것과는 대조적이다. '무엇 무엇은 ○○이라야 된다.'는 일색 논리는 전체주의적 성향을 부추긴다. '우리가 남이가!', '우리 ○○인이 △△인을 배척해야 한다.'는 식의 말은 비판이나 검증 없이 동조할 것을 요구한다. 일방통행식의 논조에 정의의 옷을 입히고, 동의하지 않으면 비난과 왕따의 대상이 되는 것이다. 인내천은 인간존중이다. 아무리 상대의 말이 유치해도 들어주고, 내가 아무리 옳아도 'I think ….'로 사견임을 밝히며 말을 시작할 때 오히려 설득력이 더해진다.

'정의란 무엇인가?'는 소크라테스에서 하버드대 마이클 샌델(M. Sandel, 1953~, 미국의 정치철학자) 교수에 이르기까지 논의되어 온 철학적인 태도다. 아렌트 또한 이 논법으로 '아이히만의 악마성'을 파헤치는 과정에서 악마의 실체가 너무도 단순한 인간의 에고(ego)에 있었음을 밝혀냈다.

용두사미(龍頭蛇尾)가 되는 '선(善)'의식 "도적놈은 시끄러운 장을 좋아한다."는 속담이 있다. 참으로 한국인의 천재성이 번뜩이는 말이다. 사람이 많이 모인 곳에는 틈새가 생기고 사심(邪心)이 끼어들 여지가 많다는 뜻이다. 호사다마(好事多魔)의 공리처럼 정치가의 인기전술이나 선동 등 대중운동의 혼란 속에는 늘 도적이 날뛴다. 실제 4·19혁명의 혼란 가운데 군사쿠데타가 발생했고, 박정희 암살 후 모처럼 찾아온 서울의 봄에 전두환 일파가 군사쿠데타를 일으켰다.

카오스가 발생한 와중에 반동세력이 등장하면, 사회는 자기조직화의 힘을 상실해버린다. 더욱이 수에 기대는 생떼식 대중심리가 작동하면 어김없이 파국이 찾아온다. 긍정적으로 자기조직화할 기회를 잃으면, 카오스는 용두사미로 끝나버리고 만다.

프랑스 시민혁명도 자유·평등사상의 보급에 결정적 계기가 되었으나 혼란이 장기화되자 나폴레옹 왕조를 불러들였고, 1852년 루이 나폴레옹의 쿠데타도 마찬가지 이유로 가능했다. 민주적 헌법에서 출발한 바이마르 공화국도 지나치게 이상을 추구하다가 혼란 가운데 히틀러의 등장을 허용했다. 이는 자제력을 잃은 대중의 틈을 도적처럼 노리는 야심가의 정치 역학 공식이다.

책임의식이 없는 정치권력에 시달리면 민중은 이성보다 눈치의 처세술을 갖게 된다. 한국적 군중심리를 잘 표현한 또 하나의 명속담, "모두 과거 길에 나서면 시골 빗자루도 뛴다."는 말이 있다. 눈치만 보다가 기회라 생각되면 완장부대가 등장하고, 권력 주변에 덤벼드는 무리들 때문에 선한 의도는 마(魔)로 변질되고 만다.

혁명은 카오스에서 자기조직화로 가는 복잡계의 과정이다. 민족사에는 분명 비약의 계기가 될 혁명이 필요하지만 200~300년에 한 번 정도면 족하다. 그런데 우리는 6·25전쟁 후, 불과 60여 년 동안에 4·19와 5·16, 6·10 민주항쟁, 박근혜 탄핵 등 혁명이 지나치게 잦았다. 조선 500년의 장기집권도 세계사에서는 극단적인 사례지만 이토록 짧은 혁명주기도 또한 '극단적인' 사례다.

혁명은 권력의 부패와 횡포로만 발생하는 것이 아니라 조직 안의 집단 무의식의 발동으로 발생하기도 한다. 유사한 정치적 국면에 처하면, 원형 가운데 전체주의적인 요소가 중우(衆愚)적으로 작용한다. '체념(諦念) 또는 폭발'이라는 극단적인 심리가 원형을 자극하여 혁명을 되풀이해서 발생시키는 것이다. 평등의식만 강하고 노블레스 오블리주(Noblesse Oblige)가 없는 사회에서 발생하는 카오스의 자기 닮음(fractal) 현상이다. 비생산적인 혼란을 최소화시키는 길은 민족이성의 강화와 권력의 책임의식뿐이다.

2 정치 지도자

한반도의 지도자상

'우리와 울의 인심' "인간은 신보다는 짐승에 가깝다. 대부분은 태어날 때부터 바보스럽고 게으름뱅이다."라고 아리스토텔레스는 통찰했다. 이처럼 국민은 때로는 바보스럽기는 하지만 집단 무의식에 따라 서로 협력하고 의지를 모은다. 이렇게 형성된 국가원리의 틀에서 정책이 만들어지고 국가 이성이 드러난다.

자국의 국가원리를 인식하지 못하는 지도자는 국민과 괴리되고 스스로 나르시시즘에 빠져 좌절하게 된다. 정의의 개념도 원형에 따라 기준이 다르다. 지도자의 성공 여부는 시대 흐름을 알아차리고 어떻게 국가원리를 시대상황에 잘 적응시키는지 아닌지에 따라 결정된다.

'우리'의 어원은 확실치 않다. 같은 계통인 일본어나 만주어에는 대응하는 말이 없으니 한반도 특유의 환경에서 태어난 고유어인 것이 틀림없다. 나는 '우리'가 '울타리'의 '울'과 연관되는 말로 추측하고 '같은 울안에 있는 사이'가 우리가 아닐까 한다. 정겹고, 먹을거리가 흔치 않을 때 혹은 외침에 시달릴 때 서로 의지하는 피붙이 같은 사이, 그게 한국어의 '우리'라는 생각이 든다.

그런데 '울'은 '가둔다'는 뜻도 있어 같은 '우리'도 "우리가 남이가?"란 말로 쓰이면 울 안과 울 밖을 가르는 부정적인 의미로 변한다. 이 '우리' 사상이 한국인의 원리주의적 사고방식과 잘못 결합하면, 냉정한 이성보다 다수파의 높은 소리를 정의로 착각하게 만든다. '우리' 사상으로 성공한 '혁명'이 중우(衆愚)정치를 불러들여 새 '독재자'가 등장할 기회를 열어주는 것이다.

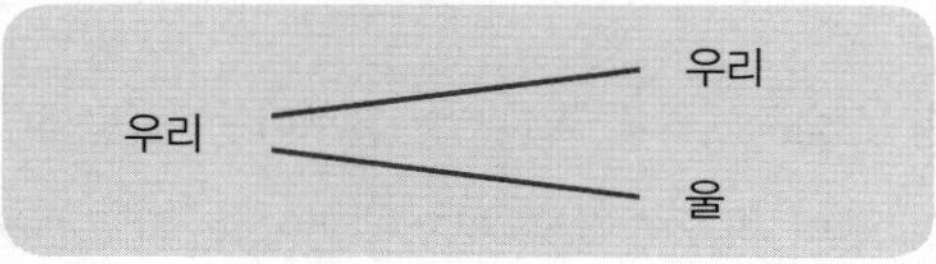

한국 현대사는 독재의 결말이 늘 비극적이었음을 잘 보여주고 있다. 독재자를 퇴각시킨 세력이 다시 스스로 독재자가 되고, 부패청산을 내걸었던 세력이 부패하는 과정을 되풀이해왔다. 이승만은 망명했고, 박정희는 암살당했으며, 쿠데타로 정권을 잡은 전두환, 노태우는 교도소로, 오만한 박근혜는 탄핵을 당했다. 이명박도 예외가 아니다. 역대 대통령은 나름의 사명감을 가진 보통 이상의 인물들이었으나 결국 비극으로 끝나버렸다.

'우리' 중심의 사고는 울 안과 울 밖에 대한 윤리 기준이 다른 '내로남불'의 구조이기 때문에 특히 정치에서는 비극적 결말이 될 수밖에 없다.

한반도의 세계적 장기 정권 신라와 고려, 조선은 세계에서 보기 드문 장기집권 왕조였다. 정치 역학적으로 분석해보면 우리에게는 '장기집권하는 정권은 곧 정통정권'이라는 통념이 있다. 원리주의적 사고가 장기집권을 미화하고 신성시함으로써 백성은 학정에도 인내해야 한다고 생각하게 된다. 김일성 왕조는 장기집권을 위해 신격화에 집중했다. 정통성에 집착하면 정치적 불안이 올 경우 무의식적으로 원점으로 회귀하고 싶어 한다. 원시반본 심리가 발동되는 것이다. 우리 주변에는 심지어 해방 후에도 조선 왕조를 아조(我朝), 즉 '우리 왕조'라고 부르는 사람들이 있었다. 박정희 대통령도 18년의 장기집권으로 영웅시되며 정통성을 얻었고 그의 정치적 여덕(餘德)으로 딸까지 대통령에 당선되었다.

혁명에는 거부감을 느끼지만 장기집권에는 관대한 한국 정치사가 남긴 역설적인 교훈이 있다. "아무리 국민으로부터 욕을 먹어도 버틸 수 있을 때까지 버텨라. 장기집권하면 그 세월만큼 그 정권을 '아조'(우리 정권)시하는 사람이 늘어난다. 마지막에 성공하면 그 과정에서 범한 부정은 싹 덮어질 수 있다." 지금도 이 말이 유효할까?

화백(和白)의 영향 우리 역사에서 '인내천' 사상에 가장 걸맞은 지도자는 세종대왕이다. 그는 왕이지만 신하의 반대 의견을 억누르지 않았다. 언로를 열어 설득으로 협력을 유도했다. 그는 한국 철학의 가치가 현실에서 유효하다는 것을 잘 보여준 지도자였다. 세종대왕뿐만 아니라 왕이 신하를 설득하는 것은 그 이전부터 우리 정치 전통에 있어 왔다. 만장일치를 유도했던 신라의 화백 정신이 그것이다.

화백이 승화되어 화쟁(和諍)이 되었는데 이는 현상을 보는 관점의 차이일 뿐 본질은 다르지 않다는 조화와 언론 존중의 철학이다. 화쟁은 언로개방으로 그리고 다시 인내천으로 발전했다. 우리의 원형은 언로(言路)를 중시했지만 화쟁의 실천은 지도자의 확고한 신념 없이는 불가능하다. 한국 정치사는 화쟁의 실천을 기준으로 성공한 지도자와 실패한 지도자를 가른다. 이래저래 인내천 사상은 정치를 한국에서 가장 어려운 직업으로 만들었다.

북한은 조선의 주자학에 공산주의 주체사상을 대입시킨 사실상의 왕조로 당원은 조선의 양반과 같은 지위를 누리고, 반동은 사문난적으로 매도되어 숙청된다. 불행히도 북한 주민은 한 번도 민주주의를 경험한 일이 없다. 조선 왕조에 이어 김씨 왕조 3대를 왕처럼 받아들이고 있을 뿐이다. 위원장은 "부지런하고 충성스러운 인민을 가진 자신을 가장 행복한 지도자"라고 자처하며 국민에게 "어버이처럼 잘 살펴주신 지도자를 가진 가장 행복한 백성"이라는 생각을 갖도록 만들고 있다.

군사력의 성장으로 자신감과 성취감은 가졌지만, 북한은 강력한 독재체제를 유지하느라 수백만의 주민을 굶겨 죽였다. 1990년대 말에는 전 인구의 1/15에 해당하는 100만 명이 아사했다. 냉전 붕괴 직후, 소련도 신형 탱크마저 시장에 고철로 내놓을 정도로 궁핍했으나 북한 같은 대량 아사(餓死)는 발생하지 않았다. 그런 와중에도 북한의 핵무기 개발은 계속되었고, 가난과 긴장으로 주민은 저항조차 하지 못하고 철저하게 통제되었다. 주민들은 남한이 미국의 지원을 받아 북한을 공격할 것이라고 세뇌 당해 있어 더욱 절실하게 핵과 미사일에 운명을 걸고 있다.

사실 북한이 대량 살상무기 생산을 할 수 있게 된 것은 소련이 냉전에 패하면서부터다. 소련의 연간 인플레가 500%를 넘어서고 우수한 군수산업 기술자들이 대량으로 실직하자, 이때를 기회 삼아 북한은 만사를 제쳐두고 갈 곳 없는 고급기술자를 영입해 핵과 미사일을 보유하게 되었다. 소련 기술자를 영입하지 않았더라도 아마 북한은 무기개발을 해냈을 것이다. 북한 정권의 생존 능력과 무기생산에 대한 집착을 능가하는 나라는 역사상 세계 어디에도 없을 것이다. 같은 원형을 지닌 남북이 70여 년 만에 이토록 상반된 국가를 만들었다. 지도자와 국가원리에 따라 민족이 얼마나 판이하게 달라질 수 있는지를 절감한다.

중국의 지도자상

중국 역사에서 명군은 중화사상을 시대상황에 잘 적용한 황제들이었다. 청의 세 황제, 위나라의 조조, 그리고 모택동도 명군에 속한다. 여진족 출신 강희에서 시작되어 삼대로 이어진 청의 명군들은 출신이나 민족에 관계없이 문화를 숭상하고 국토를 넓혔으며 고전에 대한 교양(敎養)이 풍부했다.

그러나 중국인들의 명군 의식에는 국제법이나 인권, 자유, 평등 따위는 중요하지 않다. 모택동은 대약진정책으로 3,000~5,000만 국민을 아사로 몰았고, 티베트에서만 1,500만 명 이상이 굶어 죽었지만 중국인들은 그를 명군으로 꼽는다. 지도자상은 그 나라의 원형을 따르는데 중국은 특히 명분을 중요시한다.

시진핑의 교양이 어떠한지에 관해서는 충분히 알려져 있지 않아도 모택동 못지않은 권위를 세우는 데는 성공한 것 같다. 그의 직책은 중국 공산당 총서기, 국가주석, 군사위원회 주석, 중앙 국가 안전위원회 주석, 중앙외사공작영도소조 조장 등 셀 수 없이 많다. 요컨대 그는 정치, 외교, 보안, 군사, 정보, 경제의 책임자로서 국가 주요 직책을 모두 장악했다. 통상적으로는 국가주석 하나만으로도 충분할 것 같은데, 시진핑은 모든 분야를 직접 손에 넣고 장악하려 든다. 황제의 권력을 갖겠다는 독재자의 전형이라고 볼 수 있다. 법적으로 종신 집권의 교두보도 확보했다.

13억 인구 가운데 공산당원은 약 9,000만 명, 중앙정치국 간부는 25명, 그중 상무의원은 7명이고 그 위에 시진핑 주석이 있다. 13억 국민을 통치하는 자는 단 한 명의 주석이다. 진시황제 이래 중국은 한 명의 황제에 의해 통치되어 왔고 그 전통이 지금도 이어지고 있다.

중국 권력의 중심부에는 초기 공산당 간부 2세들로 구성된 태자(太子)당과 시민 엘리트 출신의 공산청년단(共靑團) 두 파벌이 있다. 혁명 2세대로만 구성된 태자당은 경쟁의식이 아닌 『삼국지』의 의형제의식으로 뭉쳐 중국 내 어느 조직보다 결속력이 강하다. 중국인은 거의 생리처럼 파벌(사조직)을 중시한다. 방(幇) 또한 정치적·경제적 목적으로 중시한다. 파벌 중시는 넓은 대륙과 복합민족의 바닷속에서 살아가야 하는 그들에게는 거의 본능과도 같다. 같은 방(幇)에 속하면 서로 가족과 같이 도움을 주는 것이 윤리이다.

중국 권력의 한반도관 메밀에 관한 재미있는 설화가 있다. 중국이 조선인을 허약하게 만들 목적으로 메밀을 조선에 보내 널리 보급토록 했다. 그런데 조선인이 약해지기는커녕 오히려 더 건강해지는 것이었다. 이상히 여긴 중국 관리가 조선인의 밥상을 들여다보았더니 메일을 먹기는 하는데 무를 곁들여 먹고 있었다. 무와 함께 섭취하면서 조선인은 중국의 의도와는 달리 더 건강해지고 힘도 더 좋아져 있었다는 것이다. 이 이야기는 사실 여부를 떠나 많은 것을 시사하고 있다.

중국의 역대 왕조는 완충국가인 이웃나라들이 빈약하고 기백이 없기를 바랐다. 고대부터 국시처럼 주변국의 군비 확장을 경계했고, 되도록 주변국들이 무력하고 군사력이 약하여 그저 완충국 역할만 해주기를 원했다. 중국의 의도에 조선은 적극적으로 영합(迎合)했다. 조선은 실질적으로 무(無)군비국가가 되어 '동방예의지국'의 예(禮)사상에만 도취해 있었다.

그런 중국이 북한의 군비 확장을 저지하지 못한 것은 오직 남한의 강국화와 미군의 주둔만을 경계해왔기 때문이다. 중국은 남한과 미국의 반목을 반가워하며, 북한의 핵무장을 남한의 사드(THAAD)보다 더 안전한 것으로 여겼다. 북한이 미사일과 핵무기를 보유한 상황에서도 세계 여론이 악화되자 중국은 이를 영향력 과시의 기회로 삼아 오히려 석유 등 주요 군사물자를 공급해왔다.

남한이고 북한이고 모두 만만한 나라로 본 것은 한반도가 1,250년간의 오랜 사대국이었기 때문이다. 중국은 남한에 대한 북한의 영향력이 커지면 저절로 한반도는 중국의 일부가 될 것으로 믿고 남한에 대한 내정간섭도 서슴지 않는다. 궁극적으로 미군을 철수시킨 뒤 남한을 북한에 흡수시키면 한반도 전체가 옛날과 같이 중국의 영향 아래 들어올 것이라고 꿈꾸고 있다.

중국의 한반도정책은 미군 철수 여부에 따라 크게 달라질 것이 분명하다. 한국은 중국과 북한 사이가 핵미사일로 벌어질 것으로 생각했으나 중국인은 그렇게 단순하지 않다. 당(唐) 고종의 외교 책략을 돌이켜보면, 신라를 직할화(영토화)하려고 왜를 원조했다. 남한 대통령이 북핵의 위험을 중국에 호소하면, 그들은 남한이 스스로 자기 품안에 들어온 것으로 여겨, 마치 당 고종이 김춘추를 다루었던 것처럼 한반도에 대한 요리법을 생각할 것이다.

부패하는 권력 저명한 영국의 역사학자인 액튼(L. Acton)은 "절대 권력은 절대 부패한다(Absolute power corrupts absolutely)."고 말했다. 공산당 독재도 다른 독재와 마찬가지로 부패가 많다. 뇌물은 자연스러운 인사치레와도 같다. 공산당 부패의 심각성은 권력구조상 제어기관이 제대로 작용할 수 없다는 데 있다. 그런 사회의 최고 권력자인 시진핑이 부귀영화를 누리는 것은 당연하고 그의 딸이 하버드대에서 보디가드를 데리고 유학하는 것도 전혀 이상하지 않다. 시진핑이 부패척결을 선포해 많은 지지를 받았지만 그만큼 적도 많이 만들어 언젠가는 시진핑 자신도 '부패'라는 말을 듣게 될 날이 올 것이다. "황하 강물은 백년이 지나도 맑을 수 없고, 사회 또한 아무리 기다려도 부패가 없어진 날은 오지 않는다."고 했듯이 황하와 더불어 형성된 중국 원형은 바뀔 수 없다.

일반적으로 중국인은 권력(上)의 정책을 그대로 믿지 않고 자신의 입장에서 생각한다. 그것이 상유정책 하유대책(上有政策 下有對策)이다. 방(幇)이나 가족을 믿고 자신들의 형편에 따라 적당히 정부의 지시를 왜곡하거나 무시한다. '임금은 임금, 나는 나'라는 격양가(擊壤歌) 사상과도 같은 맥락이다.

시진핑의 오른팔은 왕치산(王岐山)이었다. 그는 중앙규율검사위원회의 책임자로서 시진핑의 부패 적발 업무를 맡았는데 그의 처제는 미국 샌프란시스코에 호화저택을 갖고 있어 구설수에 오르면서 미국에 체류하는 중국 반체제 인사들의 단골 시위 장소가 되기도 했다. 왕치산과 시진핑은 지방의 농촌에서 일하던 하방(下放) 시절에 만나 의기투합한 사이다. 마치 『삼국지』의 유비, 관우, 장비와 같은 관계이다. 진시황에게 이사(李斯)가 있었고, 한고조에게 진평(陳平)이, 유비에게는 공명(孔明), 모택동에게 저우언라이(周恩來)와 같이 명정승이 있었듯이 시진핑에게는 왕치산이 있었다. 그런데 왕치산은 영리한 사람이라서, 시진핑을 도와 성공시킨 후 2인자의 자리에서 물러나버렸다. 중국 역사에는 진시황과 여불위(呂不韋)처럼 2인자가 1인자를 노리는 것으로 의심받아 숙청당한 사례가 많다. 왕치산이 물러난 후, 시진핑의 독재는 더욱 강해졌다.

국가 차원의 의제(擬制) 『삼국지』에는 의형제인 유비와 관우, 장비의 의리와 한(漢) 왕조에 대한 충과 군주의 덕 등 이상적인 유교 덕목들이 망라되어 있다. 물론 실제 삼국의 군주는 영토 확장과 통일, 그리고 중화질서(Pax Cinica)를 얻어내기 위해 온갖 책략들을 다 동원했다. 『삼국지』 등장인물들의 관계를 본떠서 중국은 의제(擬制)를 국가 차원으로 확대했다. 한(漢)족 역사를 보면 상대적으로 오랑캐 세력이 강할 때는 상대를 형과 아버지로 대하는 등 굴욕적인 태도를 보이면서까지 의제를 강조했다. 한(漢) 왕조 수립 초기, 흉노(匈奴)의 군사력이 강해 도저히 맞설 수 없자, 흉노에게 황제는 '아우의 나라'를 자처했다. 흉노의 우두머리인 모돈선우(冒頓單于)에게 몸을 낮춰 큰형님(老大兄)으로 모시며 많은 선물과 미인, 심지어 공주까지도 보냈다.

왕소군(王昭君)의 비화(悲話) 같은 미인계식 외교 전술은 중국 외교의 특기이다. 『삼국지』에서 오(吳)나라의 젊은 공주가 50이 넘은 촉(蜀)의 유비와 결혼하면서 남긴 "이것이 왕가에 태어난 여자의 운명이다."라는 말이 인상적이다. 중국 인민공화국 수립 초기에도 중국은 러시아를 큰형님으로 대접했다. 가족적인 장유(長幼) 질서를 내세운 것이다. "『삼국지』를 읽어야 중국을 알 수 있다."는 말은 결코 과장이 아니다.

그럼에도 중화사상의 본질은 제국주의이다. 덕을 내세워 정치적 이익을 도모하고, 의제 가족 국가를 내세워 주변 국가를 위성국으로 삼는 제국주의이다.

때 기다리기 중국인들에게 가장 중요한 고전인 『주역』에는 "막히면 돌고 통하면 간다."는 글이 있다. 정책을 시행하다가도 한계가 왔다고 생각하면 서슴없이 노선을 바꾼다.

또한 서두르지 않고 때를 기다린다. 이는 주(周) 왕조의 태공망(太公望) 고사에도 잘 드러나 있다. 그는 세상을 피하여 위수 가까이에서 낚시를 즐겼다. 하지만 고기는 한 마리도 잡지 않았다. 곧은 낚싯대를 드리우고 고기가 아니라 때를 낚고 있었던 것이다. 그의 뜻을 이해하지 못한 성급한 부인은 집을 나가버려 결국 귀부인이 될 기회를 잃었다. 때를 기다리지 못하면 손해를 본다는 교훈이다.

1952년에 만주 하얼빈에서 스케이트 대회가 열렸을 때의 일이다. 주최 측이 일본 선수를 초대하자는 의견을 냈으나 아직 일본의 침략 기억이 생생한 시기라서 시민들은 격분했다. 대중의 반대에 부딪치자 저우언라이는 중일전쟁 직후에 그랬던 것처럼 "일본 군인이나 시민들도 중국 인민과 다름없이 악랄한 일본 군국주의자로 인해 고생한 희생자"라며 무마했다. 인민의 반대에 신중히 대응하면서 외교적 입지도 세우는 큰 지도자의 자세였다.

중국의 지도자들은 지방의 사소한 폭동이 국가 안전을 뒤흔든 혁명으로 확대된 사례들을 역사에서 배우고 있다. 저우언라이의 아량도 그런 배경에서 나왔겠지만, 현실적으로는 패전으로 잿더미가 된 일본에 변상을 요구한들 당장은 받아낼 것은 아무것도 없지만, 틀림없이 복구할 것을 믿고 먼저 인심을 쓰겠다는 전략이었다. 일본이 경제부흥에 성공하자 중국은 다른 명목으로 일본으로부터 받아낼 것은 충분히 받아냈다.

제2대 황제격인 등소평 주석은 도광양회(韜光養晦), 자신의 힘을 드러내지 않고 때를 기다린다는 신념으로 감정을 드러내지 않고 신중히 때를 기다렸다. 1999년의 코소보 사태(Kosovo War) 때, 미군기가 중국 대사관을 폭격했지만 간단히 '엄중한 항의' 한마디로 끝냈다. 소식통에 따르면, 미국은 오폭이라고 변명했지만 중국의 반응을 떠보기 위한 의도적인 작전이었다고도 한다. 중국 또한 이 사실을 모를 리 없었을 것이다.

코소보 사태에서 보여준 신중함, 일본에 대한 '이은보원(以恩報怨) 정책' 그리고 등소평의 '도광양회(韜光養晦)'는 모두 때를 기다리는 중국의 지혜다. 다시 한 번 『삼국지』를 인용하면 제갈공명이 유비에게 힘을 가질 때까지 오지인 촉(蜀)에 머물며 때를 기다리기를 권한 전술과도 같다.

시진핑은 도광양회의 시기를 끝내고 '적극적으로 우뚝 선다.'는 굴기(崛起)로 군사 대국화를 과시하고 있다. 미국과 맞서 새로운 단계로 돌입한 중국을 보여주는 것이다. 중국의 오만스러운 외교적 언동은 도광양회 시절의 태도와는 180도 다르다.

일본의 지도자상

근세 막번(幕藩)체제를 확립한 도쿠가와 이에야스(德川家康)는 강력한 군대를 가지고 있어서 충분히 독재를 할 수도 있었다. 그러나 정치력과 타협으로 대세를 주도해 다수파의 협력을 얻은 그는 250개 번(藩)과 지방분권식 막부개설을 성공적으로 편성하고, 270년간 평화를 유지했다. 세계 정치사에 둘도 없는 일이다.

이토 히로부미(伊藤博文) 또한 우리에게는 악명 높은 인물이지만, 일본 역사에서는 타협과 조정능력이 탁월한 전형적인 지도자로 꼽힌다. 그는 메이지 신정부의 중심에서 헌법을 제정했고, 국회와 정부 구성을 주도했으며 제국주의의 기본노선을 정했다. 정부와 국회에서 요직을 두루 맡아 충분히 독재를 할 수 있는 권력과 영향력을 가진 위치였으나 타협의 정치를 이끌어낸 명인으로 평가된다.

일본은 곡절이 많은 근현대사의 와중에서도 독재자를 배출하지 않았다. 제2차 세계대전에서 독일, 이탈리아와 동맹을 맺고 추축(樞軸)국의 이름으로 연합국과 싸웠으나 히틀러나 무솔리니 같은 독재자는 나오지 않았다. 비록 반대 의견을 가졌다 해도 다수파의 의견에 동조해버리는 정신적 풍토가 있어서이다. 대화(大和)의 정신이다.

제2차 세계대전 후 연합국들이 일본 전쟁범죄자를 색출해내려 애쓸 때도 수사대상에 오른 모든 인물들은 한결같이 "회의 분위기 때문에 동의했을 뿐 본심은 전쟁에 반대했다."는 답변을 했다. 천황조차 "신하의 의견을 승인하지 않을 수 없었다."며 책임에서 비껴났다. 천황의 독재로 전쟁이 일어난 것이 아니라고 했다.

일본의 국가정책은 대부분 과장급이 주도해서 안건을 만들어 차관회의에서 합의를 하면 힘을 얻게 된다. 장관과 천황의 승인은 거의 형식적인 절차에 불과하다. '대세에 합치자.'는 일본식 대화(大和)정신의 실천이다. 참여자의 최대공약수적 의견으로 정책이 결정되는 체제에서는 독재자가 나오기 어렵다. 따라서 일본은 이상적 지도자상으로 '여론의 추세를 통찰하고 그 기반에 자신의 의견을 반영할 수 있는 조정 능력을 갖춘 사람'을 꼽는다.

소리는 낮지만 비수를 품은 일본지도자 국가 이성은 위엄과 성실성이 뒷받침되어야 한다. 실속 없이 큰소리로 짖어대거나, 꼬리를 흔들며 동정을 바라는 태도는 상대로부터 경멸만 받을 뿐이다. 중국이 한국은 얕보지만 일본에는 신중하다. 중·일 국교정상화 협상을 위해 일본 수상 다나카(田中角榮)가 중국의 제2인자 저우언라이 수상을 만났을 때의 일이다. 회담은 일본이 지난 침략 전쟁에 대한 사죄부터 하는 것으로 시작했다. 당연히 다나카 수상은 공손해질 수밖에 없는 상황이었다.

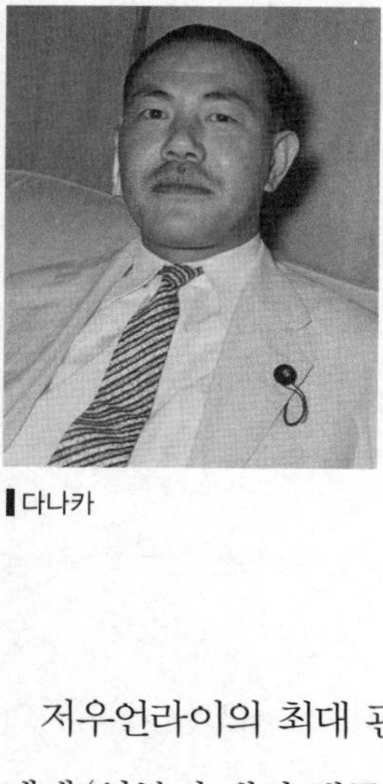

▌다나카

▌저우언라이

저우언라이의 최대 관심사는 일본의 핵 무장이었다. 그는 다나카에게 '일본이 내건 핵무기의 비생산, 비배치, 비반입의 비핵삼원칙(非核三原則)의 진실성'에 관해 물었다. 다나카는 "물론 일본이 절대로 지켜갈 대원칙입니다. 그러나 중국이 핵을 만들어 일본을 공격한다면, 하루 사이에 그것을 만들어 대항할 것입니다."라고 답했다. 능수능란

한 외교가로 알려진 저우언라이는 더 이상 아무 말을 하지 않고 다나카의 눈을 지그시 응시했다. 낮고 공손한 말 속에 숨긴 비수를 보고 있었다.

아베 신조(安部晋三) 총리도 일본의 전형적인 지도자상에 부합하는 인물이다. 그는 패전 70년, 식민지 침략에 대한 일본인의 죄의식이 어느 정도 희석된 시점에서 북한의 일본인 납치와 한국의 위안부상 문제, 센카쿠열도(魚釣島) 영토분쟁에 대해 과장된 공격을 퍼붓기 시작했다. 친한파의 소리를 죽이고 혐한파(嫌韓派)를 득세시키기 위해서였다. 특히 한국이 중국과 보조를 맞추어 정치적 공격을 하자 이를 이용해 위기의식을 이끌어냈고, 중국과의 영토분쟁을 역이용해 국민의 단결도 이뤄 장기집권에 성공했다. 북한이 일본 영토에서 벌인 불법적인 일본인 납치도 대대적으로 공격했다. 동시에 이전에는 은밀히 하던 야스쿠니 신사(靖國神社) 참배를 내놓고 공식화했다.

국내적으로는 지진과 원전사고 등 재난이 잇따랐고 경제 또한 버블로 침체해 있었지만 아베 총리가 이를 헤쳐 나가는 수완은 볼만했다. 헌법 개정 능력과, 군비 확장을 얻어내기 위한 여론 조종능력도 탁월하다. 또한 미군 기지를 반대하는 오키나와 주민의 강력한 항의에도 단호히 미국과의 유대강화에 성공한 그의 외교술은 결코 만만치 않다. 전형적인 일본식 통솔력과 정치력을 발휘하는 인물이다.

'다시 한 번 일본'이란 구호 또한 일본 국민을 하나로 묶는 데 효과적이어서, 그는 역사에서 정한론의 원조인 요시다 쇼인(吉田松陰)을 숭배하는 전형적인 지도자로 기억될 것이다.

미국의 지도자상

미국 국민은 지도자에게 '명백한 운명(Manifest Destiny)'에 대한 사명의식을 요구하고, 민주주의와 자유경쟁을 보장하는 강한 인물을 탁월한 대통령으로 꼽는다. 이런 이상을 이룬 지도자는 워싱턴(G. Washington)과 링컨(A. Lincoln) 그리고 케네디(J. F. Kennedy)였다.

초대 대통령 워싱턴은 메이플라워 정신과 민주주의를 수호하고 국가적 위기에서 앞장선 독립전쟁의 영웅이다. 그는 3기 연임대통령으로 추대받자 장기집권은 민주주의의 뜻에 벗어난다며 단호히 거절했다. 만일 그가 여론의 뜻에 따라 3번 연임했더라면 미국의 역사는 오늘처럼 전개되지 못했을 것이다. 국가원리를 분명히 하고 국가의 진로를 정했다는 점에서 미국의 국부임에 틀림없다.

링컨 또한 민주주의를 실천하고 남북전쟁을 승리로 이끈 영웅이다. 워싱턴과 공통점은 과단성(果斷性)이다. 노예해방이 상징하듯 그는 인권과 민주주의에 대한 철저한 신념을 행동으로 옮긴 지도자였다. 미국인들은 정면 돌파하며 진두지휘하는 강한 이미지의 리더를 선호한다. 케네디는 마치 서부활극에 나오는 보안관 같은 이미지를 보인 인물이었다. 상대에게 권총을 잡을 기회는 주었지만 한 치도 양보하지 않고 꿋꿋이 위기에 맞섰다.

미국 지도자에게 가장 요구되는 태도는 애매함이 없는 확고한 결단력이다. 그러나 그런 결단력이 때로는 바보 같은 일을 저지르게도 한다. 베트남전쟁과 이라크 전쟁이 그것이다. 부시의 무모한 중동 개입에 신물이 난 미국인들은 방대한 정보와 통계를 이용하는 이론가이며 이성적인 오바마 대통령을 택했다. 그는 육군사관학교(West Point Academy) 졸업식에서 "미국은 더 이상 세계의 경찰관이 아니며 분쟁 해결의 책임이 없다."고 선언하고, 새로 임명된 장교의 생명을 지키겠다는 의지를 밝힘으로써 고전적 의미의 전쟁은 포기하겠다는 중대한 선언을 했다. 그가 포기하지 않아도 고전적인 전쟁은 핵무기 앞에서 의미가 없어졌다. 인류멸망과 동의어가 된 핵무기를 사용하는 전쟁은 감행할 수 없기 때문이다.

2016년에 세계의 정상급 물리학자들이 주축이 되어 북한의 핵실험과 중국의 남중국해 동향 등을 분석하며, 핵전쟁이 우리 코앞에 바싹 다가와 있음을 예고한 적이 있다. 16명의 노벨상 수상자들이 함께한 세계안전이사회도 "종말 시계(Doomsday Clock)가 23시 57분을 가리키고 있고, 인류멸망은 겨우 3분 남았다."고 경고했다. 그런데 오바마는 단 1초도 그 시계를 역행시키지 못했다. 비록 노벨평화상을 수상했으나 미국인이 그를 탁월한 대통령으로 기억하지는 않을 것이다.

그와 정반대되는 인물인 트럼프를 대통령으로 선출한 미국은 또 한 번 먼로주의로 돌아서며 세계의 보통국가 중의 하나가 되었다.

러시아의 지도자상

"어떤 악의 권력도 무정부보다는 낫다."라는 말이 있다. 중국의 '상유정책 하유대책(上有政策 下有對策)'이나 미국의 민주주의와는 달리 러시아는 강력한 독재와 독재자가 역으로 나라를 발전시켜왔다. 종교뿐 아니라 교육, 사회제도 등 모든 영역에서 러시아의 정책은 권력으로부터 내려왔다(Top Down). 전통적인 토착종교가 하루아침에 권력에 의해 바뀌어도 종교분쟁이 발생하지 않는 나라이다. 블라디미르 1세(Vladimir I)가 어느 날 갑자기 전 국민에게 드네프르강에서 세례를 받도록 해도, 국민들은 그를 따랐다. 빈번한 침략으로부터 러시아를 보호해준 황제였기에 동방교회를 보호할 '성스러운 사명(Holy Mission)'을 일깨웠을 때 순순히 따르면서 오히려 그를 성제(聖帝)로 칭송했다.

이반 4세(Ivan Ⅳ)도 벼락(雷)이라 불릴 만큼 공포정치를 했고, 표트르(Pyotr I)와 스탈린(Joseph Stalin)도 독재자였다. 이들은 생존 시에는 두려움의 대상이었으나 사후에는 오히려 낙후된 조국을 발전시켰다며 존경의 대상으로 바뀌었다.

러시아가 독재 성향을 가진 강력한 지도자를 계속 배출시킨 이유는 풍토와 지정학 때문이다. 러시아는 해안선이 짧고, 부동항이 적은 반면 국경선이 다양하고 길다. 이런 풍토조건은 대대적인 개혁과 대공사를 필요로 하기 때문에 독재자를 배출시킨다. 역사적으로도 강력한 권력에 의해 통제된 정복국가에서 시작되었고, 외국으로부터 여러 차례 가혹한 침략을 겪었다. 그 과정에서 과단성 있는 리더십이 절실히 필요했던 것이다.

현대사에도 러시아의 원형은 그대로 드러난다. 냉전이 붕괴되자 정치계는 제정러시아의 전통을 따르는 서구(지향)파와 슬라브주의파로 갈렸다. 고르바초프(M. Gorbachev)와 푸틴(Vladimir Putin)이 서구파였고, 옐친(B. Yeltsin)은 슬라브파였다. 이 셋은 성격과 사상이 다르지만 체첸의 이슬람 원리주의를 적으로 삼고 러시아를 세계 공산주의 모국으로 인식한 점에서는 같았다. 공산체제를 무너뜨렸던 고르바초프가 초대 대통령이 되었으나, 그는 너무도 서구적인 지성인이었다. 강력한 권력을 원하는 러시아의 원형에 맞지 않아 결국 장기집권에는 성공하지 못했다.

지금도 러시아 정치는 공안과, 비밀경찰이 중요한 역할을 하고 정권 도전자가 암살당하는 일이 다반사로 일어난다. 푸틴 대통령도 구소련시대에 악명 높던 KGB 출신이다. 표트르 대제를 숭배하고 부국강병의 대러시아를 목표로 삼고 있다. 제국시대의 차르(tsar, 황제) 못지않다. 푸틴 대통령은 두 번째 임기 후 메드베데프(Dmitry Medvedev)에게 대통령직을 맡기고 자신은 수상직에 취임했다. 대통령직에 두 번 이상 연임이 불가능하자 그는 기묘한 방식을 대안으로 택했다.

2008년 5월 메드베데프는 대통령이 되어 약속대로 푸틴을 수상에 임명하고 자신은 그의 지시를 받는 허수아비가 되었다. 그리고 차기 대통령의 임기를 6년으로 연장했다. 2012년에 푸틴은 63%의 지지를 얻어 다시 대통령에 당선되었고, 재선을 전제로 하면 2024년까지 총 20년간 민주주의를 표방하는 러시아의 대통령이 될 것이다.

2014년 4월에 푸틴은 크리미아반도에서 카오스적 정변을 일으켰

스탈린

옐친

푸틴

메드베데프

다. 추방당한 우크라이나 대통령 야누코비치(V. Yanukovych)를 구출한다는 명목으로 번갯불에 콩 튀기듯 신속하게 공항과 관청을 접수했다. 그리고 1954년에 구소련에서 우크라이나로 이관되었던 크리미아반도를 다시 러시아에 편입시켰다. 크리미아반도와 한반도는 지정학적으로 유사한 운명을 겪어왔다. 근대사에서 러시아가 부동항을 찾기 위한 남하 정책으로 꼽은 최선이 크리미아였고, 차선이 한반도였다. 러시아는 크리미아전쟁(1853. 10~1856. 2)에서 패해 흑해의 독점권을 잃게 되자, 한반도로 눈을 돌려 노일전쟁을 일으켰고, 한반도가 분할되자 북한에 자신의 위성국가를 세웠다.

크리미아반도 점령을 두고 서방국가들이 맹렬하게 러시아를 비난했으나 푸틴은 냉전시대의 구소련이 했던 것처럼 군사력만 계속 강화시켜가고 있다. 그는 권위를 위해서는 핵무기도 사용할 수 있는 폭력적인 인물이다.

주변국의 국가원리와 지도자상

	국가원리	**이상적 지도자상**
한국	홍익인간	세종
중국	보천지하 막비왕토	진시황
일본	팔굉일우	도쿠가와 이에야스
미국	명백한 운명	워싱턴
러시아	성스러운 사명	표트르 대제

3 외교와 원형

원리주의 외교 한·일 관계가 악화되면 미국은 어느 편을 들까? 케넌(G. F. Kennan, 1904~2005, 미국의 외교관)은 제2차 세계대전 중 독일과 소련에 근무하면서 유럽 지정학을 연구하여 미국 외교정책의 기틀을 만든 인물이다. 그는 1947년, 마샬 국무장관 시절에 정책기획실장으로 일하면서 일본의 무(無)군비정책을 뒤집고 적극적으로 공산국 소련과 중국에 대항해 방파제 역할을 해줄 것을 요청하는 정책을 입안해 맥아더를 설득시켰다.

케넌에게 있어서 한반도는 전략적 가치가 적어 미국이 꼭 지켜야 할 중요한 지역은 아니었다. 6·25전쟁도 당시 국무장관 애치슨(G. Acheson)이 "미국의 방어선은 한반도를 제외한 일본열도"라고 선언하면서 유발되었다. 더 오래전 역사지만 조선의 식민지화 또한 당시 미국 대통령이었던 T. 루스벨트가 조선을 무시하고 아시아의 두 대국인 중국과 일본을 싸우게 하자는 전략 아래 진행되었다. 이 같은 전략은 그 후로도 근본적으로 변함이 없었다. 8·15 광복 후 미국은 일본을 소련 봉쇄를 위한 전초기지로 삼았고, 소련이 붕괴하고 중국이 부상하자 또 한 번 일본을 중국을 상대할 중요 세력으로 이용해왔다.

1970년 전까지만 해도 미국에 한반도는 몇 번이고 포기해도 되는 땅이었다. 그러나 이제 중국의 거대한 군사력이 한반도의 전략적 의미를 바꾸었고 한반도의 군사적 가치는 높아졌다. 미국은 한국이 중국이든 일본이든 어느 쪽과 가깝게 지내든 크게 상관이 없다는 입장을 수정하고, 한반도의 전략적 가치를 다시 평가했다. 한국을 무시해 온 트럼프조차도 이 의견에 동조하고 있다.

이런 상황에서 한국이 '한·미 관계를 강화하고, 한·중, 한·일 사이의 유연성을 유지해야 한다.'는 것 정도는 중학생이라도 지도만 보면 충분히 알 수 있다. 그런데 역대 한국 정권은 국민 여론에 영합하느라 외교문제와 직접 관계도 없는 불필요한 역사문제를 조장해 '반일'을 국가원리처럼 여겨왔다. 이런 한국의 변덕은 미국과 일본을 당황시켰고, 중국으로 하여금 한국을 의심하게 만들었다. 국민 또한 정부의 흔들리는 외교노선에 불안하기만 했다.

한국이 미국을 무시하지 못한다면 일본도 적대시해서는 안 되는 상대이다. 한국 외교의 가장 큰 실수는 미국을 등에 업고 일본을 압박하는 모양새를 취한 것이었다. 6·25 직후만 해도 미국은 한국을 군사·경제 양면으로 후원하며, 이승만의 큰소리도 관대하게 받아주었다. 한국이 민주와 경제 모두 성장한 것은 미국 정책의 성공 사례로 자랑거리였다. 미국의 경제력이 약화되자 일본에 한국 후원을 대신 맡기기도 했다. 그 과정에서 한국은 미국에 부탁해서 일본에 압력을 가하도록 하여 이익을 챙기는 일에 익숙해진 것 같다. 일본에는 무리한 요구를 해도 되는 것으로 착각하고, 계속 일본이 우리 뜻대로 움직여지지 않자 역사인식, 국민정서가 곧 대일외교의 근간이 되어버렸다.

8·15 직후에는 죄의식으로 인해 일본이 우리의 큰소리를 듣는 척했지만 해방 후 70년이 지났다. 그리고 중국이 역사 문제와 위안부 문제와 관련하여 한국을 이해하는 척하지만, 이는 한국과 미국을 가르

려는 전략일 뿐이다. 한국이 중국의 선의를 믿는다면 다시 한 번 19세기 말의 국제 구도를 재현하는 결과를 초래할 것이다. 19세기 유럽의 격동기에 영국 수상을 9년, 외상을 16년간 지낸 대정치가 파머스턴(H. J. Palmerston)은 "영원한 동맹국도 영원한 적도 존재하지 않는다. 영원한 것은 국익뿐이다."라고 했다. 한국이 중국에 할 말을 못 하고, 일본에 무작정 적의를 갖는 것은 중대한 외교적 실책이다.

독단의 안개

합리주의를 신봉한 대철학자 칸트는 '독단의 안개'를 걷어낼 때 올바른 인식을 할 수 있다고 했다. 우리 가슴을 덮고 있는 독단의 안개는 무엇일까? 이성이 아니라 원형에 의해 발현되는 외교나 정책은 감정에 치우치게 된다. 특히 외교에서 나타나는 원리주의는 생떼적인 태도와 다름없다.

프로이센의 비스마르크는 러시아의 로마노프 왕조와 대영제국 사이를 조종해 자국의 안전과 이익을 최대한 얻어낸 명재상이었다. 그가 이런 말을 했다. "외교로 국운을 좌우할 수 있다.", "아무리 거북한 상대라도 꿀 같은 말로 움직여라." 과연 우리는 꿀 같은 말로 상대를 움직이고 있는가? '꿀 같은 말'과 칸트의 '독단의 안개'는 극과 극의 개념이다. 우리 외교는 그동안 어느 쪽에 있었던가? 독단의 안개 속에서 하고 싶은 말만 하고 상대의 달콤한 말만 들어오지는 않았던가?

전두환 시절의 이야기다. 전 대통령은 미국의 후원을 믿고 일본에 100억 달러 차관을 요구하면서 '한 푼도 깎아줄 수 없다.'고 못을 박았다. 그 상황을 일본 입장에서 바라본다면 어떨까? 이해하기 어렵다. 당시 일본 신문엔 '돈을 구걸하면서 한 푼도 못 깎아주겠다?'라고 한다며 웃음거리로 삼았다. 이명박 전 대통령은 새로운 위안부 보상 요구가 거절당하자 독도에 갔고, 박근혜 전 대통령도 같은 요구를 하자 일본은 이해할 수 없다고 답했다. 일단 한·일 정상회담에서 해결된 것이지만 마지못해 고노(河野), 무라야마(村山) 담화로 보상에 응했을 따름이었다. 그런데 더 내라고 다시 요구하니 일본은 그 이상은 없다며 확실하게 거절했다.

2016년 박근혜 정부와 일본은 불가역적이라는 단서 조항까지 붙여가며 합의를 하고 소액이지만 우리는 돈까지 받았다. 그런데 또다시 한국의 새 정권이 협의를 요구하니, 일본은 냉소를 보내고 있을 뿐이다. '생떼'로 여기는 것이다. '생떼'란 도저히 합리적으로 대응할 수 없을 때, 상대를 당혹스럽게 만들 수단으로 하는 행위다. 대중이 정부 말에 부화뇌동(附和雷同)해 일본을 공격하며 벌이는 과격시위를 애국으로 생각하는 것도 이에 속한다. 그러나 이런 논리는 원형이 같은 한국인 사이에서만 통할 수 있지, 원형이 다른 외국인에게는 오히려 혐오감을 일으킬 수 있음을 알아야 한다.

물론 수많은 한반도의 딸들이 사냥당하듯이 강제로 끌려가 버마와 인도네시아, 남양군도 등지의 생지옥 같은 현실에서 수치와 절망 가운데 살다가 학살당한 역사를 돌이키면 가슴에 불덩이가 치밀어 오른다. 가해자 일본이 독일의 바이츠제커 전 대통령처럼 깊은 사죄를 했다면 우리도 받아들였을 것이다. 그러나 외교에서는 아무리 부당해도 일단 받아들인 약정은 준수하는 것이 원칙이다. 또 한 번의 위안부 협상은 있을 것 같지 않다.

해외에서 일본 위안부 문제에 대해 비난하는 것도 사실상 한국인이 기대하는 것과는 달리 실속이 없다. 박근혜 외교를 두고 일본은 "여학생의 고자질 외교" 정도의 웃음거리로 치부했다.

한국 외교는 소리만 크고 상대가 요구에 응하지 않을 때의 상황을 전혀 고려치 않는다. 칸트의 제자이며, 전쟁 이론의 바이블인 『전쟁론』을 집필한 클라우제비츠(K. Clausewitz, 1780~1831, 프로이센 육군대학 교장, 참모장 역임)는 '전쟁도 외교의 연장'이라고 했다. 춘추전국시대의 오(吳)나라 병법가였던 손자도 "외교가 최고의 전쟁수단"이라고 강조했다. 엘리트들의 이성적 판단이 한 국가의 미래를 좌우함을 강조한 말로 우리가 곱씹어야 할 금언이다. 외교란 국가 의지의 표현이자, 국가 이성의 표현이다.

사대 외교의 영향 김영삼 대통령은 "일본 놈 버르장머리를 고쳐준다."고 말했고, 이명박 대통령은 독도에 갔으며, 이를 계승한 박근혜 대통령은 오바마 대통령과의 회담과 미 상하 양원에서 연설하는 중요한 외교적 기회를 일본의 역사인식과 위안부 문제를 공격하는 것으로 대신했다. 어디서 엉터리 훈수를 듣고 미국의 인권 외교가 한국의 위안부 외교와 파장이 맞는 것으로 착각한 것 같다. 미국에서 일본의 역사인식 문제를 논하는 것은 미 대륙을 인디언에게 되돌려주거나 보상하라는 것이나 다름없는 비현실적인 주장이다.

국제 관계에 관심이 있는 사람이면 이런 박 전 대통령의 외교 행보를 보면서 외교전문가가 아닌 아마추어 수준으로 직감했을 것이다.

외교는 국가 이익이 우선이지 국민감정의 카타르시스가 아니다. 국민감정을 유화시키는 일이 정치가의 몫인데, 오히려 지도자가 국민감정에 앞장서면 사태는 더욱 악화되고 수습할 수 없는 상황으로까지 몰고 갈 수 있다.

정치 지도자는 미래를 바라보면서 국가가 목적으로 하는 방향으로 국민을 유도하는 것이 임무이다. 대국적 전망을 외면하면서 국민 여론에 편승해 인기정책을 펴면 결과는 호랑이 등에 올라탄 격이 되어 국제상황이 변할 때 운신의 폭이 줄어들게 된다. 한국 정부는 2016년 말에 북한의 핵실험과 미사일 발사를 겨우 일주일 정도 앞두고 부랴부랴 그동안 위안부 일변도의 대일외교 방향을 바꾸면서 아무 실속 없이 수모만 당하며 마무리했다. 박 전 대통령이 앞장서온 일본 비난은 '닭 쫓던 개' 모양새가 되었고, 탄핵의 도화선이 되었다. 분명히 호랑이에게 물린 것이다.

해방 이후, 특히 6·25를 전후한 시기의 미국은 엉클 샘(Uncle Sam)이란 호칭에 걸맞게 인심 좋고 마음 넓은 아저씨 같았다. 그러나 최근에는 전혀 달라졌다. 미국과 중국이 첨예한 외교전을 벌이는 판에, 역사문제를 내세워 중국의 앞잡이가 된 우리 모양새를 보고 당시 미국 부통령 바이든(J. Biden)은 "앞으로 후회하지 말고 태도를 분명히 밝혀라."라고 쓴소리를 했다. 그의 말은 일본과 같은 입장에서 중국과 맞서는 미국의 기본전략을 반영한 것이었다. 대일 외교의 실패는 대미 외교에 영향을 주었고, 한국 국격에도 큰 타격을 입혔다.

원형론의 입장에서 박정권의 외교전략을 분석하면 '일본에 대한 피해자 의식의 과대포장'이고, '사대교린에 순치된 중국 중심, 일본 경시의 외교' 그리고 '미국에 대한 어리광 외교'였다.

박정희 암살의 배후에 미 CIA가 있었다는 것은 공공연한 비밀이다. 전후 일본의 가장 유능한 수상 중 한 명인 다나카도 미국과 상의 없이 중국과 국교정상화를 시도하다 봉변을 당했다. 당시 국무장관이던 키신저가 주동이 되어 '미국 항공사와의 수뢰 사건'을 폭로해 다나카는 교도소에 수감되었다. 이런 아수라장 같은 국제외교 판에 여고생 수준의 감상주의는 결코 통하지 않는다.

미·일 지도부는 북한의 핵, 미사일 실험이 있을 때마다 빈번한 접촉으로 호흡을 조절한다. 한반도 비핵화와 평화는 이웃나라와 긴밀한 협조가 필요하다. 북·미 회담이 성공할 때 북에 돈을 제공할 수 있는 나라는 실질적으로 일본이라는 것도 염두에 둬야 할 것이다.

전 정권으로부터 계승된 것이지만, 미국과 중국만 중시하는, 조선의 사대교린(事大交隣, 큰 나라를 받들어 섬기고, 이웃나라와는 대등한 입장에서 사귐) 같은 우리의 외교방식을 냉철하게 분석해봐야 한다. 중국과 일본에 대한 한국의 극단적 태도 차이를 어떻게 설명할 수 있을까? 민족 차원의 정신분석을 위해 우리 자신에게 이런 질문을 던져본다.

첫째, 우리는 중국에 대한 사대와 모화(慕華, 중국의 사상과 문물을 우러러 사모함)를 미화하며 굴욕감을 원천적으로 부정하지는 않았는가?

둘째, 동방예의지국으로 자처함으로써 사대에 대한 굴욕감을 자랑으로 전환하지는 않았는가?

셋째, 일본 자금을 도입해 경제부흥을 이룬 것에 대한 자격지심은 없는가?

역사를 돌이켜보면 백강전투 이후 역대 왕조는 같은 패턴으로 중국과 사대교린 외교를 해왔다. 중국에는 대국에 대한 예를 다하고 일본과는 동등한 입장이지만 소중화의 자존심을 내세워 일본을 무시했다. 사대와 식민지화는 직·간접의 차이는 있지만 실질적으로 외국의 지배와 다름없다. 조선시대 외교는 중국과 일본에 대한 것뿐이어서, "종로에서 뺨 맞고 한강에서 화풀이한다."는 격으로 중국에 대한 사대의 굴욕감을 몽땅 일본에 화풀이하는 식이었다. 박근혜 시대의 대중, 대일 외교에 그런 경향이 있었던 것은 무의식중에 과거의 패턴이 표출된 것이었다.

우리는 6·25전쟁에서의 중공군 개입과 '동북공정'에는 입을 닫는다. 외무장관은 중국의 고위지도자를 몇 번 만난 것으로 한·중 관계가 최상의 상태라고 자화자찬한다. 그런데 일본에게는 왜놈, 쪽바리 등의 호칭을 써가며 과할 정도로 모멸감을 준다. 일본에 대한 우리 외교는 '빈대 잡으려다 초가삼간 다 태우고, 쥐 잡으려다 장독 깨는' 꼴이다. 외교 석상에서 오기만 부리고 뒤에서 후회하는 일이 반복된다.

시진핑이 오바마에게 일본 정치가들의 야스쿠니 신사 참배를 비난하자 "일본은 우리 친구다. 친구에 대한 욕은 듣기 싫다."며 말을 끊어버렸다. 트럼프의 국빈 방문에 위안부 할머니를 동석시키고, 독도산 새우로 대접하는 것은 현실적으로 한국이 일본에 선전포고 없이 무의미한 외교전쟁을 벌이는 것과 같다.

외교는 먼저 서로의 원형에 대한 성찰에서 시작해 국가원리를 이해해야 국제적인 위상을 높일 수 있다. 또한 균형 감각을 유지해야 한다. 한쪽으로 기우는 것은 금물이다.

한·중·일의 원형 충돌 한·중·일 외교 분쟁의 근본 원인은 원형 속에 잠재해 있는 시간관(역사)의 차이에서도 온다. 한국인의 집단 무의식 속에는 '원점회귀'와 '원념과 한(恨)'이 있다. 불합리한 역사 가운데 부조리를 겪어온 탓에 정의의 회복이 그만큼 더 절실하다. 그러나 일본인의 생각은 다르다. 그들은 "구린 것에는 뚜껑을 덮어라."고 말하는 사람들이다. 과거사는 묻어버리라는 '앗사리' 정신을 강조하는 집단 무의식을 갖고 있다. 원형 충돌의 대표적인 본보기이다. 이민족에 의한 왕조 교체를 여러 차례 경험한 중국은 속과 겉이 다른 국가정책을 취하고 일반인까지도 책략적이다.

한국인은 역사 이래 3년에 한 번 꼴로 외침을 당하고도 불사조처럼 버티며 민족의 정체성을 유지해왔다. 그런 가운데 죽음도 '돌아가는 것'으로 여길 만큼 원시반본(原始反本)의 사고를 고집했다. 원점회귀의 사고로 침략군이 철수하면 다시 원점에서 역사를 시작해왔다. 그 쓰라린 체험을 생명력의 뿌리로 삼아온 것은 좋지만, 문제는 정권이 바뀔 때마다 역사 다시 쓰기를 해야 하는 것이다.

해방 후 70년이 지난 지금도 우리는 일본과 과거청산이 되지 않고 있다. 일본 입장에서는 그동안 국교도 정상화했고 배상금도 냈고 공식적으로 여러 차례 사과도 했으니 모든 절차가 끝났다고 여긴다. 그러나 한국은 여전히 일본의 사과를 인정하지 못하고 적대감정도 그대로이다. 원시반본은 언제까지 계속되는 것일까?

백강전투나 임진란 이후 한·일의 전후 처리는 한마디로 '서로 안 보면 된다.'는 식으로 원형에 증오심만 새기고 교류를 끊는 것으로 마무리되었다. 조선은 일본을 무시하고 중국에만 충실했고, 일본은 이런 조선을 주체성이 없다며 얕보았다. 백강전투 이후 일본이 한민족에 대한 한(恨)을 혐오(嫌惡)로 전환했다면, 한국인은 임진란과 식민지의 아픈 기억을 한(恨)으로 새겼다. 게다가 한·일의 가치기준(국가원리, 시간관)이 정반대이기 때문에 감정의 골은 더욱 깊어졌다. 일본이 탈아론을 택하자 한국은 더욱 중국에 가까워질 수밖에 없었다. 그 패턴이 지금의 대중국 역사인식과 이어져 있다.

일본의 탈아론(脫亞論)은 정한론(征韓論)과 뿌리가 다르다. 메이지 시대의 계몽가인 후쿠자와(福沢諭吉)의 탈아론은 조선은 원시반본(보수성)이어서 도저히 근대화될 수 없으므로 손을 끊자는 것이었고, 정한론은 조선 정벌론이며 물론 그 뿌리에는 백강전투의 한(恨)이 있다. 오늘날의 한·일 관계는 백강전투와 임진란 그리고 조선 식민지화를 하나의 시야에 넣고 생각해야 할 것이다. 아무리 한·일 교류 행사가 많아도 원형에 대한 인식 없이는 일시적 행사에 그치고 만다. 아무리 세계 굴지의 기업이 있고, 세계인을 열광시키는 한류 문화가 있어도, 국가 이성이 여전히 자신의 원형만을 잣대로 삼는다면 국제사회에서 우리의 입지는 좁아질 수밖에 없다.

이승만과 요시다 시게루(吉田 茂) 두 나라의 외교명수를 비교하면 양국의 외교철학이 선명해진다. 제2차 세계대전 이후, 한·중·일의 대표적 외교관을 꼽으라면 한국은 이승만, 중국은 저우언라이, 일본은 요시다 시게루이다. 이승만 전 대통령은 자존심이 강하고 미국과 미국인을 잘 알고 있었다. 미국인의 특성 중 하나는 적이든 자기편이든 자존심 강한 'proud guy'를 존경한다. 반면에 줏대 없이 아첨하거나 영합하는 기회주의자, 특히 'yes man'은 무시하고 도외시하는 성향이 있다.

전후 미국은 한·일이 서로 가까워지기를 바랐다. 점령군 사령관인 맥아더 장군은 이승만 대통령과 요시다 수상을 파티석상에서 만나도록 주선했다. 서먹한 분위기를 깨기 위해 화젯거리를 찾던 요시다는 이승만에게 "요즘에도 한국에는 호랑이가 있습니까?"라고 말을 걸었다. 이승만은 단박 "아니요. 식민지 시절 일본인이 다 잡아가 이젠 한 마리도 없소."라며 가시 돋친 대답을 했다. 일본으로부터 배상을 받아야 할 대한민국으로서는 일본이 얼마나 많이 착취했는가를 인식시켜야 하기에 미리 일침을 가한 것이다. 호랑이까지 다 잡아갔을 정도니 한국의 피해가 엄청 많다는 의미도 있었고 쉽게 타협하지는 않을 것이라는 의사표시였다. 맥아더의 중재로 넘어가긴 했으나 요시다는 만만치 않은 이승만을 후일 다시는 만나고 싶지 않은 인물로 꼽았다.

요시다는 제2차 세계대전 전에 영국 대사를 역임했으나 전쟁 중에는 반전 운동을 펼친 반골이다. 미군이 일본을 점령한 후 수상에 오른 그는 "일본이 무조건 항복했다는 사실을 전제로, 철저하게 패자의 자세로 미국에 대한다."는 것을 마음에 새겼다.

미 점령군이 식량부족에 시달리는 일본인을 먹여 살리기 위해 일본 정부에 식량 실태조사를 명령했을 때의 일이다. 미군정이 일본 측의 보고를 받은 후 실제와 대조해보니 통계가 엉망이었다. 맥아더는 요시다를 불러 홧김에 큰소리로 일본인의 비합리적 사고를 욕하며 따졌다. 점령군 사령관이 피정복국 수상에게 하는 말이었지만 거칠었다. 요시다는 맥아더의 말이 끝나자 빙긋이 웃으며 이렇게 맞장구쳤다. "당신 말씀과 같이 일본인은 비합리적인 부분이 많습니다. 그러기에 미국과의 전쟁에서 패한 것이지요. 만일 일본인이 패전으로 모두 파괴된 이 상황에서 정확한 통계를 제대로 파악할 정도로 합리적이었다면 전쟁에서 승리했었을 것이요." 맥아더는 요시다의 유머에 같이 웃을 수밖에 없었다. 그때 맥아더는 요시다를 기지 있는 비범한 인물로 평가하고 함께 일해 나갈만한 상대로 확신했다.

상대가 한 말을 그대로 받아들이고 웃으면서 반격하는 능력은 일본인다운 것이다. 철저하게 패자의 입장을 견지하면서도 정복자에게 할 말을 다하는 태도는 일본인의 주특기이자 지혜이다. 인류 역사상 미국과 일본은 가장 모범적인 점령군과 비점령국의 관계라는 평가를 받고 있는데 그렇게 되기까지 요시다의 공이 컸다.

요시다는 독재적이라는 평가를 받기도 했으나 이승만의 방식과는 전혀 다르다. 외교성과에 있어서도 이승만과 요시다는 매우 대조적이다. 이 대통령은 6·25전쟁 후 휴전이 곧 미군 철수로 이어질까 크게 걱정해 미국이 추진하는 휴전안에 반대했다. 중요한 휴전 조건의 하나였던 포로교환을 무효화시키기 위해 한국군이 관리하던 반공포로를 석방해버리기도 했다. 나아가 미국이 휴전을 해도 한국군은 단독으로 전쟁을 계속할 것이라고 선언했다. 완전히 배수의 진을 치고 미국 정부와 맞선 것이다. 이에 미군은 이승만 정권을 제거할 생각까지 품었다. 결국 미군 주둔을 전제로 한미동맹조약에 합의함으로써 휴전은 성립되었다.

이 외교술은 현재 북한이 미국을 대하는 절벽외교와 맥을 같이하는 것이다. 한국적인 배수진(背水陣)외교다. 한편 요시다는 수용하면서 실리를 취했다. 천황제를 존속시키고, 전쟁포기를 명시한 평화헌법을 수용하면서 전후 경제부흥에 성공했다. 이승만과 요시다는 자기 나라의 원형에 따라 각기 정반대의 방법으로 이익을 최대화시키는 데 성공한 인물들이다.

역사학자 E. H. 카는 "역사가에게 중요한 것은 사건 자체보다는 그 시대상황을 이해하는 일"이라고 했다. 현재 진행 중인 한·일 간의 갈등, 즉 원형 충돌로 인해 얽혀 있는 실타래를 풀려면 백강전투를 이해하고, 시대적 상황을 파악하고 받아들여야 할 것이다. 속담에 "의가 좋으면 천하도 나눈다."는데, 한·일은 상대방은커녕 자신의 원형도 제대로 이해할 생각을 하지 않고 있다.

여유 있는 외교

독도를 예로 들어보자. 일본은 조선을 식민지화하기 직전인 1905년에 독도를 일본 시마네현에 편입시켜 '국토화 선언'을 했다. 그러나 해방이 되면 원상 복구되어 한국 영토가 되어야 마땅하다. 그런데 일본은 독도문제를 1960년 한일국교정상화 회담을 결렬시킬 정도로 예민하게 받아들였다. 당시에는 차라리 독도를 폭파시켜 없애버리자는 의견까지 나왔다. 양측 대표는 결국 '해결할 수 없는 것'으로 서로 인정하고, '더 이상 거론하지 않을 것'으로 양해했다(노 다니엘, 『독도밀약』). 요컨대 "일본이 한국의 실효관리를 인정하고, 또 한국은 일본의 자기 영토라는 주장을 묵인한다."는 것이었다. 서로 상대의 국민감정을 자극하지 않기로 결론을 맺었다.

국교정상화 이후 수년간 한국 정부는 〈독도는 우리 땅〉이라는 노래를 금지곡으로 지정하고, 독도사진이 든 우표를 파기하는 등 독도 영유권의 여론화를 막으면서 실효 지배를 해왔다. 또한 일본 정부도 독도 상륙을 시도하는 일본인을 달래면서 분쟁의 표면화를 막았다.

독도문제로 분쟁이 발생하면 국제재판소로 갈 수밖에 없다. 일본이 독도문제를 국제재판소에 맡기기를 바라는 것은 법제일주의적 원형의 탓도 있지만 유리할 수도 있기 때문이다. 그러나 한국은 자기 땅이므로 재판소의 판결에 맡길 수 없다는 이유로 거부해왔다.

양국이 처음 인정한 대로 일본이 현재 한국의 실효 지배를 인정하는 선에서 더 이상 상대를 자극하지 않으면 아무 문제가 없었을 것이다. 영토는 실효 지배하지 않으면 의미가 없으므로 한국이 독도를 실효 지배하는 이상 한국의 영토이며, 실효 지배의 기간이 길면 길수록 자국화는 확실해진다. 그러나 실효 지배가 유리한 것이 분명한데도 한국 여론은 일본에 '한국 땅으로 인정할 것'을 요구해왔다. 국민감정은 '오기로 쥐 잡는 식'으로 결과보다 현재의 감정을 중시했고, 여론도 '스스로의 감정에 도취'되어 갔다.

외교와 유머 감각 일본이 독도의 자국화를 강하게 주장하자, 당시 한국 국회는 김태지(金太智) 주일대사를 소환해 독도문제에 관한 대사의 소신을 따졌다. 질문을 받은 김 대사는 "한국의 실효 지배로 독도는 우리 땅이 분명하다. 마치 동거 중인 아내가 실질적인 처인 것과도 같이 누가 무어라 하든 독도는 절대로 한국의 것이다."라고 답변했다. 그의 답변은 매우 적절했다. 그러나 "남이 자기 처를 내 마누라라고 우기는데 어떻게 할 것이냐."는 질문이 이어졌다. 물론 '부부가 더욱 사랑하고 잘 살면 그만이지. 일일이 상대에 대응할 필요는 없는 일이다.'고 말할 수도 있었을 테지만 국민감정이 뒷받침된 국회의원에게 더 이상 말하는 것은 불경죄가 될 것이므로 김 대사는 그만 입을 다물 수밖에 없었다.

우리의 목적은 독도 영토화에 있으므로 이를 카타르시스의 대상으로 삼아서는 안 된다. 그러면 두 나라의 주장은 영원히 만날 수 없는 평행선이 된다.

중국의 대표적 지성이자 세계주의자(cosmopolitan)였던 린위탕(林語堂, 1895~1976, 중국의 소설가이자 문명비평가)은 『생활의 발견(The Importance of Living)』에서 민족성과 유머 감각을 비교하면서 중국인은 세계에서 가장 유머가 있는 민족이라고 했다. 내가 아는 범위에서 가장 인상적인 중국인의 유머는 모택동이 8·15직후에 한 말이다. "중국인의 적은 일본이 아니라 일본 군국주의자"라고 적시해 일본에 대한 불필요한 마찰을 피하게 만들어 일본인에게 큰 감사를 받았다. 그러나 사실인 즉 일본인은 군국주의자가 아닌 사람이 하나도 없었으므로 은근히 '너희들(일본) 모두가 적'임을 암시한 말이었다.

린위탕

린위탕은 일본인에 대해서는 세계에서 몇 안 되는 유머 감각이 없는 민족이라고 했다. 한국인과의 비교가 없던 것은 아쉬웠지만 한국인 또한 일본인과 별반 다르지 않을 것 같다.

『내 나라 내 국민(My Country and My People)』에서 린위탕은 유머의 꽃이 개화하는 시기는 자기 이성을 엄격하게 비판할 수 있는 수준으로까지 발전했을 때, 즉 지성이 넘치는 시기라고 했다. 아마 김 대사의 유머를 깊이 이해했다면 더 이상 독도문제는 외교 분쟁이 되지 않았을 것이다.

유머 감각은 심각한 정치문제를 '웃음으로 넘기는' 중요한 민족적 자산이다. 영국이 세계를 지배한 것은 우연이 아니다. 영국의 잘 알려진 어느 원로 정치가가 의회에서 젊은 운동권 여성의원에게 뺨을 맞은 일이 있었다. 그는 "어떻게 대응할 것이냐"는 신문기자의 질문에 "나는 집에서 손녀에게 매일 뺨을 맞아요!"라며 웃어넘겼다. 찰스 황태자의 유머도 이에 못지않다. 영국에서는 간간이 왕실 무용론이 불거져 나오는데 잘못 다루면 왕실에 대한 반역이 되기 때문에 중대 문제로 번질 수 있다. 찰스 황태자는 이에 관한 질문을 받고 자신의 직업인 왕가는 세상에서 가장 오래된 직업(The oldest profession, 매춘업도 가장 오래된 직업이다)이라면서 "이리 오래된 직업을 어찌 함부로 없앨 수 있겠느냐?"며 회의장에 모인 많은 사람들과 함께 웃어넘겼다. 자칫 역적모의가 될 수도 있던 중요한 문제를 웃으며 매듭지은 것이다.

한·일 관계가 험악해지는 것은 분명히 양국에 이롭지 않다. 독도문제에 대해 국제여론은 '국제재판소에 가라'는 의견을 낼 수 있지만, 되도록 말썽 없이 우리 땅으로 삼는 것이 상책이다. 중요한 것은 국민의 양식이며 미래에 대한 확고한 신념을 가진 리더십이다. 직업별로 가장 높은 IQ를 나타낸 직종은 코미디언이라는 통계를 본 적이 있다. 앞으로 대통령 입후보자를 코미디언으로 하면 어떨까! 제발 이 유머를 이해해주기 바란다.

거듭 강조하지만 국민 여론이란 무서운 호랑이다. 올라탈 때는 좋아도 내려오려면 물린다. 호랑이 등에 오른 이명박 전 대통령의 독도 상륙은 그의 퇴임 후에도 두 나라에 끝나지 않는 불필요한 감정싸움을 남겼다. '외교는 예술'이라는데 한국 외교는 일본에 대해서는 외길 외교를 일삼고 있다. 일본의 원형을 알고 외교를 한다면 다양한 길을 모색할 수 있을 터인데 안타깝기만 하다.

4 중요한 한 · 일 외교

주변에 제국주의적 국가를 둔 한국 외교의 기본은 균형 감각이다. 한쪽에 기울어지면 뒤에 기댈 곳이 없는 한국은 무시당하게 되어 있다. 중국의 태도를 보면 한국을 완전히 밟고 있는 듯하다. 한국과 미국의 군사동맹이 흔들리거나, 한국이 일본을 무시할수록 그들의 오만은 더해진다. 외교의 원칙은 우선 상대가 믿을 수 있도록 하는 국격 유지에 있다.

동북아 정세 북한에 핵이 없었던 상황에서는 남·북한 간에 대등한 대화가 가능했다. 경제적 우위에 있던 남한은 북한과 동족이란 감상에 젖어 개성공단이나 금강산 관광 등의 원조를 계기로 관계가 풀릴 것으로 여겼다.

남한에 있던 미국의 핵탄두는 노태우 대통령 시절에 철거했다. 이제 북한이 핵무기를 갖고 남한이 갖지 못한 상황이다. 북한은 프롤레타리아 독재를 국시화해온 나라로 주변 국가를 모두 적으로 여겨 KAL기 폭파, 미얀마 아웅산 테러, 천안함 폭침 등 목적을 위해 수단을 가리지 않았다. 만일 북한이 핵 공격으로 위협한다면 우리는 어떻게 대응할 것인가?

1. 재래식 무기만으로 대항할 것인가?

2. 남한이 감당하기 어려울 평화보장금을 낼 것인가?

3. 서울이나 부산 등 대도시가 순식간에 잿더미가 되었을 때도 계속 싸울 수 있을 것인가?

4. 모든 남한 사람이 김씨 왕조의 신하가 될 것인가?

이런 예상은 한민족 생존을 위해 한·미 군사동맹과 한·일 관계가 이전보다 얼마나 더 크고 중요해졌는지 보여주는 것이다.

위기상황에서는 국가도 개인과 마찬가지로 이웃과 더욱 잘 지내야 한다. 일본은 이웃나라이다. 법조문만으로는 해결할 수 없는 감정(원형)에 대한 배려가 있어야 하고, 불필요한 감정 대립도 피해야 한다. 특히 온전(溫戰) 상황에서 한·일은 북한의 핵 위협을 같이 받는 처지이다. 북한의 핵미사일 문제에 공동으로 대처해야 하고, 정치와 경제 문제의 협조도 절실하다. 북한은 남한이 개성공단, 금강산 관광 등으로 원조를 해도 눈썹 하나 까딱하지 않고 여전히 적화의 대상으로 여겨왔다. 공산주의자의 눈에는 동족과 외국의 구별은 없으며 프롤레타리아와 부르주아의 차이밖에 없다. 반동은 숙청으로 대응할 뿐이다.

한·일 양국은 자원이 적은 무역 중심 경제체제이며 해상교통로(sea lane)도 거의 일치하고 있다. 한·일 관계를 아시아의 영국·프랑스 관계로 보는 견해가 있다. 영·프는 14~15세기 그리고 18세기에 두 번의 백년전쟁을 경험했다. 영국은 잔 다르크를 불살라 죽였고 나폴레옹을 외딴 섬에 유배시켰던 역사가 있다. 그러나 오늘날 이 두 나라는 오랜 원한을 잊고 윈윈(Win-Win)하는 사이가 되었다. 안보는 이성으로

도모할 문제이지 정서나 감정의 문제가 아니다.

한미군사동맹은 6·25 이후 지금껏 한반도 안보의 버팀목이었으나 언제까지 계속될지는 의문이다. 서로의 신뢰감이 희석되면 과연 한국을 위한 전쟁에 미국이 선뜻 나설지 의문이다. 미국은 자국민 보호를 공언했으며, 미국을 움직이는 핵심 인물들이 공공연히 미군 철수를 공론화시키는 마당에 싫건 좋건 안보의 열쇠는 한·미·일 군사협력 강화에 있다.

일본은 5개월이면 핵보유국이 될 수 있다. 한반도 주변 6개국 중 미·중·러·북은 핵보유국이며 핵이 없는 나라는 남한뿐이다. 100년 전 미국은 "스스로 자기 나라를 방어할 의지가 없는 나라가 무슨 독립(중립)이냐. 일본의 식민지나 되라."며 조미수호조약을 파기한 역사가 있다. 남한은 북한의 핵 위협에도 미국 없이는 아무런 독자적인 대책이 없다. 만일 북한 핵이 남한을 겨냥한다면 중국은 아무것도 하지 않을 것이다. 남북대화가 시작돼도 극도로 긴장된 상태에서 외교전이 펼쳐질 것이다. 우리를 뒷받침해줄 세력이 있고 없고에 따라 북한의 태도도 크게 달라질 것이다.

일그러진 국가주의

내셔널리즘(Nationalism)은 애국주의, 국가주의, 국수주의 등으로 번역된다. 『독일 국민에게 고한다』로 잘 알려진 철학자 피히테(J. G. Fichte, 1762~1814, 독일 고전철학자)는 나폴레옹군에 점령당했던 모국의 복구를 위해 동포에게 용기와 긍지를 불어넣던 국가주의자(nationalist)이자 애국자였다. 지성에 뿌리를 둔 국가주의는 애국적일 수 있다. 순수한 나라 사랑의 애국은 긍정적이다. 특히 자기 몸을 바쳐 나라를 위해 희생한 사람은 애국자로 찬양받아야 한다. 그러나 자기중심적인 생각이나 행위를 애국이라 호도할 때는 위험한 결과를 초래할 수 있다. 히틀러의 '자기민족중심'의 국가주의가 전체주의와 결합했을 때 어떤 결과가 나왔는지는 역사를 통해 잘 알고 있다.

어느 신문의 가십난에 악질 택시 기사가 일본 관광객에게 바가지요금을 씌우고는 "너희 나라는 36년간이나 우리를 착취했으니 되도록 비싼 요금을 받는 것은 애국적 행위"라고 강변(强辯)했다는 기사가 실린 적이 있다. 한국적 원리주의 감정에 휩쓸리게 되면 평범한 시민도 반지성적인 배일(排日)·반일(反日) 감정에 함몰되어 일본인에게는 무슨 짓을 해도 애국이라고 착각하게 되는 경우가 있다. 과연 주변에서 흔히 보는 한국인의 배일 감정이 애국적 동기에서만 나온 것일까? 배일 감정의 원인에는 일제식민지라는 착잡한 배경이 자리 잡고 있지만, 진짜 원인이 그것뿐인지는 깊이 생각해봐야 할 문제이다.

프로이트의 정신분석은 무의식을 의식화함으로써 스스로 갈등의 원인을 자각토록 하여, 무의식에 잠재해 있는 상처(트라우마)를 치유하는 방식이다. 민족이나 국민의 집단 무의식에도 자신만이 옳다는 나르시시즘적 자기주장이나 선입견으로 굳어진 트라우마가 있다. 역사적 체험이 원인이 되어 집단 무의식 속 원형에 남긴 상처이다. 이 상처를 치유하려면 문제의 객관화가 필요하고 지성으로 자문해봐야 한다.

반일 감정은 내셔널리즘에서 왔는데 왜 우리는 일본에만 혐오 감정을 드러내는 것일까? 일본 이외의 나라에는 비교적 관대한 이유가 무엇일까? 무의식중에 다른 나라에 퍼붓고 싶은 국가주의적 감정을 일본에 몽땅 퍼붓는 우리가 아닌지, 자문하지 않을 수 없다. 외교는 말로 하는 전쟁이며 상대에게 무언의 위엄을 가해야 한다. 만만한 나라에 대한 과격한 공격은 대국에 대한 그만큼의 비굴함을 의미한다. 외교에서는 비굴한 아첨보다는 당당한 논리로 맞서는 지성적인 상대를 존중한다.

해방 직후 일시적이기는 했어도 일본은 분명히 죄의식을 가졌고 우리가 뭐라 해도 대꾸도 못하고 참았다. 그러는 동안 한국인의 무의식에는 일본에는 무슨 말을 해도 좋다는 생각을 갖게 된 것 같다. 끊임없이 같은 말로 되풀이하는 원망은 상대국에 반성보다는 역겨움을 불러일으킨다. 죄의식도 시간과 더불어 희석된다. 외교는 마치 당구공처럼 미묘하게 각도를 바꾸며 돌아가는 것이다. 일본에 대한 공격의 결과는 미국에 반영되어 한국을 불신하게 만든다.

2017년 9월, 한국이 북한 핵에 사드(THAAD) 설치로 대응하자 중국의 관영 『환구시보(環球時報)』는 '김치 먹고 바보가 된 족속'이며 '개구리 먹잇감밖에 안 된다.'고 욕설을 퍼부었다. 심지어 미국 트럼프 대통령도 한국을 거지라고까지 했다. 한·중, 한·미 공동보조로 일본을 고립시키겠다는 한국의 외교 전략은 일본은 물론 중국, 미국 양쪽으로부터 불신만 낳았다. 일시적으로는 한 나라에 비위를 맞추었지만, 동시에 다른 쪽에서 우방을 잃은 꼴이 됐다.

한·일 간 불필요한 마찰의 이유는 서로가 상대를 이해하는 마음이 없는 데 있다. 2011년에 일본 동북지방에 대지진이 발생했을 때의 일이다. 한국 TV는 시시각각 그 참상을 보도했다. 한국인은 평소의 적대적 감정을 잊고 대대적으로 의연금모금에 나섰다. 평소 반일운동에 앞장섰던 위안부 할머니를 비롯해 인기가수들이 나서서 기부금을 모으는 대대적인 캠페인을 펼쳤다. 마지막으로 주한 일본대사 무토(武藤正敏)의 감사인사는 진솔했고 금방이라도 눈물이 뚝 떨어질 것 같았다. 그 프로그램을 본 대부분의 한국인은 반일감정을 잊고 그 행사를 계기로 한·일 관계가 회복될 것으로 믿었다. "원수는 초상집 마당에서 푼다."는 말처럼 아무리 적대시해온 사람과도 슬픔에 같이 눈물 흘리면 깨끗이 과거를 잊는 것이 한국인이다. 한국의 자연주의 사상은 "칼로 물 베기"로, 칼은 물(눈물, 정)을 가를 수 없는 것이다.

그러나 웬걸, 수일 뒤 일본 시마네(島根)현 의회는 '독도는 일본 고유의 영토'임을 재강조하고 나섰다. 한국인은 전보다 더 일본인을 상대할 수 없는 족속으로 느꼈다.

일본에게는 한국인이 이해 못 하는 법(法)의 문화가 있다. 자신의 영토에서 외국군과 전쟁을 치른 적이 없는 일본은 모든 전쟁을 국제법의 기준으로 해결하려 한다. 일본에는 중국이나 한국에는 없는 비리법권천(非理法权天) 사상이 있다. 비리법권천이란 비상(非常)사태에는 이성(理)으로 판단하지만, 이(理)는 법(法)을 앞설 수 없고, 법은 권력을 이길 수 없고, 어떤 권력도 천황을 앞설 수 없다는 내용이다. 전쟁이 일상이던 중세에 형성된 것으로 요컨대 '천황' 이외의 모든 것은 '법'으로 해결되어야 한다는 일도양단(一刀兩斷) 사상이다. 이런 일본을 이해하기란 쉽지 않다. 그러나 그들의 원형을 아는 것은 중요하다.

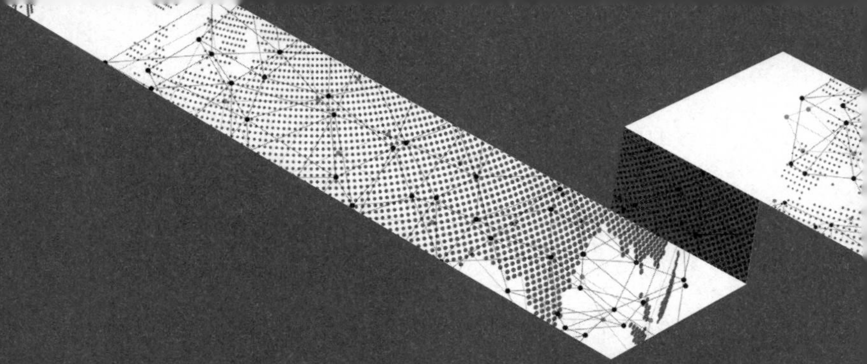

9

역사의 역습

'목적(目的)이 수단을 신성화한다.'는 말을 믿으면 파우스트처럼 악마와 계약을 맺게 된다.

C. S. 융

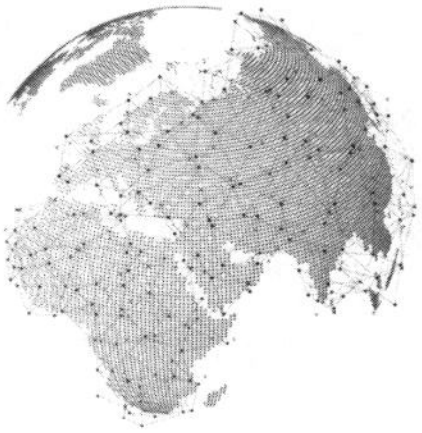

1 패권전쟁

투키디데스의 덫 그리스의 역사가 투키디데스는 펠로폰네소스 전쟁을 신흥세력 아테네가 스파르타의 패권에 도전한 구조로 바라보며 제2인자가 제1인자에 도전하는 양상을 국제정치에 투영해 역사의 중요한 국면을 설명했다. 이를 사자 무리에 비유하면, 늙은 우두머리(boss)가 암컷들에게 접근을 시도하는 2인자 수컷을 항상 경계하는 것과도 같다. 2인자는 번번이 실패를 경험하지만 실력이 충분해졌다고 판단되면 과감히 우두머리 사자에게 도전해 그 자리를 빼앗는다.

이러한 구도를 그의 이름을 따서 '투키디데스의 덫(Thucydides trap)'이라 부른다. 현재 진행 중인 미국과 신중국의 대립도 어김없는 투키디데스의 덫이다.

젊은 토인비는 제1차 세계대전 중 아테네에 머물면서 아테네와 스파르타 사이의 전쟁을 다룬 투키디데스의 『펠로폰네소스 전쟁』을 연구하던 중 '역사의 철학적 동시성'의 개념을 얻었다. 그의 문명사관이 식물사관으로 불리는 것은 문명의 시작과 끝을 식물처럼 싹트고 성장하고 고사하는 과정으로 설명했기 때문이다. 토인비는 서로 다른 문명이 1인자 자리를 두고 대결을 펼친 구도에 숙명과도 같은 철학적 의미가 있음을 중시하고 이를 "역사의 철학적 동시성"으로 설명했다.

역사적 사실은 하나지만 역사가는 관점에 따라 역사의 다른 측면을 바라보고 독자적 해석을 내린다. 동일한 펠로폰네소스 전쟁을 두고 투키디데스는 덫의 관점에서 분석했고 토인비는 역사의 생성과 소멸의 측면에서 철학적인 해석을 내렸다.

하버드 대학의 앨리슨(G. Allison) 교수는 과거 500년 동안의 세계사를 분석하면서 16건의 신흥세력들 가운데 75%인 12건이 전쟁으로 끝났다고 밝혔다. 동북아의 근대사를 봐도 당시의 동북아권은 사자 무리와도 같았고 제1인자는 청(淸)이었다. 신흥국 일본은 제2인자로 우두머리에 도전해 청일전쟁을 일으켰다. 그 결과, 청에 사대한 조선은 일본의 식민지가 되었다.

일본의 진주만 기습도 같은 구도이다. 비록 실패는 했지만 그 후 일본은 태평양의 제1인자인 미국에 도전한 유일한 국가가 되었다. 쿠바 위기 또한 미국이란 기존 패권에 대한 신흥세력 소련의 도전이었으나 양국 지도자의 슬기로 충돌은 피했다. 하지만 냉전으로 전환되어 결국 소련은 붕괴하고 말았다.

앨리슨은 일단 제2인자가 제1인자를 노리는 구도에 빠지면 전쟁으로 맞설 확률이 매우 높고 이를 회피하려면 관련국의 예지와 노력이 필요하다고 경고했다.

예상된 미·중 충돌 대국의 지도자는 앞을 내다볼 때 항상 신흥국을 경계한다. 1971년에 닉슨이 중국 수상 저우언라이를 처음 만나 미·중 양국은 "충동적인 한반도인이 저지른 분쟁에 말려들어 서로 싸우게 되는 일은 없도록 하자."고 제의했듯이, 2015년 시진핑 주석도 오바마에게 '투키디데스의 덫'과 같은 구도에서 두 대국이 상황을 잘못 판단해 스스로 덫에 걸리는 일이 없도록 하자며, "태평양은 중·미 두 대국이 나눌 수 있을 정도로 넓다."고 말했다. 이는 중국의 오만을 드러낸 발언이지만 '태평양 이분(二分)론 제의' 자체는 이미 신흥국 중국이 제1인자 미국의 패권에 도전하는 양상이며 투키디데스의 덫이 작용하고 있음을 시사한다.

중국은 국력 신장과 더불어 점점 동쪽으로 세력을 넓혀 새로운 분쟁의 씨앗을 만들고 있다. 시진핑의 태평양 양분론은 『삼국지』의 조조가 오(吳)왕에게 촉(蜀)을 멸망시키고 천하를 양분하자고 한 것과도 같지만, 그 실상은 '투키디데스의 덫'의 법칙대로 기존 패권에 대한 신흥 패권의 도전이 시작된 것이다. 당(黨) 황제 시진핑(習近平)은 국제재판소의 판결과는 무관하게 '하늘 아래 모든 땅은 중국의 것(普天之下莫非王土)'이라는 생각을 앞세우며, 남중국해의 작은 섬들까지도 실효 지배를 강화해가고 있다.

중국이 군사력을 증강하여 태평양 동남해역으로 진출하자 오바마 전 미 대통령은 '아시아로의 회귀'로 대응했다. 일차적으로는 중국에 대한 견제지만, 미국이 제1, 2차 세계대전에 임했을 때와 같이 '메이플라워 서약'에 입각한 기득권 유지라는 국가원리의 실천이었다. 트럼프의 "미국을 다시 위대한 나라로 만들자(Make America Great Again)."

라는 국가 이기주의 선언은 품격은 없지만 위선보다 알기 쉬워서 좋다. 그러나 트럼프의 이 선언은 고립주의로 회귀하면서 기존의 권익도 포기할 수 없음을 분명히 한 것이다.

따라서 중국인이 즐겨 쓰는 'G2'라는 말의 심층을 해석하면, 미국의 실익 추구가 중국의 체면인 멘쯔(面子)와 계속 충돌할 경우 미국과 중국의 태평양 경계선은 필리핀이 아니라 장차 하와이에 가까워질 수도 있음을 암시하는 것이다.

전쟁 형태의 변화 시진핑이 제안한 '미·중 신 대국관계'는 미국의 기득권 속에 관념적으로 존재하던 중화의 권위를 현실로 인정하라는 것이다. 정치적으로는 위구르와 티베트 두 자치구와 대만의 중국 귀속을 인정하라는 것이고, 영토문제에서는 동·남중국해 일대 특히 남사군도 문제에 있어서 중국의 이권 확보에 미국이 간섭하지 말 것을 요구한 것이다. 특히 해양 진출에 적극적인 중국은 미국을 극동에서 몰아내고, 센카쿠열도와 남중국해에 기지를 확보하려는 의도를 분명히 했다.

그러나 두 대국은 서로의 충돌만 걱정했지 북한이 미국에 도전할 것이라고는 전혀 예측하지 못했다. 대부분의 세계의 지식인들도 북한이 핵미사일을 과시하기 전까지는 미국과 중국과의 충돌은 예상했으나, 세계 최빈국 북한이 최강대국 미국에 도전할 것이라고는 미처 생각하지 못했다.

미·북 갈등은 종래의 패권 도전이나 지역 분쟁과는 차원이 다르다.

소국 북한이 핵무기와 ICBM을 개발해 미국과 맞선 것은 패권 도전의 차원이 아니라 생존의 문제이다. 북한은 미국과의 전쟁은 바라지 않을 것이다. 북한의 군사력은 미국과 비교도 될 수 없고 승리할 가능성도 전혀 없다. 어느 쪽도 먼저 공격하기는 어려워졌지만 만약 대립이 계속되어 절대무기 핵미사일로 미국에 큰 타격을 준다면 이는 인류가 지금까지 경험하지 않았던 새로운 구도의 전쟁이 될 것이다.

2 온전(溫戰)의 등장

핵 위기

냉전이 한창이던 1960년 무렵 토인비는 인류가 21세기까지 생존할 수 있을까, 자문하면서 그 가능성을 '세계정부(Universal State) 수립'에 두었다. 당시 UN 회원국은 125개국(현재 193개국)이었고, 이들 중 소수의 국가들이라도 독립을 바라며 핵전쟁을 감행한다면 도저히 인류 문명이 존속할 수 없을 것이라고 우려했다. 그는 기원전 1세기에 지중해의 여러 민족들이 로마 황제 아우구스투스(Augustus)의 독재를 환영한 역사적 사례를 들어, 자진해서 세계정부에 참여하는 것만이 유일한 대안이라고 역설했다.

그러나 토인비는 카오스의 근본 원인이 된 소수민족의 역습은 예상하지 못했다. 오늘의 상황은 50년 전과 전혀 달라졌다. 대국의 패권이 약화되고 소수민족이 패권 국가와 맞서 싸울 힘을 가졌다. 핵으로는 승리는 못할지라도 함께 망할 수는 있다. 약소국이 승리를 기대하지 않고 대국을 흔드는 상황에서는 토인비가 제안한 패권 국가 중심의 세계정부 구상은 의미가 없어졌다.

뱀의 맞물림 두 마리의 뱀이 서로 상대의 꼬리를 물고 있는 구도를 한번쯤은 상상한 적이 있을 것이다. 고대로부터 뱀을 혐오해온 인류의 무의식에서 나온 이 구도는, 상대에 대한 공격은 자기에게 되먹임되어 재난으로 돌아오는 공멸의 구도이다. 악마의 자멸을 의미하는 것이다. 역사에 빗대어 생각하면 '원형에 대한 맹목적 집착은 공멸을 가져올 수 있음'을 시사한다.

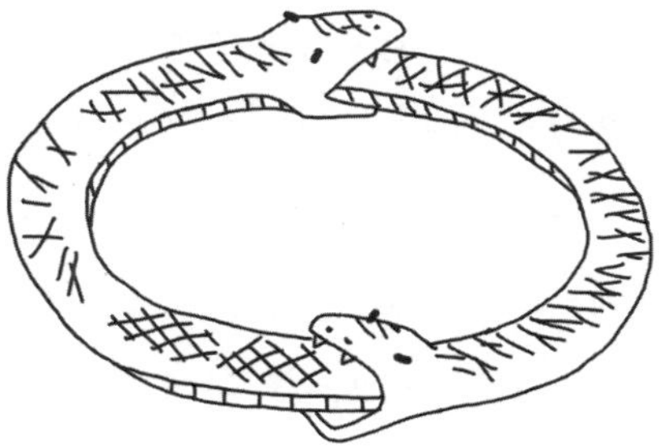

▌온전은 두 마리의 뱀이 서로 상대의 꼬리를 물고 야금야금 먹고 먹히고 있는 구도이다.

북한 핵 위협의 본질을 간파한 탁월한 외교전문가 키신저의 예측처럼 "핵무기는 더 이상 무기가 아닌 외교수단(『핵무기와 외교』)"이다. 그렇다. 북한은 핵 보유에 성공한 후 미국으로부터 많은 압력을 받아왔지만, 김정은 입장에서는 자기 이름이 매일 전 세계 언론에 오르내리는 것만으로도 뿌듯하고, 몇 배의 대가를 기대할 수도 있는 입장이다. 그동안 북한 핵문제에 대한 미국의 대응은 대통령이 바뀔 때마다 우왕좌왕했지만, 중국은 변함없이 북한의 절대 생존을 위해 대화로 해결하라는 입장이었다. 그러나 중국도 영향력의 한계를 드러냈고, 이는 북한의 대중국 외교의 일차적 성공을 의미하기도 한다.

뱀의 맞물림은 새로운 핵외교 패러다임의 가능성을 보여준다. '핵 없는 나라가 핵 보유국과 전쟁을 벌일 경우 항복 아니면 전멸'이라고 한 모겐소(H.J. Morgenthau) 교수도 예상하지 못한 새로운 형태이다. 북한은 모겐소 교수의 논리를 역이용하여 핵과 고유의 오기인 논개적 사고, '너 죽고 나 죽자'로 초대국 미국에 맞선 것이다. 제2차 세계대전 이후 전쟁의 개념은 열전(熱戰) 아니면 냉전(冷戰)이었다. 그런데 북·미 갈등은 위의 두 범주에 들지 않는 새로운 형태이다. 나는 이를 온전(溫戰)이라고 하겠다. 상대에게 한 발의 총도 쏘지 않지만, 북한이 핵 미사일 실험으로 위협하면 미국은 경제제재로 압박을 강화하며 되먹임을 하고 그러면서 서로가 상대에게 가할 마지막 일격을 준비하는 구조가 온전이다. 서로가 긴장을 가중시키는 터라 오래 갈 수는 없다.

일본의 월간지 『문예춘추(2017년 9월호)』에 한 자위대 고급장교의 글이 게재되었다. 그는 '미군이 북한의 핵, 미사일 실험에 대응해 항공기, 항공모함 등을 한반도에 출격시켰지만 출격기지 탄약고의 재고량은 평소와 다름없는 상태였다.'고 밝혔다. 미 해군과 공군의 군사시위는 형식적인 대응에 불과했음을 시사하는 것이다. 실전을 예상한 것이 아니었다는 이야기다. 그렇다면 미국의 속내는 무엇일까? 침공의 구실을 쌓기 위한 것일까? 구실이 충분히 쌓이면 과연 단숨에 공격할 수도 있을까? 상식적인 판단은 'No'이다. 현재 상황은 두 마리의 뱀이 서로 상대의 꼬리를 물고 야금야금 먹고 먹히고 있는 구도이다. 마지막 국면이 될 머리 부분만은 서로 먹지 못하고 있다. 이는 자신의 머리를 먹는 것과 같은 결과이기 때문이다. 이러한 국면은 서로가 동시에 상대를 위협하지 않기로 합의하지 않는 한 해결책이 없다.

현재 전 세계의 핵보유국은 9개국이다. 그중 이스라엘과 파키스탄도 핵을 갖고 있지만 이들이 북한처럼 온전(溫戰)을 벌일 수는 없을 것이다. 그 이유는 민족의 원형에 있다. 북한의 전술은 한민족 고유의 원형인 '오기와 끈기'에서 나온 것이다. 핵을 소유한 약소국 한민족만 이 생각할 수 있는 전법이다. 6·25전쟁 때 이승만 대통령이 미국의 휴전정책에 맞서, 반공포로 석방과 한국군의 단독 전쟁을 선언하며 미국과 대치국면을 만들어냈던 것과 유사하다. 당시 미국은 이승만의 뒤돌아보지 않는 일방적 요구에 응할 수도 거부할 수도 없는 입장이었다. 사실상의 온전적 사고였다.

협상과 핵전쟁이란 두 카드를 들고 몰아붙이는 북한의 온전에 미국도 중국도 불편하다. 이런 상황을 피하고자 중국은 자국 방문 후 돌아가는 김정은의 아버지 김정일을 국경선 부근에서 암살하려고 시도한 적이 있었다. 미국도 휴전 직전에 작전명 에버-레디(Ever-Ready)로 이승만의 제거를 계획했었다. 피후견(被後見)국이 지도자 한 사람 때문에 이러지도 저러지도 못할 때 취할 수 있는 최후수단이다. 김정은 '참수작전'이라는 말이 나온 것도 우연이 아니다. 원형사관의 관점에서 보면 이승만이 자기 뜻을 이룬 것같이 북한의 전술도 부분적으로 성공할 가능성이 크다.

미국은 건국 이래 카우보이식 단순계의 사고로 일관해왔고 지금도 변함이 없다. 태평양 전쟁 말기에 미국은 일본군의 자살특공대(가미카제)로 고전했다. 자살특공대는 폭탄을 적재한 전투기를 적 군함에 충돌시켜 작은 희생으로 피해를 최대화시키는 전법이었다. 그런 경험이 있는 미국도 한국식 오기전법은 미처 상상하지 못했을 게다. 둘 다 나와 네가 함께 죽는 전법이지만 한국인의 전법은 순서가 뒤바뀌어 '너 죽고, 나 죽자.'이다. 굳이 보기를 든다면 논개처럼 적장을 끌어안고 물에 뛰어드는 것이다. 상대의 코를 물면 자기 목이 떨어져도 절대 풀어주지 않겠다는 것이 한국식 오기이다. 한국인의 집요함은 일본인의 담백한 '앗사리'식 일과성(一過性)과는 아주 다르다.

'타살=자살'의 최종 방정식 휴전 이후 지금까지 미국은 한미 합동군사훈련을 계속해왔다. 북한은 그때마다 전군에 전쟁준비를 발령, 최대한의 방어태세로 탱크와 장거리포를 일선에 배치하고 비행기를 이륙시켰다. 북한에는 큰 부담이다. 이 상황을 이미 여러 차례 강요당해 왔다고 생각하는 북한으로서는 해답이 핵무장밖에 없었다. 핵미사일을 완성한 후 '물귀신' 전법으로 실험을 계속하면서 전 세계의 초토화, 전 인류의 인질화를 내세웠다. 오기였다. 개성상인 임상옥이 중국 상인들이 담합해 인삼 불매 작전을 펴자 인삼을 모두 불태워버리며 맞선 것과 같다. 너도 망하고 나도 망하겠다는 발상이다. 물고 늘어지는 북한에 대해 미국에는 적절한 대응 수단이 없다. 협상으로 돌아서지만, 심리적 요소가 크게 작용하는 온전은 냉전이나 열전보다 끝이 분명치 않다. 더 큰 긴장을 요구하고 지속시킬 것이다. 핵 공격은 즉각 보복으로 이어지는 '타살=자살'의 최종 방정식이므로 아무도 먼저 공격할 수 없다.

그동안 북한은 게릴라적 국가원리에 따라 수단과 방법을 가리지 않고 테러와 납치를 저질렀고, 번번이 전쟁 일보 직전까지 몰아가는 절벽외교를 구사해왔다. 이는 약자의 마지막 수단이기도 하지만 오랜 부조리의 역사가 원형과 맞물려 낳은 결과이기도 하다.

E. H. 카의 『위기의 20년』은 제1차 세계대전의 끝에서 제2차 세계

대전의 시작까지 20년간의 국제정치와 위기의 실체를 분석한 국제정치학의 고전이다. 이 책이 명저로 꼽히는 것은 위기구조에 관한 구체적 사실보다 위기의 저변에 흐르는 유럽적 사고를 조명했기 때문이다. 국제 외교가 겉보기에는 이상주의(utopianism)와 현실주의(realism)의 외교전처럼 보이지만 실상 밑바닥에는 저마다의 원형이 발현되어 있음을 감지케 한 것이다.

처음 북핵문제가 표출된 해가 1994년이니까 핵 위기를 겪은 세월이 벌써 20년을 훌쩍 넘었다. 그 위기를 겪는 동안 당사국 간의 원형이 뚜렷이 표출되었다. 서로 외교수법이 한결같고 전술원칙도 변함이 없으니 앞으로 얼마나 더 이런 상태가 계속 될지는 알 수 없으나, 두 나라의 원형은 갈수록 더욱 명확히 드러날 것이다. 온전의 기저에 흐르는 북한과 미국의 원형을 분석할 때 상대의 외교 전술도 더 명확히 파악할 수 있게 된다.

원형과 온전

핵과 숙청 미·북 협상은 카터와 김일성이 합의한 1994년 북·미 합의조건을 다시 복구하는 형태가 되겠지만 이미 북한은 핵미사일을 현실화했으므로 엄청난 대가를 요구할 것이다. 게릴라식 사고를 지닌 북한은 인민의 희생에는 그다지 관심이 없다. 상대를 믿지 않고 수시로 말을 바꾸면서 오직 목적 달성만을 절대선으로 여긴다. 나는 북한 여행에서 엘리트층의 미국에 대한 강한 증오와 불신을 번번이 느낄 수 있었다. 그들은 "미국 놈에게 속았다. 다시는 안 속는다."는 말을 기회 있을 때마다 하고 있었다.

북한 지도부에게 핵미사일 생산은 전쟁과 다름없고 전쟁에서는 설령 300만이 죽더라도 승리(성공)해야 한다. 북한의 고난행진 시절에 황장엽은 희생자 수를 300만 명으로 보고받았다지만 미 정보국은 100만 명 정도로 추산했다(D. 그레그 『역사의 파편들』). 아마 미국이 수집한 통계가 진실에 가까울 것이다. 인구 2,500만 명의 나라에서 아사자 100만 명이 나왔다는 것은 전쟁에서 300만 명 이상의 죽음과도 같은 충격이다. 굶기가 먹기보다 흔했던 조선시대에도 '사람 하나 굶겨 죽이는 것이 촌놈이 정승 벼슬하기보다 어려운 일'이라고 했는데, 보통 국가라면 100만은커녕 만 명만 굶겨 죽여도 무너질 것이다. 하물며 북한은 국가가 배급을 책임지는 공산주의 사회다. 밥보다 무기를 중시하는 게릴라 국가 김씨 왕조에서나 있을 법한 일이다. 이제 겨우 장마당이 서고 휴대전화가 보급되는 상황에서, 북한에 또 한 번 고난의 행진이 벌어지는 일은 생각만으로도 끔찍하다.

김일성은 모택동처럼 '혁명은 총구에서 태어난다.'는 신념으로 군사국가를 수립했다. 빈약한 군비가 가져온 절망감을 경험한 그는 게릴라식 국가원리에 따라 모험을 강행했고, 핵무기를 고집한 것도 경제적인 부담으로 남한과의 군비경쟁에 대응할 수 없기 때문이었다. 또한 공격당할 경우 북한은 중국조차 믿을 수 없어 고립무원(孤立無援)에 빠질 것으로 여긴다. 중국의 개입은 제3차 세계대전을 뜻하고, 또한 중국이 완충지대인 주변 국가가 강력해지길 바라지 않는다는 사실도 북한은 잘 알고 있다. 국력이 날로 신장되고 있는 중국이 핵전쟁

모험을 벌일 리는 만무하다.

미국의 경제 압박이 가중될 상황에서 북한 인민의 생활은 더욱 고단해질 것이다. 그럴수록 경제 우선 정책을 펴서 민심을 달래자는 정책을 제안하는 고위관리들이 나올 것이다. 김정은의 고모부 장성택도 그런 부류의 한 사람이었으나 여지없이 처형되었다. 북한은 '대량살상무기 생산과 인민의 경제, 생활 향상' 사이에서 숙청의 공포를 택했다. 핵미사일 실험이 있을 때마다 여러 명의 고위 간부가 숙청된 사실이 이를 뒷받침한다. 불만의 소리가 높아지면 숙청의 칼바람은 더욱 거세어진다.

동아시아의 근대사는 한, 중, 일 삼국의 원형을 뚜렷이 보여주고 있다. 중국은 아편전쟁에서 참패했고, 일본은 미국의 군함외교에 벌벌 떨며 항복했다. 그러나 조선은 대동강에서 미국 군함 샤먼 호를 공격해 불태워버렸다. 휴전 이후에도 북한은 원산 해안에 침입한 미국 군함 푸에블로 호를 나포했고, 영공을 침범한 미군 정찰기를 격추시켜버렸다. 한민족의 원형은 먼저 공격하지는 않지만 오기가 발동하면 물불을 가리지 않고 논개처럼 강경해질 수 있다.

그러나 한국인의 원형은 일본처럼 사애(死愛)적이 아니라 생애(生愛)적이다. "하늘이 무너져도 솟아날 구멍이 있다."는 속담처럼 남한도 북한도 종말론적 사고인 아마겟돈(Armageddon) 사상은 없다. 북한도 전쟁을 원하지는 않는다. 생애적인 원형을 가진 북한은 조선 여인의 은장도처럼 핵을 정치적 수단으로 여길 뿐, 어떤 경우에도 먼저 사용하지는 않을 것이다. 다만 북한의 게릴라식 사고는 유연하지 못해 앞뒤를 가리지 못할 것이 우려된다.

▌북유럽 신화에 나오는 전쟁의 신 보탄. 2마리의 까마귀와 2마리의 이리가 호위하고 있다.

김정은은 전쟁의 신 보탄(Wotan)을 받들었던 히틀러와는 다르다. 히틀러는 "전 세계의 평화주의자가 진실로 평화를 원한다면 독일의 세계정복 계획에 협력해야 한다."(『나의 투쟁』)는 식으로 자신의 정복 욕구를 포장해 추진했지만, 한국인의 의식 속에는 전쟁의 신도 세계 제패의 사상도 없으며 생존을 바랄 뿐이다.

미국의 군산복합체(military-industrial complex) 미국이 북한을 선제공격하지 않는 것은 기습을 싫어하는 미국적인 미학 때문이다. 이는 서부 활극의 명장면처럼, 살의를 품고 맞선 두 총잡이 중 먼저 총에 손을 대는 순간 주인공(정의파)이 재빨리 총을 뽑아내어 먼저 뽑으려 한(비겁한) 쪽을 쓰러뜨리는 방식이다. 미국이 제1차 세계대전에 참전한 것도 독일 U-boat(잠수함)가 미국 수송선을 침몰시켰기 때문이며, 제2차 세계대전도 일본의 진주만 기습에 대항해서였다. 북베트남 폭격(爆擊)도 북베트남 해군 소해정(掃海艇)이 미 구축함을 공격한 것을 구실로 시작되었다. 정당방위로 전쟁을 하는 것을 정의라고 믿고, 북한 공격의 구실을 쌓고 있는 미국이다.

1994년에 클린턴 대통령은 북한이 연변에서 플루토늄을 생산하고 있는 사실을 알고 핵시설 폭격까지 고려한 적이 있다. 그러나 엄청난 희생자를 낼 것을 우려해 주저하는 사이에 카터 전 대통령이 북한을 방북해 한반도 비핵화 방안을 제시했고 김일성은 이에 동의했다. 김대중 대통령의 햇볕정책에 클린턴 정권이 동의함으로써 한반도의 비핵화와 평화에 서광이 보였다. 김 대통령은 김정일 위원장과의 회담에 앞서 중국 정부에 북핵 반대 의지를 확고히 다지고, 김정일에게 남북통일이 돼도 완전한 평화가 정착될 때까지 미군의 한반도 주둔에 대한 동의도 받아냈다. 나는 북한의 비핵화와 미군의 계속 주둔이 현실적인 남북통일의 시작임을 김 대통령으로부터 여러 차례 들은 바 있다.

그러나 한국의 봄에는 언제나 꽃샘추위가 오듯 아들 부시 대통령과 참모진이었던 네오콘(neo-conservative), 즉 보수권력의 핵심이자 국방과 산업을 아우르며 거대한 영향력을 끼치던 군산복합체에 의해 평화모드는 깨졌다. 아이젠하워 대통령도 백악관을 떠나면서 "미국은 전쟁에서 이익을 보는 산업체와 군부가 일체화된 군산복합체의 전쟁 야욕을 경계해야 한다."는 의미심장한 말을 남겼는데, 모처럼 싹튼 남북 대화와 북한 비핵화의 꿈도 아들 부시의 '악의 축' 선언으로 완전히 박살나버렸다.

당시 북경 CIA 국장이던 D. 그레그는 아들 부시의 '악의 축' 소리를 듣는 순간 미국의 베트남 오판을 떠올렸다고 한다. 주한 대사도 역임한 바 있는 그레그는 1962년에 베트남 CIA 책임자로 있으면서 미군 총사령관 하키스 장군으로부터 "미군은 6개월이면 대승할 것이다."는 장담을 들은 바 있었다. 그는 베트남전쟁에서의 미국의 자만과 오판을 떠올리며, 김대중 전 대통령의 남북통일 방안을 전면적으로 무시한 아들 부시의 짧은 생각을 안타까워했다(D. 그레그, 『역사의 파편들』).

나는 지금도 TV 화면으로 본 김대중 대통령과 부시의 대화 장면을 잊지 못한다. 백악관에서 나눈 두 사람의 대화는 갈등을 넘어 희극에 가까웠다. 부시는 김 대통령의 논리를 소화해낼 수 없게 되자 외교 회

2001년 3월 김대중 전 대통령과 부시 대통령

담장에서 외국 원수에게 "you"라고 소리를 질렀다. 백인의 오만을 숨김없이 노출시켰던 것이다. 한반도 평화의 씨를 말려버린 텍사스 카우보이, 아들 부시의 단순계 두뇌회로로는 복잡계 사고로 접근하는 김대중 대통령을 당해낼 수 없었던 것이다. 이때 나는 복잡계와 단순계의 충돌 파열음을 듣는 것 같은 기분이었다.

2017년 11월 트럼프 대통령은 취임 후 처음으로 일본, 한국, 중국을 순방했다. 북핵 문제에 관한 해결을 위한 방책토의가 아니라, 그것을 구실로 한 무기 판매였으며 수백 조 달러의 장사를 위한 것이었다. 트럼프는 미국 역사 이래 최고의 수입을 올렸다. 북한의 핵 위협은 미국 경제의 호기이기도 하다.

지금까지는 북한과 미국이 미묘한 원형(전쟁관)의 맞물림으로 간신히 온전의 구도를 유지하며 전쟁만은 피해왔지만 이런 현상유지도 오래 가지는 않을 것이다. 북한에 대한 경제 압박은 더욱 가중될 것이고, 김정은도 '너 죽고 나 죽자.'의 일상화로 스트레스가 쌓여 체중이 130kg까지 불어났다. 하루빨리 미국과의 타협을 바랄 것이다. 미·북이 벌이고 있는 온전은 상대에게 덤빌 구실을 주면서 위장된 정보로 긴장을 높이는 전쟁이다. 서로에게 유리한 대화조건을 갖기 위해 인내심 경쟁을 하고 있는 것이다.

그럼 이런 대립상황에 한국이 개입할 여지는 있는가? 그동안 한국은 자주적으로 비핵화를 유도하고 공존의 길을 찾는 것이 최상이라고 말만 해왔을 뿐, 구체적인 길은 찾지 못했다. 그러나 미국과 중국이 한반도 비핵화에 일치된 입장을 보이는 상황이 최고의 호기이다. 2017년 노벨평화상이 핵무기폐기국제기구 'ICAN(International Campaign to Abolish Nuclear Weapons)'에 주어진 것도 고무적이다. 북한이 한국을 협상의 대상으로 보지 않고 무시해온 것은 남북 대화가 미국을 향한 '강력한 의지의 과시 효과'를 희석시킬 수 있기 때문이다. 그러나 결정적 순간에는 회담의 열쇠를 한국이 쥐게 될 것이다. 미국이 온전에 지치고 북한이 더 이상 견디지 못하는 시점에 대비해 한국 정부는 미국과 긴밀한 관계를 맺어야 하고 상호 신뢰는 절대적으로 필요하다.

온전과 진주만 공격 오바마 정권의 북한정책은 '전략적 인내'였다. 2010년 북한은 미국 핵전문과학자 해커(S. S. Hecker)를 초청해 가동 중인 2,000대의 농축용 우라늄 원심분리기를 보여주었다. 수년 내에 핵무기를 생산할 수 있는 능력을 보여준 것이다. 북한은 그때까지만 해도 핵무기 계획을 중단할 수 있음을 미국에 알렸다. 해커 박사의 보고는 놀랄만한 내용이었으나 오바마는 아무런 대책도 세우지 않았다. 그들의 기술 수준을 얕보며 체제 붕괴를 기대했기 때문일 것이다. 핵보유국들이 계속 핵무기 폐기를 공론화하자, 오바마의 미국은 러시아와 함께 핵무기 감축에 앞장섰다. 그러나 트럼프는 2017년 10월 전임자 오바마가 겨우 성취한 이란과의 핵 협정을 파기함으로써 카오스를 더 심화시키고 있다.

UN 안보리의 북한 제재 결의는 중국도 지지해 북한 무역은행의 계좌를 동결했지만, UN의 권위는 그리 강력하지 않다. 그리고 북핵을 걱정하는 나라는 소수이다. 한국인이 중동의 핵 문제를 대하는 태도 이상으로 무관심하다. 북한 문제는 종전의 사고체계로는 어떤 대국도 UN도 해결할 수 없다. 미국은 제2차 세계대전 이후 1989년 소련 붕괴까지 쿠바 위기를 포함해서 여러 차례 핵전쟁의 위기를 겪었으나, 냉전에서 승리할 수 있었던 것은 군비경쟁을 지탱해낼 수 있는 경제력에 있었다.

1941년에 일본이 하와이 진주만을 기습한 직접적인 원인은 미국의 석유수출 금지 때문이었다. 당시 일본은 미국으로부터 석유의 80%를 수입하고 있었다. 일본 해군은 미국의 경제력과 군사력을 충분히 알고 전쟁에 반대하는 입장이었다. 그러나 석유 수입을 못하면 군함을 더 이상 움직일 수 없고, 앉아서 항복해야 할 처지였다. 그렇다면 차라리 1%의 승리 가능성을 믿고 일본의 '앗사리(あっさり)' 정신으로 진주만 기습을 결행한 것이었다.

이러한 일본과의 체험을 미국은 북한에도 적용해 효과를 거둘 것으로 여겨 진주만 기습의 역사로 북한을 바라보고 있지만, 과연 북한이 미국과 UN의 제재에 손을 들 것인가? 휴전 이래 북한은 중국으로부터 원유를 공급받았고, 러시아와도 강한 경제적 유대관계를 유지해왔다. 과거의 일본과는 다르다. 그러나 중국이 미국 경제에 크게 의존하고 있어 미국의 요구를 거절하기 어렵고 또한 북한이 핵보유국이 되는 것도 바라지 않는다. 만약에 중국이 미국의 청을 받아들인다면, 이는 북한을 진주만 기습을 한 일본과 같은 처지로 몰아넣는 것이다.

나라마다 전쟁에 돌입하는 동기와 맹목은 원형에 따라 다르다. 전쟁은 늘 상황판단을 잘 못하는 데서 시작된다. 판단착오 또는 복잡계의 매개변수가 계산을 틀리게 만들어 전쟁을 발생시킨다. 미국은 이미 북한을 공격할 타이밍을 놓쳤다. 미국의 정치학자 케넌(G. Kennan)은 "미국은 화나야 전쟁한다."고 한 적이 있다. 여론 국가로서 화난 국민 여론이 전쟁을 감행하게 한다는 의미이다. 케넌의 말대로라면 북한은 과연 전쟁을 불사할 만큼 미국 여론을 화나게 만들고 있는 것일까? 그렇지 않다. 북한도 속마음으로는 전쟁을 바라지 않는다. 북한도 미국이 공격하면 폐허가 될 것을 잘 알고 있다. 한반도 주변국들 또한 북핵 문제가 전쟁의 계기는 되지 않는다고 여긴다. 미·북 전쟁이 연쇄적으로 주변국에 확대되면 살아남을 확률이 제로에 가깝기 때문이다.

아래의 표처럼 전쟁을 일으키는 이유는 각기 다르면서 의외로 단순하다. 미국은 화날 때 싸운다는 원형과 군산복합체의 전쟁의지와 무기 재고정리의 필요성이 맞아떨어지면 이라크, 베트남의 사례처럼 매우 위험한 나라가 된다.

원형상의 전쟁 결행의 계기

한국(남·북)	외침을 당할 때, 논개와 춘향정신
중국	구실이 있을 때, 명분과 멘쯔(面子)
일본	오만해질 때, 앗사리(あっさり)의 미학
미국	화날 때, 국민 여론의 지지, 카우보이의 미학
러시아	승산이 있을 때

3 새로운 시대의 예감

미래 예측 북한을 선제공격할 미국의 구실은 본토에 대한 핵공격 가능성이 현실화될 때이다. 그러나 이미 북한은 미국 본토 어디로든 갈 수 있는 ICBM을 성공적으로 발사했다. 늙은 우두머리 사자가 젊은 사자의 도전에 뒷걸음치는 양상이다. 세계패권 국가로서 위신이 추락했다. 미국에게는 견딜 수 없는 부담이지만, 엄청난 보복이 예상되어 먼저 공격할 수도 없어 온전은 계속 이어질 것이다.

미국은 처음에는 북한과의 회담 전제조건으로 핵미사일 제조 계획의 포기를 요구했으나, 동결의 조건에서 실험 중지로 수위를 점점 완화했다. 서로 모두 죽는 핵전쟁에서 군비의 우열은 없기 때문이다.

만일 미국이 한반도를 포기하면 북한은 그 즉시 국가원리인 '적화통일'의 목표를 재확인할 것이고, 결과적으로 미국은 일본 방어와 대만 문제로 인해 중국과 충돌할 확률이 높아진다. 따라서 상당한 수준의 군사적 보장 없이는 한반도에서 철수하지 못하는 미국이다.

미래 예측이란 최상과 최하 두 가지의 극단적 가설을 설정하고 그 가능성의 범위를 좁혀가면서 생각하는 것이다. 최소한 미·북 회담에는 평화협정 체결과 한·미 군사훈련의 중지가 전제될 것이며 결국 한반도 비핵화와 미군의 한반도 철수까지도 논의될 것이 예상된다. 그러나 어떤 명목에도 평화 정착까지 미군의 한반도 철수는 있을 수 없다. '아기를 봐준다면 엄마가 올 때까지' 봐야 하는 것이다.

최상의 조건은 한·미 군사훈련 중지와 북한 체제를 보장하는 평화조약 체결을 전제로 한반도 비핵화를 하고, 북한은 상당한 보상금을 받아 경제를 재건하고 세계의 교역체제에 적극 참여하는 것이다. 이럴 경우 김일성 왕조체제 붕괴가 가장 큰 걸림돌이 될 것이다. 그러나 외교협상에서 절대로 양보할 수 없는 조건이란 없다. 마지막 단계에서 서로가 양보 못한 조건을 맞교환할 수도 있다. 미·북 회담의 마지막 조건은 핵 미사일 포기와 미군 철수가 될 수도 있다.

또 하나의 가능성은 현 단계에서는 꿈과 같은 이야기지만 세계의 비핵화 흐름으로 인한 인류의 정신혁명 창발로 세계적인 핵포기다. 중국과 러시아는 북한의 비핵화에 호의적일 것이며, 한반도의 비핵화는 동북아 일대에 평화를 가져올 좋은 기회가 될 수 있다. 김정은은 현실적으로 체제보장을 받으면, UN과 함께 세계의 비핵화를 받아들일 가능성도 있다. UN에 군대는 없지만 전 세계의 뜻을 모아 인류 보존을 논하는 조류를 만들어갈 수는 있다. 인류생존을 위한 과제가 우리 앞에 놓여 있다.

만화 같은 온전의 결말

1960년대 말에 미국에서 코미디 같은 시사성 짙은 소설을 읽은 적이 있다. 오래전에 읽은 책이라 제목과 작가 이름은 아물아물하지만, 내용만은 인상 깊게 남아 있어 아직도 분명히 떠올릴 수 있다. 그 소설은 영화로도 제작되어 세계에 큰 공감을 불러일으켰다. 당시는 우라늄탄과 수소탄, 코발트탄 등 핵무기의 파괴력이 점점 커가던 시절이어서 사람들도 불안해하던 때였다. 내용은 이렇다.

미국의 한 연구소 과학자가 축구공만한 크기의 코발트탄을 발명한다. 그는 그것을 들고 몰래 모국으로 돌아간다. 그의 모국은 알프스 산맥에 있는 인구 수만의 아주 작은 나라였다. 귀국한 그는 전 세계를 향해 "각 나라는 소유하고 있는 핵무기를 모두 폐기하라. 그렇지 않으면 이 코발트탄으로 지구를 박살내버리겠다."고 선전포고를 한다. 그의 핵 선언에 전 세계 정치 지도자들은 벌벌 떤다. 강대국들도 핵 폐기의 필요성은 인식하고 있었으나 자국 이기주의에 눈이 멀어 핵 폐기협정에 합의를 못 하고 있던 터였다. 정치 지도자들은 지구 박살의 위협 앞에 UN회원국 전원의 찬성을 얻어 지구상의 모든 핵을 폐기하게 된다는 줄거리였다.

동화 같은 이야기지만, 진심으로 그런 날이 오기를 희망한다. 북한이 영화 속 알프스의 소국처럼 세계 핵 폐기를 이뤄주기를 바란다면, 물론 지나친 공상일 테지만, 나비효과는 언제라도 일어날 수 있다.

중앙아시아의 작은 나라인 투르크메니스탄(Turkmenistan)이 영세중립국이 된 것도 우연의 결과였다. 소련은 냉전 중 그곳에 핵무기를 저장해두었는데, 소련 붕괴 후 독립을 이루자 투르크메니스탄의 지도자가 러시아에게 그 무기를 가져가는 대신 비핵화(1995년 9월)와 영세중립 보장을 UN에 요구했고 그 뜻은 관철되었다.

이렇듯 전쟁이 비상식인 만큼 전쟁의 결말 또한 만화처럼 될 수도 있다. 북한과 미국의 온전 자체가 뱀의 맞물림으로 만화 같은 구조이기에 결말 또한 상식에서 크게 벗어날 수 있다고 본다. 북한 핵 능력이 현재 속도대로 진행된다면 앞으로의 10년은 지난 40년보다 훨씬 더 빠르게 변화해갈 것이다. 종래의 대국과 소국의 관계도 변하고, 국제

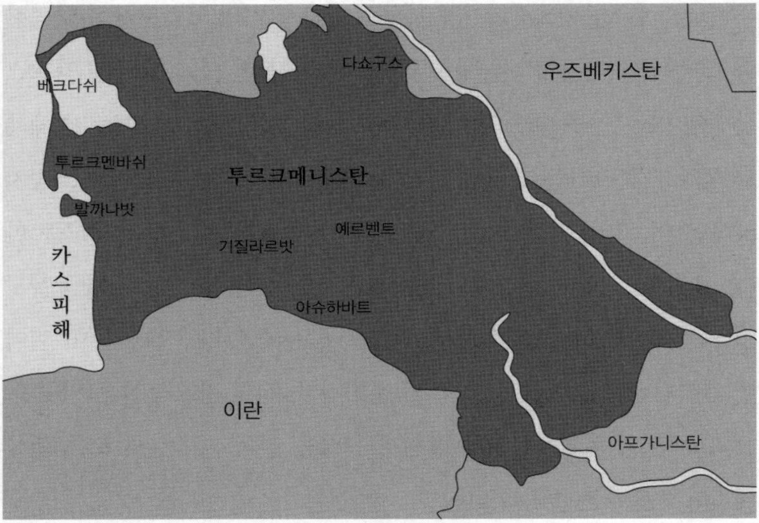

▌1991년에 독립을 선언한 투르크메니스탄은 1995년에 러시아에게 핵무기를 주는 대신 영세중립을 보장받았다.

관계도 극적으로 달라질 수 있다. 현재 북한은 전 세계로부터 악마 취급을 받고 있으나 결국에는 어떤 조건으로든 타협할 수밖에 없고, 인류사는 소국과 대국의 차이가 없는, 토끼와 늑대가 같이 살아가는 새로운 국면으로 흘러갈 수도 있다.

트럼프 미국 대통령이 예루살렘을 이스라엘의 수도로 인정한 것도 만화 같은 발상이었다. 그 결과 세계의 이슬람국가들이 맹렬하게 반대하며 일어섰고 테러도 증폭될 조짐이다. 이슬람국가들과 북한은 기회만 있으면 손을 잡을 것이다. 그러나 위기는 기회다. 이제 세계 카오스는 그 끝에 가까워지고 있어 자기조직의 기회가 점점 더 다가오고 있다. 예상 못한 변화가 언제라도 발생할 것이다. 강대국의 '선 긋기'에 의해 고통을 당해오던 약소국들이 역습할 기회를 노릴 것이다.

대국과 소국 관계의 변화 인류가 경험한 전쟁의 형태와 구도는 세 가지로 요약된다.

첫째는 투키디데스의 덫(Thucydides trap)으로 2등국이 패권 국가에 도전, 젊은 사자가 늙은 사자에게 덤비는 구도이다.

둘째는 냉전 구도로 군비 확장 경쟁이었다. 냉전은 큰 개구리와 작은 개구리가 서로 배를 크게 보이려 부풀리는 경쟁이다. 작은 개구리(소련)가 무리하게 큰 개구리(미국)처럼 배를 부풀리다 터진 격이다.

셋째는 온전으로 약소국이 오기와 핵으로 대국에 도전하는 구도인데 중요한 것은 대국이 마음대로 응전을 하지 못한다는 사실이다. 두 뱀이 서로 상대의 꼬리를 무는 형국이기 때문에 대국과 약소국의 차이가 없어진다.

일반적으로 국가 간의 대립은 군사력과 경제력에 의해 결정되나, 아무것도 잃을 것이 없는 소국이 핵을 가지면 국가 간의 관계가 완전히 달라진다. 여러 요인이 함께 움직이기 때문이다. 그동안 침묵을 일방적으로 강요당해온 소국들이 자기 몫 찾기를 시작하면서 필리핀의 두테르테(R. Duterte) 대통령은 전통적인 필·미 관계를 완전히 무시하고, 자국 이익의 최대화를 위해 중국과 미국을 저울질하며 서슴없이 미국 대통령에게 지옥에 떨어지라고 소리치는 정도가 되었다. 베트남도 중국이 남사군도에 진출한 데 대해 큰소리로 반항했다. 소국의 입김이 점점 커지고 있다. 양 대국인 미·중이 팽팽하게 줄다리기를 하는 와중에, 원형에 눈뜬 소국들이 새로운 세계 질서에서 자기 몫의 확대를 모색해가고 있는 것이다. 카오스는 더욱 거세어질 것이다.

장차 다가올 대카오스가 감당하기 어려운 이유는 다음과 같은 서로 타협할 수 없는 조건들 때문이다.

1. 김정은의 '너 죽고 나 죽자'식 기존 세계 질서에 대한 도전
2. IS의 칼리프(caliph) 시대로의 부활과 이슬람제국의 세계 지배
3. 미국의 패권 유지에 대한 중국과 러시아의 반기
4. 소수민족인 중동국가들과 티베트, 위구르 등지에서 야기된 대국의 원형 말살정책에 대한 반발
5. 외교문제에 '한(恨)의 치유', 역사인식의 개입
6. 미국 제일주의의 강행
7. 대국이 중동, 한반도, 아프리카에 행한 '선 긋기'가 남긴 상처

이들 중 어느 하나라도 끝까지 실현을 고집한다면 핵전쟁으로 갈 것이며 인류 공멸로 이어질 수 있다. 이러한 난제에 대해 협의를 유도할 기구도 기준도 없고, 세계적인 카오스에 질서를 잡아갈만한 나라도 없다. 그렇다면 난제에 대한 답은 하나이다. 대국과 소국의 공존을 허용하는 정신혁명이다.

가까워진 카오스의 끝 북한에 대량살상 무기가 등장함으로써 미국과 중국은 역사에 없던, 협력과 전쟁이 뒤섞인 반협반전(半協半戰)의 새로운 대국관계를 형성하고 있다. 북한과 미국의 대립에 당황해서 구성된 '대국 조합' 같은 것이다. 미국과 중국 두 마리의 어른 사자가 여러 마리의 젊은 사자에 의해 포위된 모양새로, 국제정치

학자들도 예측하지 못했던 일이다.

미·중은 경제적으로 서로 의존하면서 테러와 핵 확산 방지, 특히 북한 문제에 서로 협력해야 할 입장이다. 그러나 대국들은 상대의 군사·경제력 확대는 받아들이려고 하지 않는다. 그 결과 서로 협력하면서 다른 한편에서는 패권을 다투는 기묘한 상황에 놓이게 되었다. 마치 봉건시대 귀족들이 서로 대립하면서도 노예 반란 진압에는 협력하는 구도를 방불케 한다.

중국은 인구 감소와 군비 확장 등으로 경제성장이 한계에 가까워지고 있다. 러시아도 우크라이나 문제를 비롯하여 마음 놓을 수 없는 것들이 많다. 북한이 대량살상 무기로 미국을 당황시키고 있지만, 이 구도는 금방 중·러에도 적용될 수 있다. 북한의 대량살상 무기가 언제 방향을 틀어 중국과 러시아로 향할지, 누가 누구의 적이 될지 모르는 상황이 발생할 수도 있다.

중국과 러시아는 군사비(2018년 기준)로 각각 1,738억 달러, 692억 달러를 쓴다. 다 합쳐도 미국의 군사비 약 6,860억 달러에는 못 미친다. 그러나 중국과 러시아는 '적의 적은 우리 편'이라는 논리에 따라 상황이 바뀔 때마다 수시로 가까워졌다 멀어졌다 하는 사이이다. 비록 전 세계의 군사비를 합쳐도 미국을 감당할 수는 없지만, 미국은 전쟁으로 중국과 러시아를 이길 수 있다고는 생각하지 않는다. 중·러도 미국을 잿더미로 만들기에 충분한 핵무기를 가지고 있기 때문이다. 실질적으로 핵폭탄 100개와 1,000개의 군사적인 차이는 없다.

4 신인류, 신한국인

원형론의 관점에서 보면 북한 핵 사태의 원인은 다음과 같이 요약된다. 1)자기편이 아니면 악마로 보는 미국의 단순계 사고와 정권마다 바뀌는 대북정책, 2)남·북한을 이용하는 중국의 이이제이(以夷制夷) 정책, 3)한국의 미·중과의 양다리 외교, 4)북한의 한점집중(일편단심)과 게릴라식 전법, 5)한반도 주변국들의 북한 핵미사일 제조에 대한 무관심이었다. 이런 요소들이 결합해 오늘의 상황에 이르게 했다. 관련국들은 기존의 질서에 안주하면서 상대의 원형을 읽지 못했다.

북한에게 핵은 약소국의 강력한 한(恨)풀이이자 유일한 생존수단이기에 국제법 위반 논리는 전혀 의미없는 일이다. 따라서 모처럼 개발한 대량 살상무기는 포기할 수 없다고 큰소리치고 있는 것이다. 카오스 시대의 국제사회는 정글과도 같다. 기정사실은 인정할 수밖에 없는 정글의 법칙이 적용되는 곳이다. 이제까지는 힘으로 몰아붙여 왔으나 더 이상 갈 수 없는 상황에 부딪혔다.

다시 한 번 원형사관의 철학으로 바라보면, 한국의 원형과 지정학은 아무것도 달라진 게 없기에 역사는 다시 되풀이될 수 있다. 미·북 간의 평화협정이 성립된다 해도 북한의 적화통일 야욕을 막을 현실적이고도 국제적인 제도가 반드시 필요하다.

미국은 상황에 따라 한반도 철수를 협상 테이블에 내놓을 수 있다. 키신저까지도 미군 철수의 가능성을 인정했고, 트럼프에게 한반도는 반드시 수호해야 할 대상이 아니라 수지가 안 맞으면 포기할 수 있는 땅이다. 일본의 조선 식민지화가 당시 T. 루스벨트 대통령의 한반도 포기에서 온 것임을, 그리고 애치슨 선언으로 미국이 한반도를 포기하자 6·25전쟁이 발발했던 역사를 우리는 결코 잊지 못한다. 한반도 최대의 외교위기를 몰고온 요인은 그대로 남아 있다.

'미·중·러'의 삼국지 구도 미·중·러 3대국의 외교전은 현대판『삼국지』와 유사해 중국에게는 익숙한 과제일 것이다.

트럼프는 취임 직후 대만 문제를 끄집어내 대만, 북한 두 개의 카드로 중국을 견제했다. 1972년 닉슨의 전격적인 중국 방문 이후 미국은 대만을 인정하지 않고 하나의 중국정책을 취해왔으나, 트럼프는 그것을 바꿀 의사를 비쳤다. 대만을 북한 문제의 카드로 이용할 수 있다는 의사표시로도 보인다. 트럼프는 그동안 독자적으로 북한 원조를 해온 러시아에 접근하여 영향력을 행사하고 싶었으나 대통령 선거 중 발생한 러시아 의혹으로 주춤한 상태이다.

북한은 이 틈새를 나름의 외교전을 펼 기회로 삼아 중국의 태도가 변하면 금방 러시아에게 달려간다. 2017년 9월 북한의 최선희 외무성국장이 러시아를 방문한 것도 이런 상황의 연장선상이었다. 남한이 주변 국가로부터 코리아 패싱을 당하는 것과는 전혀 다르게 북한은 우리의 상상 이상으로 능동적으로 외교를 벌였다. 북한의 연간 원유소비량은 90만 톤가량이다. 중국으로부터 50만 톤, 러시아로부터 20~25만 톤, 나머지는 중동에 의존한다. 중국과 러시아의 북한에 대한 외교적 영향력은 대체로 원유의 수입량과 비례한다.

이에 반해 국제외교에서 독자적인 방향 설정도 못한 한국 정부는 적극적인 의지조차 표명할 수 없어 표류해왔다. 김대중의 햇볕정책은 아들 부시에 의해 파산당하고, 노무현 외교는 주변국의 의심만 불러일으켰다. 이명박, 박근혜 외교는 북한과는 적대관계, 미·중으로부터는 불신, 일본은 혐오, 어디에도 믿을만한 나라가 없게 만들었다.

트럼프 대통령이 매티스(J. N. Mattis) 국방부장관과 북한 문제를 논의하면서 "모든 카드가 오픈 테이블 위에 있다(2017년 10월 10일)."고 말했던 날, 문 대통령은 최근의 안보상황에 대해 "우리가 할 수 있는 대처방법은 없다."고 한숨지었다. 안타깝지만 사실이다. 그런데 하필이면 이런 위기상황에서 전시작전권을 한국군이 다시 갖는다는 것은 무슨 의미일까?

전시작전권은 노무현 정권이 회수한 것을 이명박, 박근혜 정권이 다시 반납했다. 문재인 대통령 스스로 미국과 중국을 움직일 확고한 외교적 수단이 없는데, 전시작전권 회수는 한미동맹을 주축으로 하는 대한민국의 안보정책과 정면으로 대립될 것이 분명하니, 미국은 의심에 찬 눈초리로 주시할 것이다. 현실적으로 아무런 알맹이 없는 전시작전권을 논할 필요는 없다. 우리에게 필요한 것은 실속이다.

조선 말기에 청일전쟁에서 승리한 일본이 조선의 청에 대한 사대를 끊기 위해 명목상 독립을 보장하며 대한제국이란 명칭을 붙여주었다. 당시 일본 외교관은 "조선인은 명분만 주면 알맹이를 양보한다."고 비웃었다(山辺健太郎, 「日韓併合小史」). 명분론은 조선 주자학의 원리주의가 낳은 것으로 "양반은 물에 빠져도 개헤엄은 치지 않는다."는 식이었다. 그 결과는 망국이었다.

한국의 위기도 북한의 대량 살상무기에 대해 한국만의 대책이 전혀 없이 주변국의 눈치만 본 데 있었다. 외교는 모호한 상태로 계속 갈 수는 없다. 그동안 북한과의 대화와 중국과의 삼불원칙, 그리고 한미군사동맹은 서로 모순되는 것들이었다. 일시적으로 당면한 국면만을 모면하려 하지 말고, 기존의 국제간의 협정과 동맹을 존중하고 국제사회가 이해할 수 있는 확고한 노선을 제시해야 한다. 안보문제는 민족의 생존과 직결된 것이어서 진보, 보수의 구별이 없는 대상이다. 일시적인 감정으로 외교노선을 취해서는 안 된다. 확고한 방향이 없는 외교는 국제사회에서 무시당한다.

뱀이 서로 꼬리를 물고 있는 구도인 온전은 결코 오래가지 않는다. 북한은 경제적 압박을 계속 견디기 어렵고 미국은 중간 선거를 앞두고 긴장을 견딜 수 없다. 미국은 카우보이의 미학에 따라 계속 압박을 가하고, 중국·러시아도 미국과의 경제 마찰로 이어질 수 있는 북핵 문제를 빨리 정리하고 싶다. 또한 북한 원형은 생애적이어서 잿더미가 될 것을 아는데 일본같이 선제공격도 하지 못한다.

미국, 북한과의 온전 구도는 문재인 정권에게 적극적인 외교를 요청하고 있다. 전 정권의 유산을 정리하고, 모두에게 좋게 보이는 '팔방미인 외교'는 수정되어야 한다. 자국 외교를 스스로 정해 주변국들의 협력을 끌어내는 것이 국제 외교의 원리이다.

우리 속담에 "흥정은 붙이고 싸움은 말리라."고 했다. 한국은 주변국들의 중간자(balancer) 역할이 아닌 협조 요청자가 되어야 한다. 신중한 조정자가 되어야 한다. 북한의 마지막 조건은 백두혈통의 보장이다. 곧 김씨 왕조의 보존이다. 원형 충돌로 발생한 갈등은 원형의 지혜로 풀어야 한다. 북한인의 오기와 생애적 원형, 가문의식(백두혈통) 그리고 미국의 카우보이적 미학을 달래는 조정자가 되어야 할 것이다.

북한은 김대중 정권으로부터 5억 달러를 받고서도 서울 답방(答訪) 약속을 지키지 않았다. 그뿐인가? 300건에 가까운 약정들도 지키지 않았다. 이제 핵무기와 미사일까지 가진 북한이 문재인 정권의 선물–개성공단, 금강산 관광 심지어 북한의 인구조사 비용에 600만 달러 제공–정도로는 움직일 가능성이 전혀 없다. 굳이 그러지 않아도 핵 문제 해결 조건으로 북이 제시할 비용의 상당 부분을 우리가 지불해야 할 처지가 될 것이다.

평화 외교에 실패한 宋의 교훈 1930년대에 히틀러는 제1차 세계대전의 복수를 위해 군비 확장을 하며 외교적으로 강경노선을 취했다. 이에 대해 영국을 비롯한 유럽세력들은 양보를 거듭했지만 결국 제2차 세계대전에 돌입하고 말았다. 외교 현장은 '당근과 채찍'을 슬기롭게 사용해야 하는 곳이다. 일방적인 유화정책은 오히려 상대의 전의만 높여줄 수 있다.

북한의 게릴라적 사고는 남한처럼 감상적이 아니며 매우 전략적이고 계산이 빠르다. 기본노선도 바뀌지 않는다. 같은 말을 몇 번씩 되풀이하며 집요하다. 앞으로 남한은 북한에게 엄청난 돈을 줘야 할 곤경에 봉착할 수 있다. 적화통일을 막으려면 남한은 북한의 안보 비용까지 강요당할 수 있다. 미국도 북한에 선제공격은 할 수 없지만, 핵무기·미사일 폐기의 대가로 엄청난 액수를 지불하게 될 것이다.

현재의 우리 처지와 유사한 역사적 사례가 있다. 타산지석(他山之石, 『詩經』)이란 말처럼 남의 산의 돌을 보고, 그 실패를 교훈 삼을 일이다. 바로 조선 주자학의 원산지인 송나라의 외교 전략이다. 고려시대에는 송나라 무역선이 한반도에도 빈번하게 왕래했다. 송은 주자학을 꽃피운 문화대국으로 세계적인 발명품인 화약과 나침반(羅針盤)을 만든 나라이다. 이를 기반으로 문화대국을 이룰 수도 있었으나, 송은 오직 경제에만 집중했고 교역으로 막대한 부를 쌓았다.

송의 외교정책은 야만스러운 북방 오랑캐 달래기였다. 지정학적으로 북에는 요(遼)가 있었고, 서쪽에는 서하(西夏)가 호시탐탐 송을 노렸다. 이들은 유목민으로 호전적이고 또한 송의 높은 문명도 선망했다.

요는 1004년에 송에 침입해 하북지방과 황하의 북녘을 차지했다. 그러나 송은 군사력으로 방어할 생각을 하지 않고 금은보화를 주며 화의를 제안했다. 요에게 매년 비단 20만 필과 은 10만 량을 바치고, 국경의 군사력도 동결하겠다고 했다. 이러한 조건은 클린턴 행정부가 북에 핵무기 제조 동결 대가로 경수로 발전소 두 개를 지어주고 매년 중유 40만 톤씩을 제공한 것과 유사하다.

경제대국 송은 이 대가로 100년간 평화를 유지했다. 돈과 안보를 거래하는 데 만족했던 것이다. 그러나 요는 기회만 있으면 상납금을 증액했다. 그래도 송은 요와는 그럭저럭 평화를 유지했으나, 서하(西夏)의 공격은 만만찮았다. 송은 요를 이용해서 서하를 방어하려고, 황제의 딸을 서하 왕에게 주고 서하와 요 사이에서 양다리 외교를 벌였다. 그러다가 틈을 봐서 송은 서하를 공격했다. 그러나 서하는 사막

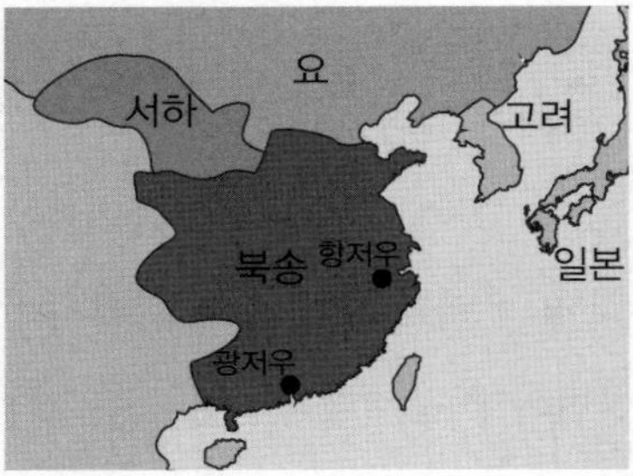

▌북송(960~1127)과 요·서하의 대립

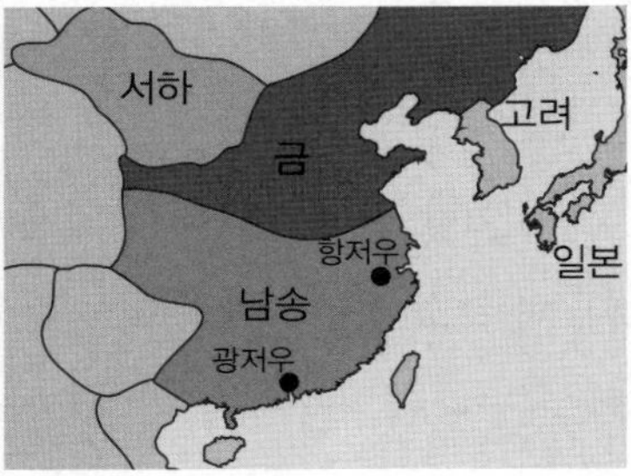

▌남송(1127~1279)과 서하, 금

의 유목민들이어서 전쟁에 능한 민족이었다. 신출귀몰한 그들의 전략에 번번이 대패하자 송은 또다시 돈으로 안보를 보장받으려 했다. 서하가 신하(臣下)의 예를 취하는 조건으로 은 1만 량과 비단 1만 필, 전(錢) 2만 관, 차 2만 근을 주었던 것이다.

송은 또 요의 북녘에 있던 여진족 금(金)에 대해서도 형(兄)으로 대하며 재물(財物)을 제공하는 등 무시당하면서도 경제, 문화대국의 체면을 유지했다. 금이 요를 멸망시키자, 송은 요에 공여했던 재물을 그대로 금에게 주며 달랬지만 결국 금은 송을 침공했다. 송은 수도 개봉(開封)을 버리고 남쪽의 항주(항저우)로 도망해 남송(南宋)을 세운다. 영토는 반 토막이 되었다. 막대한 안보세(安保稅)를 금에 지불하고도 남송은 항주(杭州)를 중심으로 여전히 무역으로 번영한다.

이런 상황에 새로운 적(敵) 몽고가 남하해온다. 몽고는 남송에게 금을 남북 양쪽에서 공격하자고 제안했고, 남송은 금에 대한 오랜 원한을 풀기 위해 몽고와 함께 금을 멸망시킨다. 그러나 기대와는 달리 몽고는 1279년에 남송을 바다에 몰아넣어 멸망시켜버렸다. 문화·경제국가 남송의 멸망은 많은 것을 지금의 우리에게 시사한다. 야만적인 군사력 앞에서는 외교나 문화나 경제도 힘을 잃고 맥을 못 춘다. 송이 남긴 교훈은 '평화는 돈으로 살 수 없다.'는 것이다.

북한은 오직 핵과 미사일만 믿고 있는데, 우리가 개성공단, 금강산 관광으로 일관하는 것은 본질적인 대응이 아니었다.

인간은 핵전쟁을 피할 수 있을까 만약 북·미 간의 온전을 수습하지 못하면 인류멸망으로 이어질 수 있다. 인간은 원형에 내재된 자기방어 본능에 눈이 멀면, 무한히 어리석어질 수 있다.

20세기 최고의 지성을 지목하라면 아인슈타인과 프로이트를 꼽을 것이다. 아인슈타인은 미국의 핵무기 제조에 결정적 계기를 제공한 것을 평생 후회했다. 그는 자신의 심정을 칸트의 '별의 움직임이 변하지 않듯이 인간의 도덕률도 불변'이라는 도덕률을 패러디하여 '우주와 인간의 어리석음도 불변'이라며 깊은 우려를 드러냈다. 아인슈타인은 인간의 어리석음으로 벌어질 수 있는 핵전쟁을 두려워했다. 유태인 학살을 자행하던 나치가 먼저 핵무기를 만들까 염려하여 아인슈타인은 루스벨트 대통령에게 핵을 권했던 것이다.

깊은 고민에 빠진 아인슈타인은 같은 유대인 대 지성이자 인간의 심층심리를 파헤친 프로이트에게 편지를 쓴다. 그는 "인간은 핵전쟁을 피할 수 있을까요?"라고 프로이트에게 물었다. 프로이트는 "아마도 피하지 못할 것이다."라고 답변한다. 그러나 편지 말미에 "문화가 발달해 핵전쟁의 무서움을 알게 되면 가능할 수도 있다."고 덧붙였다. 프로이트가 핵전쟁을 피할 수도 있다고 여긴 것은 역사에서 대부분의 전쟁은 이익을 얻기 위함이었으나, 핵전쟁은 아무에게도 이익이 되지 않는 사업이기 때문이다. 설령 적을 무너뜨린다 해도 남는 것은 피해와 방사능에 오염된 공기뿐이다. 이익은커녕 오염제거에 군사비 이상의 돈을 쏟아야 한다.

프로이트가 내건 핵전쟁을 피할 조건은 '문화의 수준'이었다. 그런데 과연 민족들이 집단 무의식에 숨어 있는 열등의식과, 시기심, 오기, 이기심 등을 극복하고 선한 의욕을 최대화시킬 수 있을까? 위대한 우주과학자 호킹(Stephen Hawking) 박사도 "앞으로 100년 안에 인류는 전멸할 것이다."고 어두운 예언을 했다. 프로이트나 호킹의 예언을 불식시킬 철학적 대안은 없으나 나는 원형의 승화가 가져올 정신혁명만이 그 길을 열어줄 것으로 믿는다. 신인류, 신한국인이 되는 것이다.

이탈리아의 화가 마사치오의 「낙원추방」, 1425~1428년에 그려진 프레스코 벽화의 일부분으로 에덴동산에서 쫓겨난 아담의 통곡과 이브의 공허한 절규는 핵전쟁을 겪은 인간의 절망을 표현하고 있는 것 같다.

원형의 승화가 없다면, 세계의 비핵화는 핵이 초래한 비극과 절망을 전 인류가 처절하게 실감한 후에야 가능할 것이다. 핵전쟁 후 세계 인구가 몇 분의 1 정도로 감소한 후, 또는 지구의 절반 이상이 핵으로 오염되어 인간이 살 수 없을 지경이 되었을 때 비로소 절실하게 핵을 거부할 생각을 갖게 될 것이다. 지금 같은 상황이 계속된다면 중동과 한반도가 포함된 지역은 거의 생존 가능성이 낮다. 핵전쟁을 겪은 인류는 실낙원으로 쫓겨난 아담과 이브보다 더한 절망을 맛볼 것이 분명하다.

컴퍼스의 역습 만약에 인간이 에덴동산에서 뱀의 꼬임에 빠져 지혜의 열매를 먹지 않았더라면 인간은 핵을 갖지 않았을까? 왜 신은 지혜를 갖게 된 아담과 이브에게 대노했을까? 신은 반이성주의자였나? 신은 혹 이성을 갖게 된 인간이 결국 스스로 자멸할 핵폭탄을 만들어낼 것을 알고 있었던 것은 아닐까?

뉴턴의 묘비에는 영국의 국민시인 A. 포프(A. Pope, 1688~1744)의 "대자연과 자연의 법칙은 어둠에 싸여 있었으나, 주께서 '뉴턴아, 나오라!' 하시매 모든 것이 밝아졌도다."라는 글이 새겨져 있다. 실제 뉴턴이 천체 연구를 한 목적도 창조주의 천지창조의 방법과 의도를 밝히기 위한 것이었다.

뉴턴은 신이 사용한 것과 같은 컴퍼스, 곧 이성과 계산의 컴퍼스로 자연의 법칙을 연구했다. 신비주의 시인이자 화가인 W. 블레이크(W. Blake, 1757~1827, 영국의 화가)는 초기에는 뉴턴의 이성주의에 반대하는 입장이었으나 그의 업적에 큰 감명을 받아 「창조주」와 「뉴턴」을 그림으로 남겼다.

뉴턴이 생각한 신은 수학자였다. 그는 수학으로 만유인력과 태양계 행성의 주기, 질량, 궤도 등 그동안 신비의 장막에 가려진 법칙들을 발견해냈다. 그러나 300년이 지나면서 뉴턴의 법칙은 완전치 못한 것으로 알려졌고, 보다 정확하게 천체 운동을 설명할 수 있는 천재의 등장을 요구했다. 아인슈타인이었다. 그는 일반상대성 원리를 이용해 뉴턴 이론으로 설명할 수 없었던 태양계의 수성의 이상한 운행을 거의 완전하게 설명했다. 공간과 시간은 어디에서나 같다는 뉴턴의 절대공간을 아인슈타인은 부정하고, 매우 무거운 물질이 가까이 있는 공간에서는 시간도 공간도 휘어진다는 사실을 입증했다. 속도도 시간이나 공간의 상태에 따라 달라진다는 것을 발견했다. 그 과정에서 엄청난 에너지를 내는 핵분열 공식이 유도되어, 뜻하지 않게 핵폭탄 개발의 기초를 만들게 되었다.

뉴턴의 신은 이성과 계산의 신이었고, 그 뒤를 좇던 아인슈타인은 상대성 원리로 핵무기 제조의 기반을 발견했다. 만일 하나님이 컴퍼스를 지닌 신이라면, 이성의 신은 아담과 이브가 지혜의 열매를 먹는 순간, 지구 파멸을 예감하고 두려워했던 것일까?

블레이크의 그림 「창조주(The Ancient of Days, 옛적부터 계신 이)」와 「뉴턴」을 보면 배경은 칠흑같이 캄캄하다. 아무것도 없는 어두움이다. 마치 우주인이 처음 달에 착륙해서 본 우주의 어두움과도 같다. 유일하게 지구에만 생명의 빛이 있었다. 핵무기는 그 유일한 생명의 빛을 다시 어두움으로 되돌리는 것이다. 신은 자신이 창조하신 지구를 다

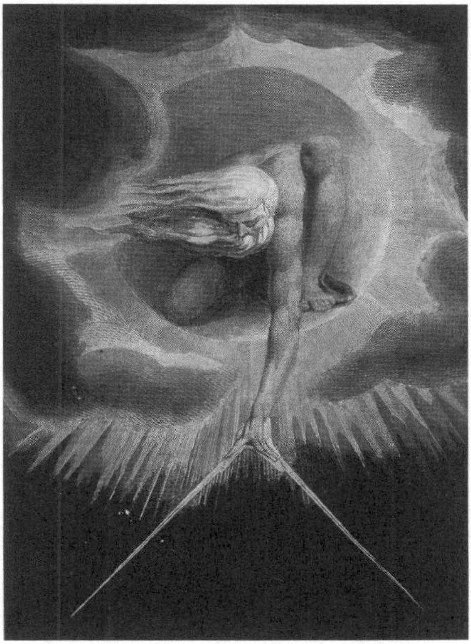

▍윌리엄 블레이크의 「창조주」
(The Ancient of Days)

▍윌리엄 블레이크의 「뉴턴」

시 허물고 어두움으로 되돌리는 것을 허용하실까?

지혜의 열매를 먹은 아담과 이브의 자손이 가졌던 컴퍼스는 과학 지상주의와 이성주의의 상징이었다. 그 컴퍼스가 자신의 결과물인 핵에 의해 역습을 당하고 있는 꼴이다. 나는 블레이크와 뉴턴이 잡고 있는 컴퍼스를 신의 것으로 상상한 것은 오해였다고 생각한다.

말년의 아인슈타인에게 다시 이 세상에 태어난다면 무슨 일을 할 것이냐고 묻자 벽돌 쌓는 기술자가 되고 싶다고 했다. 무서운 파괴와 절망을 초래할 핵을 발견한 학자로서의 깊은 죄의식을 이 짧은 한마디에 축약해 드러낸 것 같다. 제2의 추축시대에 맞을 신은 뉴턴, 헤겔 등 이성주의가 바라본『창세기』의 신이 분명 아닐 것이다.

제2의 추축시대 제1차 추축시대는 지역 단위로 발생했으나, 제2차 추축시대는 핵무기가 없는, 범세계적인 절대선(絕對善)으로 향할 것이다. 대카오스에 직면한 세계는 인류생존을 위해 '공존'의 도덕률을 요청하고 있다. 국제화는 카오스를 일으키면서도 한편으로는 서서히 자기조직화를 진행하여 인류를 하나로 묶는 새로운 길을 창발할 것이다. 궁극적으로 인류의 집단 무의식의 성의(聖意)가 발동되면서 한반도에 평화가 와야 가능한 일이다. 실패의 대가는 지구 멸망이라는 절박한 시나리오이다.

이제 한국 교향곡의 마지막 제4악장의 테마 '극적 변환'을 직접 연주하기 위해 한국인 스스로 지휘봉을 잡아야 한다. 백강전투 이후 '대륙과 해양 세력의 충돌'이라는 모티브로 계속 연주되는 '역사의 되풀이' 주제가 선명하게 들리는 듯하다.

역사의 되풀이는 '완전한 일치'는 아니지만 요소들이 상호 대응하면서 비슷한 구도를 드러낸다. 한국은 애써 무시하지만 일본은 미국의 첨단군사기술에 버금가는 기술을 보유한 군사대국이다. 중국(대륙 세력)과 미·일(해양 세력)의 선명한 대립구도 가운데, 미국과의 군사동맹에 크게 의존해왔고 현재도 기대야 하는 한국은 입지가 미묘하다. 이 상황은 6·25전쟁 당시의 국제구도로의 복귀이다.

다시 한 번 "역사는 한 눈으로 미래를 보면서 현재와 과거의 끊임없는 대화"라는 E. H. 카의 금언을 새기며, 과거의 역사보다 미래를 적극 구상해야 할 때임을 절감한다. 대륙과 해양 세력의 충돌구조를 없애고 공존을 위해 한반도는 어떤 위상을 세워갈 것인지, 국가원리인 '홍익인간'을 어떻게 해석해 '영세중립안'을 실현해갈 것인지 고민할 때이다.

B.C. 5세기를 전후해 철기의 발명이 있었고, 추축시대의 막이 열렸다. 철기무기는 대량살상이 가능했기 때문에, 넓은 지역을 지배할 수 있어 영토 국가의 탄생에 기여했다. 청동기 시대는 귀족의 시대였다. 청동의 재료인 주석(錫)은 철에 비해 훨씬 희귀해서 소수의 지배계층 귀족들만 소유할 수 있었다. 반면에 철은 청동보다 생산량이 많아 쉽게 구할 수 있었다.

청동기 시대 무기보다 살상력이 높은 무기가 보급되면서 대량살상이 일반화된 것은 필연적인 수순이었다. 청동기 시대에는 귀족들만 우수한 청동 무기를 독점하고 있었으나 천민들도 철기를 손에 넣으면서 자주적인 존재가 된다. 소수의 영웅보다 많은 병사의 역할이 커진 것이다. '철은 사회를 민주화'시켰다. 그리스에는 민중의 목소리가 큰 폴리스 사회가 등장해 헬레니즘 문화를 꽃피웠다. 또한 로마제국과 인도의 마우리아 제국이 일어났고, 중국에는 진·한 제국이 번성했다.

철기문명이 영토국가를 형성한 것처럼 북한 핵이 세계사의 조류를 바꾸고 있다. 핵무기는 대국과 소국의 차이를 없애고 패권 국가의 존재를 약화시켰다. 마치 값싼 철제무기의 확산으로 귀족의 권위가 약화된 것과 유사하다. 물론 핵무기는 청동기에서 철기로의 비약과는 비교가 안 될 정도로 충격이 크지만, 철기문명이 부족국가에서 도시국가로 다시 영토국가로의 역사를 확대시켰듯이, 핵 또한 세계를 국민국가에서 지구국가로 비약시킬 것이다.

이를 위해서는 보다 큰 지역체계의 보편사상, 즉 새로운 정신혁명이 필요하다. 그 해답을 얻을 때, 앞으로 30년 내에 한반도에는 신한국인, 신인류가 등장할 것이고, 후일 우리 후손은 이 시기를 제2의 추축시대라고 할 것이다.

5 역사의 역습

역사의 '종언'은 '역습'이었다 1989년에 베를린 장벽이 무너진 후 동유럽에는 꿈같은 일이 연달아 일어났다. 소비에트 연방 내의 공화국들이 차례차례 독립적인 경제체제를 세웠고 금방 그 여파는 북한과 중국에까지 미칠 것처럼 보였다. 베를린 장벽이 붕괴한 해는 후쿠야마가 『역사의 종언』이란 논문을 「The National Interest」에 발표한 해였다.

1991년 여름, 나는 런던의 국제 수리철학회에 참석해 있던 중 민주화의 길을 연 고르바초프 정권에 크렘린의 수구파가 쿠데타를 시도한다는 뉴스가 들려왔다. 참석자 대부분은 평소 국제문제에 관심이 없던 수학자였지만 미래를 결정하는 인류사적 사건이어서 모두가 충격을 받았다. 회의장에는 순간 긴장감이 흘렀다. 한국의 정권 교체극을 여러 차례 목격해온 나는 소련의 반동세력이 쉽게 정권을 내놓지 않고 유혈사태가 벌어질 것으로 생각했다. 그러나 1991년 12월 25일 군의 지지를 얻으며 정권유지에 성공한 옐친 대통령은 소련 해체를 선언, 공산주의 수구파는 붕괴했다.

후쿠야마는 소련의 붕괴를 예상하며 냉전 붕괴는 단순한 동서대립의 끝이 아니라 이데올로기 발전의 끝이 될 것이라고 내다봤다. "서방 자유민주주의 제도가 소련에 보급되면서 보편적인 마지막 정치형태에 도달했다."며 대담하고도 낙관적인 결론을 내렸다. 앞으로 대규모 패권 경쟁이나 분쟁이 줄어들어 더욱 평화로운 날들이 올 것이라고 그는 예언했다.

그 무렵 UN은 제법 믿음직하게 기능을 하고 있었다. 안전보장이사회는 쿠웨이트를 침범한 후세인 이라크군의 무조건 철수를 만장일치로 결의했고, 국제사회는 정의의 이름으로 평화를 이뤄갈 것을 표명했다.

이 상황을 보며 제2차 세계대전을 겪은 세대들은 일본, 독일, 이탈리아 같은 전체주의 국가에 대항해 승리한 연합국의 국민중심주의를 떠올렸고, 오랜 소원이었던 한반도 통일도 현실화될 것으로 다시 한번 성급하게 기대했다. 카이로 시민이 독재정권 반대를 외치며 광장을 메웠던 '2010년 아랍의 봄'을 보면서도 이제 민주화 운동이 중동 일

▌한국인이 가장 부러워하는 장면. 1989년 가을, 베를린 장벽 붕괴.

대로 옮겨가니 후쿠야마의 이론이 실증되는구나, 하고 믿었다.

헤겔의 역사철학의 핵심은 '서로 대립하는 것은 그것을 극복하려는 제3의 대상으로 이어져 역사를 발전시킨다.'는 개념이다. 후쿠야마는 이를 원용해 자유민주주의가 국민국가의 이데올로기로 정착하면, 투쟁의 역사는 끝난다고 결론지었다. 더 이상 확장할 자리가 없는, 역사의 종언을 알린 것이다. 동유럽의 민주화와 아랍의 봄은 그런 사회의 현실화를 기대하게 만들었다.

그러나 역사는 그의 생각처럼 단순하지 않았다. 아랍의 봄을 맞은 나라들은 대부분 이전보다 더 가혹한 정치상황을 겪어야 했다. 돌이켜 보면 2001년의 9·11 테러는 사실상 카오스 시대의 시작을 선언한 것이었다. 특히 시리아는 IS와 러시아가 얽힌 전쟁터로 변했다. 후쿠야마의 성급한『역사의 종언』은 '역사의 역습'으로 이제 대체되어야 한다.

마르크스가 헤겔주의의 적자라면 후쿠야마는 서자 격으로 한결같이 역사의 진보를 믿었으나 현실은 오히려 혼란, 즉 카오스로 돌입했고, 적자와 서자는 함께 역사 무대에서 완전히 퇴진했다.

진보사관이란 너무나 낙관적인 단순계 사고의 결과물이었다. 특히 핵전쟁을 두려워하는 현대인에게 후쿠야마의 평화 약속은 환상에 불과했다. 역사진보의 원동력을 헤겔은 지성에서, 마르크스는 경제에서, 후쿠야마는 자유민주주의 보급에서 찾았으나 현실은 전혀 다른 방향으로 나아갔다.

게다가 정체성 희구라는 새로운 요인이 나타나 카오스의 진폭을 높여가는 상황이다. 이들 진보주의자들은 단순계의 사고, 즉 하나의 원인으로 세계를 해석하려 했다. 그러나 역사는 복잡계로서 오늘의 현실은 어제의 역사에 새로운 요인을 가미해 되먹임(feedback)을 한다. 근대과학이 인류 멸망을 가능케 할 핵무기를 현실화하자, 땅속 깊이 묻혀버린 줄 알았던 '선 긋기'의 한(恨)이 카오스의 틈새를 타고 역습을 시작한 것도 이에 속한다.

어떤 철학사상도 복잡계 역사를 단순계로 대응하면 결과는 논리적 파탄이 될 수밖에 없다. 단순계의 이성주의에 대한 복잡계 원형의 역습이다.

협력이 불가능한 대국들 역사 이래 모든 국가는 영향력 증대를 위해 경제력과 군사력을 갖춘 대국화를 지향해왔다. 상대적으로 영향력이 쇠퇴해가는 초강대국 미국이 '다시 한 번 미국의 대국화'를 절규하는 것도 그런 속성에서다. 미·중·러는 국토와 인구 양면에서 세계 1, 2, 3위의 국가들이다. 러시아가 크리미아반도를 점령한 것은 제정러시아와 서방세력 사이에 계속되어 온 외교마찰의 결과인데, 미국이 북대서양조약기구(NATO)에 참여함으로써 이러한 마찰은 더욱 확대되고 있다. 남중국해의 작은 섬을 두고 벌어진 미·중 갈등도 중국의 해양 진출을 억제하려는 미국의 의지를 반영한 것이다.

러시아의 푸틴 대통령은 미국에 의한 냉전 패배의 굴욕을 극복하기 위해 군사력 확대에 진력하고 있다. 스스로 제2의 표트르(Pytre) 황제를 표방하며 종신대통령을 꿈꾸는 푸틴이다. 과거 냉전 중에 크렘린궁의 선배들이 썼던 '러시아주의' 카드를 내보이며, 보란 듯이 강력한 군사력을 앞세워 강권외교를 펼치고 있다. 내부 통제도 강화해 국내문제를 잠잠하게 만들고, 인접국가에 대해서는 군사적인 영향력을 계속 높여가고 있다. 또한 서방국가들이 연대하지 못하도록 분열을 시도하고, 그 틈에 핵무기창고에 비축량을 늘려가고 있다.

2011년에 미국 오바마 대통령과 체결한 핵무기 삭감조약은 이미 휴지통에 들어간 듯하다. 핵보유국으로서의 자세와 책임은 찾아볼 수도 없고, 국제 핵보유국 회의까지 보이콧하고 있다. 미국이 주도해온 북한 핵무기 제한 정책에도 러시아는 번번이 모호한 태도로 일관하며 중국처럼 은근히 북한 편에서 핵을 묵인하는 입장을 취해왔다. 요컨대 1인자 미국을 궁지에 몰아넣기 위해 중국과 외교적 공동전선을 취하는 모양새다.

전통적으로 러시아와 중국은 대립하면서도 연대하며 제1인자의 자리를 노려온 경쟁 상대다. 근대화 과정에서 두 대국은 서구세력에 의한 반식민지화 특히 일본에 패한 경험을 공유했고, 공산주의와 코민테른(국제공산주의 조직)으로 연대했다. 러시아와 중국은 국내적으로는 전제적이고, 외국과의 관계에서는 군사적 행동도 서슴지 않는다. 두 대국은 긴 국경선을 가지고 있어 러시아의 경우 프랑스와 스웨덴 등으로부터 침략을 당했고, 중국 또한 주변 민족으로부터 빈번한 침략을 겪은 역사가 있다. 그런 역사를 공유한 두 대국이 국경선까지 맞대고 있기 때문에 중·러는 필연적으로 충돌할 것이다. 모택동은 러시아와 국경문제로 핵전쟁까지 시도한 바 있다.

미국은 한 손으로 러시아를 중부 유럽에 가두고, 다른 손으로는 중국의 해양 진출을 막을 것이다. 미·중·러 3대국은 서로 패권을 다투면서도 핵 확산 방지를 위해 협력해야 할 처지다. 초 대국으로서 군사적 우위 유지를 위해 대립적으로 세력 확장을 하면서 동시에 협력관계를 유지해나가야 한다. 그러나 이란과 북한 등 소국들이 핵 무장에 매진하고 있어 강대국의 영향력은 상대적으로 약화될 것이다. 결국 초 대국들은 중소국가들의 핵 공격을 두려워하면서 국제질서도 유지해야 하는 상황이다.

궁극적으로 대국들은 소국의 역습을 감당하지 못할 것이다. 대국과 중소국의 격차는 점점 좁혀지며 애매해졌고 이미 대국에 대한 소국의 역습이 현실화되었다. 늑대와 토끼가 공존하는 세상은 이미 사라졌고 대국 스스로 핵무기를 포기해야 할 상황에 몰릴 것이다.

여론의 역습 후일의 역사가는 역사의 역습은 제2차 세계대전 직후에 이미 시작되었다고 할 것이다. 전쟁에서 군사력이 절대적인 힘을 발휘할 수 있었던 것은 제2차 세계대전까지였다. 프랑스의 식민지 알제리에서 벌어진 독립전쟁(1954~1962)이 상징적인 사례다. 프랑스군은 경제력에서나 군사력에서 압도적이었으나 보잘것없던 알제리 게릴라에게 손을 들었다. 반식민지주의 여론 때문이었다. 여론이 프랑스 본국을 비롯해 전 세계에 들끓으면서 정신적으로 게릴라들을 지지했고, 프랑스는 여론의 압박에 더 이상 버티지 못하고 알제리를 포기하고 물러났다. 프랑스는 또 한 번의 실수를 베트남에서도 겪고 두 손을 들었다.

그 실수를 미국이 이어받아 베트남전쟁에 개입했다가 역시 패배를 선언했다. 미국은 핵무기를 제외한 모든 무기, 심지어 고엽제까지 열대밀림에 뿌려 파괴하면서까지 버텼지만 전쟁에 지고 국제사회에서 체면도 구기며 철수할 수밖에 없었다. 대부분의 미국 대학들이 반전운동에 가담해 드세게 몰아붙였고, 대중의 반전 여론 또한 이길 수 없었기 때문이었다.

초강대국 미국이 작고 힘없는 아시아의 작은 나라 베트남에게 당한 일은 세계인들에게 여론의 힘이 얼마나 무서운가를 실감시켰다. 여론은 그 많은 핵무기도 사용할 수 없게 만들었고, 소국의 역습에 대국이 꼼짝없이 당할 수 있다는 사실도 보여주었다.

헤겔은 서구 민주주의가 이성의 구현이자 세계정신을 실현한 제도라고 자부했으나, 민주주의는 실상 원시부족의 가부장 제도보다 더 많은 모순을 품고 있다. 현실은 헤겔이 바라본 합리성에 의해 움직이지 않는다. 오히려 불합리하게 진행되어 왔다.

민주주의의 속성을 흔히 기능부전(機能不全), 즉 완전하지 않은 상태에서 기능을 하는 제도라고 말한다. 이는 민주주의를 움직이는 것이 수의 힘, 즉 여론에 있음을 의미한다. 영국의 명수상 W. 처칠도 "아마도 민주주의는 최악의 정치제도인 것 같다. 단 지금까지 전 세계에서 시도해온 모든 정치제도를 제외한다면."이라는 단서를 붙여 정의한 적이 있다. 우리가 경험한 수많은 정치제도 가운데 아직까지 민주주의가 가장 낫고, 분쟁적 요소는 많지만 인류는 아직 이를 대신할 보다 나은 정치제도를 발명하지 못해 계속 민주주의를 택하고 있는 것이다.

민주주의는 여론의 바다에 뜨는 제도이다. 그런데 IT의 급속한 발달은 여론을 수시로 변화시켜 오히려 모든 제도가 중심을 잃게 만들고 이젠 민주제까지 역습하고 있는 것 같다. 촛불 대신 스마트폰을 켜고 시위하는 시민의 모습은 정보에 민감한 오늘을 상징한다. 시민이나 권력이나 가진 정보의 양에도 큰 차이가 없어졌다. 권력은 그동안 정보조작으로 힘을 가졌으나, SNS와 인터넷은 순간에 정보를 확산시키면서 권력의 그늘 아래 움직이는 낡은 제도를 비웃고 있다.

IT시대에는 권력자의 비행이 더 이상 비밀이 아니다. 초라한 모습으로 법정과 형무소를 왕래하는 권력자들의 모습에서 권력 지향성이 IT의 위력 앞에 어떻게 무너지는지 생생히 보고 있는 우리다. '적폐청산'이란 것도 이미 묻혀버렸다고 믿은 어두운 역사가 다시 역습해오는 것이고, 그 집행자는 IT 기록이다. 사소한 법률 위반까지 샅샅이 찾아낼 수 있는 탓이다. 또한 엘리트에 대한 불신과 불만은 사회적 유대를 이완시켜 시민들에게 여과 없이 원형을 분출하게 만든다.

스마트폰에는 백과사전 이상의 정보가 있어 하버드 대학의 의미도 사라질 것이라고 미래학자 엘빈 토플러(Alvin Toffler)가 한 말이 실감난다. 사이버 공간에 세계의 명강의들이 쏟아져 절반 이상의 대학이 존재 의미를 잃을 것이라고 한다. 전 세계의 명강의를 집에서 다 들을 수 있는 것은 학교 제도에 대한 역습인 셈이다. 국제화와 정보화는 매일 새로운 카오스의 씨를 뿌리며, 어제를 먼 옛날로 만들고 과거와 미래를 오늘처럼 느끼게 한다.

과학의 역습 21세기 최대의 발명은 게놈 편집(genome editing) 기술이다. 과학은 유전자의 가장 깊은 곳에 있는 인간의 유전정보 게놈을 마음대로 조종할 수 있게 되었다. 유전자 정보는 마치 영화필름처럼 연결되어 있는데 그중 일부를 절단하고 붙이고 삽입하는 기술이 게놈 편집이다.

이미 암과 에이즈 같은 난치병을 일으키는 특정 유전자의 염기서열을 절단하는 기술이 개발되어 근본적인 치유에 성공했고, 유전자 진단으로 부모가 원하는 유전형질을 가진 '맞춤형 아기(Designer Babies)'도 낳을 수 있게 되었다. 용모와 두뇌가 뛰어난 후세를 가지는 인간 혁명인 것이다. 동식물의 유전자를 적당히 편집해 보다 영양가 높고 육질이 좋은 유전자변형식품(Genetically Modified Food)도 생산해 식량 혁명을 일으키고 있고, 생물에 기생충을 발생시키는 유전자를 제거함으로써 생물 종을 변화시켜 자연 생태계도 바꿀 수 있게 되었다.

게놈 편집기술은 뜻밖에 용이해 일단 GO사인이 나오면 급속히 보급될 것이 분명하다. 그런데 중요한 것은 윤리적인 판단 문제이다. 과학적인 성과는 대단하지만, 이에 대한 선과 악의 판별은 누가할 것인가? 무엇보다 민감한 사안은 맞춤형 아기, 즉 인간 혁명이 가져올 사회 혼란이다. 이미 윤리적인 문제들이 속속 발생하고 있어 보다 높은 차원의 보편적 기준이 요구되고 있다. 도덕, 정의 등 보편적 윤리 기준의 확립이 뜨거운 논란거리가 될 것이다. 특히 생리적으로 우수한 인간의 성격에 관한 문제들이 정신혁명을 자극해, 제2의 추축시대가 열리는 계기가 될 것으로 본다.

앞으로 40년 후는 아무도 예측할 수 없다. 2027년에는 로봇운전기사가 등장해 자동차와 KTX 등을 운전하고, 로봇군인이 국방을 맡을 것이다. 2037년에는 유전자 조합으로 용모와 두뇌가 우수한 아이를 임의대로 낳을 수 있어 성형외과 의사와 미인 콘테스트가 없어질 것이고, 2047년에는 로봇의사와 로봇법관, 로봇커플매니저, 로봇통역사 등이 등장할 것으로 예견된다.

인간이 핵무기의 위험성을 알면서도 기어이 현실화하고야 말았던 사실을 생각하면, 유전 공학도 난치병 치유에 그치지 않고, 서서히 인간 혁명으로 진행되어 갈 것이다. 인간의 신에 대한 역습이다.

자연의 역습

지구 곳곳이 온통 이상기후로 피해를 입고 있다. 지구는 거대한 개방계(開放系)로 지구 이편에서 일어난 작은 변화가 반대편에 회오리를 일으킬 정도로 상호작용을 한다. 남극과 북극의 얼음이 녹으면서 전 세계의 생태계가 변하고, 자연은 기존의 리듬을 잃고 반란을 시작했다. 온난화로 한반도는 아열대화가 되고, 북경은 대기오염으로 심각한 상태가 될 것이다.

이렇듯 음울한 예측들이 쏟아져도 미국은 국가이기주의를 내세워 "파리기후협정"에 반대했다. 지구 주민 모두가 협력해서 대책을 세워도 부족할 터에 미국은 부끄러운 줄도 모른다. 앞으로 수년 내에 인류에게 분명히 닥칠 자연의 대반란에 어떻게 대응할 것인지 걱정이 크다. 제1차 추축시대에는 자연의 반란은 없었다. 그러나 무모한 인간들로 인해 자연까지 역습에 가담하고 있다.

이와 더불어 국제정치는 다음과 같은 변화를 맞이할 것으로 예측

된다. 2037년에는 ▷한반도의 긴장 완화로 남북 왕래가 가능하고, 김일성 왕조는 교체될 것이다. ▷해외 주둔 미군은 전면 철수할 것이고, 달러의 통화가치는 대폭 약화될 것이다. ▷중국은 분열되고 ▷팔레스타인에 대항할 이스라엘의 군사력은 상대적으로 약화되고 ▷IS는 핵을 보유하게 된다. ▷일본 또한 헌법 개정으로 핵을 보유해 ▷2047년에 이르면 세계적인 비핵화가 가능해질 것이다. ▷국제화도 급속도로 진행되어 정보 공유의 심화가 세계정부의 수립을 이끌어내 제대로 그 역할을 하게 될 것이다. ▷경제는 저성장으로 빈부격차가 확대되고 ▷자본주의는 대혁신을 겪을 것이다.

토플러는 1980년대에 이미 『제3의 물결』, 『미래의 충격』 등에서 가까운 미래에 닥칠 격변을 예상했다. 그는 특히 카오스의 자기조직화에 해당하는 프리고진의 산일(散逸)구조론에 감명을 받았다. 토플러는 프리고진과 스텐저스(I. Stengers)의 공저 『혼돈으로부터의 질서(Order out of Chaos)』의 서문에서 "프리고진의 카오스의 자기조직화 사상과 자신의 미래관이 교차하고 있다."고 밝혔다.

그러나 두 탁월한 지성도 그 원인을 주로 과학, 특히 IT에 두었다. 하지만 현실은 달랐다. 과학과 사회, 정치, 풍토, 자연 등의 상호작용 결과가 카오스를 일으키는 것이 아니라, 이런 변화들이 공동체의 원형과 되먹임하면서 대카오스를 야기하고 있는 것이다. 원형사관은 그 실상을 논의하고 있다.

6 아시아 문화공동체 구성

집단 무의식과 전쟁

이성이 없는 동물은 종의 보존을 위해 본능적으로 동족상잔을 피한다. 전쟁은 인간만이 가진 특성이다. 전쟁은 영토 확장과 경제적 이유로만 발생하는 게 아니다. 기저에는 민족의 집단 무의식이 꿈틀대고 있다. 제1, 2차 세계대전은 프랑스와 독일 사이의 자존심 싸움이었다고 해도 지나치지 않다. 플라톤이 말한 기개(thymos)의 싸움이었다.

독일은 1918년 11월 11일에 프랑스 북부 콩피에뉴(Compiègne) 근처 산림의 한 열차 칸에서 휴전조약에 서명하게 되었다. 그 이듬해인 1919년 6월 28일에 독일은 다시 베르사유 궁의 '거울의 방'에서 치욕적인 평화조약에 서명할 것을 강요당한다. 이 방은 1871년 1월 18일 빌헬름 1세가 보불전쟁(프로이센 중심의 독일계 여러 나라와 프랑스 사이에 벌어진 전쟁)에서 승리한 후 독일황제 즉위식을 가진 곳이었다. 프랑스는 보불전쟁에서 패망한 한(恨)을 제1차 세계대전에서 설욕했다.

독일인은 이 치욕을 잊지 않고 다시 프랑스에 보복한다. 1940년 6월 22일에 히틀러는 1918년의 굴욕적인 휴전조약을 체결했던 그 열차가 보관되어 있는 프랑스 박물관의 벽을 허문다. 히틀러는 그 열차를 다시 콩피에뉴 산림으로 끌고 와, 1918년에 휴전조약을 체결했던 바로 그 자리에서 프랑스에게 휴전조약에 서명할 것을 강요했다. 베르사유 조약이 단순한 항복문서가 아니라 독일민족의 자존심에 상처를 입힌 문서였기 때문이다. 그 평화조약은 이미 제2차 세계대전을 잉태하고 있었다.

보불전쟁 이래 3차례의 '원한 → 보복 → 원한 → 보복'의 되먹임은 조직폭력단의 싸움을 방불케 하는 유치한 전쟁이었다. 제2차 세계대전도 독일과 프랑스의 기개전쟁이었다 해도 무리가 아니다. 상대의 가슴에 원한을 남기는 어리석음이 다시 전쟁을 불러왔다. 이를 방지하기 위해 유럽 국가들은 지혜를 모아 EU와 UN 등을 조직한 것이다.

동북아 공동체(East Asian Union)의 이상 투키디데스의 덫이 제2인자의 제1인자에 대한 도전이라면 온전은 제로섬(zero sum) 게임이다. 제로섬게임에서는 패자도 승자도 없고 상호 합의로 푸는 윈윈(win–win)이 되든가 아니면 공멸이다. 북한 핵문제를 포함해 현재 진행 중인 온전은 결국 한반도의 안전보장으로 끝날 것이며, 제2의 추축시대의 전조(前兆)가 될 것이다.

세계는 지금 기개를 자랑하는 자들과 원한을 가진 자들의 충돌로 카오스의 자기조직화를 시작하는 국면이다. 이것은 백강전투 이후 한반도인의 1,000년의 한을 풀 수 있는 중요한 계기이기도 하다. 이런 대결구도에서 벗어나는 길은 유럽의 EU처럼 지역공동체를 구성하는 것뿐이다. 안중근 의사가 통찰한 바와 같이 '동북아 공동체(East Asian Union, EAU)'를 구성하는 것만이 남북을 포함한 주변국들에게 평화를 가져올 수 있다.

한반도 비핵화 해법의 보조선은 '한반도 영세중립안'이다. 한민족은 몽고의 침략에 시달리면서도 강력한 평화 염원을 담은 '홍익인간'을 국가원리로 삼아왔다. 홍익인간의 현대적 해석이 핵 카오스의 중심에 선 우리에게 절실히 필요하다.

동북아 공동체(EAU) 제안에 앞서 먼저 EU의 역사를 살펴보면 우리의 길이 더 선명하게 보일 것이다. 원래 EU는 비교적 결성되기 쉬운 조건 아래 있었다. 첫째, 유럽은 그리스와 로마의 전통을 공유해왔다. 그리스는 2,000년 가까운 세월을 식민지로 지냈고 로마 또한 멸망한 지 오래여서 고대 그리스어와 로마어를 계승한 나라는 없지만, 그 이념은 유럽인들의 사상적 바탕이 되어 있다. 둘째, 종교가 모두 기독교다. 이 두 가지 공통분모가 '유럽 내에서는 전쟁을 하지 않는다.'는 집단 무의식의 소망을 공유하게 만들었다.

EU의 정신은 약 300년 전에 생피에르(Saint-Pierre, 1737~1814, 프랑스의 작가)와 칸트가 주창한 『영구평화론』을 현실에 적용한 것으로 '국토면적이나 인구수와 상관없이 유럽 내 국가들은 모두 동등하다.'는 이념에 기초했다. 서구문명의 위기를 의식한 슈펭글러도 저서 『서양의 몰락』에서 문명에 대한 새로운 인식을 요구했고, 유럽의 지성들 또한 이에 호응해 유럽문명을 되돌아보며 그 가치를 재인식하게 된다. 그런 흐름을 타고 쿠덴호프-칼레르기(Coudenhove-Kalergi)가 '범(汎)유럽' 연합운동을 일으켰다.

EU를 이끈 핵심국가는 프랑스와 독일이다. 근세 이래 나폴레옹 전쟁과 프로이센 전쟁, 제1·2차 세계대전 등으로 서로 앙숙지간이었던 이 둘은 알자스 로렌(Alsace Lorraine) 지역을 두고도 수백 년간 영토분쟁을 벌였다. 다행히 전후 양국에서 걸출한 지도자들이 등장해 '과거는 잊자.'며 적극적으로 힘을 모아 EU를 결성하는 데 성공했다. 비록 최근에 영국의 EU 탈퇴(Brexit)가 국가와 민족의 원형을 중시하라는 경고로 비치긴 했으나, '유럽은 하나'라는 이상이 살아 있어 전쟁은 일어나지 않을 것이다.

반면에 동북아시아에는 로마 교황에 대응할만한 종교적 구심점도 없고, 그리스·로마에 버금갈 문화전통도 없어 EU 같은 지역공동체 구상을 할 수 없었다. 한·중·일 삼국은 각자 고유의 원형을 갖고 있고, 문자와 언어도 다르다. 고유의 문화를 가졌다는 것은 인구수와 관계없이 자신의 문화의지를 지녔다는 것이다. 한마디로 서로 다르다. 또한 영토와 인구에 있어서 중국의 존재감이 지나치게 크다.

그러나 한·중·일이 가진 공통점은 한자를 사용하고 유교적 전통을 공유하고 있다는 사실이다. 또한 칸트의 『영구평화론』에 버금갈 이론적 배경도 우리에게 있다는 사실을 기억해야 한다. '아시아는 하나'라며 동북아를 하나로 묶은 안중근 의사의 대동 동양평화론이다.

게다가 한·중·일 삼국은 경제력이 막강하다. 중국의 경제 규모는 세계 2위, 일본은 잃어버린 20년을 겪었으나 여전히 세계 3위의 경제대국이고, 한국도 세계 10위권 안에 들어간다. 합치면 거대한 세계 경제권을 형성하게 된다. 세 번째는 지나친 군비부담이다. 케네디(P. Kennedy)가 군비 확장의 한계에 관해 경고했듯이, 무기의 고급화는 더욱더 국내 경제를 압박해 중국의 군비 확장도 벌써 한계가 보인다. 이대로 가면 미국도 군비에 의한 경제 파탄을 우려하지 않을 수 없다. 일찍이 송(宋)의 시인 유영(柳永)은 군비부담을 이렇게 시로 읊었다.

'무기를 깨끗이 씻고 전쟁을 그만두면 세금도 줄어든다.
왕은 여유를 갖고 염철(塩鐵)에 세를 부과할 필요가 없다.'

이상적인 하, 상, 주(夏, 商, 周)의 세상으로 돌아가는 길은 의외로 단순할 수 있다. 동북아 공동체의 결성이다.

아시아 문화공동체 동북아 공동체 결성은 EU 창설과 비교할 때 물론 수많은 장애물들이 가로놓여 있다. 문화적 배경의 격차와 상대 문화에 대한 이해 부족, 지도자의 의지 부족 등이다. 그러나 삼국은 유교라는 공동의 가치를 가지고 있다. 중국은 공자학원까지 설립하면서 비공(批孔, 공자 비판)에서 숭공(崇孔)으로 바뀌었다. 루쉰이나 마오쩌둥 같은 지도자들이 아무리 유교를 배격했어도, 중국인들의 일상에서 유교를 대신할만한 윤리관이나 사상은 없다.

추축시대에 형성된 유교는 공산주의로 바뀌어도 사라지지 않고 그대로 이어져왔다. 중국인들은 '왕바단(忘八蛋)'이라는 욕을 가장 싫어한다. 왕바단의 팔(八)은 효(孝), 제(悌), 충(忠), 신(信), 례(礼), 의(儀), 염(廉), 치(恥) 여덟 가지 유교적 덕목이다. 이 덕을 잊어버린 왕바단은 인간이 아니라 짐승이나 매한가지라는 뜻이다.

문화와 평화의 관계를 논하기 위해서는 조선통신사가 일본을 왕래했던 시절을 재조명할 필요가 있다. 근세 270년간은 한·중·일이 가장 평화로웠던 시기였다. 이 기간에 일본은 조선의 학자 강항(姜沆)으로부터 조선 주자학을 받아들여 도쿠가와(德川) 막부의 관학으로 삼았고, 삼국은 조상을 숭배하는 유교적 신념을 공동의 가치로 여겼다. 한·중·일의 유교는 강조하는 덕목은 나라마다 다소 다르지만 공통분모가 더 많아 서로 공동의 윤리로 삼을 수 있고, 이를 통해 삼국의 진정한 화해가 이뤄질 수 있을 것이다.

나는 한국의 IMF 위기 때, 동북아 공동체주의자로서 동북아은행을 창설하고, 그에 관한 공동연구를 통해 평화 구도를 만들어갈 것을 주장한 바 있다. 그때 안중근 의사의 고매한 구상을 가장 많이 떠올렸다. 안 의사의 동북아 평화 체제야말로 한·중·일의 국가주의적 유혹을 막는 길이고 서로를 이해하고 융합하는 데 도움을 줄 것이라 믿었다.

'유능제강(柔能制剛, 『三略』)'이란 말이 있다. 부드러움이 힘보다는 강하다는 의미다. 어려운 국제문제일수록 더욱 부드럽게 접근하는 지혜가 요구된다. 적극적으로 상대의 원형을 이해하면 경제, 정치, 외교 등에 분명 긍정적인 영향을 줄 것이다. 군사력과 경제력 못지않게 중요한 게 국격인데, 국격은 상대의 문화에 대한 이해 없이, 일방적으로 자국의 가치만 내세우면 얻어지지 않는다.

동북아 공동체는 이상은 좋지만 정치적 불안 요소도 적지 않다. 하지만 대안이 있다. 동북아 공동체에 앞서 문화 중심의 동북아 문화공동체, EACU(East Asia Cultural Union)를 구성할 것을 제안한다. 동북아 문화공동체는 북한의 김씨 왕조사상을 희석시켜줄 것이다.

한국은 다음과 같은 단계를 밟아 EACU의 중심국이 될 수 있다.

첫 단계는 주변국에 필요한 나라가 되기 위해 한반도의 지정학적 구도를 역이용해 교통의 중심이 되는 것이다. 이를 위해서는 UN 산하기구를 비롯해 국제기구를 유치하고, 의료(국제적 병원), 국제 수준의 대학 설치 등에 적극 나서야 한다.

둘째 단계는 주변국인 중·미·일·러와 협력 관계를 유지하고 불필요한 마찰을 일으키지 말아야 한다. 이들 이웃나라들은 도움은커녕 사소한 일조차 악의적으로 해석해 한국의 진로를 방해할 수 있다.

셋째 단계는 남북 공존을 염두에 두고 북한 주민의 마음 깊은 곳에 있는 한민족의 집단 무의식에 주목해, 자존심이 남한 사람 못지않음을 인식해야 한다. 북한 주민들은 원형에 자극을 받으면 충동적이 될 수 있고, 교활한 정치가는 그것을 이용할 것이다. 중구삭금(衆口鑠金), 대중의 말은 쇠도 녹인다는 말처럼, 집단화된 부정적인 목소리는 민족 지성을 억누르는 불행을 자초할 수 있다.

마지막 단계는 홍익인간과 동방예의지국 사상의 현대적 재해석이다. 이는 국제법을 준수하는 것이고, 도덕률의 강화로 국격 높은 한민족 공동체를 만드는 것이다. 경제 제일주의나 속물적 출세주의에서 탈피해 생활의 질을 높이는 것이다. 그동안 남북한은 경제와 군사력 향상에만 집중해왔다. 서로가 상대를 적대시하는 상황에서 피할 수 없는 선택이었다. 그러나 이제 힘을 기울여야 할 것은 문화 향상이다.

국격 승화와 이상적인 인간상 R. W. 스페리(R. W. Sperry, 1913~1994, 미국의 대뇌생리학자)는 좌뇌와 우뇌에 관한 연구로 1981년에 노벨의학상을 수상했다. 그는 좌뇌는 분석적, 수학적, 언어적인 분야를, 그리고 우뇌는 직관적, 음악적, 감각적인 기능을 지배한다고 밝혔다. 그러나 편 가르기를 좋아하는 한국 교육계는 스페리 이론의 진의를 오해하고, 고등학교를 문과와 이과로 분리해버렸다. 잠재성 많은 청소년에게 수학 성적을 기준으로 '좌 아니면 우' 중 하나를 양자택일하게 만들었다. 한국의 편협한 교육이 세계적 천재의 등장을 막아온 것이다. 단순계의 사고가 낳은 안타까운 현실이다. 인간을 이해하는 폭넓은 관점이 절실하다.

나는 전공이 수학이므로 좌뇌와 우뇌의 능력을 오랫동안 관찰할 기회가 있었다. 수학에는 직관적인 통찰력과 그 결과를 검증하는 분석력이 모두 필수적으로 요구된다. 좌우의 뇌기능은 상호 보완적으로 필요하다. 수학에서뿐만 아니라 문화 전반이 좌뇌적인 것과 우뇌적인 것, 즉 로고스와 파토스가 상호 보완하면서 공존하는 공간이다. 우리가 무심코 사용하는 의식과 무의식의 관계도 밀도 높은 '상호작용'의 결과다.

로고스와 파토스의 대립

	로고스(logos)	파토스(pathos)
생리학	좌뇌	우뇌
컴퓨터	디지털	아날로그
고교 교육	이과	문과
심리	의식	무의식
뇌기능	이성	감성
현상	코스모스	카오스

‘원형=집단 무의식’과 문화의 관계도 정념(情念)적인 예술 즉 파토스적인 것과 로고스적인 요소가 공존한다. 수학이나 언어학과 같은 분야가 로고스(logos)라면, 대립어인 파토스(pathos)는 정념, 애수, 비애라는 뜻으로 미술, 음악, 건축 등의 분야가 망라된다. 영어와 불어의 ‘passion’과도 의미가 유사해 수난의 의미도 내포하고 있다. 프로메테우스가 신에 도전했다가 수난을 당하는 것도 정념으로 인해서다. 인간에게 신의 소유물인 불을 훔쳐 건네준 프로메테우스는 제우스 신의 벌을 받아 암벽에 쇠사슬로 묶여 낮에는 독수리에게 간을 쪼아 먹히고 밤에는 치유되는 고통을 되풀이해서 당한다. 예수 그리스도의 수난과 죽음도 인간을 위한 사랑, 정념으로 인해서였다. 한민족의 고통과 수난도 지나친 정념 때문이 아닌가 하는 생각이 들 때가 많다.

로고스와 파토스는 문화뿐 아니라 개인에게도 적용된다. 문화의 거인 레오나르도 다빈치가 양쪽을 공유한 가장 좋은 사례다. 그러나 이성주의로 근대를 이끌어온 서양은 ‘인간이 자연 상태’를 벗어날수록 문명화되고 발전하는 것으로 생각했다. “지식은 힘이다.”를 믿은 베이컨이나 “합리적인 것이 현실적”이라는 헤겔의 사상이 그것이다.

이에 반해 플라톤 비판자였던 루소는 이성주의에 반대하며 “자연으로 돌아가라.”고 외쳤다. 『야생의 사고』로 알려진 레비 스트로스도 같은 자연주의 계열에 선 학자였다. 진정한 지적 인간은 파토스와 로고스의 최고 수준에 도달한 러셀 같은 인물이다.

원형승화는 ‘높은 국격과 이상적인 문화’가 조화를 이룰 때 가능하다. 이상적인 문화란 서로 대립되는 개념이 상호 보완하며 활발하게 문화 융합을 하는 상태다. 이성이냐 자연이냐 또는 의식이냐 무의식

▌루벤스의 작품 「사슬로 묶인 프로메테우스」. 독수리에게 매일 간을 쪼이며 고통을 호소하는 프로메테우스

이냐 등 양자 택일을 하는 게 아니라, 지적 인간(호모 사피엔스)으로서 자신의 정념의 소재와 이성의 관계를 인식하고, 지나치게 집단화된 감성은 억제하는 것이다.

한민족은 어느 민족 못지않은 우수한 문화적 자질을 갖고 있지만, 앞으로 남북한 주민이 왕래와 협력을 할 때 한반도인이 어떤 인간상을 가져야 하는지에 대해 생각해볼 필요가 있다. 그동안 남북 양측의 국민은 같은 원형을 지녔음에도 서로 별개의 교육을 받고 서로 타협할 수 없는 가치관을 갖고 살아왔다. 아무리 우수한 민족이라도 서로 자기 것만 고집하면 결과는 파국이다. 높은 교양과 국격으로 자기의 가치관을 녹여내야 하는 것이다. 심술궂은 지정학만 풀린다면 멋스러운 문화를 가꾸어 세계가 부러워할 문화국가가 될 수 있다.

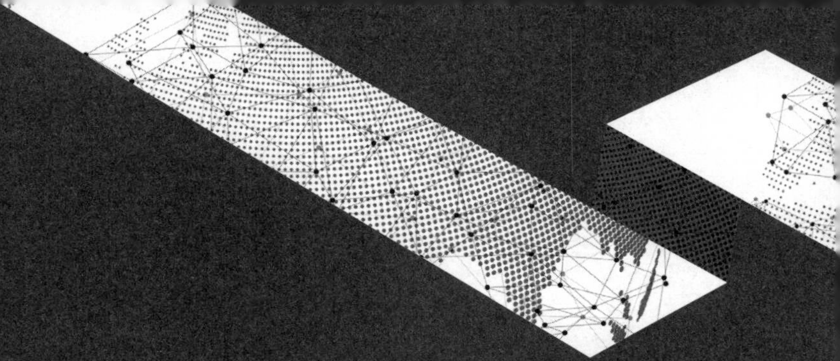

10

정신혁명

오직 한없이 가지고 싶은 것은 높은 문화의 힘이다. 문화의 힘은 우리 자신을 행복하게 하고 나아가서 남에게 행복을 주기 때문이다.

김구 『백범일지』

1 집단 무의식의 실체

유라시아 대륙에선 수많은 민족이 멸망했지만 한민족은 민족이동의 십자로에 위치해 있었음에도 고유의 언어와 문화를 고수해왔다. 그러나 우리는 여전히 전쟁의 위기 가운데 있고, 민족은 분열된 상태다. 역사적 성찰이나, 미래에 대한 철학 없이 눈앞의 일에만 급급해온 결과다.

대통령은 청와대에 숨고 국민들의 촛불 시위와 태극기 시위의 대립으로 온 나라가 어지럽던 2017년 2월의 일이다. 윤병세 외교부장관이 기시다(岸田文雄) 일본 외무장관으로부터 협정에 따라 위안부 동상을 조속히 철거해줄 것을 독촉받는 장면이 일본 TV에 방영되었다. 협정에 서명하고 돈까지 받았으면서 아무런 처리도 않는 것은 약정 위반이라고 다그치는데 한국 대표는 아무 말도 못하고 있었다.

그 장면이 방영된 지 일주일 후, 윤병세 외교부장관은 중국 왕이(王毅) 외교부장으로부터도 사드(THAAD) 배치 중단을 촉구 당했다. 북한의 핵미사일에 대해서는 아무 대응도 않는 중국이 남한에는 서슴없이 내정간섭을 했다. 그뿐인가! 국제무역기구(WTO)의 규정까지 무시하며 자국민의 한류관광여행을 금지했다.

한국 외교는 한마디로 자국민에게만 큰소리치지, 외국에 나가면 여기서 뺨 맞고 저기서 차이느라 정신 차릴 겨를이 없다. 일본, 중국, 미국, 러시아 등 모든 나라에 아무 말도 못했다. 근본적인 이유는 확고한 외교노선(국제관)이 없어서다. 왜 대한민국이 이토록 국제적으로 수모를 당해야 하는지, 한국의 독자노선은 진정 없는지, 스스로 운신의 폭을 한 치도 넓히지 못한 우리 외교가 안타깝다. 이제는 국제사회에서 당하는 수모를 지정학 탓으로만 돌릴 수는 없다. 더 이상의 신세타령도 자학이며, 이웃의 차가운 시선을 받으면서 그대로 있는 것도 자학이다.

역겨운 일이지만 우리가 현재 겪는 좌절은 역사의 산물, 특히 사대가 빚어낸 정신적 유산임을 다 같이 직시해야 한다. 35년간의 식민지 통치에는 신경질적으로 자학하면서 1,250년간의 사대사관에는 둔감한 우리이다. 사대의 역사는 우리의 집단 무의식에 큰 멍을 남겼다.

칸트는 계몽을 '스스로 어른이 되는 지력, 즉 오성(悟性)을 발휘하는 것'이라고 정의했지만 우리는 제대로 민족적 이성을 성찰할 기회를 갖지 못했다. 주자학적 원리주의와 불합리한 사회적 편견을 불식시킬 지적 노력이 없었다. 정치 지도자조차 그 사실을 의식하지 못했다. '사대에 병든 한민족의 집단 무의식의 실체'를 파악해야 원형승화의 길도 열릴 것이다.

휘어진 자존심, 동방예의지국 동방예의지국에 관한 기록이 『조선왕조실록』이나 중국의 정사에도 없는 것으로 보아 중국적 '예(禮)' 문화만 지키면 문명국이 될 수 있다는 중화사상을 조선화한 것이 확실하다. 특히 여진족 출신인 청(淸)왕조는 중화사상을 존중했다. 한족(漢族)의 눈에는 조선이나 여진족이나 똑같은 오랑캐였을 테니, 청과 조선 간에는 인종이나 문화 양면에서 전혀 열등감이 없었다.

그러나 중화사상을 숭상하는 모화(慕華)는 청보다 조선이 먼저 시작했다. 조선인의 사대관(事大觀)은 한글 창제를 반대한 최만리(崔萬理)의 상소문에도 잘 나타나 있다.

"조선은 처음부터 지성으로 사대하며 중국 제도를 따라왔습니다. 중국과 같은 글을 쓰고 같은 길을 가야 하는데 다른 글을 만든다니 말도 안 됩니다. 옛날부터 여러 지역 풍토와 방언이 각기 다르지만 방언에 따라 문자를 만든 일은 중국에는 없습니다. 오직 몽골, 서하, 여진, 일본 등 오랑캐들이나 저마다 문자를 만드는 짓을 할 뿐이니 거론할 가치도 없습니다. 역대 중국은 한결같이 우리나라를 기자(箕子)의 유풍을 간직하고 있다며 중화로 보는데 어찌 언문(한글)을 만든다는 겁니까! 대 중화를 버리고 스스로 오랑캐가 되자는 겁니까! 문명을 버리고 야만이 되자는 일은 있을 수가 없으며 이 사실이 중국에 알려지면 사대와 모화에 부끄러운 일입니다."

조선은 명(明)을 타도한 청의 무력 앞에 굴복할 수밖에 없었으나, 몸은 굽혀도 속마음은 여전히 명을 따른다는 신청심명(身淸心明)이었다. 조선 조정은 중화의 정통성은 신봉했지만 오랑캐 왕조인 청(淸)에는 은근히 반감을 가졌다. 멸망한 명 황제의 제사를 몰래 지냈고 군비를 최소화하는 것으로 청을 안심시켰다. 자존심의 근거를 소중화에 두었다. 비교도 안 되는 군사적 열패감과 굴욕감을 주자학적 문명의식으로 보상받을 수 있다고 조선은 생각했다. 청은 겉과 속이 다른 이런 조선에 대해 마음을 놓을 수 없었다.

중국에서 보면 변방에 자리한 조선은 비록 국토는 협소하지만 예교(禮敎), 음악, 법률, 제도, 의관(신분 질서), 문물 등이 모두 중국식으로 문명화되어 있었다. 인심도 좋고 예의도 바른 민족이었고 그런 정신은 일반 서민에게까지 잘 교육이 되어 있었다. "화인(중국인)은 우리를 소중화로 불렀다(『동몽선습(童蒙先習)』 초론, 숙종왕서 송시열 발문(肅宗王序 宋時烈跋文))."고 기록했을 정도였다.

조선이 스스로를 군자의 나라로 자처한 것도 분명한 근거가 있다. 공자도 고조선을 군자의 나라라고 칭송했다. "오늘날 중국에서 도가 실행되지 않는데 도리어 바다 건너 동쪽 조선은 예를 지켜 도를 행한다."며 "차라리 바다 건너 조선으로 가고 싶다. 나를 따를 자 몇이나 될까!(道不行, 乘桴浮於海, 從我者其由與!, 『논어(論語)』 「공야장편(公冶長篇)」)"라고 공자는 물었다. 구이(九夷, 동이에 9종족이 있다는 표현)에 가고 싶다는 그에게 옆에서 누가 "어찌 그렇게 누추한 곳에서 살 수 있겠는가?"라고 묻자 공자는 "군자가 사는 곳인데 왜 못 살겠느냐."고 답했다. 공자도 고조선을 군자의 나라, 예(禮)의 나라라고 칭송했던 것이다.

동방예의지국을 내세운 조선 선비의 무의식에는 청에 대해 만만치 않은 경쟁심과 오기가 있었다. 청은 중원에 제국을 수립한 후 삼대에 걸쳐 명군을 배출하며 중화 문명의 주인은 인종이 아닌 문명에 있음을 온 천하에 알렸고, 중화의 보편성을 확인시켰다. 오랑캐가 이룬 위업을 지켜본 조선의 지식인들은 청에 뒤지지 않는 문명국이 될 수 있다는 자각과 삼전도(三田渡)의 굴욕에 대한 보복심을 불태웠다. 그 기백이 '동방예의지국 사상'을 형성했다. 굴욕적인 사대를 긍지로 전환하는, 연금술에 빗댈 수 있는 연심술(鍊心術)이었다. 니체가 말한 유대인의 로마에 대한 한(ressentiment)과도 같은 것이다.

명의 정통성 계승을 자처한 조선은 중국인도 놀라워할 만큼 중화문명에 대한 강한 자긍심을 '동방예의지국' 사상으로 상징화했다. 예절을 소중히 여기고 자랑하면서 주자의 예법(朱子家禮)을 꼬박꼬박 실천해 스스로 문명인임을 마음에 새겼다. 동시에 청의 학문은 받아들일 필요가 없다고 생각했다. 청에 사대하면서도 멸시하는 모순에 빠진 조선은 자국이 세계 제일의 문명국임을 자부했다. 이 모순의 강행이 원리주의적 사고를 원형에 심었다. 정다산(丁茶山)은 조선인의 화이(華夷) 차별에 대해 "중원의 한(漢)족과 다른 동이의 한 갈래인 한민족이 왜 같은 동이족인 청(淸)을 오랑캐라며 무시하는지 이해할 수 없다."며 조선 지식인이 청을 오랑캐라고 부르며 스스로를 소중화로 여기는 모습을 비꼬았다.

중국은 이와 같은 조선의 철저한 사대에 대해 어떤 생각을 가졌을까! 문명의 평가보다는 그저 반란이 일어나지 않는 것에 안심했을 것이다.

종주국은 조공국의 반역을 경계하면서도 일방적인 굴종(屈從)은 경시한다. 베트남도 중국과 육지로 이어진 소국으로 조선처럼 중국의 책봉체제 아래 있었다. 그러나 그들의 문명의식은 한반도와는 달랐다. 베트남은 조공국이었지만 신라가 당을 이용해 백제를 친 것처럼 중국을 불러들여 자국 내의 적대세력을 멸망시키지는 않았다. 제갈공명의 칠종칠금(七縱七擒)의 일화는 기회만 있으면 반항하며 조선과는 다른 길을 택했음을 보여주고 있다. 중국은 이런 베트남의 태도를 경계하면서도 얕보지 못했다.

사라진 귀족정신(noblesse oblige) 종묘사직(宗廟社稷)을 중시한 조선의 왕위 계승의 기준은 백성의 지지보다는 서열이었고, 정통성은 중국 황제에게 인정받아야 했다. 나라를 지키기 위해 앞장서 싸우는 상무정신이 없던 대부분의 왕들은 외침을 당하면 맨 먼저 자신의 존재 이유를 보장해주는 전주 이씨 역대 왕의 위패를 들고 피난을 갔다. 몽진(蒙塵, 먼지를 덮어쓰며 피난함)하는 임금을 고관들은 뒤따랐다.

일본인이 600년간이나 정치적 실권도 없이 신도(神道)의 사제(司祭)장 노릇이나 하던 천황을 복구시킨 것과는 대조적으로, 조선인은 500년간 통치해온 이씨 왕조의 멸망을 당연히 여겨 물러난 왕을 다시 세우는 복벽(復辟)운동을 하지 않았다. 민중의 가슴에 무엇이 있었기 때문이겠는가? 6·25때도 거의 유사한 상황이 벌어졌다. 북한의 남침으로 서울이 위태로워지자 서울을 절대 사수하겠다던 이승만 대통령은 배가 침몰할 때 생쥐가 먼저 떠나는 것처럼 빠져나갔다. 수많은 시민들을 한강 이북에 둔 채 한강 다리는 폭파되었다. 제1차 서울 점령 때 시민을 두고 도망친 대통령을 본 시민들은 제2차 침입 직전에 들려온 라디오 방송의 안내를 믿지 않았다. 대신 고위관리들의 행동만 주목했다.

국민적 일체감을 이루지 못하고 식민지로 전락해도 전주 이씨의 종묘는 건재했고 왕족은 일본 제국의 귀족이 되었다. 해방 이후에도 애국(=반일)의 명목으로 조무래기 일본 심부름꾼만 친일파로 매도했을 뿐 그 원흉에게는 눈을 감았다. 친일파를 매도하면서도 이로 인해 벌어진 민족 분열을 극복하는 데는 실패했다. 이성 없이 감정만 앞세우느라 눈앞에 있는 것만 봤지 좌절의 본질은 보지 못한 때문이다.

병자호란이 발발했을 때도 이와 유사했다. 임진왜란에서는 사명감 있는 유생들이 전국 곳곳에서 무기를 들고 일어나 의병으로 활약했다. 목숨과 재산을 바쳐 나라를 지켜내고자 최선을 다했다. 그러나 분열된 권력이 무책임한 당파싸움으로 일관하자 이에 실망한 유생들은 고향에 칩거했고 병자호란이 나도 백성들은 도망칠 궁리나 했다. 1653년에 제주도에 표류한 화란인 하멜(Hamel)은 『조선 표류기』에서 당시 상황을 목격한 화란인 박연(J. J. Weltevree)의 말을 인용해 "조선인처럼 비겁한 민족은 없다. 외침에 맞선 전사자보다 피난을 가다 산중에서 얼어 죽은 자가 더 많았다."고 기록했다.

고려와 조선이 사대를 하는 동안 삼국시대의 무사정신은 모두 사라졌다. 전쟁에 패하고 돌아온 자식을 만나지도 않고 다시 일선으로 되돌려 보낸 김유신의 아내나 어린 자식 관창(官昌)을 전사시키고도 오히려 화랑다운 죽음이었다고 자랑한 아버지 품목(品目) 장군, 그리고 패전할 것을 알고 적의 손에 욕을 당하기 전에 스스로 처자식을 거두고 출전한 백제의 계백 장군 등 한반도에서 기상을 떨쳤던 상무정신은 사라져버렸다.

조선은 상무정신 대신 종교심으로 침략을 막을 수 있다는 자기기만에 빠졌다. 한국이 세계에 자랑하는 해인사의 팔만대장경도 몽골군의 침략으로 강화도에 피난을 갔던 왕이 부처님의 힘, 즉 불력(佛力)으로 원군을 물리칠 수 있기를 기원하며 만든 것이다. 발달한 고려의 목판 인쇄술에 고려인의 정신을 담은 팔만대장경은 유네스코의 '세계 문화 유산'에 등재될 만큼 가장 오래된 그리고 가장 완벽한 대장경으로 인정받았다. 자랑스러운 우리의 문화 유산이다. 그런데 문제는 국왕과 신하들이 경전을 만드는 일이 군부대 하나 창설하는 것만큼의 효력이 있다고 진심으로 믿었던 데 있다. 함석헌 선생은 임진왜란 당시 고향에서 있었던 일을 글로 남겼다. "왜군이 마을에 몰려오는데 '아무리 왜놈이 야만스러워도 성현(聖賢)의 어구가 담겨 있는 글은 무시하지 못하리라'고 믿고 주민들은 아무런 대책도 없이 마을 앞에 유교 교전을 쌓아놓고 눈감고 한 줄로 앉아 있었다." 그는 이 일화를 소개하며 "과연 웃어야 할지 울어야 할지 모르겠다."고 적었다.

사대하는 왕권은 그 존재 이유를 중국 황제에게 두었기 때문에 백성과의 사이에 당연히 있어야 할 신뢰가 없었다. 그 영향을 받은 건지 오늘날의 민주제도 아래에서도 한국의 대통령은 대부분 자신의 권한을 선거전의 전리품으로 본다. 그래서 남용과 부패가 끊이지 않는다.

사대가 준 가장 큰 병은 왕조차 한민족이 한 겨레라는 의식을 갖지 못했던 데 있다. 한반도의 왕가는 백강전투 이후 누구 하나 백제와 고구려의 조상을 되새긴 적이 없다. 지금도 고구려사를 뺏은 중국의 동북공정에 우리는 말 한마디 못하고 있다.

민족의 원형에는 우열이 없다. 다만 시대적 상황에 적응하며 부정과 긍정의 결과만을 원형에 반영시켜왔을 뿐이다. 현재의 우리가 그 결과다.

패자를 품지 못한 통일 전쟁 어느 나라든 통일 전쟁은 중요한 역사적 수순이다. 일본은 유신전쟁을, 미국은 남북전쟁을 겪었다. 중국도 신해혁명 이후 분열과 통일의 역사를 민족사의 일부로 편입해 자세히 기록하고 있다. 근세 유럽사도 통일 전쟁과 근대화 논의가 중심을 이루고 있다. 전쟁이 끝나면 그들은 승자와 패자의 역사를 공유한다. 특히 패한 측의 전쟁영웅을 기리고, 용감하게 싸운 조상을 하나의 민족사 속에 기록해 대대로 자랑한다.

『삼국사기』는 신라 중심의 기록이다. 통일 전쟁 후 계속 중국에 대한 사대를 강화했고, 패자 백제와 고구려 유민을 동등한 국민으로 품지 않았다. 고구려 영토는 포기한 채 백제 땅을 귀족의 장원(莊園)화하고 주민 대부분을 농노로 만들었다.

신라 이후 어떤 정권도 백제 유적에는 관심이 없었다. 해방 이후 최대의 고고학적 성과는 무령왕릉의 발굴이라고 하는데, 백제의 옛 영토에는 기념비 하나 없다. 격전지였던 백강전투 유적지에는 이름조차 제대로 남아 있지 않다. 게다가 신라를 계승한 고려 태조는 훈요십조(訓要十條)에서 백제인 차별을 국가원리로 삼기까지 했다.

일본은 이와 대조적으로 백강전투에 패한 후 일본으로 간 백제망명자들에게 '일본인과 모두 하나가 되어 신생일본국을 재건한다.'며 이를 국가원리로 삼았다고 『니혼쇼키(日本書紀)』에 기록해두었다. 또한 한·일 국교정상화 이후에도 일본 황실은 현 천황의 숙부를 공주에 보내 무령왕릉에 참배하고 백제식 제사를 지내게 했다. 2017년 9월에는 일본 천황부처가 663년에 일본에 귀화한 고구려 왕자를 모신 고마(高麗)신사에 참배했다. 현 천황은 스스로 자기 몸에 백제의 피가 흐르고 있다고 밝히며 한반도 도래인의 후손임을 자인했다.

진정한 민족의식의 일체화는 사대에 대한 반성과 고구려사와 백제사의 재평가에서 나올 것이다.

농민 위에 군림한 권력 농업국가에서 권력과 백성의 유대감은 치수사업에 대한 의지와 비례한다. 한반도의 역대 중앙권력은 지역의 흉년이나 치수사업에는 무관심했다. 강물을 이용한 대규모 수리사업을 거의 외면했고 낮은 산의 계곡물을 이용한 것이 전부였다. 비에 의존하는 천수답이 대부분이었다.

조선시대에 관이 관여한 유일한 치수공사는 청계천의 준설공사였다. 도성 내의 하수도 기능을 하던 청계천이 각종 오물로 막혀 우기에 범람하고 위생 상태도 나빠지자, 영조 36년 경진년에 하수도정비 공사를 한 것이다. 농사를 위해서가 아니었다. 오히려 공사 이후 토지의 유출을 막기 위한 대책으로 장안에서는 농사를 금했다.

조선시대의 양반은 농사나 노동을 수치로 여겼다. 농사짓는다는 말도 독농(篤農)이 아니라 감농(監農)이라고 표현했다. 독농(篤農)은 열심히 농사를 짓는다는 것이고, 감농(監農)은 농사짓는 하인을 감독한

▌1760년 편찬된 준천계첩에 실린 4장의 행사도 가운데 하나. 이 장면은 영조가 1760년 4월 9일 흥인지문 남쪽 오간수문 위에 친히 나와 준천의 역사를 관람하는 「수문상친림관역도」

▌김홍도의 풍속화 「벼타작」

다는 뜻이다. 조선의 풍속화를 봐도 돗자리에 술병을 놓고 담뱃대를 입에 문 세력가가 일하는 농부를 바라보는 구도의 작품이 많다. 노동을 경시했기에 벼슬아치는 적극적으로 수리사업을 선도할 수 없었고, 농민이 자발적으로 마련한 치수시설에 세금을 부과하는 것에만 관심을 두었다. 다산 정약용은 유배생활에서 목격한 권력의 극심한 착취와 농민의 비참한 실태를 통렬히 비판했다(『목민심서』).

조선 말기에 한국을 방문한 영국의 여행가 버드(Isabella Bird, 1831~1904)는 충분히 개간할만한 땅을 내버려두고 굶주림에 시달리는 농민에게 "왜 빈 땅을 개간하지 않느냐?"고 물었더니 그 농민은 "개간하면 관에서 다 가져가는데 무슨 소용이요."라고 답했다는 기록이 있다. 또 "지방 관아에 비치된 무기라고는 보잘것없는 녹슨 칼과 깃이 빠진 화살뿐이었다."고 기록했다(『조선기행』). 권력을 믿을 수 없는 백성은 스스로 하늘이 될 수밖에 없었다.

치국평천하 과거제는 고려 광종 때 도입되어 조선 말기 고종 때까지 1,000년간 유지된 제도로 모순 또한 그만큼 많이 남겼다. 가장 큰 폐단은 학문이 출세수단으로 세속화된 사실이다.

시험공부는 젊은이의 마음을 경직되게 만들었고 창조의 싹을 뭉개 버렸다. 어릴 때부터 장난감 하나 제대로 갖고 놀아보지 못한 채, 억지로 책상 앞에 앉혀 암기 중심의 조기교육을 시켰다. 10살에 사서삼경(四書三經)을 외우고 18살에 과거를 준비했다는 것은 기억력에만 치중하는, 창조성이라고는 없는 획일화된 수재 교육이었다. 현재 각종 국가고시도 마찬가지다. 전통사회의 과거제도가 이름만 바꾼 셈이다.

과거제도로 입신한 선비는 '수신제가치국평천하(修身齊家治國平天下)'를 외치며 정치에 참여할 기회만 찾았다. 감투를 쓰면 마지막 글귀인 '평천하'한 기분에 도취되었다. 벼슬아치는 작은 권력이라도 손에 쥐면 '수신제가'는 자동으로 완수되었다고 자처하며 도덕가 행세를 했다. 요즘 고위 공직자들이 청문회에서 곤욕을 치르고 명문대 교수가 감투에 유혹당하는 모습은 조선시대의 유풍에 따른 것이다. 고위 관리의 최대 목표는 권력과 재산, 명예의 삼위일체였다.

실학자 유형원(柳馨遠)이 추산한 조선시대 관리의 수는 약 900명이었다. 전국 팔도를 다스리기에는 너무나 적은 숫자였다. 한 고을에 배치된 관리가 2~3명에 불과해 그 정도의 인원으로는 지역 경제를 일으킨다거나 식량 증산 같은 사업을 할 수 없었다. 따라서 관리들은 그저 현상유지를 최상의 목표로 삼았다. 관리의 자리가 적으니 경쟁은 더욱 치열할 수밖에 없었다. 수많은 유생들이 적은 벼슬자리를 두고 심한 경쟁을 하다 보니, 과거만능 정치제일주의 사회로 변질되어 사회 곳곳을 병들게 했다. 학문은 진리 탐구가 아니라 정치 참여를 위한 '평천하(平天下)' 수단으로 전락해버렸다.

한민족은 천재적 소질을 가진 청소년이 많아 수학, 물리 올림피아드에서 번번이 우수한 성적을 올린다. 그러나 이들 중 다수는 법대에 지원한다. 평천하 우선의 가치관 때문이다. 한국에 과학노벨상이 배출될 수 없는 가장 큰 이유도 속물적 가치관 때문이다.

일제강점기에도 수많은 조선의 엘리트는 '법대 → 고시'의 코스를 택했다. 나라는 망해도 수제의 길은 평천하(과거, 고시)였다. 해방 직후 한국은 법대 출신이 많은 반면 이공계 출신이 너무 적어 사회적 균형을 이루지 못했다. 지금도 고시에 합격하면 명예와 돈과 권력을 모두 거머쥔 현대적 양반이 된 것으로 믿는다.

속물적 출세주의자에게 수신제가를 통한 인격적 수양이나 교양은 거추장스럽다. '노블레스 오블리제'에도 관심을 두지 않는다. 대한민국도 자신의 영광을 위해 존재하는 것으로 착각한다. 이런 속물적 출세가 오늘날 한국의 최대 병인이 되었다. 마치 드라이저(T. Dreiser, 1871~1945)의 소설 『아메리카의 비극』과 유사하다. '미국의 꿈

(American Dream)'을 찾다 좌절한 '미국의 비극'이 아니라, 조선시대의 처세훈을 현대사회에서 고수하다 좌절하는 시대착오적인 코미디 같다. 이런 가치관에 물든 젊은이를 구하는 일이 한국 교육의 최대 과제다.

최순실 게이트의 소란 중에 등장한 낱말들을 가만히 보면 법조계와 사이비 언론, 곡학아세(曲學阿世), 즉 세상에 아첨하는 학자란 말이 눈에 자주 띄었다. '평천하' 즉, 높은 자리에 오르기만 하면 수신제가가 다 된 것으로 여기는 속물적 출세관을 지닌 사람들을 호칭하는 말들이다. 이들은 사대와 식민지 가치관의 적폐를 그대로 계승하고 있다. '동방예의지국' 사상과 '수신제가치국평천하'의 가치관은 쌍을 이뤄 사대의 정신적 후유증을 극대화했다. '평천하'는 정치제일주의로, '예의지국'은 원리주의로 이어졌다. 위안부 문제의 국시화(國是化)도 이 키워드에서 설명될 수 있다.

'평천하'를 이룬 박근혜 전 대통령은 '예의지국'의 신념을 대일 외교의 중심으로 삼았다. 국민 여론을 앞장 세워 일본대사관 앞에 위안부상을 세우는 일에 적극 나섰다. 일본에 도덕적 우월성을 과시하려다가 결국 박정권은 스스로 외교적 운신의 폭을 좁혀버렸다. 정치 지도자는 스스로의 신념으로 현실 문제를 타개해나가야 한다. 국민감정은 미래에 대한 정치적 책임이 없다. 속만 시원해지면 그만이다. 하지만 정치가는 책임을 져야 한다.

당쟁으로 상징되는 조선시대의 정치는 담론으로 한국인이 가장 즐기는 방식이다. 지금도 그 경향은 변하지 않아 대기업의 노동조합장도 서슴없이 "조합의 목적은 사회개혁" 즉 정치에 있다고 공언하곤 한다. 한국에 데모가 많은 것도 '평천하' 사상 때문이다. 과학자나 교수로서 충분히 국가에 공헌할 수 있는 인물이 굳이 정치판에 뛰어들어 상처를 입는 모습은 정말 안타깝다. 국가적 손실이다.

정치가 부패하면 덩달아 모든 분야가 부패한다. 권력층의 무책임은 그대로 각계각층으로 옮겨갔다. 무학대사가 조선왕조를 수립한 이성계의 정치고문이었던 전통 때문인지, 요즘도 걸핏하면 종교계와 학계의 원로와 중진들이 청와대로 불려가서 대통령과 함께 식사하는 모습이 심심찮게 TV에 보도된다. "하나님의 것은 하나님에게, 가이사의 것은 가이사에게"라는 『성서』의 금언이 한국 사회에서는 통하지 않나 보다.

원리주의적 사고 한국 원리주의의 뿌리는 조선 주자학, 특히 가부장적 상하의식을 강조한 예학(禮學)에 있다. 현재의 시선으로 과거사를 해석하는 것이 원리주의적인 관점이다. 원리주의에 집착하는 나라는 선진국에 진입하기 어렵다. 정신적 뒷받침이 없는 성장은 기초 없는 고층건물과 같기 때문이다. 원리주의는 원점회귀의 시간관에 기초하고 있어 관용이 없고 사고습관 또한 현실적이지 못하다. 과거의 정치외교 상황들을 현실의 잣대로 재단하기 때문에 원리주의적 관점 아래서는 누구도 자유로울 수 없다. 적폐청산 같은 문제도 해야 한다면 빨리 끝내야 한다. 그래야 미래로 나아갈 수 있다.

원리주의적 사고의 또 하나의 병폐는 모든 좌절의 원인을 외부에서 찾는 데 있다. 미 외교관 출신의 한국학 학자였던 핸더슨(G.

Henderson)은 "한국인에게는 자국 역사를 외부에서 원인을 찾아 해석하는 습관이 있다."고 충고한 적이 있다. "외국의 침입, 중국의 사대, 일제 식민지, 38선 설치에 관한 미국 루스벨트 대통령의 배신, 코민테른(국제공산주의 연맹), 미국의 외교정책, 주한 미국대사의 감정 등을 모두 외부세력의 책략의 결과로 돌린다."고 그는 꼬집었다.

실제 많은 한국인은 5·16혁명과 전두환의 쿠데타, 광주민주화운동까지 모두 미국 탓으로 생각한다. 그러나 우리가 생각하는 것만큼 미국은 능력 있는 국가가 아니다. "대부분의 정치적 불행은 한국인이 주동한 것이고, 미국은 기정사실화된 상황을 추인한 것에 불과했다."고 핸더슨은 지적했다. 한국을 오래 알아온 외국 지식인들도 이와 유사한 견해를 밝히고 있다.

이런 원리주의적 사고방식에서 벗어나기 위해 필요한 것이 정신혁명이다. 정신혁명으로 원형을 바꾸는 일이다. 더 이상 실패한 대통령을 보고 싶지 않다. 과거 대통령들은 원형에 의해 당선되고 원형으로 인해 좌절했다. 원형사관의 법칙대로 원형은 변함없이 역사를 되풀이한다. 정치 지도자들은 더 이상 데모를 정치에 이용하지 말고, 과거보다 미래를 보기 바라고, 국민의 관심을 미래로 돌리기를 바란다.

우리는 지금 역사의 역습이란 현실 앞에 서 있다. 그리스어로 텔로스(telos)는 '끝이자, 목적'이란 뜻이다. 한반도 지정학의 텔로스는 '역사의 역습'이란 세계사적 회오리가 초래할 대변혁 속에서 지정학적 역기능을 순기능으로 바꾸어가는 일이다. 그것은 곧 대륙과 해양 세력의 협공을 협조로 돌리는 것이다.

2 '우리=울' 의식

폐소안심증(閉所安心症) 과거 중국 황제의 권위는 중화사상의 보급과 영토 확장의 범위에 비례했다. 직접 지배하지는 못해도, 먼 변방의 소국들이 찾아와 인사를 올리면 황제의 덕에 감복(感服)한 것으로 받아들여 자국민 통치 효과가 높아진 것으로 간주했다. 소국의 왕이 조그마한 선물을 보내도 황제는 그 몇 배로 호화로운 답례품을 주면서 침략당하면 군사원조까지 해주겠다는 보증도 해주었다. 대국이 소국에 주는 답례가 부담되어 조공 횟수를 줄이라고 해도, 소국들은 고개를 조아리며 "아니올시다, 황제 폐하. 자주 뵈옵고 존경을 표시하는 것이 예(禮)입니다."라며 부지런히 조공을 바쳤다. '울' 안에 기대어 살기 위해서였다. 소국 왕의 중국 황제에 대한 절대복종은 기백이 없어진 소국의 백성에게는 매력적이었다. 경제적 혜택과 안전이 보장되었기 때문이다. 하지만 아편에 중독되듯 독립국으로서의 자긍심은 안일주의에 의해 희석되어 갔다.

16세기 조선의 문인 백호 임제(林悌)는 옛 한반도인처럼 광대한 포부를 가진 인물이었던 것 같다. 평소 "나도 중국 오호십육국(五胡十六國)시대에 태어났더라면 한 번쯤은 천자(天子) 노릇을 했을 것"이라며, 임종 시에 가족에게 "중국 주변의 모든 나라 사람이 중원에서 천자(天子) 노릇을 했는데 오직 조선족만 한 번도 그러지 못했다. 이런 못난 나라를 떠나는 일이 그리 슬프냐! 울지 마라."고 당부했다고 한다. 한민족의 기상이 왜소해진 것을 한(恨)으로 여긴 사람이 있었던 게 다행이다.

고구려의 멸망으로 한민족의 거주 지역은 압록강과 두만강 남녘으로 좁아졌고, 영토와 인종, 국가 단위가 일치하는 전형적인 단위 국가가 되었다. 대국화를 꿈꾸며 만주와 열도로 진출하려던 '기백'은 사라졌다. 떼 지어 바다를 누볐던 백가제해(百家濟海)의 기상도 사라졌다. 『수서(隋書)』에 기록된 백제는 동아시아의 바이킹과도 같았다. 그 기백으로 신라의 장보고는 중국 동해안과 황해, 일본열도까지 넘나들었다. 이러한 해양 진출의 기상 또한 사대에 중독되면서 사라졌다. 대신 닫힌 좁은 공간에 틀어박혀 사는 폐소안심증 국가로 변했다. 폐소안심증은 '언 발에 오줌 누기' 식의, 당장 눈앞의 안위만을 택하는 고식(姑息)적인 심성을 갖게 만든다.

조선의 선비들은 심지어 고향을 떠나는 것조차 두려워했다. 벼슬아치가 외교관에 임명되어 북경이라도 가게 되면 집안에 곡소리가 나올 정도였다고 한다. 그만큼 바깥세계 출입을 피해, 국내의 좁은 고을 안에 갇혀 살고 싶어 했다. 한국 고유어에는 집 근처에 나갔다 돌아온다는 '나들이'란 말은 있지만, 먼 여행을 뜻하는 단어는 없다. '객지에서 죽는 것(客死)'을 가문의 불운으로 여겼다.

사대는 우리로 하여금 폐소안심증, 즉 울타리 안에 갇힌 '우리'로 만들었고, 우리는 다시 파벌싸움과 차별을 재생산했다. 자긍심의 근거가 좁은 울타리 안 '우리'로 한정되니까, 가문 차별에서부터 지역 차별, 당파 차별 등 온갖 차별이 등장했다. 심지어는 좁은 마을 안에서 같은 성씨끼리도 정실의 아들인 적자(適者)와 소실의 아들인 서자(庶子)로 나눠 차별했다. 차별은 당파를 조성했고, 파벌싸움에는 의례히

원리주의 즉 누가 정통파인가를 따지는 다툼이 벌어졌다. 조선 유교, 조선 공산주의, … 심지어 지금까지 대학교수 임용도 본교 출신의 정통파를 따진다.

'자원 사대(自願事大) → 원리주의 → 보수주의 → '우리' 의식의 조장 → 전통주의 → 상문(尙文) 주의 → 선비정신 → 가난 미화 → 소극적 생활 → 해외 진출 기피 → … '

이런 악순환의 반추(反芻)는 부정적인 되먹임이 되어 더욱더 집단 무의식 속에 못난 열정(劣情)만 증폭시켜 왔다. 그 현상이 대통령 선거철이면 지금도 어김없이 지역 차별로 나타난다.

울의 도덕성

사대의 정신적 유산을 청산할 틈도 없이 일본 식민지가 되면서 한국인은 왜곡된 가치관에 시달렸다. 박근혜 대통령의 좌절은 단순히 무능한 공주병 탓이 아니라, 그 뿌리에는 군사정권 시대의 유산과 지역주의 정치기반, 그리고 결과만 좋으면 과정을 무시해도 좋다는 일제강점기의 비도덕성이 고스란히 담겨 있다. '일제 식민주의가 강압적이었지만 결과적으로 한국 근대화에 기여했으니 좋았다.'고 변명하는 것이나 '군사독재가 경제부흥으로 근대화에 기여했으니 좋다.'고 하는 것은 크게 다르지 않다.

강압적인 근대화가 '잘 살아보세'만으로 합리화될 수 있는가? 결과가 수단을 미화할 때 메피스토펠레스(악마)에게 혼을 넘긴 파우스트의 신세가 된다.

빈곤국이었던 한국이 세계 10위권의 경제수준에 도달한 것은 사실이지만, 원형의 승화 없는 고속 성장에는 도덕성의 결여라는 함정이 도사리고 있다. 빈부격차 확대는 갑(甲)의 오만과 을(乙)의 시기심의 골을 더욱 확대했다. 경제에서는 남한이 북한을 압도하지만 갑에 대한 을의 시기심은 오히려 남한이 북한보다 더 심각하다. 경제수준이 아니라 갑질 없는 '윤리성'과 지도자의 '책임의식', '공정한 경쟁'이 보장될 때 북한 주민이 진심으로 남한을 부러워할 것이다.

박정희 정권의 중앙정보부장이었던 이후락은 부정축재 비난에 "떡 버무리는 이에게 고물이 묻는 것은 당연한 일"이라고 강변했고, 최순실 딸은 특혜 비난 여론에 "돈도 실력이다. 억울하면 부모를 탓하라."고 받아쳤다. 이들의 말투는 일본 속담 "분하면 출세하라."는 것과 상통하는 것으로 식민지시대의 유산이다.

대통령도 인간이기에 얼마든지 실수할 수는 있지만 책임의식 부재로 빚어진 부패에는 어떠한 변명도 의미가 없다. 대한민국 근현대사에서 우리는 영명(英明)한 지도자보다 어리석은 지도자를 더 많이 만났다. 이씨 왕조의 왕이 된 기분이었던 이승만을 비롯해 박정희는 스스로 밝혔듯이 일본의 메이지유신 기분에 도취했고, 전두환과 노태우는 군벌의 영구집권을 꾀하면서 헌법을 개정했다. 이들은 국민국가 지도자로서 책임의식이 없이 오히려 왕조시대의 제왕이 된 듯 '울(우리)'에 기반을 두었다.

이렇듯 우리가 실패한 대통령만을 가진 것은 결코 우연이 아니다. '대통령을 당선시킨 원형에 손이 안으로 굽는 지역감정(울 의식)'이 들어 있기 때문이다. 그런데 이를 좌절시킨 것도 또한 같은 원형임을 기억해야 할 것이다. 권력의 오만을 좌시하지 않는 인내천 사상이 우리

대중의 감정이다.

역사를 보면 대제국은 총명하고 관용성 있는 황제가 계속 나타났기에 가능했다. 로마는 네르바(Nerva)에서 안토니우스(Antonius)까지 오현제(五賢帝)의 시대(96~180)에 세계를 정복했고, 몽고는 칭기즈칸에서 쿠빌라이까지 5대에 걸쳐 영명한 왕이 나와 다스렸다. 청은 강희에서 옹정, 건륭까지 탁월한 황제들이 계속 통치해 국가의 기반을 다졌다.

민족사의 영고성쇠(榮枯盛衰)는 당장의 인기보다 미래를 생각하는 지도자의 용기와 구상이 반영되어 있다. 지지도 즉 대중의 소리를 들으면서도 소신 있게 자기 길을 택한 지도자들이었다.

미국에는 '시워드(W. Seward)의 바보짓'이라는 말이 있다. 1867년에 미국은 제정러시아로부터 알래스카를 720만 달러에 사들였는데, 아무것도 없는 눈 덮인 광대한 불모지 구입에 주도적 역할을 한 사람이 시워드였다. 그를 향해 당시 언론 매체들은 '시워드의 바보짓'이라고 크게 비난했다. 그런데 불과 30년 후인 1896년에 알래스카에서 금광이 발견되고 전 세계 석탄의 1/10이 매장되어 있다는 사실이 알려지면서 여론은 돌변했다. 현재의 군사적 가치를 생각하면 알래스카는 미국의 보물창고나 다름없다. 시워드의 통찰력이 없었다면 오늘의 미국도 이렇듯 강대해지지 않았을 것이다.

문제는 사명감이다. 시대는 여론에 흔들리지 않고 소신대로 자신의 혜안에 따르는 통찰력 있는 지도자를 요청한다. 정보의 범람은 지도계급에 대한 기대를 키우는 한편 실패에는 더 가혹한 비평을 가할 것이다.

기백(thymos)과 한(恨)의 대립 헤겔은 '타인에게 인정받고 싶어 하는 인간의 욕망' 즉 티모스를 서양 정치철학의 핵심이라며 중시했다. 플라톤이 『국가론』에서 강조한 티모스(thymos)는 기개(氣槪) 또는 기백(氣魄)으로 번역된다. 후쿠야마도 그것을 받아들여 무시당할 때 수치심을 갖는 인간을 '붉은 뺨을 가진 자(수치심)'로 표현했다. 그는 인간은 이성, 욕망 그리고 인정받고 싶은 욕구를 갖고 있어, 이런 욕망이 자신의 정체성을 묻게 하고 서로를 인정하는 평등사회를 이루게 한다고 보았다.

사람은 누구나 기백을 가지고 있다. 기백은 자신의 정체성(identity)을 추구하는 에너지이며 그것이 짓밟힐 때는 수치심 또는 오기, 원한으로 전환된다. 그러나 집단 무의식 차원에서의 기백은 우월감이 되고 정복욕구가 되어 근대 제국주의와 식민지주의를 발현시켰고, 정복당한 자에게는 원한을 응고시켰다.

원형사관은 정체성 확립 욕구에서 나오는 한(恨)의 요소를 중시한다. 니체는 원한(ressentiment)을 "학대당한 약자가 복수하고 싶어도 상대가 강자이거나 사회적 억제로 할 수 없을 때 관념적 조작으로 복수하는 일"이라며, "겉으로 표출되어야 할 삶과 권력 의지가 마음속으로 향하면 자기가책(苛責)으로 이어져 복수심이 되고 자학으로 변한다."고 했다. 한을 적극적으로 기백으로 전환시키지 못하면 자학으로 바뀐다. 서구 열강의 "선 긋기"가 대표적인 사례다. 선 긋기는 민족의 정체성을 무시했고 가족을 분산시켜 골육상잔의 비극을 낳았다. 그것을 당한 민족에게는 원한의 덩어리가 되었다.

중동도 오스만 튀르크의 해체과정에서 무자비한 선 긋기를 당했고 한반도 또한 미국과 소련에 의해 38선 분할을 당했다. 중동의 테러도 서구인의 '선 긋기에서 비롯된 원한의 역습'이다. 아프리카 또한 식민지주의자에 의해 모자이크처럼 반듯하게 직선으로 선 긋기를 당해, 약 1만 5,000개의 부족이 서구 열강의 식민지화에 의해 UN 가입 기준 54개국으로 부활했다. 그 와중에 르완다는 적대적인 유목민과 농경민이 함께 동거해야 하는 살벌한 상황이 되었다. 지배국 벨기에가 서로의 적개심을 더욱 조장할 목적으로 선 긋기를 하고 떠났기 때문이다. 아프리카인의 엄청난 고통의 씨앗이 유럽인의 '선 긋기'에서 나왔다.

아직 어떤 지식인도 인류가 당면한 위기의 최대 원인이 이 '선 긋기'에 있음을 지적한 적이 없다. 나는 원형사관으로 그것을 직시할 것을 권한다. 정보화와 국제화가 이민족과의 접촉을 일상화시켜 동면 중이던 원한의 잠을 깨우고 있어서다. 선 긋기에 의해 생겨난 원한과 갈수록 빨라지는 이민족 간의 원형 충돌이 곳곳에서 소용돌이를 일으키고 있어서이다.

3 미래의 자기조직화

한반도에서 위기가 해소되는 것은 곧 한민족이 새로운 역사를 시작하는 것이다. 동시에 집단 무의식도 변해가는 것이다. 통일의 빛은 지정학의 족쇄를 녹이고 이상적 민족상을 수립하게 해줄 것이다

위안부동상과 한국인의 기개(氣槪) 패(敗)한 역사, 유린당한 역사를 자랑하는 민족은 없다. 북한은 휴전협정일인 7월 27일을 승전기념일로 지정했고, 일본은 8·15를 '종전기념일'로 부르며 패전을 인정하려 들지 않았다. 미군에 점령당했던 사실도 주둔이 아니라 진주(進駐)라고 표현한다. 일본 국민의 기를 살리려고 점령당한 사실을 부정하고 있는 것이다.

그런데 한국인은 일본이 양갓집 처녀 20만 명을 강제로 끌어가 위안부로 삼은 역사를 국내뿐만 아니라 외국에도 위안부상을 세우며 알리고 있다. 미국의 몇몇 도시에 위안부상이 세워지자, 미국인까지 한국 편에 서서 일본 공격에 동조하는 것으로 생각한다. 그러나 이는 한국 편에 선다기보다는 보편적 인권수호라는 인류적 차원에서 의견을 같이하는 것이다.

광주학생운동은 기차 안에서 한국인 여학생을 희롱한 일본 학생의 말 한마디에서 시작되어 전국적인 항일운동으로 번진 것이었다. 한국인의 기백을 보여준 반일운동이었다. 월매는 딸 춘향이가 사또에 의해 끌려가 옥에 갇히자, 땅바닥에 뒹굴며 악을 쓰고 저항했다.

한국인이라면 모두 월매나 춘향을 통해 한국여인의 기상에 동조하고 찬양한다.

그런 한국인의 기백과 오기가 위안부 강제동원 앞에 무너지고 말았다. 한(恨)이라 해도 좋다. 딸이 끌려가는 것을 보며 발만 동동 굴려야 했던 월매들은 자신을 참으로 못난 부모라고 자학했을 것이다. 일제강점기에 일부 한국인들은 “엽전이 뭘 하겠어?”라며 자조적인 말을 스스럼없이 하곤 했다. 가슴에 맺힌 한을 기백으로 전환하지 못해서였다. 일본이 피식민지 한국인들에게 심고 조장한 패배적 자화상 때문이기도 했을 것이다.

자학이나 오기는 기백보다 원색적이며 감정에 치우쳐 품위가 없다. 남북한은 같은 민족으로서 하나의 원형을 공유하고 있다. 특히 부조리의 역사를 되풀이해 겪으면서 오기의 심성을 갖게 되었다. 오기가 승화하면 남에게 두려움을 줄 수 있는 기백이 되지만, 자포자기하면 자학과 생떼가 된다. 자학은 스스로 자기 상처에 소금 뿌리기다.

어린학생들이 위안부 소녀상에 목도리와 장갑까지 끼워주며 위로하는 모습을 보면 가슴 깊은 곳에서 둔통이 느껴진다. 이 소녀를 지켜주지 못한 우리의 어리석음에 대한 통한 때문이다. 서울시장은 시내버스에 설치된 소녀상을 안아서 위로하는 행동을 취했다. 소녀상 앞에서 가슴을 치고 대성통곡하며 역사를 반성할 수는 있다. 그래야 한다.

그런데 전국에 유관순 동상이 사라지고 위안부 소녀상만 늘어나는 것은 다시 한 번 짚어봐야 할 문제다. 과연 우리는 후손들에게 무엇을 남겨 보여줄 것인가? 유관순 열사의 기개인가, 아니면 위안부상인가? 동정과 멸시는 종이 한 장 차이다. 특히 일본인은 그렇게 생각한다. 일본 근대 문학의 창시자인 나쓰메(夏目漱石)는 "동정받는 자는 멸시당한 자(『虞美人草』)"라고까지 비하했다.

우리에게 필요한 것은 동정이 아니다. 위안부 소녀상 앞에서 우리는 가슴을 치며 통곡해야 하지만, 유관순 열사가 보여준 기백은 가슴에 품고 내세워야 한다. 열사의 동상 앞에서 '일송정 푸른 솔은 늙어 늙어 갔어도, 한줄기 해란강은 천년 두고 흐른다.'며 함께 곳곳에서 '선구자'를 노래해야 한다.

유대인은 로마의 노예가 되어 갖은 수모를 당했으나 기어이 로마인들에게 유대인 예수를 받아들이게 하여 기독교를 국교화했다. 압제자에게 보기 좋게 정신적인 역습을 한 것이다. 자학이나 소녀상으로는 일본에 역습할 수 없다. 오히려 돈 몇 푼 던져주고 비웃음을 당할 뿐이다.

오늘의 세대가 후세에게 전해야 할 것은 동정이나 자학이 아니라 기백이다. 주변국으로부터 무시당하는 가장 큰 원인도 민족의 기백을 보여줄 수 없기 때문이다.

기백 없는 남한의 민주주의가 북한을 설득할 수 없다. 북한은 돌아온 탕자가 아니라 대량살상 무기를 지닌 외교 상대다. 상대에게 한번 얕보이면 계속 무시당하는 것이 외교의 속성이다. 북한이 핵으로 우리에게 항복을 요구할 때 무엇으로 대항할까? 우리는 자유를 지키려는 기백이 있는가? 진정한 동맹국이 있는가? 주변국은 한국을 존중하고 있는가?

의병장과 퇴계의 실천적 의지 조선이 항아리 같은 지정학에 갇혀 사대로 병든 것은 사실이지만 한민족은 본래 화랑정신이 상징하듯 건전한 상무정신을 가진 민족이었다. 기백이 없었던 것이 아니다. 그 사실을 가장 잘 증명하는 것이 외세로부터 침략을 받을 때마다 자발적으로 일어난 의병장들의 활동이다. 대표적인 의병장이 곽재우(郭再祐)다. 그는 34세에 과거에 급제했으나 정치적인 분란에 휘말리지 않으려고 40세가 넘도록 고향에서 지냈다. 그러나 선조 25년인 1592년에 임진왜란이 일어나 관군이 왜군에게 전멸당하자, 경남 의령에서 스스로 의병을 조직했다. 특히 붉은 비단옷을 몸에 두르고 활약해 '홍의장군'이라는 별명을 얻었다. 붉은 망토를 입고 선두에서 싸웠던 로마의 카이사르(시저)처럼 그에게는 지도자로서 자긍심이 있었다. 여러 차례 승리를 거두면서 병마절도사의 자리까지 올랐다.

그러나 당시의 의병장들은 군대를 가졌다는 게 화근이 되어 정치적으로는 불행했다. 의병장 김덕령도 기득권 세력의 시기로 무고하게 역적으로 의심받아 처형당했다. 그 모습을 본 곽재우는 벼슬에 마음을 두지 않고 하향하여 고향에 칩거했다.

의병장과 서양의 귀족은 자진해서 전쟁터로 나간 사실은 같지만 정신적 배경은 전혀 다르다. 의병장은 좁은 '울' 의식을 버리고, 예(禮)를 앞세운 주자학적 대의명분에 입각해 전쟁터로 나갔고, 서양의 귀족은 스스로의 지위를 고수하기 위해 앞장섰다. 의병장들은 국가가 위기에 처하면 서양의 귀족들과는 달리, 아무 대가도 바라지 않고 스스로 식량과 군비를 마련해 가까운 친족을 설득하고 노비를 동원해 때로는 부자가 함께 전쟁터로 나갔다. 오직 자신의 신념에 따라 위기에 빠진 국가를 위해 전장에 나간 것이다. 이런 형태의 의병장은 조선 빼놓고 세계 어느 역사에도 찾아볼 수 없다. 모진 역사에도 오늘까지 민족사를 존속시킨 것은 바로 이 기백에 있었다.

일제강점기에 총독부 교육정책을 도맡았던 다카하시(高橋亨)는 모든 의병장들의 책장에 『퇴계집(退溪集)』이 꽂혀 있는 것을 보고 큰 감명을 받았다고 한다. 그는 퇴계학과 의병장들의 활약을 보고 조선인을 재인식했고, 민족의 가능성을 감지했다고 한다. 주자의 이기설은 모든 사물이 이(理)와 기(氣)의 작용으로 나타난다고 보았으나, 퇴계는 주자의 이기설을 존중하면서도 이(理)에 무게를 두는 주리론(主理論)적 입장으로 의지(意志)적이며 실천적이었다. 퇴계의 실천적 의지에 따라 의병장들이 가족과 친족, 재산을 모두 동원해 일어섰던 것이다.

의병장이 남긴 가장 큰 유산은 '울' 의식을 버릴 때 우리는 강해진다는 가능성이었다. 한민족이 사대로 인해 나약해진 것은 사실이지만 의병장을 가졌다는 사실 하나만으로도 자긍심을 가질 수 있고, 교육과 가치관의 승화를 통한 도약을 기대할 수 있다.

공(共)의 철학과 보편적 종교 세계는 공존의 지혜를 요청하고 있다. 유목민은 염소 무리 속에 꼭 2~3마리의 산양을 함께 넣어둔다. 염소는 뿌리까지 뜯어 먹느라 한곳에 오래 머물지만, 산양은 부드러운 부분만 먹고 빨리 이동하기 때문에 염소의 적절한 이동을 위해 산양을 함께 사육하는 것이다.

인간사회에서도 이질적인 요소의 상호자극이 오히려 높은 차원의 변화를 가져올 수 있다. 다양성이 갈등의 원인이 아니라 문명을 자극해 오히려 문명의 발전에 기여하게 되는 것이다. 대승적인 목표와 이상을 위해서는 다양한 문명의 공존이 바람직하다.

인류학에서는 하나의 종(種)에서 출발한 인간이 농경민과 유목민으로 갈라져, 유라시아 대륙의 극동과 극서로 이동하면서 단위 지역마다 고유의 원형을 지닌 민족을 형성했다고 설명한다. 『구약』에 카인(농경민)이 아벨(유목민)을 살해한 이야기가 등장하듯이, 유목민과 농경민의 대립은 역사 이래 계속되어 왔다. 21세기에는 그 대립이 극대화되어 자기 이외의 것은 모두 이단시하는 IS까지 등장했다. 유목민과 농경민의 대립이 아니라 같은 일신교도 사이에서도 원형의 차이로 인한 증오심이 극에 달하게 되었다.

이런 현실에서 미래를 기대할 수 있는 답은 하나다. 서로의 원형이 공존할 수 있는 범인류 차원의 종교로의 승화이다. 종교는 같은 문명권의 다른 문화와 유기적으로 연결되어 있다. 그런데 무역과 교류, 자본주의와 선거(민주주의), 국제법 준수(법의 정신) 등 세계가 내걸어온 질서는 한결같이 아벨의 후예인 유목민의 원형에서 나온 것들이다. 온 인류가 수용하고 있는 문명이지만 유목민의 문명은 너무 빠른 변화를 강요했다. 현 인류의 윤리수준은 아직 석기시대인데 과학은 순식간에 인류를 절멸시킬 수 있게 되어버렸다. 때문에 미래의 정신문화를 모색해가려면 기존 문명의 보편적 지혜를 최대한 존중하되, 유목과 농경의 원형 공존을 중요한 과제로 삼아야 한다.

이질적인 종교의 융합은 단순한 도덕적 덕목들의 산술적 평균이 아니다. 사막과 몬순의 풍토는 아주 대조적이다. 따라서 풍토와 지역의 특성을 반영한 종교적 신념은 서로 받아들이기가 쉽지 않다. 국제화 시대의 윤리는 이런 지역성을 극복해야 공존할 수 있을 것이다. 인류생존을 위해 열릴 제2의 추축시대에는 지역성을 극복한 지구적 인간으로의 정신적 비약이 기대된다.

토인비는 국제화 시대에 등장할 가장 보편적 종교는 '『구약』의 초기 예언자 정신과 인도 바라문 철학의 융합이 될 것'으로 기대했다. 구약에 기록된 모세의 십계명은 다음과 같다.

1. 나 이외의 다른 신을 섬기지 말라.
2. 우상을 섬기지 말라.
3. 하나님의 이름을 망령되이 부르지 말라.
4. 안식일을 거룩히 지키라.
5. 네 부모를 공경하라.
6. 살인하지 말라.
7. 간음하지 말라.
8. 도둑질하지 말라.
9. 이웃에 대하여 거짓 증언을 하지 말라.
10. 네 이웃의 재물을 탐내지 말라.

이 가운데 1~4를 제외한 다른 계명들은 다른 지역의 대종교와 대립하지 않는다. 바라문 철학은 "범아일여(梵我一如)", 즉 나(個)와 세계의 일체화이다. 한국의 인내천(人乃天) 사상과도 일맥상통한다. 인간의 공통된 가치의 자각이다.

일반화된 공(共) 현상

진화론	적자생존, 자연도태 ⇒ 공진화 이론
수학	결정론 ⇒ 확률론을 아우르는 빅데이터, 복잡계 이론
역사	일원적 역사관(헤겔, 마르크스) ⇒ 복잡계의 원형사관
과학	통일장 이론(Newton 역학, 상대성 원리, 양자역학의 공존)
지구환경	대기오염, 온난화에 대한 세계적 공동대책
우주공간	우주개발의 국제적 협동
자본주의	초자본주의(Super Capitalism) ⇒ 공유자본주의(Shared Capitalism)

현재 진행 중인 카오스에서도 이미 공(共)의 철학이 나타나고 있다. 이런 현상들은 공존과 공진, 상호의존의 윤리가 인과론이나 결정론, 경쟁, 논리를 극복해갈 것을 명확히 드러낸 지표들이다. 인류는 공존을 위한 보편 종교로 향하고, 세계는 관용의 문화를 자기조직화할 것이다.

앞서 거듭 강조했지만, 세계적인 대카오스는 한반도의 카오스와 연동하고 있기 때문에 새로운 세계 질서의 실현은 한반도의 평화에 달려 있음을 직감한다. 즉 세계는 한국과 공진화(共進化)하는 복잡계의 자기 닮음, 일즉다(一卽多)를 실현하고 있다. 한국인이 적극적으로 인내천과 홍익인간 사상을 자각하고 세계를 변화시켜야 할 위치라는 것이다. 한국인은 평화통일을 위한 새로운 비약을 앞두고, 인류사의 새로운 카이로스의 시간에 맞춰 스스로 운명을 개척해나갈 것이다.

4 한반도 중립화

중립화 운동 복잡계인 세상은 카오스적으로 진행하면서 상황에 따라 나비효과를 발생시킨다. 우리의 힘이 아무리 작아도 나비효과는 일으킬 수 있다. 패권 국가의 권위 실추와 소수민족과 약소국가의 목소리가 높아지고 있는 것은 '공생(共生)의 길'이 열리고 있음을 의미한다. 한국의 국가원리인 '홍익인간'이 파급될 환경이 되고 있음을 의미한다.

홍익인간의 현대적 해석은 평화, 즉 군비감축과 문화공동체 의식, 그리고 한반도의 영세중립이다. 현실적으로 핵 위협과 미·중 대립의 소용돌이에서 벗어나는 길이다.

북미회담이 실현된다 해도 북한이 승리하는 것은 아니다. 우선 '한미 군사훈련 중지', '미군 철수'가 거론될 것이다. 그러나 만약에 북한이 핵미사일을 포기하지 않는다면 남한은 '전멸 또는 무조건 항복'을 해야 하는 '모겐소가 예상한 상황'이 벌어질까? 그렇다면 그 위협을 막을 수단은 무엇인가?

트럼프 대통령은 2017년에 한·중·일 순방을 앞두고 전 국무장관 키신저의 의견을 들었다. "북한의 체제 전환을 전제로 한 미군 철수안"이었다. 그가 말하는 체제 전환이 비핵화와 적화통일 포기를 의미한다면 이는 나의 생각과도 같다. 그러나 체제 전환이 김정은의 제거를 의미한다면 누가 어떻게 그 일을 할지는 알 수 없으나 결국 '고양이 목에 방울 달기'는 한국의 몫이 될 개연성이 높다. 그리고 이는 주변국의 협력으로만 가능하다.

한반도의 현실적 평화방안은 서로 싸우지 않는 비핵화와 영세중립화뿐이다. 중립화의 최소 조건은 1) 어느 나라와도 전쟁을 하지 않는 것, 2) 어느 나라와도 동맹을 맺지 않는 것, 3) 국제적 기구(UN)가 한국의 평화를 보장하는 것이다. 평화가 정착될 때까지 UN군의 역할이 중요하다. 성급하게 외국군 철수도 주장하지 않는 게 현실적이다.

한반도 분단이 국제 역학의 결과였듯이, 한반도 평화통일 보장 또한 주변국의 도움으로만 가능하다. 우리에게는 미숙한 외교로 영세중립에 실패했던 쓰라린 경험이 있다. 이 구상이 구체성을 갖기 위해서는 과거의 역사를 되돌아봐야 할 것이다.

조선 말기의 중립안 조선왕조 말기, 서울에 주재하고 있던 서양외교관들의 눈에는 한반도가 지정학적으로 스위스나 벨기에와 아주 비슷해 보였다. 그들은 은자(隱者)의 나라 조선이 근대화의 격랑 속에서 어느 나라에게도 먹히지 않기를 바랐다. 그래야 자기 나라가 조선에 진출할 기회를 얻을 수 있기 때문이었다. 이들은 조선중립안을 제의한다. 조선의 일부 지식인들도 동의했다. 1898년에 고종(高宗)은 매킨리(W. Mckinley) 미국 대통령에게 친서를 보내 조선의 영세중립화에 대한 협조를 요청했다. 이때 이미 미국은 한반도를 일본의 식민지로 정해놓은 터였다(가쓰라-태프트 조약). 미국은 필리핀을, 일본은 한반도를 차지하겠다는 협정을 맺은 뒤였다. 미국은 유럽 여러 나라의 중국 진출을 일본이 견제해줄 것을 바랐다.

미국은 조선의 요청을 거절했다. 고종은 같은 제안을 다시 일본에 보냈다. 늑대에게 보호를 요청한 토끼 같은 신세였다. 국제정세에 어두웠던 탓이다. 식민지화의 야욕을 품은 일본은 아마 속으로 비웃으면서 거절했을 것이다.

1900년에 러시아 정부는 '내가 못 먹을 떡 남 주기도 싫은' 마음으로 조선중립안을 들고 일본에 간다. 영국과 독일 등도 덩달아 나름의 한반도 영세중립안을 제의했지만, 그들 자신의 이익을 위한 것이었으므로 조선에는 큰 의미가 없었다.

1904년 러일전쟁 직전에 조선은 독자적으로 중립을 선언한다. 아무도 같이 손들어주지 않는 선언이었다. 처음부터 조선 정부를 무시했던 일본은 이를 기회 삼아 대군을 조선에 주둔시켰다. 그리고 대일협력을 요구하는 '한일의정서(韓日議定書)'에 도장 찍을 것을 강요했다. 혹 떼러 갔다가 혹 하나 더 붙인 격이었다.

조선 말기의 한반도인이 생각했던 영세중립안은 영향력이 전혀 없는 종이쪽지에 불과했다. 침략 의도를 가진 외국 세력과 싸울 힘도 없이 주변국의 호의에만 의존하는 중립안은 비현실적일 수밖에 없다. 루스벨트 대통령은 "자국을 지킬 힘도 없이 무슨 중립이냐?"며 냉소했다. 그의 딸 앨리스는 수심 가득한 고종의 얼굴을 보며 안타까워만 했을 뿐이다. 미국은 조선과 맨 먼저 수호조약을 맺었으면서 맨 먼저 공관을 철수시킨 나라가 되었다.

중립화는 전쟁 못지않게 국가적 의지와 계획성, 주변국의 이해타산을 이용한 외교적 지혜가 필요하다. 조선에는 근대적 외교 개념이나 지식이 없었다.

영세중립화 기회 1953년에 휴전협정을 맺을 때 또 한 번의 영세중립의 기회가 찾아왔으나 우리는 그것을 잡을 역량이 없었다. 미국의 저명한 정치학자이자 외교전문가인 라이샤워(E. O. Reischauer)와 맨스필드(M. Mansfield), 스칼라피노(R. Scalapino) 등의 외교전문가들이 전쟁을 치른 한반도가 중립화로 갈 것을 제의했고, 아이젠하워 대통령도 긍정적으로 평가했다. 그러나 모처럼 찾아온 호기(好期)는 공산국가를 불신했던 미 합참(合參)과 이승만 대통령의 강력한 반대로 무산되었다. 이승만 대통령은 중립론을 주체성 없는 패배주의로 몰아붙였다. 유연성 없는 원리주의적 입장이었다. 북진통일만 소리치는 정권 아래에서 중립 의사 표시조차 빨갱이로 몰릴 수 있었다. 실제 동아일보 주필이었던 김삼규(金三奎)는 중립화를 주장하다 일본으로 망명할 수밖에 없었다.

해방 이후 정치가로서는 김대중 대통령이 유일하게 구체적인 남북통일안을 갖고 방북했다. 클린턴은 한·중 국경지대의 핵시설 폭격은 서울을 불바다로 만들 것임을 알고, 김대중 대통령의 통일 정책인 햇볕정책, 즉 남한의 원조로 북한을 국제사회에 참여시켜 한반도에 비핵화를 이루고 미국 주둔 하에 한반도 평화를 정착시키는 것 이외에는 다른 대안이 없음을 확인하고 전폭적인 지지를 보냈다. 그러나 클린턴 정권을 계승한 아들 부시 대통령이 북한을 악마로 매도해버리자 모처럼 한국 정부가 주도한 남북 화해정책은 수포로 돌아갔다.

이렇듯 한반도 통일 곧 영세중립의 기회는 여러 번 있었으나 실현되지 못했다. 미국이 적극적일 때는 한국이 반대했고, 한국 정부가 원할 때는 미국이 반대하는 모순이 되풀이되었다. 그러나 영세중립화는 결국 남·북한 한민족의 문제다. 아무리 외국이 반대해도 우선 한국인의 의지가 분명하면 가능한 일이다. 지금이라도 평화통일과 중립화의 뜻을 모아 민족적 담론으로 삼아야 할 것이다.

해방 이후 70년간 한국인은 원리주의적 사고로 민족공존에 실패해왔다. 휴전선 설치 이후에도 관념적 통일론만 요란스러웠다. 김영삼 전 대통령은 '북한이 핵을 갖는 것은 통일 후 한국이 핵을 갖게 되는 좋은 일'로 공언하기도 했다. 그가 믿은 '북한 붕괴 후 통일'은 이명박, 박근혜 정권도 계승해 '통일 대박'이란 알맹이 없는 구호로 국민을 오도했다. 북한은 쉽게 붕괴하지도 않고, 미국과 중국의 의견 대립으로 위기상황은 계속 증폭될 것이다. 평화 실현은 주변국들의 회의를 통해서가 아니라 한민족 자신의 의지에 달려 있다.

그동안 미국은 북한을 여러 차례 공격하려고 했으나 현실적으로 불가능한 게 분명하고, 김정은 암살 계획도 지난한 일이다. 수년 전 클린턴 전 대통령이 어느 모임에서 대통령 재임 시 했던 가장 큰 실수가 무엇이냐는 질문에 "북핵 시설을 폭격 못한 것이다."라고 토로했는데, 당시에는 북한 핵시설이 연변 하나뿐이었으나 지금은 여러 개로 증가했다. 함부로 폭격할 수 없는 상황이고, 실질적으로 미국은 북한 공격을 포기했다.

그 후에도 미국은 기회가 있을 때마다 항공모함이나 괌 기지에서 폭격기를 한반도에 띄웠으나, 이는 그저 위협용이었을 뿐이다. 트럼프 정권의 초대 국무장관 틸러슨은 2017년 4월에 "과거 20년간 미국의 미사일, 핵 대응정책은 모두 실패했다. 새로이 북한 공격을 포함한 가능한 수단을 생각한다."고 언명했으나 그에게도 묘안이 있었던 것은 아니다.

미국과 북한은 한국과 일본의 의도와는 전혀 다른 차원에서 두 마리 '뱀의 꼬리 물기'인 온전 게임을 하고 있다. 안타깝게도 대한민국 외교가 독도 문제나 위안부 문제에만 소리를 높이고 있는 동안, 또 미국이 북핵에 관해서 현상유지(status quo) 전략으로 일관하는 동안, 북한은 꾸준히 핵과 미사일을 개발하면서 미국의 꼬리를 조금씩 더 물어 들어가고 있었다.

국민감정이 실린 외교는 위험하다

지도자는 국민의 감정적인 목소리, 특히 집단행동에 신중히 대응해야 한다. 촛불시위가 정권교체를 성공시켰다 해서 국민 여론을 업고 외교에 반영하는 것은 매우 위험하다. 노무현 정부가 부시 정권에게 '전시작전 통제권' 반환을 요구하여 이양하기로 합의했으나, 이명박과 박근혜 정권은 북한의 위협에 위기의식을 느껴 이양을 연기했다. 정권마다 고유의 정책은 있을 수 있어도 안보에 관해서만은 좌우의 구별 없이 일관성이 있어야 한다.

노무현 정권이 '전시작전 통제권'을 요구했을 때 부시가 '할 수 있다면 해봐라.'는 식으로 순순히 합의해주었는데, 금방 다음 정권이 "다시 가지고 가달라."고 청했으니 이를 어떻게 받아들였을까? 노무현 대통령이 한국군 장성들을 향해 "미국의 바짓가랑이나 붙잡고 있다."고 매도하며 작전권을 회수한 것은 우리나라는 스스로 지켜야 한다는 자존심이었을 게다. 다만 문제는 그동안 한국군의 실력이 향상된 것도 아니었고, 북한이 적화통일정책을 포기하지도 않은 상황이었다는 점이다.

외교는 이상이 아닌 현실적 이익추구를 목표로 한다. 한미동맹도 최대한 이용하는 것이 현실적이다. 군사력이 부족하면 돈으로 용병을 고용할 수 있다. 하나도 부끄러운 일이 아니다. 일본은 군비에 돈 한 푼 들이지 않고 미국에 안보를 맡기고 경제대국으로 성장했다. 미국에 불필요한 의심을 갖게 하지 않고, 한국군이 충분한 힘을 가질 때까지 UN(미)군을 이용하는 것이 슬기로운 일이다.

트럼프는 철저한 장사꾼으로 수지가 맞지 않는다고 판단되면 언제든지 미군을 철수시키려 들 것이다. 북한은 숙청을 자행하며 내부 결속을 공고히 다지고 있다. 한국 지도자들은 애국심에 현실감각을 곁들어 발현해야 할 것이다.

힘의 균형이 가져온 기회 주변국의 이해관계 충돌로 한반도 문제는 '어느 나라도 좌지우지하지 못하는 균형적인 상태'다. 절대무기인 핵과 미사일은 '대국 간에 일치된 비핵화 노선'을 이끌어냈다. 세계의 바람과 한반도의 영세중립화 요망이 만날 수 있는 환경이다.

미국이든 중국이든 한반도를 무시하거나 포기할 수 없고, 그렇다고 핵전쟁을 감행할 수도 없다. 강도짓을 해서 일시적으로 돈을 거머쥐어도 정상적인 생활을 할 수 없는 것처럼, 북한도 일시적으로는 핵무기로 세계를 공포에 빠지게 할 수는 있어도 정상국가로서 국제사회의 일원이 될 수는 없다. 그간의 정황으로 보면 북한도 오기로 버티며 버거운 나날을 보내고 있다. 주변국들이 택한 대안은 항상 일시적인 미봉책, 즉 땜질이었다.

한반도는 언젠가는 통일이 되겠지만 어떤 모습의 통일이 될 것인가? 친중, 친미, 친러, 친일, … 우리는 다시 조선 말기의 고민에 처해 있다. 그러나 그때와 오늘의 우리가 다른 것은 대화로 해결할 수 있는 역량을 갖추었다는 사실이다. 더 이상 코리아 패싱을 허용해서는 안 된다. 남이 하는 대로 보고만 있을 게 아니라 적극적으로 한반도 평화가 영세중립에 있음을 주장해야 할 것이다.

키신저는 힘의 균형은 '모든 것을 대화와 평화적 수단으로 해결할 수 있는 상태'라고 정의하는데, 사실상 온전은 힘의 균형이나 다름없다. 대화로 온전을 끝내야 한다.

소련이 쿠바 위기에서 물러선 것은 미국의 압도적인 군사력 때문이었다. 그 후, 소련은 군사력 증강에 매진해 미국 군사력 수준의 턱밑까지 추격해갔으나 더 이상 경제력이 뒷받침되지 않아 붕괴하고 말았다. 북한도 마찬가지로 대량 살상무기 제조에는 성공했지만, 선제공격은 필연적으로 보복을 동반한 전멸을 뜻하기 때문에 미국이 공격하지 않는 한 북한도 공격할 수 없다.

북한 내부의 모순은 더욱 심각해지고 있고, 미국은 계속 충분한 경제력으로 압박을 가중시킬 것이다. 중국, 러시아는 버거운 국내문제가 있다. 더 이상의 긴장을 바라지 않고 더 적극적으로 북한을 제어하려 들 것이다.

냉전과 마찬가지로 온전에도 끝이 있다. 긴장은 고조되지만, 카오스의 자기조직화로 타협의 기회는 분명 찾아온다.

한반도 중립준비 선언 2017년 7월, 문재인 대통령은 미국 트럼프 대통령과 만나 사드(THAAD) 배치에 관한 미국의 요구를 받아들였다. 그로부터 4일 후 G20회의에서 시진핑을 만난 문 대통령은 경제 압박 중단을 요구했으나 일거에 거절당했다. 그런 중국이 트럼프의 한·중·일 방문(2017년 11월)에 맞추어서는 일시적으로 한국에 대한 경제 압박의 숨통은 풀어주었다.

이래저래 대한민국의 국제적인 권위는 완전히 땅에 떨어졌다. 시진핑은 삼궤구고두(三跪九叩頭, 무릎을 꿇고 머리가 땅에 닿도록 3번 절하는 것을 3번 반복하는 황제에 대한 인사법)를 요구하지 않았을 뿐이지 마치 황제가 조공사절을 대하는 태도로 한국 고위직을 만났다. 미국 외교 관리들도 한국을 무시하는 듯 주한미국대사는 아예 임명도 하지 않고 근 1년 넘게 서울을 비워뒀다. 2017년 12월 초에 한국 대통령과 국방장관은 미 해군의 북한 해상 사찰 참여 여부에 관해 서로 의견이 엇갈렸음이 노출되었다. 국방장관은 한·미 군사동맹을, 청와대는 중국과 북한의 눈치를 보느라 발생한 일이었다. 안타까운 현실이다.

이리저리 눈치만 보지 말고, 인류의 원죄에 대한 성찰과 염원을 담아 한반도 중립안을 국제사회의 동의를 기대하며 선언해보자. 독일인이 스스로 베를린 장벽을 허문 것처럼 한민족도 스스로 중립을 선언할 때가 다가왔다.

미·중 두 대국도 한반도 문제로 직접 충돌하는 것을 꺼리고 남북 모두가 전쟁을 바라지 않는 것까지는 일치한다. 이런 때 대한민국 대통령이 먼저 한반도 영세중립화 준비 선언으로 한반도 평화의 길을 제시하는 것이다. "영세중립이 한국의 국가원리이며 그것을 위한 준비를 시작했다."는 선언인 것이다. 실제 코스타리카(Costa Rica)도 영세 중립화를 일방적으로 선언(self-declaration)한 후 국제적 승인을 받았다.

온전은 물리적으로 오래가지 않는 구도다. 대화가 시작되면 복잡한 문제가 발생할 수 있지만 영세중립의 틀 속에서 논하는 것이 유리하다. 비핵화, 북의 김씨 왕조의 체제보장, 경제 원조 등이 주요 의제가 될 것이다. 설령 타결에 실패해도 한반도 중립안만은 기정사실화될 수 있다. 중립은 남북의 경제 단일화로 연결되고 러시아로부터의 파이프라인이 남한을 지나 일본열도까지 이어질 수 있다. 그것은 곧 동북아 문화 공동체의 출발이다. 이젠 자학에서 벗어나 기백을 되찾는 일만 남았다.

세계평화를 기대하면서 추구해 갈 인류의 정신적 비약은 추상적인 구호가 아니다. 한반도 비핵화와 영세중립, 동북아 문화공동체의 3개 요소가 선순환하는 황금의 삼각형(전저 『풍수화』 참고)의 실현이다. 세계는 소수민족과 약소국의 르상티망(恨)을 직시하고 공존할 시대가 되었다.

홍익인간 철학의 현실화

2017년 1월, 중국 왕이 외교부 부장은 한반도 문제에 대해 북한의 비핵화, 한반도의 평화 보장 그리고 한반도 문제의 대화에 의한 해결을 제시했다. 그의 주장에 중립화 항목은 없었지만 내가 제안한 '황금의 삼각형인 한반도 비핵화, 영세중립, 동북아 문화공동체'의 구상과 공통점이 많다.

2003년 8월부터 2007년 3월까지 한반도 주변 6개국의 6자 회담이 5차례에 걸쳐 열렸으나, 미국과 북한의 상호 불신의 골은 깊었고 한반도 영세중립을 전제로 하지 않는 협상은 무의미했다. 6자 회담은 6차 방정식을 푸는 것 같은 난제지만, 반드시 관련국을 만족시킬 답이 나올 것이다. 6자 가운데 5개국은 한민족에게 원한의 씨를 뿌린 원죄가 있기 때문이다. 미국과 러시아는 38선 분단의 원죄, 북한에는 6·25남침의 원죄, 중국은 이를 지원한 원죄가 있다. 식민지 지배로 38선 분단을 야기한 일본은 말할 필요도 없다. 우리는 언제까지 피해자로만 있을 수는 없으며, 한민족의 강력한 평화의지를 보여주어야 한다.

비핵화는 북한이 핵 없이도 생존할 수 있는 구도가 되어야 가능하다. 주변국으로부터 경제적 보상, 원조 등으로 세계 시장에도 참여할 수 있어야 가능하다. 기회는 온전 상황에서 대화 국면으로 전환할 때 찾아올 것이다. 그 시점이 남북한의 군비 축소와 경제의 상호협조, 안보의 상호신뢰 분위기를 조성할 수 있는 호기이다.

한반도가 영세중립화를 실현하면 일본의 핵무장 의욕도 포기시킬 수 있다. 평화노선은 원형승화로 이어지고, 홍익인간 정신을 제대로 실현할 수 있게 된다.

백강전투 이래 한반도는 늘 동북아 분쟁의 중심지였다. 그러나 이제 한반도는 국제화와 정보화의 소용돌이에서 '동북아의 평화와 안전의 실현'에 적극적으로 이바지할 가능성을 갖게 되었다. 괴테가 "눈물 젖은 빵을 먹어본 자만이 인생을 안다."고 했듯이, 세계에서 가장 많은 침략과 분단으로 눈물 흘린 한민족이 세계평화를 가장 잘 이해할 것이다.

동북아 문화공동체 삼태극은 천지인(天地人)의 어울림으로 고구려 이전부터 한민족을 상징해온 인본주의 사상이다. 하늘과 땅과 인간을 동일하게 품은 동양의 휴머니즘 사상이다. 중국의 음양사상에 대응한 한민족의 세계관이었다. 한민족이 나아갈 길이 삼태극에 표현되어 있는 것은 우연이 아니다. 세계에서 가장 어려운 지정학적 위치에서 생존해왔기에 오히려 그 해결 과정에서 기른 에너지가 있었던 것이다. 그 역량과 에너지로부터 새로운 정신혁명이 시작되면서 제2의 추축시대가 열릴 가능성이 높다.

제1 추축시대가 고등종교와 철학이 등장한 정신혁명이었다면, 제2 추축시대는 인류의 공진화로 이뤄질 것이다. 1차 추축시대는 약 2,500년 전의 독립적인 문명권들이 서로 교류가 없는 상태에서 문명을 탄생시킨 것이었다. 불교의 선(善)의지와 일신교의 신의(神意), 유교의 인(仁), 윤리, 철학 등이 체계화되어 사회의 건전화를 가져왔다. 그러나 풍토와 지역성을 반영한 종교이기에 이들은 서로 숙명적으로 대립될 수밖에 없었다.

▍삼태극

세계가 하나가 되는 상황에서 대두될 제2의 추축시대는 보편철학 또는 종교가 인류의 존속에 적극적으로 기여할 것이다. 핵 포기를 목표로 영토와 경제력의 크기와 관계없이 대국과 소국의 생존이 동등하게 보장되고, 각 민족의 원형을 상호존중하며 인권 또한 존중하는 보편사상이 나올 것이다. 사막과 몬순, 산림지역의 종교와 윤리, 철학의 대승적 융합도 기대된다.

다가올 제2의 추축시대에는 동북아 공동체, 특히 한민족이 그 중심 역할을 할 것이다. 일본은 무(無)사상의 민족이기 때문에 가치체계가 없고, 중국은 패권 국가이기에 동북아 공동체를 이끌 수 없다. 단, 한반도가 중심역할을 하려면 홍익인간의 현대적 실천철학이 실현되어야 할 것이다.

남북이 함께 사대와 식민지의 부정적 잔재를 불식하면, 건전한 시민의식이 일반화된 동북아 최고의 문화국가를 이룰 수 있고, 한자(漢字)와 유교를 공유하는 인본주의적 '동북아 문화공동체(EACU)'를 형성하면서 정신혁명에 기여하고, 그 연장선상에서 동북아 공동체(EAU)도 구현할 수 있다. 세계적 위기를 극복하기 위한 전 인류적 공진화가 함께 진행되어야 한다. 원형사관은 현실을 무시하는 유명론(唯名論)이 아니라 실재론적 세계관을 추구한다.

다만 한반도를 둘러싼 국제 정세는 '꽃샘추위'와 유사하다는 것을 기억해야 할 것이다. 봄이 온 듯해도 금방 균형이 깨지면서 시베리아 고기압이 밀고 내려오듯이, 열강의 틈새에 있는 한반도는 봄이 와도 안심할 수 없다. 식민지에서 해방되어 기뻐했더니 38선이 생겼고, 4·19혁명 이후 다시 군사 독재, 그리고 박정희의 암살이 짧은 봄을 주었으나 신군부의 독재가 다시 우리를 옥죄었다. 남북한의 지도자가 최근 만나 한반도의 봄이 찾아온 것도 같다. 그러나 이런 때 우리는 국제 정치의 꽃샘추위를 경계해야 한다. 근본적으로 꽃샘추위를 끊는 길은 국제적 승인을 통한 한반도의 영세 중립이다.

5 국격의 승화

초인의 길 니체는 『차라투스트라는 이렇게 말했다(Also Sprach Zarathustra)』에서 "지금까지 수없이 살아온 삶을 또 한 번, 아니 여러 번 살아야 한다. 반복되는 삶은 아무런 새로움이 없으며 모든 고뇌, 즐거움, 한숨까지 크고 작은 구별 없이 같은 하나의 계열, 순서에 따라 이뤄진다. 영원회귀(永遠回歸)의 단순한 회귀는 구토일 수밖에 없다. 구토, 구토…."라고 했다.

니체는 약자 계급의 마음속에 쌓인 강자에 대한 원한과 증오, 질투 따위의 감정을 극복하는 길은 스스로 초인(超人)이 되어 "다시 한 번 살고 싶은 마음을 갖게 하는 것"이라고 외쳤다.

국격은 원형승화에서 나오는데 한반도는 지금도 부조리의 지정학에서 벗어나지 못하고 있다. 『차라투스트라는 이렇게 말했다』를 한반도 지정학에 빗댄다면, 한민족의 르상티망은 '한'이다. 한·중·일 삼국 가운데 유별나게 한국에만 기독교가 성공적으로 수용된 것도 유대인의 르상티망이 한국인의 한(恨)과 무관하지 않기 때문이다. 일신교는 중국인의 현실적인 인본(人本)주의 사상이나, 일본인의 애니미즘이나 가외(可畏)사상과는 단절된 부분이 많다. 그러나 대륙과 바다로부터 끊임없이 침략을 당하며 '지정학의 저주'에 묶여 갖은 치욕을 당해온 한국인은 이 '저주'가 풀릴 날을 어느 민족보다 바라왔다.

그동안 한국인에게 주어진 선택은 약자의 기다림이었고 니체가 말한 약자의 넋두리였다. 후백제인은 미륵(彌勒)에 기대어 백제의 재건을 기다렸고, 동학은 '인내천'에 기대어 천년왕국을 기대했다. 그런데 기다려도 지정학의 저주는 풀리지 않았고, 되풀이하는 비극의 근원을 자력으로 바꿀 능력도 없었다. 그럴 때 오는 것이 허무주의와 자학과 구토다.

니체에게 있어서 삶의 목적은 보람을 찾는 일이었다.

"차라투스트라와 함께 보낸 하루는 축제였다. 내게 이 세상을 사랑하는 일을 가르쳐주었다. 이것이 삶이었다. … 나는 죽음을 향해 말한다. 나는 한 번 더 살아난다."

그에게 삶은 몇 번이고 되살아나고 싶을 정도로 보람 있는 것이라야 했다. 차라투스트라는 한국인에게는 '인내천'의 '천(天)'일 것이다. 한국인은 신바람을 낼 수 있을 때 세상에 태어난 보람을 느낀다. 우리의 축제는 지정학의 저주에서 풀려날 그 날에 올 것이다.

한 사람의 시인은 백만의 군대보다 강한 힘을 발휘할 수 있다. 민족시인 이육사(李陸史, 1904~1944, 본명은 源綠, 베이징의 교도소에서 생을 마쳤다.)는 자학의 벽 앞에 선 식민지하의 우리 민족을 향해 「광야」를 노래했다. 초인의 등장을 예언한 것이다. 초인은 기다림을 거부한다. 운명을 받아들이지 않는다. '울'에서 넓은 광야로 뛰어나오는 사람이고, 자기 길을 스스로 선택하는 의지를 갖춘 사람이다. 이육사의 초인은 영원회귀를 바라는 니체의 초인과도 같다. 몇 번 죽어도 다시 돌아와 삶의 보람을 맛보자는 것이 영원회귀다.

광야

까마득한 날에
하늘이 처음 열리고
어데 닭 우는 소리 들렸으랴

모든 산맥들이
바다를 연모해 휘달릴 때도
차마 이곳을 범하던 못하였으리라

끊임없는 광음(光陰)을
부지런한 계절이 피어선 지고
큰 강물이 비로소 길을 열었다

지금 눈 나리고
매화 향기 홀로 아득하니
내 여기 가난한 노래의 씨를 뿌려라

다시 천고(千古)의 뒤에
백마 타고 오는 초인(超人)이 있어
이 광야에서 목 놓아 부르게 하리라

이육사

▌이육사

이육사의 초인은 한반도의 부조리에 민감하게 반응하며 민중에게 시대상황을 알리는 사명감을 가지고 있었다. 시대의 지성은 마치 잠수함에서 일산화탄소에 예민한 카나리아처럼, 세상의 타락과 탁한 공기에 날카롭게 반응한다.

대승불교의 중요한 경전인 『유마경(維摩經)』에서 유마거사는 "중생의 병은 무명(無明)에서 생기고 보살은 중생의 병에서 생긴다."고 했다. 시대가 타락해 중생이 병들어갈 때, 집단 무의식은 선(善)을 위하는 사명감(보살)에 더 민감하게 반응한다는 뜻이다.

기다림과 신세타령, 한에서 벗어나야 초인이 될 수 있고 창조적인 삶이 가능하다. 맹자는 "하늘의 운(뜻)도 인간의 화합만 못하다(天時不如人和, 『公下』)."고 했다. 통일은 갈라진 남북이 하나의 원형으로 승화될 때 가능하고, 한반도 영세중립에 대한 바람도 '한과 기다림'을 버리고 초인의 자세를 가질 때 맞이할 수 있다.

한국어와 국격의 대응

인간은 무의식중에도 언어를 통해 '생각(사고)'을 한다. 많은 철학자와 언어학자들도 '언어와 사고'는 일치함을 밝혀왔다. 인간은 존재한 다음에 교육, 경험 등을 통해서 본질이 만들어진다는 사르트르조차도 언어가 인간의 마음을 지배한다는 의미에서 "언어는 가장 교묘하게 내부에 침투하는 억압의 무기다."라고 강조했다. 실존에 앞서 사고(언어)가 준비되고 탄생과 동시에 그 영향을 받는 것을 이른다.

전체주의의 억압과 통제가 사고의 정지(停止)와 상상력의 결여를 낳았다는 '악의 평범성'을 밝힌 한나 아렌트도 제2차 세계대전 후의 폐허에서 『무엇이 남았는가? 모국어만 남았다(아렌트의 정치사상 선집)』란 책에서, "독일인이 600만 유태인을 학살했어도 살아남은 동족의 언어가 그들의 생존을 상징하고 있었다."고 했다.

전체주의란 가족이나 사회의 공통관심사를 빼앗고 다른 하나만을 강요하는 체제다. 일제가 저지른 가장 중대한 범죄가 한국어를 말살하고 일본어를 강요한 것이었다. 여기서의 한국어는 사전적 의미로서가 아니라 한국인의 사고방식, 가치관 등 원형을 반영한 것들이다.

원형이 가치관이라면 언어는 의사를 전달하는 음성 수단이다. 엄격한 의미에서는 다를 수 있지만 이 둘은 서로 영향을 주고받는 "상보(相補)적인 관계"라는 점에서 하나다. 시대원형이 변하면 언어도 달라진다. 언어 상황은 곧 그 시대 원형의 현주소이다. 따라서 언어의 상태를 냉철하게 분석해보면, 세계 속에서 그 나라의 위상이 어느 정도고, 국격은 어떠한지 정확하게 가늠해낼 수 있다.

현재 우리 사회를 언어의 잣대로 보면 어떠할까? 멋진 풍류의 심성은커녕 욕의 홍수다. 선거 연설에 비속어를 쓰면 박수가 나올 정도로 저급한 풍조가 만연되어 있다. 내각에 입각하려면 청문회의 모욕적인 언어세례를 통과해야 한다. 청소년의 언어는 욕이 아니면 말을 이어가지 못할 정도로 오염되어 있다. 외국인에게는 왜놈, 되놈, 양놈 등으로 '놈'을 붙여 부르는 것이 일상적이다. 심지어 '욕 대회'까지 열리니, 동방예의지국이 무색할 지경이다. 한국어에 욕이 많은 것은 그만큼 집단 무의식이 병들어 있음을 말한다. 로고스와 파토스가 함께 병들어 있다.

욕은 비이성화된 사고에서, 욕구불만이 오기로 분출될 때 나오는 자학 행위다. 욕이 많은 것은 근원적으로 외침과 권력의 부패 등 자신의 힘으로 대응할 수 없는 역사의 부조리가 되먹임되어 왔다는 것이다. 3년에 한 번꼴로 외침을 당하면서 적을 '놈'으로 부르는 습관이 붙었고, 가식적인 양반들은 자기 자랑을 위해 의도적으로 남을 '상놈'으로 호칭하는 일이 많았다. 현실의 부조리를 욕으로 분출시키고 자학했던 것이다.

일상 언어가 그러하니 외교적 언어에도 큰 차이가 없다. 흔히 '외교적 언사'라는 말이 있듯이 외교에서는 정중하게 상대의 호감을 불러일으키는 것이 상식이다. 우리는 영세중립국을 향하고 있어 세계인의 지지를 받아야 한다. 어느 나라보다 가장 외교에 의존해야 할 한국인이다. 그런 우리가 비외교적인 언어를 사용하는 것을 보면 안타깝기만 하다. 과거에는 너무 가난하게 살아 자학적인 욕을 했다지만 생활수준이 높아진 지금도 우리의 품위가 그대로인 게 문제다. 언어 정화 없이는 원형의 승화를 바랄 수 없다.

한국어에는 욕도 많지만 존댓말도 많다. 우리와 남을 가르려는 풍조 때문이다. 울 안(우리끼리)에서는 말조심하고, '우리'가 아닌 남에게는 함부로 한다. 이는 전체주의 사고와 유사하다. 우리 편 아니면 남으로 취급해 적대시하는 이분법적 사고다. 언어습관은 이러한 평소의 사고 패턴을 노출시킨다.

오염된 언어는 차별과 권위주의, 비인권적 사고 그리고 이해타산만 앞세운 온갖 부조리들을 가중시켰고, 속물주의를 증폭시켜 지역 차별과 편들기, 눈치 보기 등 부정적 심성을 빚어냈다. 몰가치와 찰나적인 사고를 갖게 했다. 그런 과정에서 민족의 원형은 더욱 손상되었고, 상처 입은 원형은 또다시 더 심한 욕을 생산해내는 악순환의 고리에 갇히게 되었다.

그러나 기적적으로 하나의 언어와 최고의 문자만은 고수해왔다. 이제 그것을 정화하면 또하나의 기적을 실현시킬 것이다. 우리는 자신을 '천(天)'으로 자각할 때면 신바람을 내는 민족이다. 바람직한 목표를 향한 초인이 될 수 있는 집단인데 그 에너지를 욕이 위축시켜온 것이다.

언어 정화로 원형을 승화한다 비핵화와 영세중립화, 동북아 문화공동체의 중심 역할을 하려면 우선 주변국으로부터 협력을 얻어야 하고 존경받을만한 나라가 되어야 한다. 초인의 길은 국격을 올리는 일이며, 국격은 언어로 상징된다. 카뮈가 "나는 애국자가 되고 싶다. 그리고 정의로움(높은 국가품격)을 사랑하고 싶다."고 호소했듯이 나 또한 같은 호소를 간절히 하고 싶다.

언어는 예와 동의어인데 우리는 세계 최고의 문자인 한글을 창제한 민족이면서도 언어습관은 비참할 정도니 어찌 안타깝지 않은가! 언어습관이 국가 운명을 결정한다 해도 지나치지 않다.

언어의 중요성은 『성서』의 첫 구절 "태초에 말씀이 있었다."에 구현되어 있다. 언어는 신이자 문명의 씨앗이었다. 인간의 무의식에는 신이 될 수 있는 성스러운 요소도 있지만, 동시에 악마도 될 수 있는 악의적인 요소가 공존해 있다. 같은 한국어를 쓰는 사람이지만 언어수준에 따라 신(天)이 될 수도 악마가 될 수도 있는 것이다.

욕이 많은 언어습관으로부터 학교의 왕따나 군대의 폭행, 국회의 폭력사태와 과격시위 등이 발생했다 해도 과언이 아니다. 역으로 이들 중 한 영역만 정화되어도 모두가 승화하는 일즉다(一卽多) 현상 또한 가능하다. 복잡계 이론의 되먹임(feedback)이다.

인간은 언어에 의해 결정된다는 말처럼 언어를 갖는다는 것은 하나의 우주가 생명력을 갖는다는 뜻이다. 언어는 철학이다. 언어는 원형을 결정한다. 그 철학에 의해 인간은 사회활동을 하고 소통하며 객관적 세계를 인식한다. 그 철학이 국민성을 결정한다. 따라서 우리의 언어가 더러워졌다는 것은 곧 우리의 철학이 더러워졌다는 것이다. 우리의 무의식이 오염되었다는 의미기도 하다. 언어와 철학과 원형은 서로 되먹임하며 시대성과 지역성을 나타낸다.

이탈리아 속담에 "번역자는 배신자다."라는 말이 있다. 완전히 일치하는 두 개의 언어란 존재할 수 없다는 뜻이다. 민족과 문화와 지역에 따라 같은 말도 다르게 해석되기 때문이다. 언어 습관은 사물을 보는 관점이자 원형이며 그 민족의 시대적 철학이다. 다시 말해 현재 우리가 쓰는 한국어에 우리의 가능성이 있다는 뜻이다.

나의 말 한마디가 나비효과를 일으켜 국민의 언어습관에까지 영향을 미칠 수 있다. 나 자신과 나라의 격을 함께 높이는 말을 사회에 퍼트리는 '일즉다 다즉일(一卽多 多卽一)'인 것이다. 언어와 문화의 각 분야는 복잡계인 관계로 서로 연동하면서 사회를 변화시켜갈 수 있다.

'언어의 슬기'가 새 한국을 자기조직화할 것을 간절히 소망하는 이유가 이것이다. 더욱이 한민족은 모두가 일색이기에, 함께 신바람을 낼 수 있는 원형을 갖고 있다.

언어가 달라지면 문화의 격이 달라지고 국격이 달라진다. 언어를 정화하면 원형도 달라진다. 언어는 국민 이성의 핵심이기 때문이다. 국격이 달라지면 인내천을 자부하는 한국적 초인은 스스로 미래를 바꾸어갈 것이라고 자부한다. 카오스에는 나비효과가 있다. 내일이라도 통일의 기회가 올 수 있는 것이다. 홍익인간의 정신으로 평화통일도 실현될 수 있을 것이다.

황금의 삼위일체인 '한반도의 비핵화와 영세중립화, 동북아문화공동체(EACU)'가 실현되는 날, 새 한국의 국가원리도 '문화예의지국(文化禮義之國)'으로 변해 있고 세계평화의 희망이 될 것이다.

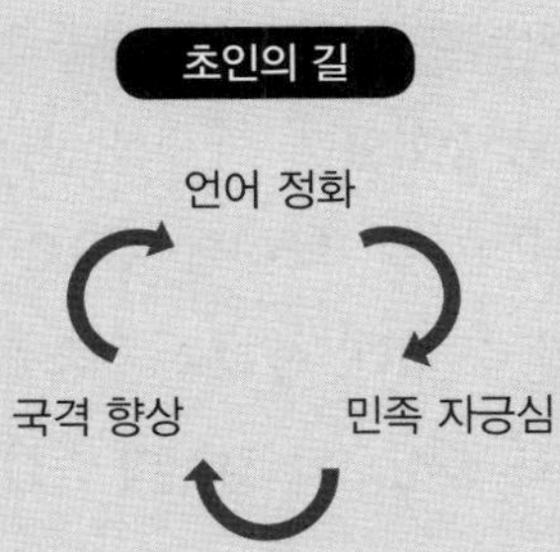

▍언어 정화, 국격 향상, 민족 자긍심의 삼위일체가 초인의 길이다

인간의 정치적 야망을 통찰한 마키아벨리는 "인간은 반드시 필요해서 전쟁을 하는 것이 아니라 야심 때문에 저지른다. 그 야심이 마

음을 강하게 지배하면, 바라는 대로 높은 지위에 올라도 결코 포기하려 하지 않는다."라고 했다. 제국주의적 야심이 전쟁을 일으켜왔음을 지적한 것이다.

이제 그 야심을 저지할 새로운 윤리관을 인류는 다시 한 번 수립해낼 것이다. 1차 추축시대를 겪으며 인류는 분열된 문명권 내의 종교를 보편사상으로 승화시켜 정신혁명에 성공했듯이, 역사의 역습은 새로운 공존의 조류를 만들어낼 정신혁명을 일으킬 것이다. 새로운 윤리관도 정신혁명으로만 가능하다.

이 정신적 통합은 인류의 집단 무의식에 변화와 혁명을 일으킬 것이다. 지금 인류는 카오스의 끝자락에 근접해 있어 언제든지 나비효과가 발생할 수 있다. 한반도의 카오스도 이와 함께 연동하고 있음을 우리는 주시해야 한다.

유대인은 로마의 가혹한 식민지정책에 시달리며 노예로 살았으나 민족 종교의 기반(『구약』) 위에 사랑과 박애를 일반화했다(『신약』). 그리고 그것을 세계 종교로 승화했다. 박해를 받으면서도 정신적인 비약과 비상을 이룬 것이다. 우리는 박해에 오기로 맞서왔다. 그러나 오기로는 세계화로 나아갈 수 없다. 한민족이 국제사회로부터 존경을 받는 길은 '인내천'사상을 중심으로 정신의 승화, 언어의 승화를 이룰 때 가능할 것이다.

맺는 글 〉〉〉

오늘의 카오스적 상황은 지난 역사에 대한 역습이다. 한반도를 중심으로 소용돌이치는 긴박한 현실은 백강전투의 업(業)이 세계 규모의 역사의 역습과 연동하며 인류멸망의 위기를 몰고 오는 듯하다.

특히 김일성 왕조의 적화통일 노선과 남한의 상황을 주시하는 강대국의 시각은 여전히 한반도를 사냥터로 보고 있는 것 같다. 이 책은 한반도를 포함한 인류의 생존이 새로운 정신혁명에 달려 있음을 원형사관으로 밝혔다.

나의 청년 시절은 부조리와 생명경시 풍조가 만연해 있던 참담한 시기였다. 그래서 더욱 정의와 진리를 추구하는 수학과 철학에 희망을 걸었다. 수학을 전공했으나 만일 철학을 선택했다 해도 오늘과 같은 사고에 도달했을 것이다. 인간의 다양한 활동을 통합적으로 파악하고 싶은 의욕을 구조주의 수학(원형이론)으로 달래면서 한국의 현실문제에 관심을 두었다. 수학의 카오스 이론은 1980년대에 등장했으나 그것이 원형사관, 노장사상, 불교 등과 하나의 철학적 뿌리에서 나온 것임을 확인한 것은 3년 전 『풍수화』를 출판한 이후의 일이다. 이 책은 카오스 이론으로 정신혁명을 기대하는 미래 구상이다.

역사적 현상이 민족의 집단 무의식과 지정학이 얽힌 복잡계라는 사실을 깨달은 후 인문·사회학과 자연과학을 융합하는 구조주의 사고로 학문적 경계 없이 지적 편력을 즐길 수 있었던 것은 인생의 가장 큰 보람이었다. 인류와 지구 공존을 위한 근원적 욕구는 인종과 시대의 차이를 뛰어넘는다.

구조주의에는 수학과 인문학의 구별이 없다. 4차 산업시대로 돌입하면서 세계는 자연과학(수학)과 인문학을 아우르는 구조주의적 사고의 틀을 요청하고 있다. 70년 전 C. P. 스노(C. P. Snow)의 『두 문화』에서 제기한 인문·사회학과 자연과학의 깊은 골은 극복되었고, 30년 전 A. 토플러가 『제3의 물결』에서 언급한 예상도 현실화되었다. 이제 두 분야의 융합은 필연적이다. 감히 많은 질책과 충고를 기대하면서 이 책이 이들 분야에 기여하는 작은 밑거름이 될 것을 바란다.

한민족의 원형을 오염시킨 역사에 대한 성찰 그리고 한반도 중립화에 대한 적극적 의지가 우리의 운명을 바꿀 수 있다. 삼한사온은 한반도 겨울의 특징이다. 카오스의 자기조직화를 바라는 마음으로 혹독한 추위 속에서 내일의 봄을 기다린다.

참고 문헌 〉〉〉

• **역사학**

『韓國史新論』 이기백, 一朝閣
『韓國史年表』 진단학회, 乙酉文化社
『朝鮮史年表』 정진화, 雄山閣
『沸流百濟와 日本의 國家起源』 김성호, 知文社
『三國史記』 金富軾 / 金鐘權 譯, 관조출판사
『三國遺事』 一然 저 / 崔虎 역, 홍신출판
『천황은 백제어로 말한다』 김용운, 한얼사
『騎馬民族征服說』 江上波夫 外, 德間書店
『騎馬民族征服國家』 江上波夫, 中央公論社
『東洋史辭典』 京大東洋史編纂會, 東京創元社
『日本書紀, 全現代語 (上.下)』 宇治谷孟, 講談社
『日本書紀 全5卷』 坂本大郎 他四名, 岩波書店
『續日本記』 新日本古典文學大系 全五卷 青木知夫 校註, 岩波書店
『新訂 古事記』 武田祐吉 譯注, 角川書店
『古事記』 倉野憲司 校註, 岩波書店
『歷史とは何か』 E. H. Carr 清水幾太郎訳, 岩波書店
『西洋の沒落』 o. spengler 저 村松正俊訳, 五月書房
『東アジア民族史 1. 正史東夷傳』 井上秀雄 他 譯註, 平凡社
『東亞細亞海上の道』 上田正昭, 明石書店
『倭, 倭人, 倭國』 井上秀雄, 人文書院
『日鮮神話傳說の 研究』 三品彰夫, 平凡社
『中國から見た日本古代』 沈日安 / 藤田友治外譯, ミネルバ書房
『古代朝日關係史』 金錫亨 朝鮮史研究會譯, 經草書房

• **언어학**

『吏讀研究』 洪起文, 과학출판사
『韓國語의 發音研究』 李廣祐, 일조각
『한국민족문화대백과사전 전 27권』 한국정신문화연구원, 한국학중앙연구원
『한국어 어원 연구 전 4권』 이남덕, 이화여자대학교 출판부
『アイヌと古代日本』 江上波夫 外, 小學館
『鄕歌及び吏讀の研究』 小倉新平, 亞細亞文化社

『言語学』ジャン・ペロ 저 / 高塚松太郎 역, 白水社
『言語の脳科学』酒井邦嘉, 中央公論社
『言語学の誕生』風間喜代三, 岩波書店
『言葉と無意識』丸山圭三郎, 講談社
『新訂 万葉集 上下』左々木信綱偏, 岩波書店
『万葉集全訳注原文付 全4巻』中西進, 講談社
『万葉集 本文篇』佐竹昭 외, 塙書房
『古今和歌集』左伯梅友 校注, 岩波書店
『新訂魏志倭人伝·後漢書倭伝·宋書倭国伝·隋書倭国伝中国史日本伝1』石原道傳編 역, 岩波書店
『古代地名語辞典』楠原佑介 외 편저, 東京堂出版
『吏讀と万葉假名の研究』姜斗興, 和泉書院
『大漢和辞典』諸橋轍次 외 편, 大修館書店
『古語辞典』大野晋 외 편, 岩波書店
『広辞苑』新村出, 岩波書店
『全國方言辞典』東條操 외 편, 東京堂出版
『日本語の起源と語源』村山七郎, 三一書房
『韓國語と日本語の間』宋敏 저 / 菅野裕臣 외 역, 草風館
『韓國語の系統』金芳漢 저 / 大森直樹, 三一書房
『日本語の歴史 全6巻』亀井孝 외 편, 平凡社
『향가의 새풀이』김선기, 보성문화사
『日本語の起源』大野晋, 岩波書店
『日本語の年輪』大野晋, 新潮書店
『日本古代と朝鮮語』大野晋, 毎日新聞社
『古代朝鮮語と日本古語』金思燁, 明石書店
『記紀万葉の朝鮮語』金思燁, 六興書店
『日鮮古地名の研究』金澤庄三郎, 草風館
『漢字百話』白川静, 中央公論社
『日本の漢字』笹原宏之, 岩波書店
『日本の古代朝を探る』西鄉信綱, 集英社
『日本語とアイヌ語』片山龍峯, すずさわ書店
『韓國語 変遷史』金東昭, 明石書店
『何が残ったか 母語が残った』

• 심리학

『無意識の形成 上·下』J. Lacan 저 / 佐々木孝次 訳, 岩波書店
『無意識の人間學』林道義, 紀伊国屋書店
『Jungとキリスト教』湯浅泰雄, 人文書院

『Jung 著作物 1, 4』C. G. Jung 저 / 高橋義孝 訳, 教文社
『佛教と精神分析』岸田秀, 第三文明社

• **정치학**

『한반도 중립화 통일운동 15년사』강종일, 신우
『한반도 생존전략–중립화』강종일, 해맞이 미디어
『역사의 파편들』D. P. Gregg 저 / 차미래 역, 창비사
『조선책략』황수헌, 건국대학교출판부
『全體主義の起原』H. Arendt, 日本評論社
『何が残ったか 母語が残った』H. Arendt, 岩派書店
『危機の二十年—理想と現実』E. H. Carr, 岩波文庫
『The Clash of Civilizations and the Remaking of World』S. P. Huntington, Simon & Schuster
『Diplomacy』H. A. Kissinger, Simon & Schuster

• **문화론**

『풍수화』김용운, 맥스미디어
『식민지 조선인을 논하다』高橋亨 / 구인모 역, 동국대출판부
『Anthropology』Victor Barnouw, The Dorsey Press.
『中国=文化と思想』林語堂, 岩波文庫
『風土』和辻哲郎, 岩波文庫
『世界の風土と民族文化』別枝篤彦, 帝国書院
Foreign affairs Japan. korean peninsula at crossroad, PHP研究所
『ゼロデイ 米中露サイバー戦争が世界を破壊する(zero day)』山田 敏弘, 文芸春秋

• **과학**

『第三の波』A. Toffler 著/ 徳岡 孝夫 訳, 中央公論社
『未来の衝撃』A. Toffler 著/ 徳山 二郎 訳, 文芸春秋
『老子と現代物理学の対話—21世紀の哲学を求めて』長谷川 晃, PHP研究所
『To Explain the World: The Discovery of Modern Science』Steven Weinberg, Janklow & Nesbit
『Does God Play Dice?: The New Mathematics of Chaos』Ian Stewart, Penguin Books Ltd
『Order Out of Chaos: Man's New Dialogue with Nature』Ilya Prigogine & Isabelle Stengers, Bantam Book
『The Search for the Laws of Self–Organization and Complexity』Stuart Kaffman, Oxford Press
『Chaos』J. Gleick, Penguin Books
『Complexity』M. Mitchel, Sterling Lord Literistic, Inc.
『數學史大全』김용운, 京文社
『한국수학사』김용운, 살림MATH

찾아보기 >>>

ㄹ

ㅁ

ㅂ

ㅇ

숫자

사진 출처 >>>

부안군청 홈페이지(www.buan.go.kr)
277쪽 주류성

서울역사박물관
555쪽 준천계첩

셔터스톡
73쪽 프랙털 257쪽 로렌츠의 끌개 352쪽 볼가강 365쪽 표트르 대제의 기마상

연합뉴스
87쪽 프리고진 424쪽 한나 아렌트 494쪽 김대중과 부시

위키피디아
20쪽 코스모스 21쪽 화산폭발 22쪽 디오니소스 33쪽 케인즈, 새뮤얼슨 37쪽 로렌스 43쪽 리바이어던 72쪽 고사리 110쪽 오이디푸스와 스핑크스 140쪽 야스퍼스 193쪽 일본 대고분 207쪽 스사노 210쪽 이즈모 신사 211쪽 와지로역 228쪽 프로이트, 융, 라캉 236쪽 사마천 242쪽 크로노스, 카이로스 247쪽 마르크스, 헤겔 291쪽 호타카 신사 295쪽 요시다 쇼인 355쪽 성 바실리아 성당 358쪽 폴타바 전투 361쪽 도스토옙스키, 솔제니친 364쪽 표트르 대제 370쪽 위지 동이전 378쪽 청나라 선박 380쪽 사저참양도 397쪽 삼한 정벌설 묘사 400쪽 니혼쇼키 404쪽 항복 협상 424쪽 아이히만 446쪽 다나카, 저우언라이 451쪽 스탈린, 옐친, 푸틴, 메드베데프 467쪽 린위탕 492쪽 보탄 514쪽 낙원추방 517쪽 창조주, 뉴턴 522쪽 베를린 장벽 541쪽 프로메테우스 592쪽 이육사

*이 책에 사용된 사진은 저작권자의 허락을 받아 실었습니다. 저작권자를 찾지 못하여 게재 허락을 받지 못한 일부 사진은 저작권자가 확인되는 대로 게재 허락을 받고 재쇄에 저작권을 표기하겠습니다.

역사의 역습

글 | 김용운

초판 1쇄 발행 | 2018년 4월 2일
2쇄 발행 | 2018년 5월 16일

펴낸이 | 신난향
편집위원 | 박영배
펴낸곳 | (주)맥스교육(맥스미디어)
출판등록 | 2011년 08월 17일(제 321-2011-000157호)
주소 | 서울특별시 서초구 논현로 83 삼호물산빌딩 A동 4층
전화 | 02-589-5133(대표전화)   팩스 | 02-589-5088
홈페이지 | www.maksmedia.co.kr

기획 · 편집 | 김순선
디자인 | 유지현 · 조옥선
영업 · 마케팅 | 이봉주
경영지원팀 | 장주열
인쇄 | 천일문화사

ISBN 979-11-5571-580-2 03300
정가 25,000원

* 이 도서의 국립중앙도서관 출판시도서목록(CIP)은 e-CIP홈페이지(http://www.nl.go.kr/ecip)와 국가자료공동목록시스템(http://www.nl.go.kr/kolisner)에서 이용하실 수 있습니다.
(CIP제어번호 : CIP 2018009047)